Norbert Kern
Eva Rainer
Gerald Rainer

STICHWORT LITERATUR

THEMEN

VERITAS

Liebe Leserinnen und Leser!

Das vorliegende Buch „Stichwort Literatur: Themen“ möchte Ihnen einen Einblick in die große Vielfalt der Literatur geben und zur Lektüre von Büchern einladen, die oftmals nicht unbedingt „unterhaltsam“ und „lesbar“ im Sinne von Bestsellern sind, sondern die sich mit Themen befassen, die zum Nachdenken anregen und denen man sonst oft aus dem Weg geht.

Diese Bücher verlangen die Auseinandersetzung der Leserinnen und Leser mit Themen und Situationen der menschlichen Existenz, die Sie vielleicht lieber – durchaus nachvollziehbar – verdrängen wollen, die es trotz all unserer Verdrängungsversuche aber trotzdem gegeben hat und noch immer gibt. So dient es beispielsweise sicher nicht der Unterhaltung, wenn Sie Texte von Menschen lesen, die in Konzentrationslagern oder stalinistischen Gulags gequält wurden und die beschreiben, wie Menschen ihre Mitmenschen demütigen, foltern und umbringen.

Viele der Texte, mit denen sich dieses Buch beschäftigt, stammen nicht aus dem deutschen Sprachraum. Das soll Ihnen einerseits zeigen, wie weit der Raum der Literatur ist, für die nationale und sprachliche Grenzen und Barrieren nicht existieren. Und es soll Sie andererseits dazu einladen, an diesen uns fremden Kulturen teilzuhaben.

Der Abschnitt „Jugendliteratur“ soll Ihnen einen Einblick geben in die Vielfältigkeit der Literatur für junge Erwachsene, die auch tabuisierte Themen nicht auslässt. Hier finden Sie auch „positive“ und „unterhaltsame“ Bücher.

Auch das Kapitel „Kriminalliteratur“ hat durchaus – aber nicht nur – Unterhaltungswert und zeigt die Vielfältigkeit des Genres Kriminalroman, das sich schon längst vom Geruch der trivialen Literatur befreien konnte.

„Beziehungen“ reflektiert Texte, die sich mit dem beschäftigen, was uns allen sehr nahe ist: Emotionen wie Liebe, Hass, Enttäuschung, Hoffnung und Verlust – Themen, um die es in der Literatur immer und in allen Kulturen geht.

Naturkatastrophen und vom Menschen herbeigeführte Katastrophen sind Thema des gleichnamigen Kapitels.

„Der Literaturbetrieb nach 1945“ schildert die soziale Lage der Schriftstellerinnen und Schriftsteller und die „Ware Buch“; dieses Kapitel beschreibt, wie Bücher entstehen und wie und wo sie vermarktet werden. Das Kapitel soll auch deutlich machen, wie sich mit der rasanten Entwicklung neuer Technologien und damit neuer Möglichkeiten die Bedingungen für den Vertrieb und Verkauf von Büchern verändert haben. Es wird darüber hinaus versucht, einen prognostischen Blick in die nahe Zukunft der Buchproduktion zu werfen, wobei das zukünftige Produkt „Buch“ nicht nur in Papierform, sondern auch in digitaler Form angeboten werden wird.

JUGENDLITERATUR

Jugendliteratur wird auch als Schwellenliteratur (d. h. Literatur für junge Menschen an der Schwelle zum Erwachsensein) oder Literatur für junge Erwachsene bezeichnet. Zeitungen und Zeitschriften widmen ihr ganze Seiten, rezensieren und sprechen Empfehlungen aus. Jedes Jahr werden Jugendliteraturpreise vergeben. Jugendliteratur rückt also immer mehr in den Mittelpunkt des Interesses. Die Bücher, die vorgestellt und empfohlen werden, sind meist auch für Erwachsene geeignet, in ihrer ganzen Bandbreite erschließen sie sich oft sogar nur Erwachsenen – besonders z. B. in ironischen oder selbstironischen Passagen.

Die Jugendliteratur hat sich im letzten Jahrzehnt erstaunlich gewandelt, „pädagogische" Bücher mit erhobenem Zeigefinger gibt es kaum mehr.

Themen

Alle Sparten der Erwachsenenliteratur sind zu finden: Fantasy, realistische Geschichten, Abenteuerromane, Alltagsgeschichten, Adoleszenzromane, ernste und problemorientierte Bücher, aber auch komische und skurrile, Krimis und Sachbücher.

Meist sind mehrere Themen verknüpft und es gibt kaum Tabus: Erzählt wird auch von Tod, Sexualität, Homosexualität, Missbrauch, Drogensucht, Mobbing, Gewalt in jeglicher Erscheinungsart, Krankheit.

Die Literatur ist gekennzeichnet vom Suchen nach imaginären Gegenwelten zur Realität, nach dem Sinn des Lebens und nach der eigenen Identität.

Die Bücher stillen die Neugier auf andere, manchmal fantastische Welten. Sie versuchen auch das Bedürfnis, existenziellen Problemen auf die Spur zu kommen, zu befriedigen und können helfen, Lösungsansätze zu finden. Sie fördern die Auseinandersetzung mit moralischen Werten, das Verständnis für andere und Fremde (Menschen mit Migrationshintergrund, Behinderte, Homosexuelle ...) und sie geben auch der Lust auf Spannung und Unterhaltung Nahrung.

Auffallend viele Bücher widmen sich der psychologischen Vertiefung; die Handlung verläuft über weite Strecken im Inneren der Figuren, von rein äußerer Handlung wird Abstand genommen.

Erzählweise

Die **Erzählweise** vieler Bücher schließt an moderne literarische Entwicklungen an: Die Handlung wird aus verschiedenen Perspektiven erzählt, die Ereignisse werden aus unterschiedlicher Sicht kommentiert. Rückblenden und Vorausdeutungen sind eine Selbstverständlichkeit. Auch eine filmische Erzählweise prägt manche Bücher. Die Autorin bzw. der Autor spricht die Figuren mit du an und bezieht die Leserin und den Leser dadurch in die Handlung mit ein, lässt sie in die Figuren hineinschlüpfen und sie so intensiver erleben.

Figuren

Die **Figuren** sind meist im gleichen Alter wie die Leserinnen und Leser, sie bieten sich somit als Identifikationsfiguren an. Sie haben ähnliche Probleme, Hoffnungen, Pläne und leiden unter ähnlichen Unsicherheiten. Die Konfrontation mit den Figuren hilft dabei, Distanz zu sich selbst zu gewinnen, sich selbst von außen, d. h. objektiv zu sehen, sich in einer bestimmten Haltung bestätigt zu fühlen und Gefühle zu klären.

Wenn Figuren in ihrer Erziehung Einschränkungen erfahren, sie sich Normen unterwerfen müssen, führt dies bei Leserinnen und Lesern ebenfalls zu einer Auseinandersetzung mit Normen und Werten in ihrem alltäglichen Leben.

Aggressive und wilde Protagonistinnen und Protagonisten symbolisieren einerseits einen Rückschritt in die frühe Kindheit und Trotzphase, andererseits markieren sie einen Schritt in die Autonomie und Ablösung vom Elternhaus. Sie machen aber auch Lust auf Unkonventionelles und den Ausflug in eine imaginäre Welt, in der man z. B. über Zauberkräfte verfügt, und regen die Fantasie an.

Fast immer wird auf die Darstellung eines Individuums, keines Typus, Wert gelegt.

Auffallend ist, dass sehr oft männliche Protagonisten im Mittelpunkt stehen, was auch schon in der klassischen Jugendliteratur der Fall war (z. B. *Die neuen Leiden des jungen W.* von Ulrich Plenzdorf oder *Der Fänger im Roggen* von J. D. Salinger).

Sprache

Die **Sprache** ist in manchen Büchern roh, brutal, realistisch, der Jugendsprache entnommen, direkt und deutlich. Beschreibungen von Sexualität und Gewalt kommen ohne Beschönigungen aus. Es gibt allerdings auch Bücher, die eine sehr poetische und ästhetische Sprache verwenden.
Auffallend oft werden in modernen Jugendromanen die Probleme objektiv dargestellt, die Autorin oder der Autor wertet nicht und verteilt auch keine Sympathien. Die Probleme müssen von den Leserinnen und Lesern selbst erschlossen werden. Die Autorinnen und Autoren trauen den Jugendlichen zu, eigenständig zu denken und selbst Konsequenzen aus der Lektüre zu ziehen. Darum fehlt bei manchen Büchern das Ende, oft kommen sie auch ohne Lösungsansätze für ein Problem aus. Eine deutliche Belehrung, was jetzt gut oder böse ist, fehlt häufig.
Alles in allem stellen diese Bücher eine Gegenwelt zu Computerspielen dar, wo es um rasche Reaktion, ein klares Bild von Freund und Feind geht, wo schnell Lösungen per Knopfdruck gefunden werden müssen. Die neuen Jugendbücher tragen zur Entschleunigung, Besinnung und Vermeidung von Stress bei.
Die mediale Umsetzung der Bücher – Verfilmungen, Hörbücher oder CD-ROMS – verstärkt noch ihre Wirkung. Oft wird gleichzeitig mit dem Erscheinen des Buchs auch ein Hörbuch veröffentlicht.

Thema: Erste Liebe

Ein wichtiges und immer wiederkehrendes Thema in Büchern für junge Erwachsene ist die erste Liebe, verbunden natürlich mit dem Erwachen der Sexualität. Die Bücher sind oft melancholisch, es sieht so aus, als wäre die erste Liebe meist zum Scheitern verurteilt. Die Hauptfiguren gehen aus der ersten Liebe gereift, aber oft auch traumatisiert hervor. Auffallend ist, dass sie bei ihren Erfahrungen auf sich allein gestellt sein wollen und sich nicht helfen lassen, schon gar nicht von den Eltern. Bei Burschen ist es oft der Vater, der durch sein Fehlen oder seine Vorbildfunktion das Erleben der ersten Liebe negativ beeinflusst.

Im Folgenden finden Sie drei Romane, die die erste Liebe zum Thema haben. Zwei enden unglücklich und sind in ihrer Grundstimmung traurig, einer ist zum Schreien komisch und hat ein optimistisches Ende, was in den aktuellen Jugendbüchern Seltenheitswert hat.

JOHN GREEN: *EINE WIE ALASKA*

John Green wurde 1979 in New York geboren und lebt mit seiner Frau in Indianapolis. *Eine wie Alaska*, sein Debutroman, gewann den Printz Award für herausragende Leistungen auf dem Gebiet der Jugendliteratur.

Das Besondere an dem Buch ist sein Aufbau – ein Countdown der Kapitel: Er beginnt 136 Tage vor dem besonderen Ereignis, dem die Leserinnen und Leser entgegenfiebern, und steigert die Spannung bis zum letzten Tag. Dann beginnt Miles, der Ich-Erzähler, chronologisch von den Tagen danach zu erzählen.

Miles ist fasziniert von den letzten Worten berühmter Leute und hat das Leben zu Hause satt. Er verlässt seine Schule und geht, inspiriert von den letzten Worten des Dichters François Rabelais „Nun mache ich mich auf die Suche nach dem großen Vielleicht" („Great Perhaps"), auf das Internat Culver Creek. Dort erwartet ihn Alaska Young, klug, lustig, verrückt, sexy, alle sind in sie verliebt. Auch Miles verliebt sich in sie und ist beeindruckt, verwirrt und überfordert zugleich. Gerade hat sie ihn, von ihm heiß ersehnt, geküsst, dann ist auf einmal alles anders.
Neben Alaska spielen auch zwei Freunde, der Colonel und der Japaner Takumi, eine große Rolle in Miles' Leben. Am Ende müssen alle drei damit leben, dass sie Alaska viel zu wenig gekannt haben und ihr nicht helfen konnten.

Der folgende Ausschnitt ist das berührende Ende des Buches.

Miles fängt an, sich aus dem Labyrinth, wie er sein Leben vor Culver Creek nennt, zu lösen:

Bevor ich hierher kam, dachte ich lange Zeit, der Weg aus dem Labyrinth besteht darin, so zu tun, als existierte es nicht. Ich errichtete mir in einer Ecke des endlosen Irrgartens eine kleine, eigenständige Welt und tat so, als hätte ich mich nicht verirrt, sondern wäre hier daheim. Doch das führte zu einem einsamen Leben, in dem mir nur die letzten Worte derer Gesellschaft leisteten, die bereits tot waren. Und so kam ich hierher, auf der Suche nach dem großen Vielleicht – nach echten Freunden und einem Leben, das größer war als dieses kleine, das ich geführt hatte. Doch dann habe ich einen Fehler gemacht, der Colonel hat einen Fehler gemacht, Takumi hat einen Fehler gemacht, und sie ist uns durch die Finger geglitten. Es gibt nichts zu beschönigen: Sie hätte bessere Freunde verdient.

Nachdem sie einen Fehler gemacht hatte, vor all den Jahren, als kleines Mädchen, gelähmt vor Angst, war sie in ihrem eigenen Mysterium versunken. Und dasselbe könnte auch ich jetzt tun, nur dass sie mir gezeigt hat, wo das hinführte. Und deshalb glaube ich heute immer noch an das große Vielleicht. Ich kann wieder daran glauben, obwohl ich sie verloren habe.

Denn ich werde sie vergessen, eines Tages. Alles, was geworden ist, strebt auseinander. Ich werde sie vergessen, doch sie wird mir verzeihen, genau so, wie ich ihr verzeihe, dass sie mich und den Colonel und alle anderen vergessen hat, dass sie nur an sich und ihre Mutter dachte, in jenen letzten Augenblicken, die sie als Mensch verbrachte. Ich weiß, sie vergibt mir, dass ich dumm und feige war und dumm und feige gehandelt habe. Ich weiß, sie vergibt mir, genau wie ihre Mutter ihr vergibt. Und daher weiß ich es:

Zuerst dachte ich, sie wäre einfach nur tot, sonst nichts. Nichts als Dunkelheit. Nichts als eine Leiche, die von den Würmern gefressen wird. So habe ich sie mir lange vorgestellt, als das Futter von etwas anderem. Das, was sie war – ihre grünen Augen, das halbe Lächeln, die weichen Kurven ihrer Beine –, würde bald nicht mehr sein, nur noch die Knochen, die ich nie gesehen hatte. Ich stellte mir den Prozess vor, wie sie zum Skelett wurde, ihre Knochen versteinerten und zu Kohle wurden, die in Millionen von Jahren von den Menschen der Zukunft abgebaut würden; jemand würde sein Haus mit ihr heizen, und dann wäre sie Rauch, der aus dem Schornstein quillt und in die Atmosphäre zieht. Manchmal denke ich immer noch so, denke, vielleicht haben wir uns das „Leben nach dem Tod" nur ausgedacht, um unseren Verlustschmerz zu lindern, um uns die Zeit im Labyrinth erträglich zu machen. Vielleicht war sie nichts als Materie, und Materie wird recycelt.

Aber ich glaube nicht, dass sie nur Materie war. Auch der Rest von uns muss recycelt werden. Ich glaube heute, dass wir mehr als die Summe unserer Teile sind. Würde man Alaskas genetischen Code und die Erfahrungen ihres Lebens zusammenzählen und die Beziehungen, die sie zu Menschen hatte, und die Maße und Form ihres Körpers addieren, man hätte sie noch lange nicht. Es gehört noch etwas ganz anderes dazu. Das ist der Teil von ihr, der größer ist als die Summe ihrer messbaren Teile. Und auch dieser Teil muss irgendwohin, denn er ist unzerstörbar.

Obwohl ich nie gut in Naturwissenschaften war, habe ich mir eines gemerkt, und zwar dass Energie weder erzeugt noch vernichtet werden kann. Das ist die Hoffnung, die ich Alaska so gerne gegeben hätte, falls sie sich wirklich das Leben genommen hat. Ihre Mutter zu vergessen, sie im Stich zu lassen, genau wie ihre Freunde und sich selbst – das sind schlimme Dinge, doch nichts ist so schlimm, dass sie daran verzweifeln musste. Wir können die schlimmsten Dinge überstehen, denn wir sind unzerstörbar, solange wir daran glauben. Erwachsene sagen mit diesem spöttischen Lächeln: „Teenager halten sich für unbesiegbar." Sie wissen gar nicht, wie recht sie haben. Wir halten uns für unbesiegbar, weil wir es *sind*. Wir können nicht unwiederbringlich gebrochen werden, und deshalb müssen wir nie verzweifeln. Wir können nicht erzeugt und nicht vernichtet werden. Wie alle Energie wandeln wir uns nur in Gestalt und Größe und Erscheinungsform. Leider vergessen das die Menschen, wenn sie älter werden. Sie beginnen, sich vor der Niederlage und dem Scheitern zu fürchten. Doch der Teil von uns, der größer ist als die Summe unsere Einzelteile, hat keinen Anfang und kein Ende, und darum kann er auch nicht scheitern.

Deshalb weiß ich, dass sie mir vergibt, genauso wie ich ihr vergebe. Thomas Edisons letzte Worte waren: „Es ist wunderschön hier drüben." Ich weiß nicht, wo sie ist, aber ich glaube, sie ist irgendwo, und ich hoffe, dass es wunderschön dort ist. (S. 273 ff)

- Wie reagiert Miles auf den Tod Alaskas? Er weiß nicht, ob sie durch einen Unfall ums Leben gekommen ist oder ob sie Selbstmord begangen hat. Worin findet er Trost?
- Wie würden Sie die Sprache charakterisieren, die Miles verwendet, um die Situation zu beschreiben? Welche Stimmung wird dadurch vermittelt? In welchen Textstellen scheint es, als sei er total verzweifelt? Wo scheint es, dass er noch Trost findet?

Charles Simmons: *Salzwasser*

Charles Simmons wurde 1924 geboren und arbeitete, bevor er Schriftsteller wurde, mehrere Jahrzehnte als Literaturredakteur. Er lebt in New York und auf Long Island. *Salzwasser* ist sein fünfter Roman und wurde nach seinem Erscheinen vor allem in den USA und in Frankreich von der Kritik hoch gelobt. Das Thema des Buches ist wie bei *Eine wie Alaska* die „Erste Liebe". Simmons ließ sich bei seinem Werk von der Novelle *Erste Liebe* des russischen Dichters Turgenjew inspirieren – darauf deutet der Paratext[1] hin, und auch im Text selbst findet man immer wieder Anspielungen.

Das Buch beschreibt unterschiedliche Facetten von Beziehungen: die Verehrung eines Sohnes für seinen Vater, die Liebe eines Jungen zu einer älteren Frau, die unglückliche erste Liebe eines Mädchens zu einem Jungen, homosexuelle Gefühle eines jungen Mannes für einen Jungen, die realistische Einschätzung einer reifen Frau von kurzzeitigen Beziehungen, die Liebe einer jungen Frau zu einem verheirateten Mann, die eifersüchtige Liebe einer Ehefrau zu ihrem Mann, der dauernd fremdgeht, aber immer wieder zu ihr zurückkehrt.
Beeindruckend ist der erste Satz des Buches, der bereits die Problematik umreißt und die Neugier auf Details weckt:

Im Sommer 1963 verliebte ich mich, und mein Vater ertrank. (S. 9)

Michael, genannt Mischa, verbringt mit seiner Mutter und seinem Vater seine Ferien im Osten der USA. Ins Nebenhaus ziehen Zina und ihre Mutter ein. Zina, etwas älter als Mischa, fasziniert ihn völlig, sie aber findet ihn bloß sympathisch und spielt mit ihm. Er deutet ihre Zärtlichkeiten falsch, er glaubt, sie empfinde mehr für ihn. Dann muss Michael erkennen, dass Zina seinen Vater verzweifelt liebt. Er erpresst sie, mit ihm zu schlafen, sonst würde er sein Wissen seinem Vater mitteilen. Bei einer Fahrt mit dem Segelboot kommt es zur Konfrontation zwischen Michael und seinem Vater, den er bis zu diesem Zeitpunkt vergöttert hat. Durch einen unglücklichen Zufall oder auch durch Michaels Mitschuld (der Autor lässt das offen) trifft der Mastbaum den Vater und er ertrinkt, sein Leichnam wird nie gefunden.
Michael, der die Geschichte in der Ich-Form erzählt, ist für sein ganzes Leben traumatisiert.

Der folgende Ausschnitt beleuchtet die Beziehung zwischen Vater und Sohn.

„Wir können uns nicht ausruhen", sagte er. „Wir müssen zurück. Du darfst nicht in Panik geraten, verstehst du?"
„Schon gut."
„Soll ich dir helfen?"
„Wenn du mir helfen mußt, kriege ich garantiert die Panik."
Es war nicht leicht. Was uns vorantrieb, war der Gedanke, daß die Strömung nachlassen würde. Die Frage war bloß, wer zuerst ermüdete – die Ebbe oder wir.
Am Strand standen Leute und beobachteten uns. Als wir näher kamen und ich wußte, daß wir es schaffen würden, drehte ich mich auf den Bauch und winkte meiner Mutter. Ich schluckte Wasser. Blackheart[2] war auch da, und die beiden, die das Gästehaus gemietet hatten, mit ihrem Hund.

---

[1] Paratext: ein Text, der einem Buch vorangestellt wird, dessen wirkliche Bedeutung sich erst nach der Lektüre des Buches erschließt.

[2] Blackheart: der Hund der Familie

Wir brauchten fünfundzwanzig Minuten für den Rückweg; der Hinweg hatte nur zehn Minuten gedauert.
Vater und ich lagen lange Zeit erschöpft am Strand. Die beiden Hunde beschnüffelten uns, um zu sehen, ob wir noch lebten. Mutter hielt meine Hand. Sie hatte eine Stinkwut auf Vater. Die beiden Mieter, die gerade erst eingezogen waren, blieben bei uns. Mrs. Mertz war in Mutters Alter. Ihre Tochter Zina war, selbst kopfunter betrachtet, schön. Augen und Haare waren braun, die Haut hatte einen helleren Braunton, und ihre Lippen waren purpurrot. Sie sahen aus wie geschnitzt. Ständig umarmte und streichelte sie ihren Hund, so als sei er in Gefahr gewesen und nicht wir. Dann berührte sie meine Wange, nur so aus Neugierde, wie mir schien. Ich verliebte mich kopfunter in Zina.
Am selben Abend nach dem Essen winkte mir Vater, mit nach draußen zu kommen. Wir gingen am Wasser entlang und redeten kaum. Ich dachte, er wollte nach dem Meer sehen oder Mutter aus dem Weg gehen, die nicht mit ihm sprach. Der Tag war freundlich und klar gewesen. Jetzt war die Luft schwer und feucht, und es blies ein kalter Wind herein, der die See kabbelig machte.
„Da draußen habe ich einen Moment lang gedacht, du würdest mich allein lassen", sagte ich.
„Das würde ich nie tun. Wie kommst du darauf?"
„Nur so."
„Hättest du mich denn allein gelassen?" fragte Vater.
„Nein, Sir."
„Dann ist's ja gut", sagte er und legte seinen Arm um meine Schultern. Immer wenn er das tat, fühlte ich mich von ihm geliebt.
Wir gingen zum Haus zurück. Mutter machte gerade ein Feuer im Kamin.
„Na, zieht es die Täter an den Tatort zurück?", sagte sie. Sie hatte sich wieder beruhigt. Vor dem Schlafengehen spielten wir Monopoly. Der Wind drehte, und während der Nacht kam ein kräftiger Nordost auf. Er dauerte drei Tage. Danach war die Sandbank verschwunden. (S. 13) R

- Wie würden Sie die Beziehung zwischen Michael und seinem Vater beschreiben?

Der nächste Textausschnitt ist das Schlusskapitel des Buches:

Das lokale Wochenblatt erschien am Donnerstag. Vater war die Titelstory. Es hieß nicht, daß er tot war, sondern nur, daß die Küstenwache die Suche eingestellt hätte, was auf dasselbe hinauslief. Sein Lebenslauf war eine Art Nachruf: vierundvierzig Jahre alt, geboren 1919 in Neptune, New Jersey, Absolvent der Rutgers University. Nichts, was ich nicht schon gewußt hätte, außer daß Neptune jetzt eine sonderbare Vorbedeutung zu enthalten schien.
Vater wurde nicht gefunden, daher hatten wir auch keine Beerdigung. Einen Monat später rief Mr. Walton an und sagte, er werde am kommenden Sonntag im Gottesdienst über Vater sprechen, ob wir vielleicht kommen und unsere Freunde mitbringen wollten. Mrs. Cuddihy blieb bei Mutter und kümmerte sich um die Einladungen. Es sprach sich herum, und am Sonntag war die „Kirche der Menschenfischer" voll.
Mr. Walton hatte Vater sehr gemocht, und seine Worte waren herzlich und aufrichtig. Er sagte, wie charmant, wie beliebt, bewundert, angesehen und so weiter Vater doch gewesen sei. Er wolle eine kleine Episode erzählen, die zeige, wie großzügig Vater zudem gewesen sei. Es läge einige Jahre zurück, da habe Mrs. Walton, die schöne Elaine, den Plan gehabt, eine zweite Karriere zu beginnen und eine Handelsschule zu besuchen. Vater habe sie zweimal die Woche zu sich ins Büro eingeladen, um ihr Einblick in die Geschäftswelt zu geben. Bei der Erwähnung von Mrs. Walton wurde Mutter neben mir plötzlich ganz starr, und als Mrs. Walton nach dem Gottesdienst zum Kondolieren kam, machte Mutter einen schmalen Mund. Da wußte ich, warum Mrs. Walton ihren Mann nicht zu den Labor-Day-Partys begleitet hatte.
Mrs. Yemm wurde ebenso behandelt, Mrs. Mertz dagegen fand Gnade. Mutter weinte nicht, erst als Zina kam, löste sich etwas in ihr. Sie umarmten sich und brachen beide in Tränen aus. Mutter hatte keine Ahnung von Vater und Zina. Sie hatte Zina gern und erkannte sich in mancher Hinsicht in ihr wieder.

Ich hatte Zina nicht mehr gesehen, seit Vater ertrunken war. Jetzt berührte sie meine Hand und sagte: „Es tut mir leid." Das waren nahezu die letzten Worte, die wir wechselten. Aber ich liebte Zina wirklich, und man kann nicht bereuen, jemanden geliebt zu haben.

(...)

Während ich neben Mutter stand und den Beileidsbekundungen zuhörte, wurde mir bewußt, wie schutzlos wir beide jetzt waren. Vater war derjenige gewesen, der sich, im Gegensatz zu uns, auskannte in der Welt. Zwischen all den Freunden in dieser christlichen Kirche waren Mutter und ich allein.

Auf dem Heimweg sagte sie, sie glaube, nicht die Richtige für Vater gewesen zu sein. Er hätte jemand Lebenslustigeren gebraucht. Ich sagte, meiner Meinung nach sei sie genau die Richtige gewesen.

Die Mertzens zogen wieder nach New York. (...)

Im Laufe der Jahre habe ich festgestellt, daß ich Mutter sehr viel ähnlicher bin als Vater. Mutter, Melissa und ich standen auf der einen Seite der Liebe, da, wo es wehtut. Vater, Mrs. Mertz und Hillyer standen auf der anderen. Zina dachte wahrscheinlich, sie gehöre auch auf diese Seite, aber da irrte sie.

Ich bin jetzt älter als Vater bei seinem Tod. Warum ich mich immer noch fühle wie ein Kind, weiß ich nicht. (S. 134 ff) R

- Was stellt sich beim Gedenkgottesdienst alles heraus? Wie reagieren die beteiligten Personen auf den Tod Peters? Wie deuten Sie den letzten Satz?
- Wie würden Sie Mischas Sprachstil beschreiben? Was sagt dieser über seine wahren Gefühle aus?
- Mischas Sohn ist verliebt. Was erzählt ihm Mischa über seine erste Liebe?

John Green: *Die erste Liebe [Nach 19 vergeblichen Versuchen]*

Ganz anders als die zwei vorigen Bücher behandelt John Green das Thema „Erste Liebe" in seinem Buch *Die erste Liebe [Nach 19 vergeblichen Versuchen]*. Schon der Klappentext erwähnt ironisch, dass der Autor 53-mal verlassen wurde, bevor er seine Frau kennenlernte. Der Unterton des Romans ist heiter, fast unbeschwert, obwohl es um ein ernstes Thema geht. Auch Leserinnen und Lesern, die Mathematik mögen, bietet das Buch etwas: Im Nachwort wird mathematisch erklärt, warum die Hauptfigur Colin zwangsläufig von seinen 19 Katherines verlassen werden musste.

Die Handlung beginnt, als Colin wieder einmal von einer Katherine verlassen wurde.

Am Morgen nachdem das anerkannte Wunderkind Colin Singleton seinen Highschool-Abschluss gemacht hatte und ihn zum neunzehnten Mal in seinem Leben ein Mädchen namens Katherine sitzen ließ, legte er sich in die Badewanne. Colin hatte schon immer lieber gebadet als geduscht. Einer seiner Grundsätze im Leben lautete: Tu nichts im Stehen, was du auch im Liegen erledigen kannst. Sobald das Wasser heiß aus dem Hahn kam, stieg er in die Wanne, dann saß er da und sah mit seltsam leerem Blick zu, wie das Wasser von ihm Besitz nahm. Langsam kroch es an seinen angewinkelten, gekreuzten Beinen hoch. Verschwommen nahm er wahr, dass er zu groß und zu lang für die Wanne war – er sah aus wie ein fast erwachsener Mensch, der Kind spielt.

Als das Wasser seinen mageren, sehnigen Bauch überspülte, musste er an Archimedes denken. Mit vier Jahren hatte Colin ein Buch über Archimedes, den griechischen Philosophen, gelesen, der in der Badewanne entdeckte, dass Volumen sich durch Wasserverdrängung messen ließ. Es heißt, dass Archimedes, als er die Entdeckung machte, splitternackt durch die Straßen rannte und „Heureka!"[3] rief. In dem Buch stand, dass viele wichtige Entdeckungen mit einem „Heureka-Erlebnis" einhergingen. Schon damals hatte Colin unbedingt einmal ein paar wichtige Entdeckungen machen wollen, und abends, als seine Mutter nach Hause kam, stellte er ihr diesbezüglich ein paar Fragen.

„Mami, kann ich auch ein Heureka-Erlebnis haben?"

„Schätzchen", sagte sie und nahm seine Hand, „was fehlt dir denn?"

[3] heureka (griech.): Ich hab's!

„Ich will ein Heureka-Erlebnis“, antwortete er im gleichen Ton, in dem andere Vierjährige um einen Plastik-Batman betteln.

Seine Mutter fühlte seine Stirn und lächelte ihn an, das Gesicht so nah, dass er ihren Lippenstift riechen konnte. „Aber ja, mein Schatz. Natürlich bekommst du eins.“

Doch Mütter lügen. Das gehört zu ihrem Job.

Colin holte tief Luft, dann ließ er sich am Wannenrand hinabgleiten und tauchte unter. *Ich weine,* dachte er, als er im schaumigen, beißenden Wasser die Augen öffnete. *Ich habe das Gefühl, dass ich weine, also weine ich wahrscheinlich, doch ich kann es nicht wissen, weil ich unter Wasser bin.*

Aber Colin weinte nicht. Erstaunlicherweise war er zu deprimiert zum Weinen. Er war zu verletzt. Es fühlte sich an, als hätte Katherine ihm den Teil, der weinte, weggenommen.

Schließlich zog er den Stöpsel, stand auf, trocknete sich ab und kleidete sich an. Als er aus dem Bad kam, saßen seine Eltern zusammen auf seinem Bett. Es war nie ein gutes Zeichen, wenn seine Eltern gleichzeitig in seinem Zimmer waren. In den letzten Jahren hatte es Folgendes bedeutet:

1. Deine Großmutter/Dein Großvater/Deine Tante Suzie, die/den du nie kennengelernt hast, die/der aber furchtbar lieb war, ist leider gestorben.
2. Du lässt wegen eines Mädchens namens Katherine die Schule schleifen.
3. Babys entstehen durch einen Akt, den du irgendwann vielleicht mal interessant findest, aber im Moment würdest du nur Albträume davon bekommen, und manchmal tun die Menschen etwas mit den dafür vorgesehenen Körperteilen, ohne dass ein Baby rauskommt, zum Beispiel küssen sie sich an Stellen, die nicht das Gesicht sind.

Es bedeutete nie:

4. Als du in der Badewanne warst, hat ein Mädchen namens Katherine angerufen. Es tut ihr leid. Sie liebt dich immer noch und hat einen schrecklichen Fehler gemacht und wartet unten auf dich.

(S. 7 ff)

- Welchen Eindruck macht Colin aufgrund des Textausschnitts auf Sie?

Colins muslimischer Freund Hassan überredet Colin zu einer Reise, die ihn ablenken soll – wenn das Buch ein Film wäre, würde man sagen: eine Art „Roadmovie“. Colin und Hassan erleben interessante „Abenteuer“, und Colin lernt zwar keine Katherine kennen, aber eine Lindsay lieben.

Im Paratext des Buches (S. 6) heißt es: „Aber das Schöne ist nicht, den Menschen zu besitzen. Das Schöne ist: einen Mitstreiter auf deiner Seite zu haben.“ (Philip Roth, Der menschliche Makel)

- Wenn Sie das Buch gelesen haben: Wie deuten Sie die Aussage Roths, auf welche Personen ist sie zu beziehen?

Thema: Gewalt

Anthony McGowan: *Der Tag, an dem ich starb*

Schon das Buchcover stimmt auf den Inhalt des Buches ein: eine Messerspitze mit Blutspritzern.

Im Mittelpunkt des Buches steht der 16-jährige Paul Varderman, der die Handlung auch erzählt. In der Schule fühlt er sich nicht wohl, denn er ist dauernd den Schikanen anderer Schüler ausgesetzt. Der schlimmste Mobber ist Roth, dem sich keiner zu widersetzen traut. Roth bietet Paul eines Tages an, ein Paket zu Goddo, dem Anführer der verfeindeten Temple-Moor-Schule, zu bringen. Paul, auf der Suche nach Anerkennung, übernimmt den Auftrag. Im Paket ist der Kopf von Goddos Hund. Paul wird verprügelt und Goddo lässt Roth ausrichten,

dass er ihn umbringen werde. Roth schenkt Paul ein Messer, wie es auch auf dem Cover abgebildet ist.
Eine Gruppe, die sich Freaks nennt, ist Paul sympathisch, er verliebt sich in das Mädchen Maddy, und er mag den Anführer Shane.
Bei einer Massenschlägerei zwischen beiden Schulen führt ein Missverständnis dazu, dass Paul Shane unabsichtlich tötet.
Paul erzählt seine Geschichte, während er im Gefängnis sitzt; er weiß, dass er nie mehr in ein normales Leben zurückkehren kann.

Das Buch zeigt die Spirale der Gewalt, aus der man – ist man wie Paul einmal in sie geraten – nie mehr herauskommt. Es ist ein Buch, das Gewalt in ihrer vollen Härte zeigt und trotzdem dazu auffordert, es nie so weit kommen zu lassen.
Der erste Ausschnitt zeigt, wie Paul in den Sog Roths gerät, obwohl er ihn hasst.

Vielleicht versuche ich es anders zu erklären. Das Schlimme an Roth war, dass er stärker und härter war als alle anderen. Dazu kam – und das war das wirklich Schreckliche –, dass er auch noch schlauer war. Ich meine damit nicht die Art von Schlauheit, die man braucht, um gut in Mathe oder Englisch zu sein, sondern dass er wusste, was in einem vorging.
Roth zog mich von der Bank und legte mir seinen massigen Arm auf die Schulter. Er führte mich ein Stück von den anderen weg. Das Gewicht seines Arms wog zentnerschwer, erdrückte mich.
„Keine Sorge, die Jungs sind in Ordnung. Bloß ein bisschen dämlich." Seine Stimme klang plötzlich wieder merkwürdig weich. „Aber du – du bist nicht dämlich, stimmt's, Paul?"
Komisch. Das war schon das zweite Mal, dass das jemand zu mir sagte.
„Kommt drauf an, was du mit dämlich meinst."
Roth lächelte breit und zeigte mir wieder seine unnatürlichen, weit auseinanderstehenden Zähne.
„Genau das ist der Punkt. Auf so was würden diese Blindgänger nie kommen, verstehst du? Ich frag dich, ob du dämlich bist, und du fragst mich, wie ich das meine. Das liegt daran, dass du da oben was drin hast" – er deutete auf seinen Kopf – „und es auch gebrauchst."
Ich schäme mich wirklich, es zuzugeben, aber ich will auch nichts Wichtiges weglassen. Als er das zu mir sagte und seine Stimme so sanft und vertraulich klang, da stieg etwas in mir auf, eine Art Glücksgefühl, Wärme, ein innerer Frieden.
Ich hasste Roth, hätte ihn mehr als jeden anderen Menschen hassen *müssen*. Hassen, weil er schlecht war, grausam und hinterhältig. Weil er andere zusammenschlug und ihnen dann aufs Gesicht pisste. Weil er seine dämlichen Kumpels anstiftete, mir Kaugummiklümpchen in die Haare zu werfen, nur damit eine langweilige Erdkundestunde schneller verging.
Aber diese paar schlichten Sätze von ihm genügten, um mich glücklich zu machen.
Was ich in diesen wenigen Sekunden für ihn empfand, war Liebe.
„Wir unterhalten uns bei Gelegenheit mal", sagte er. Dann ließ er mich los und ging davon, und die anderen trotteten ihm hinterher, weil sie nichts anderes mit ihrem Leben anzufangen wussten.
Ich blieb allein stehen und war genauso wenig in der Lage, eigenständig zu denken, wie Bates oder Miller. Also starrte ich in die Ferne. Auf der anderen Seite vom Pausenhof standen die Freaks, und ich bemerkte, dass sie in meine Richtung schauten. Ohne es zu wollen, begegnete mein Blick dem von Shane und er nickte mir zu. Es war eine winzige, unmerkliche Geste, aber ich hatte sie registriert. Ich weiß nicht, was er mir damit sagen wollte. Dann schaute ich die anderen in der Gruppe an und erhaschte für den Bruchteil einer Sekunde einen Blick von Maddy Bray. Vielleicht hätte sie mir sogar zugelächelt, wenn ihr einer der anderen in diesem Moment nicht einen Stoß versetzt hätte. Wahrscheinlich war es ein freundlich gemeinter Stoß, aber er kam mir komisch vor, weil die Leute aus Shanes Gang normalerweise nicht so miteinander herumalberten.
Und dann klingelte es und die Pause war zu Ende. (S. 47 ff)

- Warum ist Paul von Roth beeindruckt und spricht sogar von Liebe, obwohl er ihn doch hasst?

Nachdem Paul Shane unabsichtlich getötet hat, sitzt er im Gefängnis. Der folgende erschütternde Textausschnitt zeigt, wie Paul sich fühlt, und erklärt auch den Titel des Buches.

Ich bekomme Besuch.

Meine Mutter und mein Vater kommen jede Woche. Wir sitzen uns in einem nackten Raum an einem Holztisch gegenüber. Auf dem Tisch steht eine Vase und in der Vase steckt eine Plastikblume. Sie glauben mir, dass ich Shane nicht mit Absicht getötet habe. Ob es das für sie leichter macht? Ich glaube, das macht es schwerer. Mein Vater redet über Dinge, die in der Welt passieren. Die Augen meiner Mutter füllen sich mit dicken, ungefallenen Tränen. Ich sage ihnen, dass ich eines Tages rauskommen und dass ich dann ein guter Mensch sein werde.

Aber wie kann ich gut sein? Jetzt, wo ich einen Jungen getötet habe, wie kann ich da jemals wieder ein guter Mensch sein?

Ich hatte gehofft, dass Maddy zu Besuch kommen würde und die anderen Freaks – Billy, Stevie, Serena. Ich hätte ihnen erklären können, was passiert ist, und vielleicht hätten sie mir dann vergeben. Aber sie werden niemals kommen und sie werden mich für alle Zeiten hassen. Ich denke an Maddy und stelle mir ein Leben vor, das wir zusammen hätten haben können. Kein ganzes Leben, aber vielleicht ein paar Monate, ein Jahr, zwei Jahre, sie als meine Freundin, normale Sachen eben.

Niemals, nie, nie, nie, nie.

Shane starb, noch bevor er ins Krankenhaus kam. Verdammt, er starb sofort. Die Klinge rutschte von der Rippe ab und glitt in sein Herz, und sein Herz hörte auf zu schlagen, wie Herzen es tun. Sie haben alles versucht. Sie haben versucht ihn wiederzubeleben, meine ich. Die Sanitäter, die Ärzte in der Notaufnahme und die Chirurgen. Sie brachten ihn in dasselbe Krankenhaus, aus dem er eine Stunde vorher entlassen worden war.

Er war direkt von der Notaufnahme zur Schule gefahren, um mich davon abzuhalten, bei dem Kampf mitzumachen. Die vollständige Geschichte erfuhr ich natürlich erst später. Wie er die anderen angerufen und ihnen gesagt hatte, dass sie helfen sollten und dass er gleich nachkommen würde. Wie er sah, dass ich mich mit Mickey am Boden wälzte, und kam, um mich davon abzuhalten, irgendeine Dummheit zu machen.

Ich erinnere mich nur verschwommen an das, was passierte, nachdem ich Shane erstochen hatte. Wahrscheinlich denkt ihr jetzt, das liegt daran, dass ich mich nicht daran erinnern will, und damit habt ihr Recht.

Jemand muss die Lehrer alarmiert haben. Die Polizei. Den Krankenwagen. Sie sind alle gekommen. Die Polizei war als Erstes da. Ein Streifenwagen hielt am Rand der Wiese und zwei Polizisten rannten auf uns zu. Einer rutschte aus und fiel hin und ich hörte Gelächter – ich weiß nicht, von wem. Sobald die Polizei auftauchte, rannten die, die noch rennen konnten, in alle Richtungen davon. Die beiden Polizisten versuchten noch ein paar zu erwischen, aber es war zwecklos, und außerdem merkten sie bald, wo wirklich etwas passierte. Hier bei mir und bei Shane, der starb.

Alle stürzten sich auf mich. Maddy weinte und schrie. Ich glaube, sie schlug mich auch. Jemand schlug mich. Vielleicht schlugen sie mich alle. *Er wollte doch nur helfen*, schrien sie. Ich wollte von Kirk erzählen, dass er schuld war, aber niemand hörte mir zu. Bevor die Polizisten bei uns waren, rückte ich noch einmal ganz nah an Shane heran. Seine Augen waren geschlossen und er zitterte am ganzen Körper, aber nur ganz leicht, wie ein Blatt im Wind. Ich glaube, ich sagte: *Es tut mir leid, es tut mir so leid*. Und dann hörte das Zittern auf.

Das war das letzte Mal, dass ich Shane sah.

Die Polizisten nahmen mich fest. Sie fanden das Messer. Beide Messer, meine ich. Das, das ich Mickey abgenommen hatte, und auch das in meiner Jackentasche. Das war das Messer, das zu meiner Verurteilung führte. Ich war bewaffnet in den Kampf gegangen. Ich war ein Mörder.

Aber ich lebe, wie kann ich da von dem Messer sprechen, das mich tötete?

Weil ich nicht mehr lebe. Weil ich da draußen auf der Zigeunerwiese gestorben bin, als ich meinem Freund Shane das Leben nahm. Ich starb in meinem Herzen, starb in meiner Seele und in meinem Gehirn. Mein Körper bewegt sich zwar, bewegt sich von meiner Zelle (sie nennen es Zimmer, aber es ist eine Zelle) zu den Duschräumen, in den Speisesaal, in den Aufenthaltsraum, auf die Toilette und wieder zurück zur Zelle. Aber was sich bewegt, ist ein Zombie, ein wandelnder Leichnam.

Ich weiß nicht, wann sie mich freilassen werden, aber das spielt auch keine Rolle. Denn die Ketten und die Gitterstäbe sind in mir und von ihnen werde ich niemals freikommen.

Ich denke die ganze Zeit an Shane. Wenn man jemanden tötet, den man liebt, dann bleibt er für immer bei einem. Ich sehe ihn vor mir, wie er mich anlächelt, als wir uns kennenlernten. Sehe ihn bei anderen Gelegenheiten lächeln, unten in seinem Keller oder auf der Straße, wenn wir einfach nur rumhingen. Ich höre seine ruhige, klare Stimme. Ich verstehe zwar nicht, was er sagt, aber ich weiß, dass es weise ist und ohne Vorwurf.

Ich sah seine Augen in den Augen seiner Mutter im Gerichtssaal, sah seinen Mund im Mund seines Vaters.

Aber Shane ist nicht der einzige Geist, der bei mir ist. Mit Shanes Geist könnte ich leben. Shanes Geist könnte mein Freund sein. Aber da ist noch jemand.

Lasst ihn mich nicht einen Geist nennen, sondern einen Gott.

Roth ist nicht gestorben. Die Wut der Templer konnte ihn nicht töten. Sie rettete ihn sogar. Dadurch, dass er verletzt war, sah die Welt in ihm ein Opfer. Roth wurde nicht angeklagt, musste sich nicht vor Gericht verantworten.

Er kam in dasselbe Krankenhaus wie Shane. Aber er überlebte und Shane starb. Denn ihr müsst wissen, dass die grausamen Götter mächtiger sind als die gütigen und dass es am Ende immer sie sind, die den Sieg davontragen.

Ihr zweifelt daran? Seht euch die Welt doch an, meine Brüder und Schwestern.

Und so ist auch Roth bei mir und kämpft um meine Seele.

Und ich weiß nicht, wer gewinnen wird. (S. 246 ff)

- Paul hat seinen Freund getötet, natürlich ohne es zu wollen. Wie reagiert er im Gefängnis auf seine Tat? Suchen Sie die Textstellen heraus, die seine Situation besonders drastisch zeigen, und reden Sie in der Gruppe darüber!
- Auch die Leserin und der Leser werden in Pauls Geschichte mit einbezogen. Suchen Sie entsprechende Stellen! Was bezweckt Paul mit diesen Passagen?
- Welche Meinung vertritt Paul in Bezug auf Gott bzw. Götter? Wie kommen Sie mit der Tatsache zurecht, dass es so viel Unrecht auf der Welt gibt, obwohl Gott angeblich mildtätig und gut ist? Warum lässt er z. B. ein Schicksal wie das von Paul zu? Dieses Thema ist auch für Ihren Religionsunterricht interessant. Regen Sie eine Diskussion dazu an!
- Schreiben Sie einen Brief an Paul, der sich in einer seiner Meinung nach ausweglosen Situation befindet. Was könnten Sie ihm als Trost bieten?

David Klass: *Wenn er kommt, dann laufen wir*

Jeffs Familie hat sich in einem kleinen Fischerort mühsam ein neues Leben aufgebaut. Jeff hat sich eingelebt und sich in Beth verliebt. Da wird Troy, Jeffs Bruder, aus dem Gefängnis entlassen. Er hat einen Mord begangen und nicht wirklich bereut. Die strenggläubigen Eltern nehmen den verlorenen Sohn auf und möchten ihm eine zweite Chance geben. Jeff glaubt dem angeblich reuigen Sünder keine Sekunde. Seine Vorbehalte werden bestätigt, als ein Junge, mit dem Troy Streit hatte, spurlos verschwindet und Mr. Smith stirbt.

„Gibt es wirklich so etwas wie Gut und Böse?" (...) Ich dachte an Troy. Troy in meinem Haus, in dem Zimmer direkt unter mir. Troy, der einen Jungen getötet hatte. Troy, der mir jeden Abend am Esstisch gegenübersaß und lächelte. (...) Das Böse existierte nicht nur – es hatte sich in unserem Haus eingenistet, residierte in unserem Gästezimmer, war nur durch eine Schicht aus Beton von dem Raum getrennt, in dem ich schlief. (S. 62)

Der folgende Textausschnitt zeigt, wie Jeff verzweifelt versucht, sich seines Bruders, den er trotz allem liebt, zu entledigen.

Ich warf einen Blick auf die schwarze Sporttasche und ein Instinkt, den ich nicht näher beschreiben kann, ließ mich niederknien und sie öffnen. Drinnen lag ein weißes Handtuch. Ein Wurfmesser, das vermutlich einmal Freibeuter Fraser gehört hatte. Ein Reiseführer für Mexiko. Ein kleines Bild meiner Mutter in einem silbernen Rahmen. Und eine Pistole aus dunklem und schwerem Metall.

Ich hörte Schritte die Treppe aus der Kabine emporkommen. Ohne darüber nachzudenken, nahm ich das Küchenmesser in die linke Hand und packte mit der rechten die Pistole. Sie schmiegte sich sanft in meine Handfläche und mein Zeigefinger legte sich um den Abzug.

Troy sah mich, als er die vorletzte Stufe erreichte, aber er machte keine Anstalten, wieder nach unten zu springen. Stattdessen stieg er die letzte Stufe hinauf und betrat das Deck. „Hallo Bruder", sagte er mit fester Stimme. „Ich habe dich nicht erwartet."

„Warum hast du es getan?", fragte ich. Ich weiß, das hört sich wie ein abgedroschener Spruch aus einem schlechten Film an, aber dies waren die Worte, die mir an jenem Tag an Deck des kleinen Boots in den Sinn kamen, als Troy und ich uns Auge in Auge gegenüberstanden.

„Eine Pistole in der einen und ein Messer in der anderen Hand", gab er zurück. „Das ist keine höfliche Begrüßung. Das Küchenmesser ist übrigens völlig nutzlos, weil es zu groß ist und nicht scharf genug." Er machte einen Schritt in meine Richtung. „Die Pistole ist unglücklicherweise nicht geladen. Du glaubst doch nicht, dass ich eine geladene Waffe bei mir habe, wenn es dafür keine Notwendigkeit gibt ..." Er kam rasch auf mich zu und ich hob die Pistole und zielte auf sein Herz. Troy musste gesehen haben, wie mein Finger am Abzug zuckte, denn er hielt mitten in der Bewegung inne und blieb stocksteif stehen.

„Sie ist geladen. Andernfalls wärst du nicht stehen geblieben", sagte ich.

„Es gibt nur eine Möglichkeit, das herauszufinden", sagte er ruhig. „Drück ab, Jeff. Mach schon. Aus dieser Entfernung kannst du nicht danebenschießen. Selbst wenn deine Hand anfängt zu zittern." Die grauen Augen beobachteten mich aufmerksam, zuckten von meinem Gesicht zu meiner rechten Hand. „Deshalb bist du doch hergekommen, nicht wahr? Also los, erschieß mich."

„Warum hast du es getan?", fragte ich wieder. „Fraser war vielleicht ein Unfall, aber warum hast du Mr Smith umgebracht, einen Mann, der dir nur Gutes getan hat?"

Ich hatte keine Ahnung, dass mein Bruder in der Lage war, Schuld zu empfinden, aber da war sie plötzlich, stand deutlich und unmissverständlich in seinem Gesicht. „Er ist tot? Bist du sicher?"

„Auf dem Weg ins Krankenhaus. Während seine Frau und Sohn neben ihm saßen."

„Das war so nicht geplant", sagte Troy. „Der verdammte Narr wusste, dass ich bewaffnet war, aber er hat trotzdem versucht sich mir in den Weg zu stellen. Ich habe ihn nicht erschossen, ich habe ihn nur zur Seite gestoßen. Es war sein schwaches Herz, das ihn umgebracht hat."

„Nein, Troy, du hast ihn umgebracht", sagte ich zu ihm. „Sein Blut ist an deinen Händen, bis in alle Ewigkeit. Dafür sollst du in der Hölle schmoren." Die Hand mit der Waffe war nun völlig ruhig. Ich konnte ihn erschießen, jeden Augenblick, wann immer ich wollte. Auch er war sich dessen bewusst, das konnte ich an seinen Augen ablesen.

„Und mein Blut wird an deinen Händen kleben, Bruder", flüsterte er und hielt meinen Blick fest. Er machte einen halben Schritt auf mich zu. „Töte mich und du wirst werden wie ich. Das ist deine größte Befürchtung, nicht wahr? Das ist es, wovor du dich all die Jahre versteckt hast." Noch ein Schritt. „Wir sind nicht so verschieden, Bruder, du und ich, und wir beide wissen es. Es gibt mehr Dinge, in denen wir uns ähnlich sind, als solche, in denen wir uns unterscheiden. Geboren von derselben Mutter, gezeugt von demselben Vater. Du kannst genauso gut töten wie ich und dann werden wir eins sein. Ich liebe dich, Bruder. Ich habe dich immer geliebt."

Meine Hand zitterte heftig und plötzlich sprang Troy vor, packte die Pistole und drückte den Lauf zur Seite.

BUMM. Ich kann mich nicht erinnern, den Abzug durchgedrückt zu haben, aber aus der Pistole löste sich ein Schuss. Troy schrie auf und stürzte mit einer halben Drehung zu Boden. Er lag auf der Seite, halb auf dem Bauch, und bewegte sich nicht mehr.

Ich ließ die Waffe los, die klappernd auf die Holzplanken fiel. Ohne nachzudenken, rannte ich zu ihm und beugte mich über ihn. „Troy?"

Mit einem Ruck packte er meinen Arm und zerrte kraftvoll daran, sodass ich schwer gegen die Reling fiel. Als ich mich aufrichtete, sah ich, dass er sich herumgerollt hatte und jetzt die Pistole in der Hand hielt. Er versuchte aufzustehen, griff sich aber ans Bein und wäre beinahe wieder der Länge nach hingefallen. Ein roter Fleck breitete sich auf seinen Jeans aus, direkt oberhalb der Kniescheibe. „Verdammt noch mal", sagte er, beinahe verwundert. „Mein Bein. Du hast mir in mein verfluchtes Bein geschossen."

„Ich wünschte, ich hätte dein Herz getroffen", sagte ich. „Nach allem, was du getan hast, hast du es verdient."

„Aber dann wärst du wie ich gewesen und du hast gerade bewiesen, dass du es nicht bist", flüsterte Troy. Es war womöglich das Netteste, was er jemals in seinem Leben gesagt hatte. „Was soll ich jetzt machen? Du kannst nicht mit mir kommen. Ich kann dich nicht zurücklassen."

„Wir beide wissen, was du zu tun hast. Ich bin eine Bedrohung für all deine Pläne. Ich weiß, wo du hin willst und wie du dorthin kommen willst. Und selbst wenn ich schwören würde, dass ich niemandem etwas verraten würde, könntest du das Risiko nicht eingehen. Und ich hasse dich abgrundtief."

Er lächelte. Dann biss er sich auf die Lippen und betrachtete sein Bein. „Bruder, ich muss dich um einen Gefallen bitten. Gib mir deinen Gürtel."

Ich zog ihn aus und reichte ihn Troy. Mit schnellen Bewegungen legte er den Gürtel wie eine Schlinge um sein Bein und zog ihn sehr fest. Während der ganzen Zeit ließ er mich nicht aus den Augen, für den Fall, dass ich noch einmal versuchen würde ihn zu attackieren. (...) „Jeff", sagte er, „deinen Ausführungen ist nichts hinzuzufügen. Du hast völlig logisch argumentiert. Ich kann dir nicht vertrauen. Du kennst all meine Geheimnisse. Wir wissen beide, was ich jetzt tun muss."

„Dann tu es. Du kannst nicht noch tiefer fallen. Die Hölle, die dich erwartet, ist bodenlos."

Er nickte, holte tief Atem und hob die Pistole, sodass der Lauf auf meine Schläfe deutete. Ich schaute ihn über die Waffe hinweg an. Das ist das Ende, dachte ich. Hier hört alles auf. Auf diesem Boot. Bei diesem Sonnenuntergang. Durch die Hand meines eigenen Bruders. Versuche in seinen Augen die Augen deines Vaters zu sehen, sagte ich mir. Suche den Ausdruck von Liebe und Güte und dann sterbe mit diesem Anblick.

Und dann sah ich, wie Troys Hand anfing zu zittern. Sie vibrierte, dann wankte sie und bebte und schließlich gab er auf, ließ die Pistole sinken. Er schien überrascht zu sein und in gewisser Weise auch erfreut. „Verdammt sollst du sein, Bruder. Mach, dass du von meinem Boot kommst."

Ich ging zur Reling und glitt hinab in das eisige Wasser. Die Wellen kamen mir höher vor und das Wasser tiefer und noch kälter als zuvor. Ich schaffte es kaum ans Ufer. Als ich aus der Brandung watete und mich umdrehte, sah ich, dass er Anker gelichtet und den Motor angeworfen hatte. Er ließ die Scheinwerfer des Bootes ausgeschaltet. Es wurde immer dunkler. Ich schaute ihm nach. Seine Silhouette war zu sehen, während er das kleine Boot um die Landspitze und in die gierigen Wellen hineinsteuerte. Es war ein kleines, zerbrechliches Gefährt, das sich einer endlos weiten und wütenden See entgegenstellte, aber es kämpfte sich durch den Wind und kroch langsam gen Süden. In dem Moment, in dem es um die nächste Landspitze bog, kurz bevor es aus meinem Blickfeld verschwand, sah ich, wie sich mein Bruder zu mir umwandte und seine Hand hob. Langsam hob ich meine eigene. Dann war er weg, verschwunden in Schnee und Wellen und Dunkelheit. (S. 319 ff)

- Beschreiben Sie die Beziehung zwischen den Brüdern. Welche schreckliche Erkenntnis erlangt Jeff?

Im letzten Kapitel resümiert Jeff die Beziehung zu seinem Bruder. Troy kann verbrochen haben, was er will – Klarheit bietet das Buch nicht – er wird immer der Bruder bleiben. Das ist es, was Jeff nie überwinden wird.

Ich habe nie jemandem gesagt, wohin ich an diesem Nachmittag ging, noch, was bei den spitzen Felsen der Ewards Bay geschah. Die Polizei hatte allerlei Theorien, aber ich blieb bei meiner Geschichte, dass ich einfach nur ausgeflippt war und einen langen Dauerlauf durch den Schnee gemacht hatte.

Niemand hatte mich gesehen und niemand konnte mir das Gegenteil beweisen.

Von Troy hat man niemals wieder etwas gehört oder gesehen. An diesem Abend kam Sturm auf

und blies und heulte drei Tage und drei Nächte lang. Fünf Tage danach fand die Polizei Troys Wagen an einem Strandabschnitt des Naturschutzparks. Zehn Meilen entfernt trieben sie den Besitzer einer Anlegestelle auf, der ihnen bestätigte, dass Troy dort unter einem falschen Namen ein Boot vor Anker liegen hatte. Er erklärte, er hätte gute Arbeit geleistet, das Boot in Schuss gebracht und seetüchtig gemacht. Er hatte Segelunterricht genommen und war in relativ kurzer Zeit zu einem recht passablen Skipper geworden.
Sie suchten überall nach diesem Boot, im Norden bis nach Kanada und im Süden bis nach Florida, doch sie fanden nicht einmal eine einzige Planke.
Etwa einen Monat später kam meine Mutter in ein Sanatorium und kehrte nicht mehr nach Hause zurück. Ich besuche sie dort, so oft ich kann. Sie hat wieder angefangen zu malen und die Wände ihres Zimmers sind mit fröhlichen Blumenbildern voll gehängt. Und in den Vasen auf dem Tisch und der Kommode stehen oft frische Blumen, die mein Vater ihr mitbringt.
Manchmal trinke ich mit ihr Tee und wir sitzen stundenlang beieinander. An guten Tagen unterhalten wir uns über mein Leben und über das Studium und ich versuche sie zum Lachen zu bringen mit Berichten über misslungene Verabredungen mit Mädchen oder anderen harmlosen Geschichten. An schlechten Tagen halten wir uns einfach an den Händen und hören Musik.
Wir sprechen niemals über Troy. Sie hat mich nie gefragt, ob ich glaube, dass er lebt oder den Tod gefunden hat. Aber das ist eine Frage, die ich sowieso nicht beantworten könnte. Ich weiß es nicht.
Ich bin ziemlich sicher, dass Troy in diesem Wintersturm auf See ertrunken ist, dass sein kleines Boot gekentert und auf den felsigen Meeresgrund gesunken ist. An Tagen, an denen es mir besonders schlecht geht, stelle ich mir vor, wie er an der Schussverletzung verblutet ist. Dann sehe ich mich als meines Bruders Mörder. Aber ich muss zugeben, dass ich manchmal, wenn ich mit ein paar Freunden von der Universität am Strand spazieren gehe, mich ein wenig abseits halte und über das Felsgestein klettere. Dann starre ich hinaus auf die Wellen und in meiner Phantasie hat Troy überlebt und ist entkommen. Er ist davongesegelt, zu seinem eigenen kleinen Tahiti, einem Silberstrand, irgendwo in Mexiko, oder zu einer strohgedeckten Hütte in Kuba. Er fängt Fische für sein Abendessen und zeichnet Bilder von hübschen Mädchen mit langen Haaren – aufregende, beängstigende Bilder, die von der Süße und dem Übel des Lebens erzählen.
Nach diesen Visionen fühle ich mich jedes Mal abgrundtief schuldig. Gott weiß, dass Troy das nasse Grab und ewiges Leiden in der Hölle verdient hat. Aber er war immerhin mein einziger Bruder. Die Wellen des Ozeans ziehen immerwährend ihre Bahnen, die Möwen über mir kreischen, und schließlich schüttele ich diese Gedanken ab und gehe langsam wieder zurück zum Strand, wo meine Freunde lachen und flirten und Fußball spielen, zurück in eine sichere und normale Welt, nach der wir alle uns so sehr sehnen. (S. 324 f)

- Was bedeutet Troy seinem Bruder Jeff immer noch, nachdem er verschwunden ist?

Thema: Mädchen

Joyce Carol Oates: *Mit offenen Augen*

Im Mittelpunkt des Buches steht die 14-jährige Francesca, die Franky genannt wird. Sie lebt mit ihrem Vater, Reid Pierson, einem bekannten Sport-Moderator, ihrer Mutter Krista, ihrer jüngeren Schwester Samantha und ihrem Halbbruder Todd in Seattle.
Sie führt als Tagebuchschreiberin die Leserin bzw. den Leser in die Familienverhältnisse der Piersons ein. Unterbrochen wird der chronologische Erzählvorgang durch Rückblenden innerhalb der Kapitel. Zu Beginn des Buches wehrt sie sich erfolgreich gegen eine Vergewaltigung. Ihr starkes Ich, „Freaky green Eyes“, steht ihr in schwierigen Situationen bei, verleiht ihr letztendlich auch die Kraft, ihren eigenen Vater anzuzeigen und die Misshandlungen der Mutter öffentlich zu machen. Das Buch zeigt unterschiedliche Stadien psychischer und physischer Gewalt. Zunächst findet Franky Erklärungen und Entschuldigungen, die typisch für Opfer sind, erst der Mord an ihrer Mutter und deren homosexuellem Freund lässt sie über sich hinauswachsen. Die heile Welt

ihrer Familie, die nie eine war, wird als Illusion entlarvt. Franky verliert ihre Mutter, zu der sie erst durch deren Tagebuch – allerdings zu spät – eine Beziehung aufbauen konnte. Sie kann sich von ihrem gewalttätigen Vater distanzieren und zieht mit ihrer Schwester zu ihrer Tante Vicky in eine andere Stadt.

Im folgenden Textausschnitt setzt sich Franky auf einer Party gegen einen zudringlichen Jungen durch.

„Fran-cesca. Ein sch-schöner Name."

Cameron hat mich irgendwohin geführt. Ich kann gar nicht mehr aufhören zu kichern. Mein Kopf schwillt an, immer mehr, als müsste er gleich platzen, aber es ist ein komisches Gefühl, so als stiegen mir lauter Bierblasen in die Nase und ich müsste ständig niesen – hatschi-hatschi-hatschi. Die Musik ist jetzt nicht mehr so laut. Ich kann sie noch hören, ich spüre noch, wie der Boden unter mir bebt, aber ich bin nicht mehr so dicht dran.

Cameron murmelt etwas, aber ich kann ihn nicht verstehen. Wir sind in einem Zimmer mit wandhohem Fenster und Blick aufs Wasser, aber inzwischen ist es dunkel. Ich kann das Meer riechen, höre, wie sich die Wellen am Strand brechen, aber sehen kann ich das Wasser nicht. Ich komme mir vor wie auf einem Sprungbrett, die Augen geschlossen, und plötzlich habe ich Angst zu springen. Angst runterzufallen. Camerons Finger sind stark, sie tun mir weh, er umfasst meinen Brustkorb, hebt mich ein Stück hoch. Beugt sich zu mir hinunter und küsst mich. Aber das hier ist nicht wie ein erster Kuss, wo alles noch ganz neu ist, sondern wie ein längst begonnener Kuss, hart, fordernd, seine Zunge drängt gegen meine fest zusammengepressten Lippen, alles passiert so schnell. Ich denke: *Das will ich doch, oder: Geküsst werden? Wollte ich das nicht?* Ich kann mich nicht mehr erinnern, wo ich bin oder wer Cameron ist. Aber ich weiß, ich muss ihn zurückküssen. Das ist so – man muss zurückküssen. Ich kichere und zittere, und auf einmal überkommt mich ein ganz merkwürdiges Gefühl, so als würden Teile meines Körpers taub. Meine Finger und Zehen werden zu Eis. Panik? Aber ich küsse Cameron zurück; ich will nicht, dass er weiß, wie viel Angst ich habe, wie jung ich bin. Sein Mund ist warm und fleischig, seine Hände wandern über meinen ganzen Körper, hart und erfahren. Einen Moment lang sehe ich meinen Bruder Todd vor mir bei seinem Krafttraining, wie er auf der Matte liegt und Gewichte hebt, oder keuchend und ächzend auf dem Trimmrad, einen öligen Schweißfilm auf dem Gesicht, wenn man ihn in dem Moment anspricht, hört er nichts, so ist er auf seinen Körper konzentriert. Genauso ist es mit Cameron. Mein Körper kann sich nicht entscheiden, ob er gekitzelt wird oder liebkost oder – irgendwas anderes, nicht so Schönes.

„C-Cameron? Vielleicht k-können wir –"

„Ganz locker, Baby. Du bist so sexy, fantastisch bist du."

Es ist wirklich nicht mein erster Kuss. Aber es ist das erste Mal mit einem älteren, erfahrenen Jungen. Mit jemandem, den ich nicht kenne, der „Baby" zu mir sagt, als hätte er meinen Namen vergessen. Er schiebt die Hand unter mein Top, berührt meine Brüste, aber da bin ich am kitzligsten, ich muss kichern und schnappe nach Luft, und Camerons Kopf glüht, so als wäre er gerannt, und ich denke: *Will ich das, ist es das, was ich möchte?* Ich versuche mich an das zu erinnern, was ich über sicheren Sex gelernt habe, und denke: *Sicherer Sex?* Aber ist es das überhaupt – Sex?

„Cameron, ich glaube, ich will nicht –"

„Komm schon, Baby. Klar willst du, das weißt du auch."

Ich bin in Panikstimmung, aber gleichzeitig erregt. Ich nehme an, so nennt man das, was ich empfinde: Erregung. Ich glaube nicht, dass ich blau bin, jetzt nicht. Aber der Magen dreht sich mir um und mir ist leicht schlecht. (...) Jetzt küsst er mich wieder; es ist, als würde sein Mund an mir nagen. Ich versuche, ihn wegzustoßen, aber er rührt sich nicht. Es geht alles viel zu schnell; es ist, als ob man unter Wasser gerät, nach Luft schnappt, Wasser schluckt, plötzlich kriegt man Panik, schlägt um sich, kämpft um sein Leben.

Cameron drückt mich auf irgendetwas runter. Kein Bett oder Sofa, eher ein Tisch. Irgendetwas Hartes, die Kante schneidet in meinen Oberschenkel. Er nennt mich immer noch *Baby*, aber jetzt klingt es weniger freundlich. So als würde er ein Tier zu sich locken, dem er wehtun will. Außerdem benimmt er sich wie jemand, der reingelegt worden ist. Als hätte ich ihm einen Streich gespielt. Er nagelt mich mit eiserner Hand fest, den Reißverschluss seiner Hose hat er aufgezogen, keuchend fummelt er herum, zerrt an meinen Shorts, als wäre es ihm egal, ob er sie kaputtmacht, und ich will schreien, aber sein Unterarm drückt gegen meine Kehle. „Verdammt, hör jetzt auf mit dem Spielchen. Du kleine –"

Ich winde mich heftig. Versuche zu schreien. Ich weiß nicht, was ich tun soll.

Dann, plötzlich, weiß ich es. Als hätte jemand ein Streichholz angezündet. Mein Knie kommt hoch, mit aller Kraft. Ich erwische diesen Typ voll im Unterleib, direkt in der Leiste. Er stößt einen erstickten Schrei aus und erschlafft im selben Moment. Ich sage: „Lass mich los! Runter von mir!" Noch liege ich auf dem Rücken, aber ich trete um mich wie wahnsinnig. Es ist, als würde ich quer durchs Becken schwimmen, aber nur mit den Beinen, ich hab kräftige Beine, vom jahrelangen Schwimmen und Laufen. Ich seh vielleicht mager aus, aber ich bin stark, so wie eine Katze stark ist. Camerons Gewicht lastet noch auf mir, aber ich kann mich unter ihm rausschlängeln, ich schlage nach ihm, wo immer ich ihn erwischen kann, haue sogar meine Zähne in ihn – meine Zähne! Das muss ihm Angst gemacht haben. Er stöhnt und flucht, legt sich vorsichtig die Hände zwischen die Beine. Er starrt mich an und sagt: „Du F-Freak! Du solltest deine Augen sehen! Echt freaky – freaky green eyes! Du bist doch gestört!"

Wildes Gelächter kommt aus meinem Mund. Es ist, als hätte der Typ auf den Grund meiner Seele geblickt.

Ich bin jetzt frei von ihm, renne los. Aus dem Zimmer, den Flur runter, vorbei an Zimmerfarnen und Indianermasken, die an einer Wand hängen, ich bin wie ein wildes Tier, das seinen Weg aus einem Labyrinth sucht, hier ist eine Tür, mit einem Mal bin ich draußen an der frischen Luft, in Sicherheit.

Es ist dunkel, neblig, ich kann das Meer in der Bucht riechen und hole tief Luft, immer wieder, so als wäre ich kurz vorm Ertrinken gewesen.

Aber jetzt bin ich SICHER.

Ich bin eine gute Läuferin, ich laufe fast so gern, wie ich schwimme. Also jogge ich neben der Uferstraße nach Hause, versuche, mich von den Autos fern zu halten, der Wind bläst mein Haar nach hinten. Die Menschen in den Autos, die an mir vorbeifahren, halten mich vermutlich für eine Verrückte. Aber ich fühle mich *so gut*. Es ist gar nicht so, wie man vielleicht denken sollte, ich denke nicht: *O Gott, um ein Haar wäre ich vergewaltigt worden*, stattdessen denke ich, wie glücklich ich bin, wie viel Glück ich gehabt habe. Meine Mutter hat gesagt, sie hätte in meinem Alter mehr Glück als Verstand gehabt, aber ich muss denken, dass ich sowohl Glück als auch Verstand gehabt habe. Ich hab gegen meinen Angreifer gekämpft, und er hat es nicht geschafft, mich kleinzukriegen. Ich hab ihm mein Knie in den Unterleib gerammt, hab ihn getreten und gebissen. Ich bin abgehauen. Ich hatte nicht einmal Zeit, Angst zu haben. Ein Brutalo war er und ein Feigling, und jetzt macht er sich bestimmt Sorgen, dass ich meinen Eltern erzähle, was passiert ist, und er ernsthaft Probleme kriegt.

Aber ich sag nichts. Es reicht mir, dass ich davongekommen bin.

FREAKY GREEN EYES hat er mich genannt.

FREAKY GREEN EYES hat mir das Leben gerettet. (S. 15 ff)

- Im Original heißt das Buch „Freaky Green Eyes". Versuchen Sie den Titel mithilfe des Textausschnittes zu erklären!
- Worauf bezieht sich der deutsche Titel „Mit offenen Augen"?

Autumn Cornwell: *Carpe diem*

Autorin des Buches *Carpe diem* ist die Australierin Autumn Cornwell.

Im Mittelpunkt steht die 16-jährige hochbegabte Vassar Spore (sie ist nach einer Elite-Uni benannt!). Sie glaubt, ihr Leben minutiös planen zu können, und wird eines Besseren belehrt, als sie zu ihrer Großmutter (die sich später als ihre Mutter herausstellt) nach Südostasien fährt.

Der Grundton des Buches ist unbeschwert und optimistisch, die Hauptfigur erzählt selbstironisch ihre Wandlung von einer peniblen Planerin zu einer jungen Frau, die gelernt hat, den Augenblick zu lieben und zu leben. Der folgende Ausschnitt zeigt Vassar Spore am Anfang des Buches:

Dein Leben ist planbar

Die Briefsendung kam während der Besinnungszeit, jener geheiligten Stunde nach dem Abendessen, in der wir durchgehen, was wir am jeweiligen Tag erreicht haben und was wir am kommenden Tag erreichen wollen. Wir saßen im Wohnzimmer, meinem Lieblingsraum im Haus, mit dem gemauerten Kamin und den wandhohen Regalen, in denen die Bücher nach Wissensgebieten geordnet stehen. Dad korrigierte das Manuskript seines neuesten Buchs: *Produktiver leben – ein Wegweiser in 2000 einfachen Schritten*, Mom schrieb etwas in ihr *Erfolgstagebuch*, und ich nahm mir meine Lebensziele vor. So weit war ich bisher gekommen:

VASSAR SPORES LEBENSZIELE

1. Den besten Abschluss an der Seattle Academy of Academic Excellence erzielen mit einem Schnitt von mindestens 5.3, sprich 150 von 100 möglichen Punkten.
2. Mit Auszeichnung in NZE (Noch Zu Entscheiden) an der Elite-Uni Vassar promovieren plus eine Extraauszeichnung wegen Namensgleichheit und so weiter.
3. Mit 25 eine Liebesheirat mit einem 1,92 großen, blonden Chirurgen (oder Richter) eingehen, bis 35 drei Kinder haben (zwei Mädchen, einen Jungen).
4. Bis 37 das ultimative Buch über NZE veröffentlicht haben.
5. Den Pulitzer-Preis verliehen bekommen.

Besonders zu schaffen machte mir an dem Abend Punkt 2. Bis zum Promotionsstudium waren es nur noch sechs Jahre, das hieß, ich durfte keine Minute vergeuden.

Die aussichtsreichste Kandidatin dafür, als Beste des Jahrgangs abzuschneiden, bin ich nämlich nicht etwa deshalb, weil ich hochbegabt oder superschlau wäre, oh nein. Sondern weil ich auf das große P setze: Planung. (*Das Glück ist mit denen, die es wohlvorbereitet findet.* – Louis Pasteur). Meine Rivalin an der Highschool, Wendy Stupacker, plant nie irgendwas – sie schiebt alles bis zur letzten Minute auf und presst es sich dann im Schnellverfahren rein. Wer wie sie ein halbes Genie und mit einem fotografischen Gedächtnis gesegnet ist, kann sich so was leisten. Im Rennen um den ersten Platz liegen wir Kopf an Kopf – momentan jedenfalls.

Natürlich hatte ich noch andere persönliche Lebensziele, bloß waren die nicht für die Augen meiner Eltern bestimmt. Zum Beispiel endlich einen festen Freund haben. (S. 9 f)

- Wie würden Sie Vassars Pläne am Anfang des Buches beschreiben?

Am Ende des Buches formuliert Vassar ihre Lebensziele erneut:

Frangipanis[4] neu formulierte Lebensziele.

Non scholae sed vitae discimus. Nicht für die Schule, für das Leben lernen wir. (Seneca)

1. Rund um die Uhr den Augenblick leben.
2. Mit leichtem Gepäck reisen.
3. Frangipani (wieder) offiziell als zweiten Vornamen eintragen und mich künftig so nennen lassen.
4. Pläne und Ziele = Richtlinien, nichts Zwingendes.
5. *Mein* Leben leben, nicht das meiner Eltern.
6. Lernen um des Lernens willen.
7. ALLE Colleges in Betracht ziehen. (Mit besonderer Berücksichtigung der Colleges im Umkreis von Wyoming.)
8. Die Sommer mit Grandma Gerd verbringen.

[4] So lautet Vassars zweiter Name, den sie schließlich vorzieht.

9. Weiche Kontaktlinsen besorgen.
10. Bounmy ein paar Nikotinpflaster schicken, Mr Vang eine Flasche Aftershave von Polo und dem Mikadomädchen auf irgendeinem Weg ein Carepaket zukommen lassen.
11. Recherchen zu Thailand anstellen.
12. Neue Godings finden.
13. Recherchen zum Thema Gott, Spiritualität, Wunder, Trick-BHs etc.
14. Einen l,70 m großen, Koteletten tragenden chinesischen Malaien aus Liebe heiraten.
15. Meinen Roman für den Fortgeschrittenenkurs Englisch II fertig schreiben. ~~Und Jahrgangsbeste werden. Später weitere Auszeichnungen und Pulitzerpreis~~ (Frangi, lebe den Augenblick!)
16. Am Flughafen einen Löffel für Laurel kaufen, sonst bringt sie mich um!
17. UND NIE, NIE WIEDER EINE TOILETTE ALS SELBSTVERSTÄNDLICH BETRACHTEN. (S. 380 f)

- Was ist das Besondere an Form und Stil des Buchs? Was sagen sie über die Protagonistin aus?
- Vergleichen Sie Vassars Pläne am Anfang des Buches mit ihren Lebenszielen am Ende!
- Zu welcher Lebensweise tendieren Sie: Planen oder den Augenblick genießen? Begründen Sie Ihre Meinung!

Tamara Bach: *Marsmädchen*

Die Hauptfigur Miriam müsste eigentlich mit ihrem Leben zufrieden sein, sie hat eine verständnisvolle Mutter, den Vater sieht sie kaum, ihr Bruder Dennis ist nett, in der Schule wäre sie gut, wenn sie etwas fleißiger wäre, sie verträgt sich mit ihren Freundinnen und lebt in einer Kleinstadt. Trotzdem wartet sie auf etwas Besonderes. Dieses Besondere tritt in Gestalt einer neuen Schülerin, Laura, in ihr Leben. Miriam ist verwirrt und erstaunt, als sie merkt, dass sie Laura gegenüber Gefühle hat, die sie eigentlich für einen Jungen haben müsste. Laura lässt sich auf eine Beziehung ein, es kommt auch zu einer intimen Begegnung, dann allerdings verlässt Laura, ohne sich zu verabschieden, die Stadt. Sie lässt Miriam und ihren gemeinsamen Freund Phillip ratlos zurück.

Die Freundschaft der beiden Mädchen wird sehr sensibel und behutsam geschildert. Miriam hat Glück, dass ihre Umgebung einer lesbischen Beziehung positiv gegenübersteht: Der Mutter ist es wichtig, dass ihre Tochter glücklich ist, egal, mit wem, Dennis und Phillip akzeptieren Miriams Entscheidung. Am Schluss des Buches sieht es allerdings so aus, als könnte sich zwischen Miriam und Phillip etwas anbahnen.
Eine wichtige Rolle spielt auch die Musik, so entspricht z. B. der Buchtitel dem Song „Girls from Mars" der Gruppe Ash, der Titel des ersten Abschnitts stammt aus dem Album „The Wall" der Gruppe Pink Floyd: „Is there anybody out there?" Tamara Bach zählt zu den Vertreterinnen der Pop-Literatur.

- Informieren Sie sich, was man unter Popliteratur versteht und welche Autorinnen bzw. Autoren dazu gezählt werden!

Der folgende Textausschnitt zeigt Miriam, Laura und Phillip nach der Liebesnacht der Mädchen.

„Warum seid ihr denn so still?", fragt Phillip.
„Nerv nicht, Phil", sagt Laura.
„Ich geh mal aufs Klo", sage ich und stehe auf. Als ich die Kabinentür hinter mir schließe, lehne ich mich an die Wand. Der Spiegel wackelt mir mein Gesicht entgegen. Sehe ich anders aus? Ich denke an letzte Nacht und mein Magen zieht sich zusammen, aber dann fällt mir wieder daheim ein. Mir ist schlecht.
Als ich zurückkomme, schaut mich Phillip komisch an.
Dann guckt er angestrengt zum Fenster raus, er hat eine große Falte auf der Stirn.
Plötzlich guckt er ruckartig wieder zu Laura. „Und was wird jetzt aus euch beiden?", fragt er sie.

„Du hast es ihm gesagt?"

Laura zieht die Schultern hoch. „Er hat's geraten. Er hat's doch eh schon gewusst."

Laura durchsucht ihre Tasche und zieht ihr Tabakpäckchen raus.

„Hier ist Nichtraucher", erinnert sie Phillip.

„Scheiße", murmelt sie. Sie steckt das Päckchen umständlich zurück.

„Macht ihr's jetzt offiziell? In der Schule und so?", fragt Phillip. „Hast du 'n Schatten?", sagt Laura.

„Wieso? Ist doch kein Verbrechen", sagt Phillip.

„Nein, ist kein Verbrechen", sage ich ganz leise. „Geht trotzdem niemanden was an", sagt Laura.

Wir sagen nichts mehr und schauen raus.

Je näher wir nach Hause kommen, umso unruhiger wird Laura. Irgendwann schnappt sie sich ihr Tabakpäckchen und sagt: „Ich geh jetzt ein Raucherabteil suchen." Und dann ist sie weg.

Phillip stöhnt kurz auf, als sie die Abteiltür hinter sich zugezogen hat. Schaut mich an.

„Was?", fauche ich ihn an.

„Nichts. Echt nicht." Dann seufzt er kurz und schüttelt den Kopf.

„Was ist los um Himmels willen?"

„Hast du sie denn lieb?", fragt er schließlich. „Ja! Warum?" „Weil das doch wohl das Wichtigste ist, oder?", sagt er ganz friedlich.

Ich nicke.

Laura taucht wieder auf und stinkt nach Rauch. „In dem Raucherabteil muss man gar nicht rauchen, das ist klasse!", sagt sie. Wird wieder ruhig. (S. 139 f)

- Beschreiben Sie Phillips Verhalten gegenüber den Mädchen.

Thema: Skurriles und Mysteriöses

JENNY VALENTINE: *WER IST VIOLET PARK?*

Schon der Klappentext macht klar, dass es sich um ein außergewöhnliches Buch handelt.

Es gibt genügend Gründe, warum Violet Park
mir nichts bedeuten sollte:
Sie war alt.
Sie war tot.
Sie steckte in einer Urne auf einem Regal.
Ich traf sie zufällig eines Nachts.
Und sie veränderte alles!

Die Hauptfigur Lucas Swain erzählt witzig und selbstironisch, wie er seinem verschwundenen Vater, der viel mit der toten Dame zu tun hat, auf die Schliche kommt. Der Vater hat von einem Tag auf den anderen die Familie verlassen, noch bevor sein jüngerer Sohn Jed geboren wurde.

Im folgenden Textausschnitt beschreibt Lucas den Vater, wie er ihn in Erinnerung hat:

Mein Vater war ein ziemlich cooler Typ. Auf allen Fotos, die ich von ihm gesehen habe, sah er gut aus. Es ist nichts davon bekannt, dass er hochhackige Schuhe getragen hätte oder Jacketts, die zwei Nummern zu klein waren oder lächerliche Koteletten, wie die Väter von anderen Leuten. In einem Zimmer voll schwerer Geschmacksirrtümer hob er sich mit seiner unangestrengten Lässigkeit deutlich ab.

Jetzt trage ich die Anzüge und Hemden und Sachen meines Vaters, weil sie mir recht genau passen. Ich wollte nicht, dass Mutter sie rauswirft, weil ich ihn jederzeit zurückerwarte. Und ich schätze, es macht mich ganz stolz, dass ich jetzt groß genug bin, fast so groß wie mein Vater, als

er fortging, mit genau derselben Schuhgröße (zweiundvierzig), aber es wurmt mich auch, weil er in der ganzen Zeit, die ich gebraucht habe, um aufzuwachsen, nicht zurückgekommen ist.
Mutter hasst mich dafür, dass ich Vaters Sachen trage. Als ich es zum ersten Mal tat, brach sie in Tränen aus. Sie sagt, ich sei schon viel zu sehr, wie mein Vater damals war, als sie ihn kennenlernte, und weil es für sie nicht gerade ein Honigschlecken war, bedaure sie jetzt schon das Mädchen, das sich in mich verlieben werde.
Die Sache mit meinem Vater ist aber die, dass er nicht nur cool aussah, sondern es tatsächlich war, und ich kann seine Klamotten noch so oft tragen, das macht mich nicht zu ihm, niemals, auch nicht annähernd. Mein Vater war Journalist. In meiner Erinnerung ist er der Mann im Zimmer, um den die Leute sich scharen, der Mann, für den sie sich interessieren. Ich bin eher derjenige im Zimmer, von dem die Leute vergessen, dass er überhaupt da ist.
Meine Eltern waren vielleicht sogar ineinander verliebt, bevor sie heirateten. Ich glaube, sie verbrachten die beste Zeit ihres Lebens, bevor Mutter mit Mercy schwanger wurde. Alle hackten auf ihnen herum, weil sie es ohne Ringe an den Fingern trieben, also taten sie das einzig Richtige in einer Kirche, ehe die Beule, aus der dann Mercy wurde, groß genug war, um aufzufallen. Mutter behauptet, es sei nicht Mercy gewesen, wegen der alles schiefging, denn mein Vater sei gerne Vater gewesen. Es sei das Heiraten gewesen, das ihn wirklich abstieß, weil er es hasste, das zu tun, was man ihm sagte.
Was haben die Leute nur, dass sie trotzdem heiraten wollen? Ich weiß nicht, wie irgendwer sich bei derlei überhaupt je sicher sein kann. Ich kann mich nicht entscheiden, wie ich zur Schule gehe. Ich kann in einem Café nichts zu essen bestellen, ohne während der ganzen Mahlzeit darüber nachzugrübeln, dass ich die falsche Wahl getroffen habe. Ich glaube nicht, dass ich es je über mich bringe zu heiraten. Und nach dem zu schließen, womit ich Erfahrung habe, also nach meiner Familie (Beweisstück A: Ein großer, leerer Raum, wo früher mal ein Ehemann und Vater war), bin ich nicht sicher, ob es überhaupt der Mühe wert ist.
Und wenn Mutter genau in dem Moment, als sie es getan hatte, wusste, dass es eine schlechte Idee war, warum hatte sie es dann nicht instinktiv eine Woche oder einen Tag oder auch nur zehn Minuten vorher gewusst? Das will mir einfach nicht in den Kopf. Und wenn ich sehe, womit Mutter nach so vielen Jahren dasteht, und sie klagen höre, dass sie sich nicht einmal daran erinnern kann, dass sie Vater liebte oder Kinder wollte oder was auch immer, verstehe ich gar nichts mehr.
Es macht mich entschlossen, mit offenen Augen durchs Leben zu gehen, selbst wenn das heißt, überhaupt keine Entscheidungen zu treffen. (S. 20 f)

- Wie charakterisiert Lucas seinen Vater und indirekt auch sich selbst?

Kevin Brooks: *The Road of the Dead*

Kevin Brooks *The Road of the Dead* ist ein Jugendroman und gleichzeitig ein hoch spannender Thriller, der die Konfrontation mit einer gewalttätigen Welt zeigt.

Er spielt im Dartmoor und macht den Konflikt zwischen Individuum und Gesellschaft an den beiden Hauptfiguren, dem 17-jährigen Cole und seinem 14-jährigen Bruder Ruben, deutlich. Sie suchen den Mörder ihrer Schwester Rachel in einem Dorf, wo sie eine eingeschworene dörfliche Gemeinschaft erwartet, die offensichtlich etwas zu verbergen hat. Auf Coles kompromissloses und brutales Auftreten reagiert sie mit Gegengewalt, Erpressung und Einschüchterung. Auch wenn der Mörder der Schwester am Ende gefunden wird, ist die Geschichte für den sensiblen und gefühlvollen Ruben, der Empfindungen telepathischer Natur hat und den die gewalttätigen Ereignisse bis ins Innere erschüttern, im Gegensatz zu seinem Bruder noch lange nicht zu Ende. Er muss sich von seinen kindlich-naiven Vorstellungen vom Leben und der Welt verabschieden. Es bleibt offen, ob er sich den Verhaltensmustern Coles anschließen wird.

Im folgenden Textausschnitt beschreibt Ruben seine „Empfindungen":

1 Ich weiß nicht, wie ich diese Empfindungen, die ich manchmal bekomme, beschreiben soll. Cole hat mich mal gefragt, wie das sei, alles zu wissen, was es zu wissen gibt, aber nichts über das Wie und Warum. Ich sagte, ich wüsste es nicht. Und das stimmte.

Ich *weiß* es nicht.

Was die Empfindungen betrifft, die ich manchmal habe, diesen Eindruck, *bei* oder *in* anderen Menschen zu sein – ich habe keine Ahnung, was da eigentlich abläuft, woher diese Empfindungen kommen und warum ich sie kriege. Ich weiß nicht mal, ob sie wahr sind oder nicht. Doch ich habe seit Langem aufgegeben, mir darüber Gedanken zu machen. Sie sind einfach da und weiter lässt sich dazu nichts sagen.

Ich habe sie nicht ständig und ich empfange sie auch nicht von jedem Menschen. Genau gesagt kommen sie außerhalb meiner Familie nur äußerst selten von jemandem. Am häufigsten empfange ich sie von Cole. Manchmal auch von Mum und ganz selten einmal von Dad, doch am stärksten sind die Empfindungen, wenn sie von meinem Bruder stammen.

Mit meiner Schwester war es allerdings immer anders gewesen. Bis zu jener Nacht hatte ich von Rachel noch nie was gespürt. Absolut nichts. Nicht mal ein leichtes Flackern. Keine Ahnung, wieso. Vielleicht lag es ja daran, dass wir ohnehin immer viel miteinander gesprochen hatten, also *brauchten* wir nichts weiter. Oder vielleicht war es so, weil sie nun mal meine Schwester war. Was weiß ich. Ich hatte einfach bis dahin nie irgendwelche Empfindungen von ihr empfangen, gerade deshalb war es so merkwürdig, sie in jener Nacht plötzlich zu spüren – so merkwürdig und unheimlich ...

So erschreckend.

Plötzlich saß sie neben mir, hinten in dem Mercedes, und schaute sich auf dem Autofriedhof um, dann zerplatzte der Augenblick und ich war bei ihr, wir gingen auf einem sturmgepeitschten Weg mitten durch ein verlassenes Moor. Wir froren, waren durchnässt und müde, wir hatten Angst, die Welt war schwarz und leer und ich wusste nicht, wieso.

Ich wusste überhaupt nichts.

„Was machst du hier, Rachel?", fragte ich sie. „Ich dachte, du wolltest heute Abend nach Hause kommen."

Sie antwortete nicht. Sie konnte mich nicht hören. Sie war Hunderte Kilometer entfernt. Sie konnte mich nicht spüren. Das Einzige, was sie spürte, waren die Kälte, der Regen, der Wind und die Dunkelheit ...

Und dann plötzlich spürte sie noch etwas anderes. Das Rasen des Bluts in ihrem Herzen. Eine lähmende Angst in ihren Knochen. Irgendetwas in ihrer Nähe. Da war was ... etwas, das da nicht hätte sein dürfen.

Ich spürte es im selben Moment wie sie und es war für uns beide zu spät.

Der Tote Mann trat aus der Dunkelheit, riss sie nach unten und alles wurde für immer dunkel.

Ich weiß nicht, was danach geschah. Die Empfindungen hörten auf. Ich verlor das Bewusstsein.

Einige Zeit später erwachte ich von dem Schmerz, mit dem ein gezacktes Messer mein Herz aufschlitzte, und ich wusste ohne jeden Zweifel, dass Rachel tot war. Der letzte Atemzug hatte sie gerade verlassen, ich konnte noch sehen, wie er sich mit dem Wind fortstahl. Ich sah ihn über einen Steinkreis und durch die Zweige eines geduckten Weißdorns schweben, dann kam der Sturm mit purpurschwarzem Licht herabgefahren und drückte den Himmel zu Boden, und das war das Letzte, was ich mitbekam. (S. 10 ff)

- Wie wirken sich die Empfindungen Rubens aus? Welche Vorteile hätte es, telepathische Empfindungen zu haben? Würden Sie gerne über solche Fähigkeiten verfügen? Begründen Sie!

Die Handlung wird aus der Sicht Rubens erzählt, das eigentliche Zentrum des Romans ist aber sein Bruder Cole, dessen Handlungsweise Ruben reflektiert und beobachtet. Er nennt ihn einen „Teufelsengel". Cole ist völlig anders als Ruben: Denken fällt ihm schwer, er handelt instinktiv und intuitiv, oft unklug und voreilig. Gewalt ist für ihn selbstverständlich und legitim, andere Mittel der Problemlösung sind ihm fremd.

- Wenn Sie den Gesamttext kennen: Warum trifft die Bezeichnung „Teufelsengel" Coles Charakter so gut?

Beide Brüder prägt eine schwierige Familiensituation: Der Vater, ein sesshaft gewordener Roma, befindet sich wegen Totschlags in Haft. Die Mutter ist eine Nicht-Roma („Gadje"); Cole, Ruben und Rachel sind also Halb-Roma und damit an den Rand der Gesellschaft gedrängt, aber auch in der traditionellen Roma-Gemeinde nicht heimisch. Ruben drückt dies so aus:

Manche Zigeuner finden es schlimm, wenn jemand in eine Nicht-Zigeuner-Familie einheiratet. Sie mögen keine Gadje, wie manche von ihnen uns nennen. Sie finden uns schmutzig, korrupt und unrein. Und ich kann ihnen das nicht mal verübeln – die meisten von uns sind es wahrscheinlich wirklich. Mir selbst ist es ja egal, was jemand ist – Kesselflicker, Schneider, Soldat oder Seemann, reich oder arm, Bettler oder Dieb. Ich sehe einfach nicht ein, was das für einen Unterschied macht. Wenn jemand in Ordnung ist, dann ist er in Ordnung, wenn nicht, dann nicht. Das Problem ist nur, dass andere Leute das nicht so sehen. Sie sehen nicht den einzelnen Menschen, sondern die Gruppe, zu der er gehört. Sie sehen einen Zigeuner und Zigeuner *mögen* sie nun mal nicht. Sie sehen einen Gadje und Gadje *mögen* sie nun mal nicht. Wenn sie dann einen Zigeuner sehen, der mit einer Gadje verheiratet ist, mögen sie beide gleich *doppelt* nicht. (S. 148)

- Informieren Sie sich über Roma und Sinti.
- Lesen Sie ein weiteres Buch von Kevin Brooks (z. B. *Cardy, Lucas, Bling* oder *Black Rabbit Summer*) und vergleichen Sie es mit *The Road of the Dead.*

Thema: Rechtsradikalismus

Mats Wahl: *Der Unsichtbare*

Beeindruckend und beklemmend erzählt Mats Wahl in Form eines Kriminalromans über das Thema Fremdenfeindlichkeit. Die Titelfigur „Der Unsichtbare", Hilmer Eriksen, ist verschwunden. In Form eines Tagebuchs wird seine traurige Geschichte protokolliert.

An einem Samstag verschwindet Hilmer, am Montagabend wird er schwerst verletzt unter einem Komposthaufen aufgefunden, am Dienstagnachmittag stirbt er.
Hilmer hat einem unauffälligen jüngeren Schüler, Mehmet, geholfen, als er von einer älteren Mitschülerin verprügelt wurde. Deshalb wurde er von Anneli Tullgren und zwei Mitschülern fast zu Tode getreten und in einem Komposthaufen versteckt.
Als besonders tragisch erweist sich, dass Hilmers Freundin Ellen von ihm ein Kind erwartet.

Opfer, Täter, Motive und Ende des Romans sind zwar vorhersehbar, die wechselnde Erzählperspektive macht die Geschichte aber besonders eindringlich. Zum einen wird die Handlung aus der Sicht des Kommissars Harald Fors erzählt, der bei seinen Ermittlungen sowohl auf Erwachsene (Schulleiter, Hausmeister und Fußballtrainer) trifft, die Fremdenfeindlichkeit verharmlosen bzw. vertuschen, als auch auf eine Gruppe rechtsradikaler Jugendlicher im Umfeld Hilmers, die sich als Gewalttäter herausstellen. Zum anderen gibt es aber auch die Perspektive des sterbenden und toten Hilmer, der aus seiner Sicht die Ermittlungen beobachtet und seine Seele zu Wort kommen lässt. Das Buch schafft so eine starke Identifikationsmöglichkeit mit dem Opfer, die Leserinnen und Leser erleben die Geschichte aus der Sicht Hilmers.
Die Motive und die Welt der Täter werden ebenfalls beachtet. Ihre Tat ist zwar nicht zu billigen, aber doch erklärbar. Und in der Erklärbarkeit liegt auch ein eventueller Lösungsansatz.
Auffallend und damit auch als Anklage zu verstehen ist die Macht- und Hilflosigkeit der Erwach-

senen. Der Autor macht so nicht nur die jugendlichen Täter, sondern die ganze Gesellschaft für die Ermordung Hilmers verantwortlich.

Montagvormittag
Es war an einem der ersten Tage im Mai, als Hilmer Eriksson entdeckte, dass er unsichtbar geworden war. (...) (S. 5)

„Harald Fors ist Polizist und will euch ein paar Fragen stellen."
Polizisten sind immer interessant und in der Klasse herrschte gespannte Aufmerksamkeit. Fors legte seine Tasche auf das Pult.
„Am Samstag ist Hilmer Eriksson verschwunden", sagte Fors und ließ seinen Blick über die Klasse schweifen. „Er ist gegen sechs mit dem Fahrrad von zu Hause weggefahren, um ein Handtuch zu holen, das er im Umkleideraum in Vallen vergessen hatte. Vielleicht ist Hilmer nie in Vallen angekommen."
Fors verstummte und schaute in die Klasse. Sein Blick glitt über die schweigenden Schüler, die ihn anschauten.
„Wenn einer von euch Hilmer zu der Zeit gesehen hat, möchte ich gern mit ihr oder ihm reden. Wenn einer von euch etwas über Hilmer weiß, das auch andere wissen müssten, dann möchte ich es gern erfahren."
Fors verstummte.
Lina Stolk hob die Hand.
„Er ist also verschwunden?"
„Ja", sagte Fors. „Am späten Samstagabend haben seine Eltern angefangen, nach ihm zu suchen. Seit Sonntag haben wir uns eingeschaltet. Wir haben bereits ein ziemlich großes Gebiet durchkämmt."
„Aber Sie haben ihn nicht gefunden?", fragte Lina.
Fors schüttelte den Kopf.
„Wir haben ihn nicht gefunden."
Seit Fors den Raum betreten hatte, fühlte Hilmer sich zunehmend unbehaglich. Sein Herz schlug schneller und seine Handflächen wurden feucht. Als Fors sagte, dass Hilmer verschwunden war, versuchte Hilmer ihm zu widersprechen. Er sah sich um. Die ganze Klasse konzentrierte sich auf Fors. Hilmer rief:
„Ich bin hier!"
Aber niemand schien ihn zu hören.
Hilmer stand auf, nahm sein Buch und warf es gegen die Wand.
„Seht ihr nicht, ich bin hier!"
Sobald Hilmer das Buch geworfen hatte, verschwand es. Der Buchrücken erreichte die Wand nicht. Nichts war zu hören, als es neben Lina Marksman auf den Fußboden fiel – hätte fallen sollen. Das Buch war genauso unsichtbar und lautlos wie Hilmer selber.
„Hier bin ich!", brüllte Hilmer. „Ich bin hier!"
Aber seine Worte waren nicht zu hören. Er sah sich um und beobachtete Fors, der wieder angefangen hatte zu sprechen. (S. 9 ff)

- Was könnte der Autor Mats Wahl damit bezwecken, dass er Hilmer als Unsichtbaren einführt, der immer wieder zu Wort kommen möchte, aber nicht kann?

Thema: Bestseller

Joanne K. Rowling: *Harry Potter und der Stein der Weisen*

Die sieben Bände *Harry Potter* wurden zu Bestsellern. Das liegt sicher daran, dass die Bücher viele verschiedene Themen behandeln, die Jugendliche beschäftigen: Identitätssuche und Persönlichkeitsentwicklung, Bewältigung von Problemen und Enttäuschungen, die auch den Leserinnen und Lesern nicht fremd sind (Ängste, Unterdrückung durch Erwachsene, ungerechte Behandlung, fehlender Rückhalt durch eine Familie), der Kampf zwischen Gut und Böse, Freundschaft, Loyalität und Gemeinschaft, Faszination der Zauberei und Magie und die damit zusammenhängende Macht, Schul- und Internatsleben, Wertschätzung von Menschlichkeit und Gerechtigkeit, Kraft der Fantasie und positives Leistungsstreben, das nicht in Stress ausartet.
Jeder Band entspricht einem Jahr, im letzten Band ist Harry also 17 Jahre alt. Die Charaktere der handelnden Personen entwickeln sich im Laufe der Jahre weiter, und Jugendliche, die mit elf Jahren begonnen haben, *Harry Potter* zu lesen, reifen mit ihm von Band zu Band.
In *Harry Potter* vereinigen sich verschiedene Genres: Es sind fantastische Romane – die Grenzen zwischen Realität und Fantasie werden überschritten, die Übergänge sind märchenhaft fließend. Die sieben Bände sind auch Bildungsromane, denn sie zeigen Harry in einer jahrelangen Entwicklung. Sie beinhalten Elemente des Detektivromans und können auch als Internatsromane bezeichnet werden, spielen sie doch in der abgeschlossenen Welt des Zauberinternats Hogwarts.
Nicht nur Jugendliche, sondern auch Erwachsene schätzen *Harry Potter*.

Der Waisenjunge Harry Potter wächst bei seinen Verwandten, den Dursleys, auf. Die Eltern verwöhnen seinen Cousin Dudley sehr, während Harry ein eher trauriges Dasein fristet. Er fühlt sich nur geduldet, wird dauernd schikaniert und muss im Schrank unter der Treppe schlafen. Harrys Leben verändert sich plötzlich, als er an seinem elften Geburtstag die Aufnahmebestätigung für die Hogwarts-Internatsschule für Hexerei und Zauberei erhält. Da erfährt er, dass er der Sohn berühmter Zauberer ist, die von Lord Voldemort, der Verkörperung des Bösen, getötet wurden. Harry, damals ein Jahr alt, überlebte den Angriff Voldemorts und hat seither eine blitzförmige Narbe auf der Stirn. Bald erlangt er in der Zauberwelt Berühmtheit und gilt als Hoffnungsträger im Kampf zwischen Gut und Böse.
Im ersten Jahr lernt Harry verschiedene Bereiche der Zauberkunst und den Zauberersport Quidditch kennen. Er begegnet merkwürdigen Wesen und findet Freunde, auf die er sich verlassen kann und mit denen er Abenteuer besteht. Gefährlich wird es für Harry, als sich Lord Voldemort, der nur noch existieren kann, wenn er sich eines fremden Körpers bemächtigt, mit einem Lehrer verbündet. Gemeinsam hindern die Freunde Voldemort daran, Harry zu töten und den Stein der Weisen an sich zu bringen, durch den dieser zu Unsterblichkeit gelangen will.

Im folgenden Textausschnitt erholt sich Harry von seinem Kampf gegen Voldemort.

Harry nickte, hielt aber sogleich inne, denn sein Kopf schmerzte davon. Dann sagte er: „Sir, es gibt einige andere Dinge, die ich gern wissen möchte, falls Sie es mir erklären können. Dinge, über die ich die Wahrheit wissen will."
„Die Wahrheit." Dumbledore seufzte. „Das ist etwas Schönes und Schreckliches und sollte daher mit großer Umsicht behandelt werden. Allerdings werde ich deine Fragen beantworten, außer wenn ich einen sehr guten Grund habe, der dagegen spricht, und in diesem Falle bitte ich dich um Nachsicht. Ich werde natürlich nicht lügen."
„Gut, Voldemort sagte, er hätte meine Mutter nur getötet, weil sie ihn daran hindern wollte, mich zu töten. Aber warum wollte er mich überhaupt töten?"
Dumbledore seufzte diesmal sehr tief.
„Herrje, gleich das Erste, was du mich fragst, kann ich dir nicht sagen. Nicht heute. Nicht jetzt. Eines Tages wirst du es erfahren, schlag es dir erst einmal aus dem Kopf, Harry. Wenn du älter bist. Ich weiß, das hörst du gar nicht gern, wenn du bereit bist, wirst du es erfahren."
Und Harry wusste, dass es keinen Zweck hatte zu streiten.
„Aber warum konnte Quirrell mich nicht berühren?"

„Deine Mutter ist gestorben, um dich zu retten. Wenn es etwas gibt, was Voldemort nicht versteht, dann ist es Liebe. Er wusste nicht, dass eine Liebe, die so mächtig ist wie die deiner Mutter zu dir, ihren Stempel hinterlässt. Keine Narbe, kein sichtbares Zeichen ... so tief geliebt worden zu sein, selbst wenn der Mensch, der uns geliebt hat, nicht mehr da ist, wird uns immer ein wenig schützen. Es ist deine bloße Haut, die dich schützt. Quirrell, voll Hass, Gier und Ehrgeiz, der seine Seele mit der Voldemorts teilt, konnte dich aus diesem Grunde nicht anrühren. Für ihn war es eine tödliche Qual, jemanden zu berühren, dem etwas so Wunderbares widerfahren ist." (S. 324)

- Was verdeutlicht das Gespräch zwischen Harry und Dumbledore?
- Falls Sie schon Harry-Potter-Romane gelesen haben: Wie erklären Sie sich den Erfolg der Bücher? Diskutieren Sie mit anderen Schülerinnen und Schülern darüber, was diese Bände so lesenswert macht!

Stephenie Meyer: *Twilight Bis(s) zum Morgengrauen*

Die vier Bände *Twilight* wurden zu Bestsellern, die Verfilmung mit Kirsten Stewart und Robert Pattinson verstärkte den Erfolg noch zusätzlich. In der Ich-Form erzählt die Hauptfigur Bella von ihrer schwierigen Beziehung zu dem Vampir Edward. Beißt er sie, wird sie zum Vampir, bleibt sie ein Mensch, wird sie altern, Edward aber wird auf ewig jung bleiben, was eine „normale" Beziehung unmöglich macht.

Die 17-jährige Bella zieht vom warmen Phoenix zu ihrem Vater in das regnerische Forks, um ihre Mutter und deren neuen Ehemann Phil, einen Basketballer, nicht zu stören. In Forks findet Bella schnell Freunde, es bemühen sich auch einige Jungen um sie, was sie sehr in Verlegenheit bringt.

Wenn ich wenigstens wirklich so aussehen würde wie ein Mädchen aus Phoenix, dann könnte ich daraus vielleicht Profit schlagen. Aber rein äußerlich würde ich nie irgendwo reinpassen. Eigentlich sollte ich sonnengebräunt, sportlich und blond sein – eine Volleyballspielerin oder ein Cheerleader, wie sich das gehört für eine Bewohnerin des „Valley of the Sun".

Stattdessen hatte ich elfenbeinfarbene Haut und noch nicht mal die Ausrede blauer Augen oder roter Haare. Ich war schon immer schlank, aber nie muskulös gewesen, eher irgendwie weich – niemand würde mich für eine Athletin halten. Ich war rein motorisch einfach nicht in der Lage, Sport zu treiben, ohne mich zu demütigen und sowohl mich als auch sämtliche Umstehende zu gefährden.

Als ich meine Sachen im alten Kleiderschrank aus Kiefernholz verstaut hatte, nahm ich Zahnpasta, Shampoo und was ich sonst noch so brauchte, und ging ins Bad, um den Reisetag von meinem Körper zu waschen. Während ich meine strubbeligen feuchten Haare durchbürstete, betrachtete ich mein Gesicht im Spiegel. Vielleicht lag es am Licht, aber ich sah schon jetzt käsig aus, ungesund. Meine Haut war sehr rein und beinahe durchsichtig, mit ein bisschen Farbe konnte sie durchaus hübsch aussehen. Hier in Forks hatte sie keine.

Ich betrachtete mein blasses Spiegelbild und musste mir eingestehen, dass ich mir etwas vormachte. Nicht nur äußerlich würde ich nie irgendwo reinpassen. Und wenn es mir nicht gelungen war, in einer Schule mit 3000 Leuten meine Nische zu finden, wie standen dann wohl meine Chancen hier?

Ich kam nicht gut klar mit Leuten meines Alters. Und vielleicht kam ich in Wahrheit mit Leuten *generell* nicht gut klar. Selbst mit meiner Mutter, der ich mich näher fühlte als irgendwem sonst auf diesem Planeten, war das so – es war, als würden wir im selben Buch lesen, aber immer gerade auf verschiedenen Seiten. Manchmal fragte ich mich, ob ich mit meinen Augen dieselben Dinge sah wie der Rest der Welt. Möglicherweise funktionierte ja mein Gehirn nicht richtig.

Aber die Ursache war egal – alles, was zählte, war die Wirkung. Und der nächste Tag war erst der Anfang. (S. 14 ff)

- Bella charakterisiert sich in diesem Textausschnitt selbst. Was hält sie von sich selbst?

Sie ist fasziniert von dem hübschen und geheimnisvollen Edward Cullen, der sich beim ersten Treffen sonderbar ablehnend verhält, dann aber freundlich mit ihr redet. Seine Geschwister Alice, Emmet, Jasper und Rosalie gehen ihr aus dem Weg. Bei einem Autounfall wird Bella von Edward gerettet. Da er so schnell und kraftvoll geholfen hat, fordert sie von ihm eine Erklärung, wie er denn die Rettung bewerkstelligen habe können, er weicht ihr aber aus.
Bei einem Ausflug nach La Push trifft Bella Jacob Black, einen Indianer, dessen Vater mit Bellas Vater gut bekannt ist. Er erzählt ihr, dass Edward zu den „kalten Wesen", den Vampiren, gehöre. Bella besorgt sich Bücher über Vampire und ist sich nun sicher.

Ich ging langsam die Treppe nach oben, vollkommen benebelt. Mechanisch machte ich mich bettfertig, ohne wirklich mitzubekommen, was ich tat. Erst als ich unter der Dusche stand und das viel zu heiße Wasser auf meiner Haut brannte, merkte ich, dass ich fror. Einige Minuten lang stand ich still da, heftig zitternd, dann endlich entspannte die dampfende Brause meine versteiften Muskeln. Ich duschte immer weiter, bis das heiße Wasser zu Ende ging, zu müde, um mich zu bewegen.
Dann trat ich auf unsicheren Beinen aus der Dusche und hüllte mich eng in ein Handtuch ein, um die Wärme des Wassers zu bewahren – ich hatte Angst, dass der schmerzhafte Schüttelfrost wiederkam. In Windeseile zog ich mir mein Schlafzeug an und schlüpfte unter die Decke, wo ich die Knie an meinen Oberkörper zog und die Arme um meinen Brustkorb schlang, um mich zu wärmen. Ein paar winzige Schauder durchbebten mich.
Meine Gedanken taumelten noch immer unkontrolliert im Wirbel der Bilder – vieler Bilder, die ich nicht deuten konnte, und einiger, die ich zu verdrängen suchte. Zuerst schien alles wirr zu sein, doch je weiter ich dem Schlaf entgegentrieb, desto klarer traten die wenigen Gewissheiten hervor.
Es gab drei Dinge, deren ich mir absolut sicher war: Erstens, Edward war ein Vampir. Zweitens, ein Teil von ihm – und ich wusste nicht, wie mächtig dieser Teil war – dürstete nach meinem Blut. Und drittens, ich war bedingungslos und unwiderruflich in ihn verliebt. (S. 205 f)

Im folgenden Textausschnitt machen Bella und Edward einen Ausflug und kommen sich gefährlich nahe.

„Kein Pfad?", fragte ich verzweifelt.
„Ich sorg schon dafür, dass du nicht verloren gehst." Mit einem spöttischen Lächeln drehte er sich zu mir herum. Ich unterdrückte ein Keuchen. Sein weißes Hemd war kurzärmlig und aufgeknöpft, so dass die glatte, weiße Haut seines Halses direkt in die marmornen Konturen seiner Brust überging und seine perfekte Muskulatur nicht länger eine bloße Andeutung unter dem Stoff war, der sie verbarg. Er war zu vollkommen, dachte ich und spürte, wie mich schmerzhaft die Verzweiflung durchfuhr. Es war unmöglich, dass diese gottgleiche Kreatur für mich geschaffen war. (S. 270 f)

LAMM UND LÖWE

Edwards Anblick in der Sonne war ein Schock. Ich starrte ihn zwar schon den ganzen Nachmittag lang an, konnte mich aber einfach nicht daran gewöhnen. Seine Haut war blütenweiß, vielleicht mit dem Hauch einer Rötung von der Jagd am Vortag, und sie glitzerte, als hätte man Tausende winziger Diamanten in sie eingelassen. Er lag vollkommen reglos im Gras; das offene Hemd enthüllte die Skulptur seiner Brust, seine Arme waren unbedeckt und seine zart lavendelfarbenen Lider geschlossen, obwohl er natürlich nicht schlief. Und alles funkelte. Er war eine Statue der Vollkommenheit, gemeißelt aus einem unbekannten Stein, der glatt wie Marmor war und glänzend wie ein Kristall.
(…) Ich hätte mich gerne, genau wie er, auf den Rücken sinken lassen, um die Wärme der Sonne

auf meinem Gesicht zu spüren. Doch dann hätte ich meinen Blick von ihm abwenden müssen – und so saß ich mit angezogenen Beinen da, stützte mein Kinn auf die Knie und betrachtete ihn. Ein sanfter Wind blies durch meine Haare und bewegte das Gras rings um seine bewegungslose Gestalt.

Die Wiese, deren Schönheit mir vorher noch den Atem geraubt hatte, war neben seiner Pracht verblasst.

Zaghaft und wie immer voller Angst, dass er sich – zu schön, um tatsächlich wahr zu sein – wie ein Trugbild in Luft auflösen könnte, näherte ich meine Hand seinem Arm und strich ihm mit einem Finger über den Handrücken. Zum hundertsten Mal bestaunte ich die perfekte Beschaffenheit seiner Haut: glatt wie Seide und kühl wie Stein. Als ich wieder aufblickte, sah er mich an; die Jagd hatte seine Augen verändert – sie waren viel heller als vorher und hatten einen warmen karamellfarbenen Ton. Seine makellosen Lippen hoben sich zu einem flüchtigen Lächeln.

„Mach ich dir denn keine Angst?", fragte er schalkhaft, doch es lag auch wirkliche Neugier in seiner weichen Stimme.

„Nicht mehr als sonst auch."

Sein Lächeln wurde strahlender; seine Zähne blitzten in der Sonne.

Ich rutschte etwas näher zu ihm heran und strich mit allen Fingern einer Hand über seinen Unterarm. Sie zitterten – seiner Aufmerksamkeit, wusste ich, würde das nicht entgehen.

„Darf ich?", fragte ich, da er seine Augen wieder geschlossen hatte.

„Ja", sagte er und seufzte wohlig. „Du kannst dir nicht vorstellen, wie sich das anfühlt." (S. 275)

- Wie stehen Sie zu dieser Beschreibung männlicher Schönheit, die man so eigentlich nicht gewohnt ist?

Als Edward in Port Angeles wieder zur Stelle ist, als Bella belästigt wird, traut sich Bella, ihn zu fragen, ob er ein Vampir sei. Er antwortet, dass seine Familie nur Tierblut, aber kein Menschenblut trinken würde. Edward kann die Gedanken anderer lesen, Bellas Gedanken jedoch nicht.

Bella und Edward verbringen nun häufig Zeit miteinander und Edward stellt sie auch seiner Familie vor. Alle außer Rosalie, die gern wieder ein Mensch sein würde, nehmen sie sehr freundlich auf. Während eines Vampir-Baseball-Spiels tauchen drei andere Vampire auf, die sich allerdings von Menschblut nähren. Einer von ihnen, James, erkennt, dass Bella ein Mensch ist, und macht Jagd auf sie. Mit Hilfe der Cullens kann Bella nach Phoenix fliehen. James stellt ihr eine Falle: Er macht sie glauben, er hätte ihre Mutter in seiner Gewalt, und lockt sie so in ein Ballettstudio. James beißt Bella. Im letzten Moment wird sie von Edward gerettet, der das Gift aus ihrem Blut saugt. James wird von den Cullens getötet.

Nach ihrem Krankenhausaufenthalt geht Bella mit Edward zum Jahrgangsball. Jacob warnt Bella davor, die Beziehung zu Edward fortzusetzen. Bella wünscht sich für immer bei Edward zu bleiben, er jedoch weigert sich, sie in einen Vampir zu verwandeln. So endet der erste Teil.

- Das Thema Vampire hat Menschen schon immer beeindruckt, bereits in der Antike gab es Geschichten von Untoten, die sich vom Blut der Menschen ernähren. Wie erklären Sie sich den Erfolg der Vampirromane oder Vampirfilme?
- Die vier Bände *Twilight* werden bevorzugt von Mädchen bzw. jungen Frauen gelesen und geliebt. Welche Gründe könnte es dafür geben, dass diese Art von Literatur von vielen Jungen abgelehnt wird?

BEZIEHUNGEN UND GEFÜHLE – SO, SO ... ODER SO

Einführung und Hinführung

- Suchen Sie sich einen ruhigen Platz in der Klasse oder Schule, gestalten Sie ein Cluster mit dem Zentralbegriff „Beziehung" und erlauben Sie sich alle Ihre Gedanken dazu!

Das Clustering beginnt mit einem weißen Blatt Papier. Schreiben Sie in die Mitte des Blattes das Stichwort, zu dem Sie Einfälle suchen. Stichwort kann beispielsweise ein Begriff zu Ihrem Thema oder das Thema selbst sein, über das Sie schreiben, diskutieren bzw. nachdenken wollen. Kreisen Sie nun diesen Begriff ein. Konzentrieren Sie sich auf dieses Stichwort. Schließen Sie einen Moment die Augen und schreiben Sie dann alles nieder, was Ihnen in den Sinn kommt – alle Einfälle, Erinnerungen, innere Bilder, Gefühle. Schreiben Sie Ihre Einfälle kreisförmig um den Ausgangsbegriff. Kreisen Sie auch die neuen Begriffe ein, und verbinden Sie eine Abfolge von Einfällen zu Assoziationsketten. Ziehen Sie Verbindungslinien zwischen dem Ausgangsbegriff und den neuen Einfällen. Schreiben Sie Ihre Einfälle so nieder, wie Sie Ihnen in den Sinn kommen, einzeln, in Ketten oder Gruppen. Konzentrieren Sie sich nicht zu sehr auf die Abfolgen von Assoziationen. Erzwingen Sie keine Weiterführung von Gedankenketten, und prüfen Sie Ihre Einfälle nicht auf Zusammenhang und Logik.[1]

- Bringen Sie anschließend in 3er- oder 4er-Gruppen Ordnung in Ihre niedergeschriebenen Assoziationen und gestalten Sie ein Plakat, auf dem Sie die verschiedenen Arten, Formen bzw. Ausprägungen von Beziehungen darstellen!
- Präsentieren Sie Ihr Plakat und vergleichen Sie Ihre Gruppenarbeit mit den Ergebnissen der anderen Gruppen!

Beziehungen, die in der Literatur aller Epochen immer wieder beschrieben werden, sind neben den allgemein sozialen Beziehungen[2]:

- Eltern-Kind-Beziehungen: Bindungsformen, die in den ersten Lebensjahren auf Bindung, ab der frühen Pubertät auf meistens konfliktreiches Loslassen und spätere Trennung angelegt sind
- Partnerschaften: auf eine bestimmte Zeit oder lebenslange verbindliche Gemeinschaften
- Liebesbeziehungen: auf Gefühlen und Leidenschaften basierende Gemeinschaften
- Verwandtschaftsbeziehungen: auf die Großfamilie bezogene Gemeinschaften
- Freundschaftliche Beziehungen: enge Gemeinschaften zwischen zwei oder mehreren Personen
- Bekanntschaften: schwache Formen sozialer Gemeinschaften
- Geschäftsbeziehungen, Arbeitsbeziehungen, Kundenbeziehungen und Handelsbeziehungen
- Die Beziehung eines Menschen zu sich selbst

- Ordnen Sie die folgenden Texte (Textausschnitte) den oben genannten Beziehungsformen zu!
- Versuchen Sie – vielleicht gemeinsam in der Klasse – erste Gedanken (Interpretationshypothesen) zu den einzelnen Texten zu formulieren und die Erzählhaltung näher zu diskutieren!

Mit **Erzählhaltung** bezeichnet man die Einstellung der Erzählerin bzw. des Erzählers gegenüber dem

[1] nach: http://arbeitsblaetter.stangl-taller.at/PRAESENTATION/clustering.shtml; 21.9.2010

[2] Soziale Beziehungen sind grundlegende Voraussetzung für Menschen, um in der Gesellschaft erfolgreich leben zu können. Dabei ist wichtig, dass ein Kind schon in den ersten Lebensjahren lernt sie einzugehen, da sonst die Gefahr lebenslanger psychischer Schädigungen bestehen kann.

Erzählten. Insbesondere die einzelnen Personen und deren Handlungen kann die Erzählerin bzw. der Erzähler mit Distanz, Ironie, Humor, Anteilnahme oder Ergriffenheit etc. beschreiben. Die Erzähl(er)haltung kann also affirmativ (bejahend), ablehnend, kritisch, euphemistisch (beschönigend), ironisch, zustimmend, sarkastisch sein. Die Erzählhaltung ist nicht zu verwechseln mit der **Erzählperspektive**, die unterscheidet, aus welchem Blickwinkel die Handlung erzählt wird.

Charles Bukowski: *Es geht auch anders*

Mein Vater hielt was von
Arbeit. Auf jeden seiner Jobs
war er stolz. Manchmal hatte er
keine Arbeit. Das fand er sehr
beschämend.
Er schämte sich so, dass er
morgens aus dem Haus ging
und erst abends wiederkam
damit die Nachbarn nichts
merkten.
Mir
gefiel der Mann
von nebenan:
Der saß bloß in seinem
Gartenstuhl hinterm Haus
und warf Darts auf eine
Zielscheibe, die er auf die
Seitenwand seiner Garage
gepinselt hatte.
Im Los Angeles des Jahres
1930 besaß er eine Weisheit
die selbst Goethe, Hegel
Kierkegaard, Nietzsche, Freud
Jaspers, Heidegger und
Toynbee kaum
angezweifelt hätte.

Antoine de Saint-Exupéry: *Der kleine Prinz*

Der Fuchs verstummte und schaute den Prinzen lange an: „Bitte ... zähme mich!" sagte er.

„Ich möchte wohl", antwortete der kleine Prinz, „aber ich habe nicht viel Zeit. Ich muß Freunde finden und viele Dinge kennenlernen."

„Man kennt nur die Dinge, die man zähmt", sagte der Fuchs. „Die Menschen haben keine Zeit mehr, irgend etwas kennenzulernen. Sie kaufen sich alles fertig in den Geschäften. Aber da es keine Kaufläden für Freunde gibt, haben die Leute keine Freunde mehr. Wenn du einen Freund willst, so zähme mich!"

„Was muß ich da tun?" sagte der kleine Prinz.

„Du mußt sehr geduldig sein", antwortete der Fuchs. „Du setzt dich zuerst ein wenig abseits von mir ins Gras. Ich werde dich so verstohlen, so aus dem Augenwinkel anschauen, und du wirst nichts sagen. Die Sprache ist die Quelle der Mißverständnisse. Aber jeden Tag wirst du dich ein bißchen näher setzen können ..." (...)

Und er kam zum Fuchs zurück: „Adieu", sagte er ...

„Adieu", sagte der Fuchs. „Hier mein Geheimnis. Es ist ganz einfach: man sieht nur mit dem Herzen gut. Das Wesentliche ist für die Augen unsichtbar."

„Das Wesentliche ist für die Augen unsichtbar", wiederholte der kleine Prinz, um es sich zu merken.

„Die Zeit, die du für deine Rose verloren hast, sie macht deine Rose so wichtig."

„Die Zeit, die ich für meine Rose verloren habe ...", sagte der kleine Prinz, um es sich zu merken.

„Die Menschen haben diese Wahrheit vergessen", sagte der Fuchs. „Aber du darfst sie nicht vergessen. Du bist zeitlebens für das verantwortlich, was du dir vertraut gemacht hast. Du bist für deine Rose verantwortlich ..."

„Ich bin für meine Rose verantwortlich ...", wiederholte der kleine Prinz, um es sich zu merken. (S. 50ff)

Erich Fried: *Die Einschränkung*

In vielen Büchern
habe ich
mich gelesen
und nichts als mich

Was nicht ich war
das konnte ich
gar nicht
entziffern

Da hätte ich
eigentlich
die Bücher
nicht lesen müssen

Ulla Hahn: *Bildlich gesprochen*

Wär ich ein Baum ich wüchse
dir in die hohle Hand
und wärst du das Meer ich baute
dir weiße Burgen aus Sand.

Wärst du eine Blume ich grübe
dich mit allen Wurzeln aus
wär ich ein Feuer ich legte
in sanfte Asche dein Haus.

Wär ich eine Nixe ich saugte
dich auf den Grund hinab
und wärst du ein Stern ich knallte
dich vom Himmel ab.

Urs Widmer: *Das Buch des Vaters*

Mein Vater war ein Kommunist. Er war nicht immer ein Kommunist gewesen, natürlich nicht, und er war, als er starb, keiner mehr. Wenn man es genau nimmt, blieb er nur wenige Jahre lang ein Mitglied der Kommunistischen Partei, von 1944 bis so um 1950 herum. Danach war er über alle Parteigrenzen hinweg empört und schimpfte über jeden Politiker, so ziemlich jeden. „Hornochse! Trottel! Mörder!" – Daß er ein Kommunist werden würde, war ihm nicht an der Wiege gesungen worden. Sein Vater las ein Leben lang ein einziges Buch, die Bibel – seine Mutter kannte auch die Bibel nur vom Hörensagen –, und kümmerte sich nicht um Politisches, wenn man von einer diffusen Begeisterung für Kaiser Wilhelm II. absah. Als Zehnjähriger war mein Vater tatsächlich mit seinem Papa zur Kaserne gegangen, auf die Exerzierwiese hinter ihr, weil der Kaiser allen Deutschen seinem Nachbarland und dessen schönster Stadt einen Besuch abstattete und eine Parade der einheimischen Truppen abnahm. Ein herrlich blauer Himmel, Kaiserwetter eben. Eine gut gelaunte Menschenmenge. Mein Vater, klein für sein Alter, durfte zu den Kindern nach vorn und sah über Jungen- und Mädchenköpfe hinweg einen Pulk Reiter in prachtvollen Uniformen vorbeitraben, ganz nah, jeder mit einem anderen Kopfputz. Helme aus Gold, rote Federbüsche, Pickelhauben, Kappen voller Eichenlaub. Die Jungen und Mädchen um ihn herum juchzten und warfen ihre Mützen in die Luft. Auch mein Vater glühte vor Begeisterung. Nur, er wußte nicht, welcher der Gefiederten denn nun der Kaiser war. Der auf dem weißen Pferd, oder doch der mit dem gezwirbelten Schnurrbart? Er traute sich nicht, seinen Nachbarn zu fragen, einen dicken Burschen, der ihm die Sicht versperrte. – Auf dem Heimweg kriegte er einen Zuckerkrapfen, und er und sein Vater schwärmten, wie herrlich der Monarch ausgesehen habe. – Ein Jahr später, als der Erste Weltkrieg ausbrach, rief der Vater meines Vaters – ein stiller Mann – immer noch Hurra! und Immer feste druff!, das taten alle in der Stadt, so ziemlich alle. Das Welsche galt damals nicht viel, und mein Vater las den Guten Kameraden, eine Zeitschrift, die immer aus allen Rohren feuernde Kriegsschiffe oder mit aufgerissenen Mäulern aus ihren Gräben stürmende Soldaten auf dem Titelblatt zeigte. (S. 5 f) R

André Heller: *Leon Wolke*

Ach, was haben meine Augen
nicht schon Wolken ziehen sehen,
in den Himmeln meiner Reisen
von Timbuktu bis Athen.
Solche, die ein Glück verheißen,
andere von Unheil schwer,
manche sahen aus wie Chaplin,
andere wie ein Jagdgewehr.
Und doch unter allen Wolken
ist mir keine halb so lieb,
wie der alte Leon Wolke
aus dem zweiten Wiener Hieb.

Klein und blass und immer aufrecht
schaut er jedem ins Gesicht.
Wer Treblinka überlebt hat,
fürchtet sich auf Erden nicht.
Nicht vor Krankheit, nicht vorm Sterben,
nicht vor Dummheit jeder Form.
Und will ihm wer imponieren,
sagt er: „Sie sind sicherlich enorm.
Nur hab ich an andern Maßstab,
vor dem wirkt fast alles klein.
Richtig groß ist nur die Trauer
und das viele Kinderschreien.

Wo ich bin, sind auch die Geister
aus der schwarzen Aschenluft.
Und sogar die Parmaveilchen
habn für mich an bittren Duft.
Weil doch meine schöne Mame
Veilchen liebte und auch Mohn
und weil sie mich immer nannte
‚Du mein Parmaveilchen-Sohn.'
Denn ich hab ja blaue Augen
Aber das war wert an Dreck.
Nichts kannst du dir dafür kaufen,
nichts zum Essen, kein Versteck.
Auch nicht Ruhe vor Banditen,
Mame ging trotzdem ins Gas.
Und seitdem ist jede Stunde
Brennessel und Scherbenglas.
Und des Nachts kommen Hyänen,
fressen sich in meinen Traum.
Und ich träum zumeist vom Flüchten,
Angenehmes träum ich kaum.

Und doch gibt es Augenblicke,
da denk ich, die Welt ist gut.
Nur gehen diese Augenblicke
leicht in einen Fingerhut.

Herrschaften, ich will nicht stören,
wünsche allseits Guten Tag.
Mir wär mazeltov zu wünschen,
dass mich endlich trifft der Schlag."

Ja, so redet Leon Wolke
Und ich will, dass ihr es wisst.
Denn man kann nur Lehren ziehen
aus dem, was man nicht vergisst.

In den folgenden Abschnitten sollen anhand von Texten einiger Dichtungsgattungen verschiedene Formen und Ausprägungen von Beziehungen beleuchtet, untersucht und diskutiert werden.

Vater, Mutter und Tochter Miller – Friedrich Schillers *Kabale und Liebe*

Silke Dörner schreibt anlässlich der Aufführung von Schillers *Kabale und Liebe* im Theater Phönix in der Spielsaison 2008/09 unter dem Titel „Maschinerie der Leidenschaften" im Programmheft:

Am 27. Juli 1783 kommt Schiller in Mannheim an, sein neuestes Stück im Gepäck: „Luise Millerin", ein bürgerliches Trauerspiel, inspiriert von Lessings „Emilia Galotti" und „Der deutsche Hausvater" des Reichsfreiherrn von Gemmingen, aus dessen Schauspiel Schiller einige Handlungsmotive und Konstellationen übernimmt. Die Ähnlichkeiten lassen indes die Unterschiede noch deutlicher hervortreten. Während sich im „Deutschen Hausvater" am Ende alles in Wohlgefallen auflöst, endet Schillers „Kabale und Liebe", wie das Stück auf Anraten des Schauspielers Iffland später heißen wird, mit einer Katastrophe.

Dieses Stück ist für Schiller eine Art Selbstversuch, sind ihm doch nach dem Fiasko mit dem „Fiesco" erhebliche Zweifel gekommen, ob es ihm gelingen würde, auf Dauer als Theaterautor und Schriftsteller existieren zu können. Ein Selbstversuch aber auch in anderer Hinsicht. 1782 wird Schillers Erstlingsdrama „Die Räuber" mit triumphalem Erfolg in Mannheim aufgeführt. Der württembergische Herzog Karl Eugen stellt Schiller wegen dessen unerlaubter Ausreise zur Uraufführung des Stückes unter Arrest und untersagt ihm jegliche schriftstellerische Tätigkeit. Diese aristokratische Anmaßung und fürstliche Willkür, deren Zeuge und Opfer er wird, wird sich in „Kabale und Liebe" niederschlagen. Schiller flieht daraufhin 1782 mit seinem Freund Andreas Streicher aus Württemberg und findet Zuflucht in Bauerbach (Thüringen) bei Henriette von Wolzogen, entschlossen, „nur Dichter" zu sein, „kein Querstrich von außen soll meine dichterischen Träume, meine idealistischen Täuschungen stören".

Ein „Querstrich von außen" stört die Dichterruhe allerdings erheblich: die 16-jährige Tochter der Gastgeberin Charlotte von Wolzogen. Schiller verliebt sich unsterblich in die junge Frau, wohlwissend, dass er als ehemaliger Regimentsmedikus und gegenwärtig flüchtiger und mittelloser Dichter kaum ein standesgemäßer Heiratskandidat sein kann. Der Geist der Liebe kann in der ständischen Gesellschaft eben doch nicht wehen, wo er will. Dieses Thema bearbeitet Schiller gerade in „Kabale und Liebe" literarisch, durch die unerfüllte Liebe zu Charlotte ist er darüber hinaus selbst existenziell verwickelt.

Schillers drittes Stück ist voll von gesellschaftspolitischem Lokalkolorit: unübersehbar sind die Parallelen zu dem ihm verhassten verschwendungssüchtigen Karl Eugen, der aus Habgier nicht davor zurückschreckt, Landeskinder nach Amerika für den Kolonialkrieg zu verkaufen. Lady Milford trägt Züge der Gräfin von Hohenheim, zunächst Mätresse, später sogar die Ehefrau des Herzogs. Der Präsident erinnert schließlich an den zur Zeit Schillers am württembergischen Hof amtierenden Minister Graf Samuel Montmartin: mittels gefälschter Briefe hatte er seinen Rivalen zu Fall gebracht und sich das alleinige Vertrauen des Fürsten verschafft.

... doch aufs Äußerste treibts nur die Liebe ...

Skrupellos hat sich Präsident von Walter am Hofe des Herzogs hinaufgearbeitet, und natürlich soll sein einziger Sohn Ferdinand in seine Fußstapfen treten. Durch die Verheiratung mit Lady Milford, der Geliebten seines Herzogs, will er nicht nur Ferdinand befördern, sondern auch den eigenen Einfluss sicherstellen. Umso größer ist sein Entsetzen, als er erfährt, dass Ferdinand die Hofwelt ablehnt und sich stattdessen in die bürgerliche Luise Miller verliebt hat, der er zu allem Überfluss auch noch die Ehe versprochen hat. Um dies zu verhindern, scheut der Präsident weder List noch Skrupel. Zusammen mit seinem Gehilfen Wurm, der seinerseits ein Auge auf Luise geworfen hat, versucht er die Beziehung zu hintertreiben. Zunächst mit väterlicher Gewalt, und als das nicht gelingt, greift man zu einer Intrige: Ferdinands Misstrauen gegen Luise soll erregt werden, um die Liebe von innen heraus zu zerstören. Luises Vater wird verhaftet, sie selbst gezwungen einen fiktiven Liebesbrief an den Höfling von Kalb zu schreiben, der Ferdinand in die Hände gespielt werden soll. Die Eifersucht, so der Plan, werde die beiden auseinanderbringen. Doch die Rechnung geht anders auf als erwartet und setzt eine Kettenreaktion in Gang, die unwiderruflich in die Katastrophe führt.[3]

- Lesen Sie die ersten drei Szenen des 1. Aktes des bürgerlichen Trauerspiels und bearbeiten Sie folgende Arbeitsaufgaben! Wenn der Primärtext für Sie nicht greifbar ist, können Sie die Szenen im Internet unter *gutenberg.spiegel.de* laden.

Szene 1 und 2:

- Beschreiben Sie den sichtbaren Konflikt zwischen Vater und Mutter Miller!

[3] Theater Phönix Linz, Spielzeit 2008/09, Programmheft 6

- Was ist die zentrale Problematik in diesen Szenen?
- Welche Unterschiede hinsichtlich der Beurteilung des Problems zwischen Miller und seiner Frau können Sie erkennen?
- Welche verbalen und nonverbalen Aggressionen können Sie finden?

Verdeckt unter der Oberfläche gibt es jedoch denkbare Gründe für diese harsche Auseinandersetzung:
- Welche Gefühle beherrschen die Ehepartner?
- Welche Interessen und Bedürfnisse haben sie? Inwiefern unterscheiden sich diese?
- Welche Werte vertreten sie?
- Was möchte Vater Miller vermeiden? Wovor hat er Angst?
- Was möchte Mutter Miller erreichen? Welche Motive treiben Sie an? Welche Emotionen könnten durch die Situation, in der ihre Tochter sich befindet, geweckt werden?

In der 3. Szene stößt Luise zu ihren Eltern.
- Wie sehen Sie die Beziehung zwischen Luise und ihrem Vater? Was verlangt Miller von seiner Tochter? Wie reagiert Luise? Wie argumentiert sie? Womit verbindet / vergleicht sie ihre Liebe zu Ferdinand?
- Wie interpretieren Sie die letzten Sätze der Szene, die Frau Miller spricht?

Ganz andere Familien

… „kindische" Eltern und eine „erwachsene" Tochter

MALIN SCHWERDTFEGER: *MEIN ERSTER ACHTTAUSENDER*

Wieder einmal kam Mama nachts zurück. Sie beugte sich über mich, küßte mich zwischen die Augen, und mir wurde schlecht von ihrem Geruch nach ranziger Yakbutter, nach Qualm und verdorbenem Magen. Noch halb im Schlaf tippte ich auf Tibet oder Nepal. So widerlich konnte nur jemand riechen, der geradewegs aus Zentralasien kam.

Am nächsten Morgen saß sie am großen Tisch im Eßzimmer und rührte Gerstenmehl in ihren Tee.
„Morgen, Schätzchen", sagte sie, als ich hereinkam, „ist es nicht längst Zeit für die Schule?"
„Wir haben Ferien", sagte ich. Ich begann im Eßzimmer herumzulaufen und ihre Sachen aufzusammeln, die sie in der Nacht einfach überall hingeschmissen hatte. Matschverkrustete Goretex-Klamotten, Alutöpfe mit angetrockneten Gerstenbreiresten, ein Spezialkocher, die Fotoausrüstung und ihre stinkenden Bergschuhe waren über das ganze Zimmer verteilt. Immerhin hatte sie es noch geschafft, ihren Schlafsack draußen über das Verandageländer zu hängen. Er war bestimmt voller Läuse.

Ich schleppte alles hinaus auf die Veranda. Nur mit dem Kochgeschirr lief ich ins Badezimmer. Ich stellte es in die Wanne und ließ heißes Wasser darüberlaufen.
„Setz dich hin", sagte Mama, als ich zurück ins Eßzimmer kam. Sie zeigte auf den Stuhl neben sich.
„Hast du irgend etwas mitgebracht, wovon ich wissen sollte?" fragte ich und setzte mich ans entgegengesetzte Ende des Tisches. „Läuse, Krätze, Ruhr, Dengue-Fieber?"
„Ich glaube nicht", sagte Mama. „Nur Blasen an den Füßen."
Ich rückte ein paar Stühle weiter vor.
Ich trank meinen Kakao und sah zu, wie sie ihren Tee schlürfte. Sie hatte einen kleinen Klumpen Yakbutter in einer schmierigen Plastiktüte vor sich liegen. Davon drehte sie mit den Fingern kleine Stückchen ab, warf sie in den Tee und rührte um, bevor sie den Tee trank.
„Mama", sagte ich schließlich, „wir müssen dir die Haare waschen."

Während ich fast eine ganze Flasche Pfirsichöl-Pflegespülung in ihre verfilzte Mähne einmassierte, erzählte Mama ungefragt von Steinschlägen am Annapurna, Überschwemmungen im Rolwalingtal und Schneestürmen in Solo Khumbu. Sie erzählte von den Wäldern Osttibets, wo es Blutegel regnet, von chinesischen Dorfgefängnissen und betrunkenen Polizisten, von Bussen, die in tiefen Schluchten zerschellen und von den schwarzgefrorenen Gesichtern der Bergsteiger, die in den verrotteten Absteigen von Lukla im Everest-Gebiet auf ihren Rückflug nach Kathmandu warten. Sie erzählte davon, wie die Höhenkrankheit ihr Gehirn aufweichte, als sie versuchte, den Pumori zu besteigen, und von der dünnen Luft des Himalaja, die das Blut träge macht und an der sich die Lungen wundatmen.

Zwei Stunden später hatte ich den letzten Knoten aus ihren Haaren gekämmt und alle Blasen an ihren Füßen aufgestochen und desinfiziert. Dann war Mama wieder so müde, daß sie sich aufs Sofa legte und sofort einschlief.
Das Telefon klingelte. Es war Arne von *Trekking Guides.*
„Hallo", sagte Arne. „Ist sie da?"
„Sie schläft", sagte ich, „und will nicht gestört werden. Schon gar nicht von euch."
„Sie soll nicht so viel schlafen, lieber schreiben", sagte Arne.
Ich legte einfach auf.

Ich kochte Kaffee für Papa. Dann brachte ich Papa den Kaffee, eine Schüssel Cornflakes und seine Thrombosespritze auf einem Tablett ans Bett.
Im Schlafzimmer war es kühl und dunkel. Aber Papa war schon wach. Sein Laptop warf einen grünlichen Schimmer über die zerwühlte Bettdecke. Papa nannte das, was er machte, Telearbeit, das heißt, er hatte einen Internetanschluß und einen E-Mail-account und brauchte nie aufzustehen. Ich stellte das Frühstück neben den Laptop auf sein Bett.
„Sie ist wieder da", sagte ich.
„Hab's gehört", sagte Papa.
„Willst du wissen, wo sie war?" fragte ich.
„Es stinkt nach ranzigem Fett. Grönland?" riet Papa.
„Nepal", sagte ich. „Und Tibet. Tibet ohne Einreiseerlaubnis. Sie mußte sich nachts über die Grenze schleichen. Sie mußte in Nomadenzelten wohnen und sich in verlassenen Bergdörfern verstecken. Einmal hat sie ein Polizist gefunden und ins Gefängnis gesteckt, aber sie hat ihn mit Tschang betrunken gemacht und ist abgehauen."
„Betrunken gemacht?" Papa lachte und schwitzte. „Mit ihm gebumst wird sie haben. Mit einem dreckigen, besoffenen Chinesen."
Ich nahm die Thrombosespritze, zog die Schutzkappe von der Nadel, schlug die Decke zurück, drückte etwas von Papas Bauchfett mit zwei Fingern zusammen und gab ihm eine Injektion in die Fettrolle.
„Das ist lieb!" sagte Papa. „Bringst du mir das Bildtelefon?"

Mit der Telearbeit hatte Papa angefangen, als Mama für *Trekking Guides* zu arbeiten begann. Ihren ersten Reiseführer schrieb Mama über den Kaukasus, als ich sechs war. Wir bekamen Postkarten aus dem Gebirge, die andere Reisende für sie in Jerevan oder Tiflis eingesteckt hatten. Manchmal aber hörten wir wochenlang gar nichts von ihr. Als sie wiederkam, brachte sie literweise Armagnac mit und riesige Büschel eines Krauts mit lilafarbenen Blättern. Diese Blätter kaute sie ununterbrochen und tat sie an jedes Essen. Nachts kam sie an mein Bett und erzählte stundenlang von ihren Wanderungen mit den Schafhirten und ließ mich nicht schlafen. Sie erzählte auch von einem Hirten namens Dmitri, in den sie sich verliebt hatte.
Ein paar Monate später verschwand sie wieder. Diesmal, um auf Spitzbergen zu überwintern. Sie teilte ihre Hütte mit Einar, einem Pelztierjäger, der halb Norweger, halb Eskimo war. Von dieser Reise brachte sie fünf Blaufuchsfelle mit, die sie mir vors Bett legte, und diesmal erzählte sie nächtelang vom Packeis, vom Geschmack des schwarzen Seehundfleisches, den Schrecken der langen Polarnacht und den schönen Ablenkungen, mit denen Einar sie während der monatelangen Finsternis vor dem Verrücktwerden bewahrt hatte.
Das war die Zeit, als Papa mit der Telearbeit begann.

Am Nachmittag suchte ich Mama im ganzen Haus. Ich fand sie in der Dunkelkammer. Ich riß die Tür auf und ruinierte einen Abzug. „Mach die Tür hinter dir zu", sagte Mama. „Hat Arne angerufen?" Ich gab keine Antwort. Arne von *Trekking Guides* war der Mensch, den Papa und ich von allen Menschen auf der Welt am meisten haßten.
Mama machte das Licht am Vergrößerungsapparat an und wieder aus. Sie nahm das belichtete Papier und legte es in die Wanne mit der Entwicklerflüssigkeit. Nach und nach erschien ein Gesicht auf dem Papier. Mama stupste es mit der Zange unter, als wolle sie es ertränken. Dann kam es in den Stopper und zum Schluß ins Fixierbad. Ich stellte mich neben Mama. Das Gesicht auf dem Foto war dunkel und glänzte fettig.
„Das ist Lopsang", sagte Mama.

„Deine Mutter ist eine verdammte Ethno-Nutte!" schrie Papa, als ich ihm von Lopsang erzählte. „Bald wird sie sie gar nicht mehr zählen können, die Eskimos, die Indios, all die Madenfresser. Und jetzt hat sie sogar noch einen Yeti in ihrer Sammlung. Herzlichen Glückwunsch!"
„Also, ein Yeti ist er nicht, Papa", sagte ich, „er ist ein Sherpa."
„Mir scheißegal, was dieser Yaktreiber ist! Ich werde jetzt aufstehen und ihr die Meinung sagen. Ich will, daß sie diesen Zuhälter Arne anruft und ihm sagt, daß sie nie wieder für ihn als Trekking-Hure arbeiten wird!"
Er richtete sich mit einem Ruck auf. Ein scharfer Geruch nach Wick Vapo Rub, womit ich ihm gegen seine Atembeschwerden regelmäßig die Brust einrieb, schlug mir entgegen. Papa schnaufte und wischte sich ein paar feuchte Strähnen aus dem Gesicht.
„Nein, mach du das lieber!" keuchte er und ließ sich zurück in die Kissen fallen. „Und sag ihr, sie soll kommen und mir guten Tag sagen."
Ich ging und nahm die volle Bettpfanne mit.

Wie immer am ersten Tag nach Mamas Rückkehr lief ich ununterbrochen zwischen meinen Eltern hin und her. Wie immer verbrachte Mama diesen Tag in der Dunkelkammer und den Abend telefonierend in der Badewanne. Und wie immer lag Papa im Bett und hackte wie verrückt auf seinen Laptop ein.
Als ich die Zinksalbe aus dem Bad holen wollte, um Papas offene Stellen damit einzuschmieren, lag Mama in der Wanne und telefonierte mit Arne. Ich setzte mich leise auf den Wäschepuff und hörte zu. Ich schaute mir ihren Körper an: Er war sehr dünn, muskulös, übersät mit blauen Flecken und Insektenstichen, und an vielen Stellen konnte man die Adern sehen. Jeden Tag saß ich auf dem Hometrainer, damit ich auch solche Muskeln bekäme wie sie.
„Neue Steigeisen und einen Daunenanzug von *Mountain Equipment*", sagte Mama zu Arne, „ein Dreimannzelt von *Wild East*, Eisschrauben und 1000 Meter Seil. Mein Eispickel muß nur geschärft werden, aber ich brauche noch zwei dazu. Und dreißig Flaschen Sauerstoff."
„Wo willst du hin, Mama?" fragte ich.
„Moment mal", sagte Mama zu Arne. Dann hielt sie die Sprechmuschel zu und sagte zu mir: „Mit Lopsang auf den Everest."

Seit den Vorbereitungen für ihre Neuguinea-Expedition, die sie zu den Menschenfressern in die Sümpfe von Irian Jaya geführt hatte, war Mama nicht mehr so voller Reisefieber gewesen. Zwei Tage lang saß sie über Landkarten gebeugt am Küchentisch und legte Routen fest. Während ich kochte und abwusch, arbeitete sie einen Akklimatisierungsplan aus. Sie blätterte und kritzelte in ihrem Kalender herum und versuchte zu berechnen, wie sie ihren Körper am besten den Bedingungen in achttausendachthundertachtundvierzig Metern Höhe über dem Meeresspiegel anpassen könnte. Zwischendurch telefonierte sie immer wieder mit Kathmandu. Die restliche Zeit verbrachte Mama auf dem Hometrainer, oder sie joggte im Park. Morgens nahm sie mich mit ins Hallenbad. Sie hatte Papa noch immer nicht guten Tag gesagt. Wenn er nach ihr schrie, ging ich zu ihm und gab ihm Johanniskrauttropfen. Wenn er dann immer noch schrie, gab ich ihm Diazepam.

Eines Nachts wachte ich auf, weil mir einfiel, daß Papa seine Einschlafmilch nicht bekommen hatte. Vielleicht weckte mich aber auch das kratzende, schabende Geräusch, das aus der Küche kam. Von Zeit zu Zeit gab es ein Quietschen, wie von einem Messer, das auf einem Teller abrutscht. Ich lief über den dunklen Flur. Hinter Papas Tür brannte noch Licht. Wahrscheinlich konnte er nicht einschlafen ohne Milch. In der Küche sah ich Mama sitzen und ihren Eispickel schleifen, sie saß da, in voller Goretex-Montur, drehte mit der Hand den Schleifstein und hielt mit der anderen die Spitze des Pickels dagegen. Es kratzte und schabte, und Funken sprühten. An ihrem Stuhl lehnte der fertiggepackte Rucksack mit dem baumelnden Kochgeschirr daran. Als Mama mich sah, hörte sie auf zu schleifen.

„Was machst du denn hier?" fragte sie, „warum bist du nicht im Bett?"

„Ich hole nur Papas Milch."

Der Schleifstein drehte sich weiter. „Arne holt mich in einer Viertelstunde ab und bringt mich zum Flughafen", sagte Mama.

„Gut", sagte ich. Dann lief ich zurück in mein Zimmer. Ich holte meinen Rucksack unter dem Bett hervor, riß den Schrank auf, stopfte Pullover, Hosen, Unterwäsche, den Skioverall und meine Schneebrille in den Rucksack. Ich zog das Nachthemd aus und einen Trainingsanzug an, darüber die Daunenjacke. Mit dem Rucksack auf dem Rücken lief ich über den Flur. Hinter Papas Tür hörte ich es schnaufen.

„Liebes", rief Papa, „bist du's? Hast du meine Milch vergessen?"

Ich rannte in die Küche, holte die Milchtüte aus dem Kühlschrank, ein Glas aus der Anrichte und goß so hastig ein, daß etwas auf den Boden kleckerte. Als ich die Tabletten aus der Packung in die Milch drückte, vergaß ich mitzuzählen. Mama sah mir zu.

Mit dem Glas in der Hand lief ich ins Schlafzimmer. „Hier ist deine Milch, Papa", sagte ich. (...)

„Wo willst du hin mit dem Rucksack?" fragte Papa, und das hatte mich noch niemand gefragt.

„Meinen ersten Achttausender besteigen", sagte ich.

Als wir im *Trekking Guides*-Jeep saßen und die Straße hinunterfuhren, schaute ich noch einmal zurück. Ich hatte das Licht in der Küche nicht ausgeschaltet. Und gerade, als ich zurückschaute, schob sich ein Schatten vor das erleuchtete Küchenfenster. Der Schatten füllte das Fensterviereck ganz aus. Es war ein sehr großer, sehr breiter, ein riesiger Schatten. Es war wie eine totale Sonnenfinsternis. Papa war aufgestanden. (S. 9 ff) R

- Einzelarbeit: Suchen Sie im Internet einige biografische Daten zu Malin Schwertfeger!
- Lesen Sie den Text und verfassen Sie eine Inhaltsangabe[4] in der Länge von 150 bis 200 Wörtern!
- Arbeiten Sie in Gruppen folgende Fragestellungen aus und vergleichen Sie die Ergebnisse! (Die Ausarbeitung dieser Arbeitsfragen – inklusive den oben formulierten Aufträgen – könnte auch Grundlage für eine schriftliche Interpretation der Geschichte sein.)
- Bestimmen Sie die Erzählerfigur und die Perspektive!
- An welchen Orten spielt die Geschichte, welche Orte werden erwähnt? Inwiefern bestimmen die Orte den Charakter und die Lebenseinstellung der Eltern?
- Charakterisieren Sie die Mutter! Welcher Typ Frau wird der Leserin und dem Leser vorgestellt?
- Charakterisieren Sie den Vater! Inwiefern verhält sich dieser ganz anders als die Mutter?
- Welche gegensätzlichen Lebenswelten vertreten diese Figuren? Welchen Bezug zum Leben haben sie? Inwiefern fliehen beide aus der bürgerlichen Realität?
- Was werfen die Ehepartner einander vor?
- Inwiefern fungiert die Tochter – die Erzählerin – als Kommunikationsmedium? Was möchte sie bewirken? Welche Wünsche und Bedürfnisse könnte sie haben?
- Inwiefern handelt das Kind „erwachsen" und handeln die Eltern „kindlich"?
- Am Ende der Geschichte trifft das Kind eine Entscheidung. Können Sie diese nachvollziehen?
- Diskutieren Sie die These, wonach die Tochter durch ihre Entscheidung, ihre Mutter zu begleiten, den Vater zwingt, seine Lebensform aufzugeben, das Bett (auch als Bild zu verstehen) zu verlassen und aufzustehen!

[4] Eine Inhaltsangabe ist eine Zusammenschau über den wesentlichen Inhalt eines Primärtextes mit übersichtlichem Aufbau, in Präsens (bei Vorzeitigkeit Perfekt), ohne Textzitate, ohne direkte Reden, in sachlicher Sprache, chronologisch und logisch, ohne Wertung und Kommentare, aus der Perspektive des allwissenden Erzählers.

Peter Bichsel: *Die Tochter*

... eine Geschichte von gestörter Kommunikation, von Entfremdung, von Einsamkeit in der Familie, von Flucht aus der Wirklichkeit in eine traumhafte Vorstellung.

Peter Bichsel, geboren 1935 in Luzern, ist ein Schweizer Schriftsteller und besonders bekannt für seine Kurzgeschichten und Kolumnen. Er wächst als Sohn eines Handwerkers zunächst in Luzern, ab 1941 in Olten auf. Im Lehrerseminar in Solothurn wird er zum Primarlehrer ausgebildet. 1956 heiratet er die Schauspielerin Therese Spörri; er ist Vater einer Tochter und eines Sohnes. Bis Ende der 1960er-Jahre arbeitet er als Primarlehrer. Zwischen 1974 und 1981 ist er als persönlicher Berater für einen sozialistischen Bundesrat tätig. Mit Max Frisch ist er bis zu dessen Tod 1991 eng befreundet. Bichsel lebt in Bellach bei Solothurn.

Abends warteten sie auf Monika. Sie arbeitete in der Stadt, die Bahnverbindungen sind schlecht. Sie, er und seine Frau, saßen am Tisch und warteten auf Monika. Seit sie in der Stadt arbeitete, aßen sie erst um halb acht. Früher hatten sie eine Stunde eher gegessen. Jetzt warteten sie täglich eine Stunde am gedeckten Tisch, an ihren Plätzen, der Vater oben, die Mutter auf dem Stuhl nahe der Küchentür, sie warteten vor dem leeren Platz Monikas. Einige Zeit später dann auch vor dem dampfenden Kaffee, vor der Butter, dem Brot, der Marmelade.

Sie war größer gewachsen als sie, sie war auch blonder und hatte die Haut, die feine Haut der Tante Maria. „Sie war immer ein liebes Kind", sagte die Mutter, während sie warteten. In ihrem Zimmer hatte sie einen Plattenspieler, und sie brachte oft Platten mit aus der Stadt, und sie wußte, wer darauf sang. Sie hatte auch einen Spiegel und verschiedene Fläschchen und Döschen, einen Hocker aus marokkanischem Leder, eine Schachtel Zigaretten.

Der Vater holte sich seine Lohntüte auch bei einem Bürofräulein. Er sah dann die vielen Stempel auf einem Gestell, bestaunte das sanfte Geräusch der Rechenmaschine, die blondierten Haare des Fräuleins, sie sagte freundlich „Bitte schön", wenn er sich bedankte.

Über Mittag blieb Monika in der Stadt, sie aß eine Kleinigkeit, wie sie sagte, in einem Tearoom. Sie war dann ein Fräulein, das in Tearooms lächelnd Zigaretten raucht. Oft fragten sie sie, was sie alles getan habe in der Stadt, im Büro. Sie wußte aber nichts zu sagen. Dann versuchten sie wenigstens, sich genau vorzustellen, wie sie beiläufig in der Bahn ihr rotes Etui mit dem Abonnement aufschlägt und vorweist, wie sie den Bahnsteig entlang geht, wie sie sich auf dem Weg ins Büro angeregt mit Freundinnen unterhält, wie sie den Gruß eines Herrn lächelnd erwidert. Und dann stellten sie sich mehrmals vor in dieser Stunde, wie sie heimkommt, die Tasche und ein Modejournal unter dem Arm, ihr Parfum; stellten sich vor, wie sie sich an ihren Platz setzt, wie sie dann zusammen essen würden.

Bald wird sie sich in der Stadt ein Zimmer nehmen, das wußten sie, und daß sie dann wieder um halb sieben essen würden, daß der Vater nach der Arbeit wieder seine Zeitung lesen würde, daß es dann kein Zimmer mehr mit Plattenspieler gäbe, keine Stunde des Wartens mehr. Auf dem Schrank stand eine Vase aus blauem schwedischem Glas, eine Vase aus der Stadt, ein Geschenkvorschlag aus dem Modejournal.

„Sie ist wie deine Schwester", sagte die Frau, „sie hat das alles von deiner Schwester. Erinnerst du dich, wie schön deine Schwester singen konnte."
„Andere Mädchen rauchen auch", sagte die Mutter.
„Ja", sagte er, „das habe ich auch gesagt."
„Ihre Freundin hat kürzlich geheiratet", sagte die Mutter. Sie wird auch heiraten, dachte er, sie wird in der Stadt wohnen.
Kürzlich hatte er Monika gebeten: „Sag mal etwas auf französisch." – „Ja", hatte die Mutter wiederholt, „sag mal etwas auf französisch." Sie wußte aber nichts zu sagen.

Stenografieren kann sie auch, dachte er jetzt. „Für uns wäre das zu schwer", sagten sie oft zueinander.

Dann stellte die Mutter den Kaffee auf den Tisch. „Ich habe den Zug gehört", sagte sie. (S. 65 ff)

Vergleichen Sie die beiden Texte – *Mein erster Achttausender* und *Die Tochter* – nach folgenden Kriterien:
- Erzählperspektive und Erzählhaltung
- sprachliche Gestaltung
- Textsorte (Entsprechen beide Texte der reinen Form einer Kurzgeschichte?)
- Zeit und Ort der Handlung
- Entstehungszeit der Geschichte
- gesellschaftlicher Hintergrund der Figuren
- soziologischer und gesellschaftspolitischer Kontext

In Peter Bichsels Kurzgeschichte werden verschiedene Themen angesprochen:
- Ablösung der Kinder von ihren Eltern
- Generationenkonflikt
- Konsumverhalten von Jugendlichen
- Lebensformen in der Stadt und auf dem Land
- Traum vom sozialen Aufstieg in eine andere gesellschaftliche Schicht
- Probleme der Arbeitswelt
- Arbeit und Freizeit
- Lifestyle
- Leben im Alter

- Welche Textbelege und Textaussagen gibt es für die oben genannten Themen? Welche Aspekte scheinen Ihnen im Text am deutlichsten ausgedrückt?
- Welche Veränderung steht im Raum?
- Beschreiben Sie die Hoffnungen und Ängste der Eltern! Wie beurteilen Sie deren Leben? Können sie es Ihrer Ansicht nach noch in Richtung Glück und Zufriedenheit verändern? Wie wird sich das Leben der Tochter verändern?
- „Die Lebensweisen der Eltern und ihrer Tochter unterscheiden sich in der Wahrnehmung der Eltern grundlegend." Verifizieren Sie diese Aussage!
- Wer trägt Ihrer Meinung nach die Verantwortung für die Kommunikationslosigkeit in dieser Familie? Zum Sichtbarmachen der Problematik können Sie folgende Aufgabe versuchen:
  Je drei Schülerinnen oder Schüler stellen das Beziehungsgefüge Vater, Mutter, Tochter als Standbild dar. Die so entstehenden nonverbalen statischen Szenen werden im Klassenplenum präsentiert, erläutert, begründet und mit der Klasse diskutiert.
  Anschließend verfasst jede Teilnehmerin bzw. jeder Teilnehmer in der Rolle der Figur, die sie bzw. er dargestellt hat, einen inneren Monolog.
- Wenn Sie Gefallen an der Schreibweise von Peter Bichsel gefunden haben, lesen und diskutieren Sie seinen Kurzprosatext *San Salvador*, in dem die Thematik „Paarbeziehung – Liebesbeziehung" abgehandelt wird.

Der andere – ein Spiegel

Um Näheres über **Franz Kafka** zu erfahren, schlagen Sie im Kapitel *Österreichische Literatur zwischen 1918 und 1938* in *Stichwort Literatur NEU* nach oder informieren Sie sich auf der Internetseite http://members.aon.at/rieck/kurzbio.htm#Kurzbiographie („Franz Kafka konkret"), die einen interessanten und leicht lesbaren Überblick über das Leben und literarische Schaffen von Kafka bietet.

Franz Kafka: *Der Nachbar*

Mein Geschäft ruht ganz auf meinen Schultern. Zwei Fräulein mit Schreibmaschinen und Geschäftsbüchern im Vorzimmer, mein Zimmer mit Schreibtisch, Kasse, Beratungstisch, Klubsessel

und Telephon, das ist mein ganzer Arbeitsapparat. So einfach zu überblicken, so leicht zu führen. Ich bin ganz jung und die Geschäfte rollen vor mir her. Ich klage nicht, ich klage nicht. Seit Neujahr hat ein junger Mann die kleine, leerstehende Nebenwohnung, die ich ungeschickterweise so lange zu mieten gezögert habe, frischweg gemietet. Auch ein Zimmer mit Vorzimmer, außerdem aber noch eine Küche. – Zimmer und Vorzimmer hätte ich wohl brauchen können – meine zwei Fräulein fühlten sich schon manchmal überlastet –, aber wozu hätte mir die Küche gedient? Dieses kleinliche Bedenken war daran schuld, daß ich mir die Wohnung habe nehmen lassen. Nun sitzt dort dieser junge Mann. Harras heißt er. Was er dort eigentlich macht, weiß ich nicht. Auf der Tür steht: ‚Harras, Bureau'. Ich habe Erkundigungen eingezogen, man hat mir mitgeteilt, es sei ein Geschäft ähnlich dem meinigen. Vor Kreditgewährung könne man nicht geradezu warnen, denn es handle sich doch um einen jungen, aufstrebenden Mann, dessen Sache vielleicht Zukunft habe, doch könne man zum Kredit nicht geradezu raten, denn gegenwärtig sei allem Anschein nach kein Vermögen vorhanden. Die übliche Auskunft, die man gibt, wenn man nichts weiß.
Manchmal treffe ich Harras auf der Treppe, er muß es immer außerordentlich eilig haben, er huscht förmlich an mir vorüber. Genau gesehen habe ich ihn noch gar nicht, den Büroschlüssel hat er schon vorbereitet in der Hand. Im Augenblick hat er die Tür geöffnet. Wie der Schwanz einer Ratte ist er hineingeglitten und ich stehe wieder vor der Tafel ‚Harras, Bureau', die ich schon viel öfter gelesen habe, als sie es verdient.
Die elend dünnen Wände, die den ehrlich tätigen Mann verraten, den Unehrlichen aber decken. Mein Telephon ist an der Zimmerwand angebracht, die mich von meinem Nachbar trennt. Doch hebe ich das bloß als besonders ironische Tatsache hervor. Selbst wenn es an der entgegengesetzten Wand hinge, würde man in der Nebenwohnung alles hören. Ich habe mir abgewöhnt, den Namen der Kunden beim Telephon zu nennen. Aber es gehört natürlich nicht viel Schlauheit dazu, aus charakteristischen, aber unvermeidlichen Wendungen des Gesprächs die Namen zu erraten. – Manchmal umtanze ich, die Hörmuschel am Ohr, von Unruhe gestachelt, auf den Fußspitzen den Apparat und kann es doch nicht verhüten, daß Geheimnisse preisgegeben werden.
Natürlich werden dadurch meine geschäftlichen Entscheidungen unsicher, meine Stimme zittrig. Was macht Harras, während ich telephoniere? Wollte ich sehr übertreiben – aber das muß man oft, um sich Klarheit zur verschaffen –, so könnte ich sagen: Harras braucht kein Telephon, er benutzt meines, er hat sein Kanapee an die Wand gerückt und horcht, ich dagegen muß zum Telephon laufen, die Wünsche des Kunden entgegennehmen, schwerwiegende Entschlüsse fassen, großangelegte Überredungen ausführen – vor allem aber während des Ganzen unwillkürlich durch die Zimmerwand Harras Bericht erstatten.
Vielleicht wartet er gar nicht das Ende des Gespräches ab, sondern erhebt sich nach der Gesprächsstelle, die ihn über den Fall genügend aufgeklärt hat, huscht nach seiner Gewohnheit durch die Stadt und, ehe ich die Hörmuschel aufgehängt habe, ist er vielleicht schon daran, mir entgegenzuarbeiten. (S. 100) R

Im Kurzprosa-Text *Der Nachbar* lassen sich fünf Sinnabschnitte erkennen:

- Der Icherzähler stellt sich vor.
- Der Nachbar wird eingeführt.
- Das Zusammentreffen auf dem Flur.
- Der Erzähler beschreibt seine Situation.
- Er stellt seine Vermutungen über den Nachbarn an.

- Weisen Sie diese Sinnabschnitte im Text nach!
- Welche – möglicherweise zwiespältige – Wirkung hat der Text auf Sie?
- Versuchen Sie nun eine knappe objektive Wiedergabe des Inhalts der Geschichte (ca. 70 Wörter).

Interessanter als die äußere Handlung – die Fassade eines „jungen, dynamischen" Geschäftsmannes wird durch ein alltägliches Ereignis zerstört – sind die innere Situation des Icherzählers, die allmähliche Verunsicherung seiner Seele und seine zunehmenden Angstfantasien.

- Beschreiben Sie, wie der Erzähler am Beginn seine „Selbstsicherheit" ausdrückt! Bei welchen Textstellen bezweifeln Sie die übertrieben positiv dargestellte „Ich-Wirklichkeit" des jungen Mannes? Woran erinnern die sprachlichen Äußerungen im ersten Absatz?
- Womit erklärt der Erzähler das unvermittelte Auftreten des Nachbarn?
- Der Kaufmann sucht nicht das Gespräch mit seinem neuen Nachbarn, sondern zieht Erkundigungen ein und sieht seine Befürchtungen bestätigt. Benennen Sie die entsprechenden Textstellen!
- Welches Bild macht sich der Erzähler von seinem Konkurrenten? Wie beschreibt er ihn und das Zusammentreffen?
- Worin bestehen die Angstfantasien des Mannes?
- Inwiefern könnte Harras ein Spiegel des Erzählers sein?

Dazu folgende These: Viele Gedanken, negativ oder positiv, werden von der Umwelt gespiegelt. Die Person, die einen ärgert, verletzt und oft auch zur Verzweiflung bringt, spiegelt eine bestimmte Eigenschaft oder einen Wesenszug von einem selbst, dem man zu wenig Beachtung schenkt. Vieles, was man sich selbst verbietet bzw. nicht erlaubt – oder sich auch wünscht –, verurteilt man an Mitmenschen.

- Vergleichen Sie dazu den folgenden Interpretationsversuch: Welche Auslegung entspricht Ihrem persönlichen Zugang zu diesem parabelhaften Text eher?

Die Unfähigkeit, angemessen zu kommunizieren, führt zu einer verzerrten Wahrnehmung der Wirklichkeit. Dies zeigt sich zum Beispiel in der seltsamen Tiermetaphorik: „Wie der Schwanz einer Ratte ist er hineingeglitten ..." – „... er huscht förmlich an mir vorüber". Ähnlich wird das Telefon nicht etwa als Mittel der Verständigung gesehen, sondern als Abhörinstrument. Informationen über den anderen werden nicht durch persönliche Gespräche gewonnen, sondern durch anonyme Agenturen.

Die ausschließliche Steuerung des Verhaltens und der Wahrnehmung durch das Gesetz des geschäftlichen Handelns führt dazu, daß der Ich-Erzähler nicht in der Lage ist, ursprüngliche menschliche Bindungen einzugehen. Die Entfremdung äußert sich in neurotischen Störungen. Die totale Einsamkeit, die sich aus der Ich-Verkrampfung ergibt, läßt sich mit dem Lebensgefühl Kafkas in Beziehung setzen. Eine Analyse von Kafkas „Brief an den Vater"[5] legt nahe, daß der Autor in der vorliegenden Erzählung eine Rechtfertigung für sein eigenes Leben zu geben versucht. Es hat den Anschein, als ob er sich mit dem Erzähler identifiziert und demonstrieren will, daß er zur Führung eines Geschäftes ungeeignet ist. Gerade dies hatte ihm sein Vater immer vermittelt. Der Vater hingegen verkörpert in Kafkas Leben den Typus des erfolgreichen Geschäftsmannes. Der Hintergrund für den in der Erzählung dargestellten ökonomischen Konkurrenzkampf ist in der historisch-gesellschaftlichen Wirklichkeit Prags zu Beginn dieses Jahrhunderts[6] zu sehen. Als Mitarbeiter einer großen Versicherung kannte und erlebte Kafka die unmenschlichen Strukturen der damaligen Arbeitswelt. Es fragt sich, ob die in der vorliegenden Parabel angesprochenen Probleme bis heute viel von ihrer Aktualität verloren haben.[7] R

- Inwiefern könnte der Text auch „heutige" Probleme, seien es persönliche, seien es zwischenmenschliche oder gesellschaftliche, widerspiegeln?

Hans Carl Artmann – über sich und über dich

H. C. Artmann, geboren 1921 in Wien-Breitensee, gestorben 2000 in Wien, veröffentlicht ab 1947 Gedichte im Hörfunk und in verschiedenen Literaturzeitschriften. 1952 gründet der „poetische Avantgardist" mit Gerhard Rühm, Konrad Bayer, Friedrich Achleitner und Oswald Wiener die Wiener Grup-

[5] vgl. Stichwort Literatur NEU, S. 362 f

[6] gemeint ist das 20. Jahrhundert

[7] Texte, Themen und Strukturen. Düsseldorf: Cornelsen 1990, S. 37 (Interpretation einer Schülerin)

pe, von der er sich aber 1958 distanziert. In dieses Jahr fällt auch sein größter Publikumserfolg – der im Vorstadtdialekt geschriebene Gedichtband *med ana schwoazzn dintn*, mit dem er dem Genre des Dialektgedichts zum Durchbruch verhilft. 1973 wird er Gründungsmitglied der Grazer Autorenversammlung, die er 1978 verlässt.
Für sein umfangreiches lyrisches, episches und dramatisches Werk wird H.C. Artmann erst späte Anerkennung zuteil. Die lange Liste der Ehrungen umfasst unter anderem den Großen Österreichischen Staatspreis für Literatur (1974), den Würdigungspreis der Stadt Wien für Literatur (1977), den Kunstpreis bildender Künstler aus Österreich und der BRD für einen hochgeschätzten und bewunderten Kollegen (1987), das Österreichische Ehrenzeichen für Wissenschaft und Kunst (1991) und den Georg-Büchner-Preis für Literatur der Deutschen Akademie für Sprache und Dichtung (1997).
(Weitere Informationen über H. C. Artmann in STICHWORT LITERATUR NEU, S. 511ff)

Meine heimat ist Österreich, mein vaterland Europa, mein wohnort Malmö, meine hautfarbe weiß, meine augen blau, mein mut verschieden, meine laune launisch, meine räusche richtig, meine ausdauer stark, meine anliegen sprunghaft, meine sehnsüchte wie die windrose, im handumdrehen zufrieden, im handumdrehen verdrossen, ein freund der fröhlichkeit, im grunde traurig, den mädchen gewogen, ein großer kinogeher, ein liebhaber des twist, ein übler schwimmer, an schießständen *marksman*, beim kartenspiel unachtsam, im schach eine null, kein schlechter kegler, ein meister im seeschlachtspiel, im kriege zerschossen, im frieden zerhaut, ein hasser der polizei, ein verächter der obrigkeit, ein brechmittel der linken, ein juckpulver der rechten, unbehaglich schwiegereltern, ein vater von kindern, ein Judas der mütter, treu wie Pilatus, sanft wie Puccini, locker wie Doctor Ward, schüchtern am anfang, schneidig gen morgen, abends stets durstig, in konzerten gelangweilt, glücklich beim schneider, getauft zu St. Lorenz, geschieden in Klagenfurt, in Polen poetisch, in Paris ein atmer, in Berlin schwebend, in Rom eher scheu, in London ein vogel, in Bremen ein regentropfen, in Venedig ein ankommender brief, in Zaragoza eine wartende zündschnur, in Wien ein teller mit sprüngen, geboren in der luft, die zähne durch warten erlernt, das haar nach vorne gekämmt, die bärte wie schlipse probiert, mit frauen im stehen gelebt, aus bäumen alphabete gepreßt, karussells in wäldern beobachtet, mit lissabonnerinnen über stiegen gekrochen, auf tourainerinnen den morgen erwartet, mit glasgowerinnen explodiert und durchs dach geflogen, catanesinnen verraten, kairenserinnen bestürzt, bernerinnen vergöttert, an pragerinnen herangeraten, grüßgott gesagt, feigen gestohlen, revolver entdeckt, aus booten gestiegen, papierdrachen verwünscht, masken verfertigt, katakomben gemietet, feste erfunden, wohnungen verloren, blumen geliebt, schallplatten verwüstet, 150 gefahren, unrat gewittert, lampione bewundert, monde verglichen, nasen gebrochen, parapluies stehengelassen, malaiisch betrieben, positionen ersonnen, bonbons zertreten, musikautomaten gerüttelt, dankbar gewesen, heidenangst verspürt, wie der hirsch gelaufen, die lunge im maul gehabt, unter rosen geweilt, spielzeug gebastelt, rockärmel verpfuscht, Mickey Spillane gelesen, Goethe verworfen, gedichte geschrieben, scheiße gesagt, theater gespielt, nach kotze gerochen, eine flasche Grappa zerbrochen, *mi vida* geflüstert, grimassen geschnitten, ciao gestammelt, fortgegangen, a gesagt, b gemacht, c gedacht, d geworden.
Alles was man sich vornimmt, wird anders als man sichs erhofft …[8] R

- Untersuchen Sie die sprachliche Gestaltung – Satzbau, Wortwahl, Verbformen –, die Bildhaftigkeit und den Aufbau dieses „autobiografischen Textes".
- Versuchen Sie nun, nach diesem Muster einen Text über ihr Leben und ihre Befindlichkeit zu schreiben. Als Beispiel sei die Arbeit eines 18-jährigen Schülers angeführt.

Mein herz ist mir heimat, zorn mein zuhause, liebe mein land, hell meine haut, blau mein blick, hart mein herz, weich mein wesen, meine seele suchend, meine gedanken gefährlich, ein freundlicher feind, ein ehrer der einsamkeit, ein verirrter vogel, teilweise todtraurig, im moment mächtig, in der zeit zögerlich, glücklich beim gewinnen, vernünftig beim verlieren, zur nacht neigend, am tag träumend, im himmel fluchend, im fegefeuer heilig, parteilos in politik, sparsam mit sport, mutig

[8] aus: Klaus Reichert (Hg.): The Best of H. C. Artmann. Frankfurt a. M.: Suhrkamp 1970

bei männern, feige bei frauen, vielmals verheiratet, wie ein tier treu, wie eine birke biegsam, wie ein stein stur, in wiesen weiß, in wacken wagemutig, daheim dösig, ein sprunghafter spieler, bei bösen beliebt, von guten geliebt, völlig verliebt, grausam getrennt, gegen die Realität randaliert, fröhlich bei freunden, meist melancholisch, oft oberflächlich, selten sittsam, nie nachtragend, schokoladenscheu, fleischfresser, bisweilen bissig, für spontanen spaß, gegen romantisches reden, im innersten trostlos, blut betrauert, wehrlos wütend, angst ausgestanden, am galgen gehangen, schreckliche schmerzen widerwillig weitergelebt, gesund geworden, viel vorgenommen, neuerdings wieder nachdenklich, ein laienhafter luftikus, ein dilettant-drakonischer dichter, ein blutrünstiger beutejäger, ein klagendes kind, gefährlich gespielt, verbotenes versucht, glück gehabt, rote rosen verlacht, liebesschwüre liegengelassen, depressiv dahinvegetiert, an weihnachten wärme wahrgenommen, bands bewundert, allein autogestoppt, auf absätzen skateboardgefahren, wodkaflaschen weggetrunken, mit freunden fantasiert, laut lachen geliebt, grenzen gesucht und gefunden, naturnähe erkundet, einsamkeit erlebt, vertrauen verloren, alles aufgegeben, körper kaputt, hirnherz, brustblind, halsherz, lieblos, hartherz, doch mensch.

Thomas Bernhard – ein ungewöhnliches Glück

Im Frauengraben

Im Gasthaus *Zur Wies* im Aurachtal, in welchem wir sehr oft mit den Holzarbeitern zusammen sind, wenn wir über ihre Probleme aufgeklärt werden und auch besser als woanders unterhalten sein wollen, ist neunzehnhundertdreiundfünfzig vor Weihnachten ein Mann aufgetaucht, welcher uns sofort durch seine Schweigsamkeit aufgefallen war. Daß er, den wir vorher noch nie gesehen hatten, bäuerlicher Abkunft gewesen sein mußte, war uns sofort klar gewesen, weil er, nachdem er sich in der Gaststube hingesetzt hatte, seinen Hut auf dem Kopf behalten hatte. Es war unklar, was der Mann, der an die dreißig gewesen ist, hier suchte, er war auch nicht bei hier ansässigen Verwandten zu Besuch, dafür war er uns zu wenig gut angezogen gewesen, seine Kleidung war abgetragen und an vielen Stellen sogar schon zerrissen. Einmal neugierig geworden, hatten wir ihn aufgefordert, an unserem Tisch Platz zu nehmen und sich an unserer Unterhaltung zu beteiligen und er hatte sich zu uns gesetzt und wir hatten ihm ein Glas Bier bringen lassen. Erst zu vorgeschrittener Stunde hatte der Mann ohne weiteres gesagt, daß er auf der Suche nach einer Frau sei, ob wir eine solche für ihn geeignete kennen, hatte er uns gefragt und wo sie zu finden sei. Ausgelassen, wie wir waren, hatten wir nur einen Scherz gemacht und ihn gegen Mitternacht in den sogenannten Frauengraben hineingeschickt, aus welchem ein kleiner, aber zuzeiten doch alles mit sich reißender Fluß herausstürzt und in welchem keine Sonne scheint. Im Frauengraben lebte eine an die fünfzig Jahre alte, an den Beinen und an den Armen und überhaupt vollkommen verkrüppelte Frau, die aber wegen ihrer absoluten Tierliebe und Menschenfreundlichkeit sehr geschätzt war. Der Mann ist zehn Jahre nicht mehr aus dem Frauengraben herausgekommen und nach zehn Jahren zum erstenmal allein zu dem Zweck, die alte Verkrüppelte in der kleinen Kirche zu Reindlmühle zu ehelichen. Nach ihrer Hochzeit sind die beiden auf weitere zehn Jahre im Frauengraben verschwunden. Es wird gesagt, daß sie glücklich sind. (S. 288 f) R

- Was erfährt die Leserin/der Leser über den Mann? Was über die Frau? (Was wissen wir über diese zwei Figuren wirklich?)
- Beschreiben Sie das kollektive Wir genau. Wie verhält sich dieses Wir gegenüber dem Mann, wie gegenüber der Frau?
- Der Text hat eine gewisse Nähe zum Märchen. Belegen Sie diese Aussage! Wodurch unterscheidet er sich aber von dieser Textsorte?
- Welche Beziehungsformen werden im Text beschrieben und untersucht?
- Inwiefern könnte die Geschichte eine Antithese zur märchenhaften Vorstellung von Beziehungen in unserer Gesellschaft sein?

(Weitere Informationen zu Thomas Bernhard in Stichwort Literatur NEU, S. 524 ff)

Tochter, Mutter, Sohn – und ein abwesender Vater

Birgit Vanderbeke wird am 8. August 1956 in Dahme in der Mark Brandenburg (ehemalige DDR) geboren und übersiedelt 1961 mit den Eltern und ihrem Bruder, dem späteren Übersetzer Dirk Vanderbeke, nach Westdeutschland. In Frankfurt studiert sie Jura und Romanistik, sie lebt heute als freie Schriftstellerin im Süden von Frankreich.

1990 erhält sie den Ingeborg-Bachmann-Preis, 1999 wird sie mit dem Solothurner Literaturpreis für ihr erzählerisches Gesamtwerk ausgezeichnet.

Nach *Das Muschelessen* (1990) veröffentlicht sie folgende weitere Erzählungen: *Fehlende Teile* (1992), *Gut genug* (1993), *Ich will meinen Mord* (1995), *Friedliche Zeiten* (1996), *Alberta empfängt einen Liebhaber* (1997), *Ich sehe was, was du nicht siehst* (1999) und *abgehängt* (2001).

Erzählt wird eine Familiengeschichte: Der Vater kommt nicht zur erwarteten Stunde nach Hause. Seine Frau und die beiden jugendlichen Kinder sitzen vor einem Berg Muscheln, die niemand außer dem Vater gern isst. Die unerwartete Abwesenheit des Vaters, „eine kleine Verschiebung weg vom Normalen", führt dazu, dass die Mutter und die Kinder miteinander zu sprechen beginnen und einander auf diese Weise zum ersten Mal bekennen, wie sie den Vater wirklich sehen: als „Menschenquäler", „Tyrann" und „Stimmungsverderber". Das falsche Bild der „richtigen Familie", mit dem sie bislang gelebt haben, wird Schritt für Schritt demontiert und sie gestehen einander, dass sie sich immer am wohlsten gefühlt haben, wenn der Vater auf Dienstreise war und sie „verwildern" konnten.[9]

Birgit Vanderbeke: *Das Muschelessen*

Daß es an diesem Abend zum Essen Muscheln geben sollte, war weder ein Zeichen noch ein Zufall, ein wenig ungewöhnlich war es, aber es ist natürlich kein Zeichen gewesen, wie wir hinterher manchmal gesagt haben, es ist ein ungutes Omen gewesen, haben wir hinterher manchmal gesagt, aber das ist es sicherlich nicht gewesen, und auch kein Zufall. (...) Im Grunde ist das, was wir uns vorgestellt hatten, als wir das Muschelessen geplant hatten, im Verhältnis zu dem, was dann daraus geworden ist, von ziemlich geringfügiger Besonderheit, von einer untergeordneten jedenfalls, während das, was dann geworden ist, von erheblicher, ja, gewaltiger und außerordentlicher Besonderheit ist, aber keinesfalls kann man sagen, es ist ein Zeichen oder ein Zufall gewesen, daß es an dem Abend Muscheln hat geben sollen, was die Lieblingsspeise von meinem Vater gewesen ist, unsere ist es eigentlich nicht gewesen, nur mein Bruder hat Muscheln auch gern gegessen, die Mutter und ich haben uns nicht viel daraus gemacht. Ich mache mir nicht viel daraus, hat meine Mutter immer gesagt, während sie über die Badewanne gebeugt stand und abwechselnd ein kleines Küchenmesser und die rote Wurzelbürste in der Hand hatte, beide Hände sind knallrot gewesen, weil sie sie beim Muschelputzen unters fließende kalte Wasser gehalten hat, und dann hat sie gründlich kratzen, schrubben, bürsten und mehrfach spülen müssen, weil mein Vater nichts mehr gehaßt hat, als wenn er beim Essen auf Sand in den Muscheln gebissen hat, daß es ihm zwischen den Zähnen geknirscht hat, das hat ihn förmlich gequält. Ich mache mir eigentlich gar nicht so viel daraus, hat meine Mutter auch an dem Nachmittag gesagt und sich die eiskalten Hände gepustet, aber es ist eben doch etwas Besonderes gewesen, deshalb hat sie die vier Kilo Muscheln am Mittag auch eingekauft und gedacht, daß der Vater, wenn er am Abend von seiner Dienstreise heimkommen würde, seine Freude an einem Muschelessen haben würde, weil er das Kurzgebratene und Gegrillte, die Fleischklumpen, die es auf Dienstreisen gab, meistens satt hatte, und dann hat er sich etwas Anständiges von meiner Mutter bestellt, jedenfalls etwas Hausgemachtes, was es in diesen Tagungshotels nicht gab. Wenn mein Vater dann heimgekommen ist, hat er von diesen Tagungshotels sowieso die Nase voll gehabt, sie sind komfortabel, aber doch ungemütlich, hat er gesagt, mein Vater ist überhaupt nicht gern auf

[9] „Diese ewige Ergebenheit ist doch widerlich!" Streit thematisieren anhand Birgit Vanderbekes Erzählung Das Muschelessen. In: Praxis Deutsch, Heft 174 (2002), S. 42 ff

Dienstreisen gefahren, er ist am liebsten bei seiner Familie geblieben, und es ist immer etwas Besonderes gewesen, wenn er hernach wieder heimgekommen ist, traditionell hat es bei uns dann Pellkartoffeln mit Quark und Leinöl gegeben, manchmal auch Erbsensuppe, und mein Vater ist wegen seiner Jugend, in der es das auch gegeben hat statt der kurzgebratenen und gegrillten Fleischklumpen, wehmütig gewesen und hat es sich oft bestellt, aber Muscheln hat er sich eigentlich nie bestellt, weil sie Muscheln immer gemeinsam gemacht haben, mein Vater und meine Mutter, und es ist also von vornherein an diesem Tag eine besondere Ausnahme gewesen, daß meine Mutter allein, beide Hände knallrot unter dem fließenden kalten Wasser, die Muscheln geputzt hat, völlig normal dagegen ist es gewesen, daß sie dabei gesagt hat, ich mache mir nicht viel daraus, was sie immer gesagt hat, wenn meine Eltern zum Muschelputzen im Bad verschwunden sind, sie haben sich abgewechselt mit dem Über-die-Wanne-Beugen, damit sie nicht steif davon würden, und aus dem Badezimmer ist eine gute Stunde lang das Lachen von meinem Vater und ein Quietschen von meiner Mutter herausgeschallt, ganz früher haben sie manchmal „Brüder zur Sonne zur Freiheit" gesungen, was sie drüben gelernt hatten und immer haben singen müssen, „Völker hört die Signale" und all das, meine Mutter mit ihrem Sopran und mein Vater mit seinem Bariton, aber später dann, in der Firmensiedlung, haben sie nicht mehr gesungen. Wenn sie beide mit hochroten Händen herausgekommen sind, ist ihnen wegen der übermütigen Laune, die sie dort drinnen gehabt hatten, etwas schamig zumute gewesen, aber in der Küche ist das Herumgealbere weitergegangen, und nach und nach haben wir herausbekommen, daß mein Onkel, zu dem sie ihre verspätete Hochzeitsreise gemacht hatten, ein Muschelessen für sie gekocht hatte, was sie nicht gekannt haben, weil es natürlich im Osten keine Miesmuscheln gab, daß das also etwas Fremdartiges für sie gewesen sein muß, und dann haben sie daran auch eine gewisse Anzüglichkeit entdeckt, etwas Frivoles, und immer geschäkert, wenn es Muscheln gab, wegen dieser verspäteten Hochzeitsreise ans Meer ist das Schäkern beim Muschelessen bei uns normal gewesen. Und zwar bis zu diesem Tag, von dem es von vornherein feststand, daß er ein besonderer, sozusagen historischer Tag würde in der Familiengeschichte, weil die diesmalige Dienstreise meines Vaters der letzte Meilenstein auf dem Weg zur Beförderung gewesen sein sollte, keiner von uns hat daran gezweifelt, daß mein Vater Erfolg haben würde, wochenlang sind wir am Wochenende mucksmäuschenstill gewesen, weil mein Vater den Vortrag geschrieben und eigenhändig mehrfarbige Folien dazu gemalt hat, wir haben immer gesagt, wie schön diese Folien geworden sind, nun, wie findet ihr sie, hat mein Vater gefragt, und wir haben immer wieder gesagt, wie besonders schön wir sie finden, außerdem haben wir alle gewußt, daß mein Vater im Vorträgehalten brillant und stets außergewöhnlich erfolgreich gewesen ist, mein Vater hat bekanntermaßen außergewöhnliche didaktische Fähigkeiten in diesen Vorträgen entwickelt, auf die er sehr stolz gewesen ist, und dann hat er vor Publikum eine gewinnende und einnehmende Art gehabt, einen Charme, das ist zu seiner Kompetenz hinzugekommen, die er auf einem der schwierigsten und heikelsten Gebiete der Naturwissenschaften vorweisen konnte, aber durch diese einnehmende Art vor dem Publikum hat die Kompetenz nicht so streng gewirkt, und die Leute sind regelmäßig begeistert von seinen Vorträgen und meinem Vater im allgemeinen gewesen. Daß mein Vater an dem Abend so gut wie befördert die Wohnung betreten würde – natürlich noch nicht offiziell, aber man hätte ihm das sofort von oben her signalisiert –, das war der besondere Anlaß, für den meine Mutter, das kleine Küchenmesser und die Wurzelbürste abwechselnd in der knallroten Hand, vier Kilo Muscheln Stück für Stück unter eiskaltes Wasser hielt und kratzte und schrubbte und mehrfach spülte, weil mein Vater es nicht leiden konnte, wenn ihm der Sand zwischen den Zähnen knirschte. Dabei hat sie lustig geschimpft, daß sie sich nicht so viel daraus macht, und über ihr krummes Kreuz gejammert, aber helfen haben wir nicht dürfen, laßt nur, wenn hinterher Sand drin ist, seid jedenfalls ihr nicht schuld, hat meine Mutter gesagt, aber wir haben dafür die Pommes Frites schneiden dürfen, die immer zu Muscheln dazugehören und woraus nun wiederum ich mir nicht viel gemacht habe, obwohl meine Mutter die beste Pommes-Frites-Macherin ist, die ich kenne, (...) Hinterher haben wir gesagt, von da an sind wir unruhig gewesen, von da an haben wir etwas geahnt, man weiß ja hinterher erst, was kam; aber es kann genauso gut sein, daß wir nur einfach aufgeregt waren, weil wir gewartet haben, wir sind immer aufgeregt gewesen, wenn wir auf meinen Vater gewartet haben, es ist immer eine Spannung dabei gewesen, im nachhinein übertreibt man vielleicht, vielleicht haben wir nichts geahnt, meinem Bruder zum Beispiel ist nichts davon aufgefallen, während uns beiden anderen zumindest unruhig zumute war, nun sind aber wir, meine Mutter und ich, sowieso die unruhigen, während mein Bruder immer erst unruhig wird, wenn es gar nicht mehr anders geht, bis dahin kann er gelassen alle Indizien und alles Beunruhigende übersehen. Ich jedenfalls kann mich genau erinnern, wann bei mir die unruhige Erwartungsstimmung umgeschlagen ist, ich habe nämlich in dem Moment auf die Uhr geschaut, und es ist drei nach sechs gewesen. Um drei nach sechs ist meine Stimmung ins Ungute, ja, ins geradezu Unheimliche gekippt. Die Muscheln haben gerade unter der Küchenuhr gestanden, und als ich das Geräusch gehört hatte, habe ich erst zu den Muscheln hin und dann sofort zur Küchenuhr hoch geschaut. Das Geräusch ist von den Muscheln gekommen, die schon geputzt und gebürstet in diesem großen, schwarzen Emailtopf gelegen haben, den wir immer zum Muschelkochen benutzt haben, weil er als einziger groß genug war, die vier Kilo Muscheln zu fassen; es ist derselbe Topf gewesen, hat meine Mutter erzählt, den sie bei ihrer Flucht aus dem Osten mit hatten, weil er zum Windelwaschen, was sie ja mit der Hand machen mußte, vielmehr mit dem Kochlöffel, unentbehrlich war. (...) Wir haben uns gern erzählen lassen, wie das gegangen ist, daß sie die Sachen hinübergeschafft hat nach Westberlin, auch die Geschichte mit den Bananen, deretwegen mein Vater einmal fast an der Grenze verhaftet worden wäre, ausgerechnet bei seiner ersten und auch gleich letzten Fahrt nach Berlin, er muß sich wirklich zu ungeschickt angestellt haben, er hat auch selbst gesagt, daß er für solche Geschichten nicht zu gebrauchen sei, und eben das einzige Mal, als er es doch gewagt hat, ist er gleich übermütig gewesen und hat zwei Kilo Bananen mit rüberzunehmen versucht aus dem Westen, prompt haben sie ihn erwischt, aus der U-Bahn gewinkt und verhört und alles, aber dann haben sie ihn doch laufen lassen. Ich weiß gar nicht, ob sie wirklich die Leute wegen ein paar Bananen verhaftet haben, wo das halbe Land republikflüchtig war, ich kann es mir nicht so denken, aber mein Vater sagt, das war Widerstand, politischer Widerstand, aber jedenfalls ist er dann nicht mehr gefahren, und den großen Emailtopf hat meine Mutter rübergebracht zu einer Freundin, mich hat sie auch immer mitgehabt auf der Fahrt nach Berlin, weil das unverdächtiger aussieht, Mutter mit Kind, und außerdem mußte sie wirklich zur Charité, weil ich was an der Hüfte hatte. Unterwegs ist sie einfach ausgestiegen und hat der Freundin die Sachen gegeben, so hat sie es immer erzählt, den Hinweg haben wir winterlich eingepackt unternommen, den Rückweg hatten wir nicht mehr viel auf dem Leib, und es ist schon gefährlich gewesen, (...). Aus dem Topf jedenfalls ist das Geräusch gekommen, und als ich hingeschaut habe, konnte ich gar nicht anders, als gleichzeitig auch auf die Uhr zu schauen, und da war es drei nach sechs. Und genau in dem Moment ist meine Stimmung umgeschlagen. Ich habe auf den Topf gestarrt, aus dem das Geräusch kam, und ich wußte ja, daß die noch lebten, die Muscheln, aber daß sie im Topf Geräusche machen, das habe ich nicht gewußt, weil ich noch nie dabei gewesen war, wenn meine Eltern Muscheln gekocht haben, erst habe ich auch gedacht, es ist etwas anderes, dabei kam es eindeutig aus dem Topf, und es waren eindeutig sonderbare Geräusche, von denen mir unheimlich wurde, natürlich auch, weil wir aufgeregt und nervös waren, und da kam das Geräusch noch dazu. Ich habe die Augen nicht mehr vom Topf wenden können und aufgehört, Kartoffeln in Stäbchen zu schneiden, weil das Geräusch mich verrückt gemacht hat, außerdem haben sich sofort die Haare auf meinem Armen aufgestellt, das machen sie immer, wenn es mir gruselig ist, und man sieht das leider sofort, weil ich schwarze Haare auf den Armen habe, deswegen hat meine Mutter auch gleich gesehen, daß irgend etwas mir unheimlich war, aber wußte natürlich nicht, daß es das Muschelgeräusch aus dem Topf war, weil sie das schließlich kannte. Ich habe gefragt, hört ihr denn nichts, hört doch mal. Das sind die Muscheln, hat meine Mutter gesagt, und ich weiß noch, daß ich gesagt habe, das ist ja furchtbar, dabei wußte ich ja, daß sie noch leben, ich hatte mir nur nicht vorgestellt, daß sie das Schalenklappergeräusch machen würden, ich hatte mir gar nichts vorgestellt, als daß man sie kocht und ißt und fertig. (...) Meine Mutter und mein Bruder haben die letzten Kartoffeln in Stäbchen geschnitten und so getan, als ob sie nicht zugehört hatten, und ich habe zuletzt gesagt, wenn man von jemandem wüßte, daß er in einer Stunde, sagen wir, stirbt, glaubt ihr, daß man sich dann vor ihm ekelt, ich bin ganz sicher gewesen, daß man sich vor so jemand ekelt, einfach weil man das weiß, und wenn man ihn eigenhändig ermorden würde wie wir jetzt die Muscheln, dann noch viel mehr. Über diesen Gedanken bin ich in eine ausgesprochene Todesstimmung geraten, die beiden anderen haben getan, als hörten sie mir nicht zu, das ist ja Massenmord, habe ich gesagt, alle auf einmal, zur gleichen Zeit, durch kochendes Wasser, die Muscheln haben mich derartig aufgeregt, durch die Muscheln war eine Todesstimmung im Raum, es ist einfach nicht auszuhalten, habe ich auch gesagt, aber da hat meine Mutter streng gesagt, was du dir so vorstellst, dabei hat meine Mutter auch schon so überspannte Gedanken gehabt; wenn mein Vater auf einer Dienstreise war, haben wir uns alle drei die überspanntesten Geschichten erzählt, und keiner ist entsetzt gewesen, aber bevor mein Vater nach Hause kam, ist das Überspannte bei uns verschwunden gewesen, besonders bei meiner Mutter, mein Vater hat Überspanntheiten kindisch gefunden, mein Vater ist eher fürs Sachliche und Vernünftige gewesen, und meine Mutter hat Rücksicht auf seine Sachlichkeit und Vernünftigkeit selbstverständlich genommen und sich auf ihn um- und eingestellt, wenn er kam; und als meine Mutter gesagt hat, was du dir so vorstellst, habe ich gleich gewußt, jetzt hat sie sich umgestellt, und diese Ekelwut, die ich auf die Muscheln hatte, ist jetzt auf meine Mutter gerichtet gewesen, ich habe gesagt, man darf doch noch nachdenken, oder, aber meine Mutter hat gesagt, was du so Nachdenken nennst, kannst du nicht lieber was Nützliches denken statt solcher Gruselgedanken. Bei uns in der Familie haben Gruselgedanken und Phantasien als reine Gedankenverschwendung gegolten, besonders wenn mein Vater daheim war, und jetzt war er zwar noch nicht da, aber er konnte jede Minute kommen. (...)

Die Pommes Frites sind fertig geschnitten gewesen, und meine Mutter hat gesagt, so, jetzt könnte er eigentlich kommen. Wir sind schon spät dran gewesen mit dem Abendbrot, bei uns wurde immer um sechs gegessen, weil mein Vater um halb sechs nach Hause kam vom Büro, und dann hat er erstmal die Zeitung gelesen und in Ruhe sein Bier getrunken, während die Mutter das Abendbrot fertig machte, und Punkt sechs, wie gesagt, wurde bei uns gegessen, außer wenn er auf Dienstreise war, dann kippte der ganze Tagesplan um, und alles war anders als sonst; es gab Kakao und Käsebrötchen, wir aßen, wann immer wir wollten, manchmal im Stehen in der Küche und aus der Hand. Ich glaube nicht, daß wir je mit Messer und Gabel gegessen haben, während mein Vater auf einer Dienstreise war. Wir sind richtig verwildert, während du weg warst, hat meine Mutter gesagt, wenn unser Vater gefragt hat, na, was habt ihr gemacht ohne mich. Es ist ganz schön, auch einmal zu verwildern, hat die Mutter immer ein bißchen wehmütig gesagt, weil es ihr nämlich genauso Spaß gemacht hat wie uns, und außerdem ist es viel weniger Arbeit für sie gewesen, wenn wir allein mit ihr waren, wir haben uns selten gestritten, und das Verwildern hat mir auch besser gefallen, aber mein Vater hat davon nichts wissen wollen, und da hat sie sich auf ihn umgestellt. Wie es jetzt gegen sieben gegangen ist, war sie jedenfalls umgestellt. Wir haben alle damit gerechnet, daß er hereinkommt und sagt, na, wie bin ich, weil er so gut wie befördert wäre, und wir hätten gesagt, großartig, was wir für einen klugen, erfolgreichen Vater haben, und meine Mutter hätte sich auch sehr gefreut, und dann hätten wir den Erfolg gefeiert und uns von der Dienstreise alles angehört, dabei hätten wir das Verwildern ganz vergessen, nur war es jetzt sieben, und er ist noch nicht gekommen. Die Umstellerei auf unseren Vater ist etwas albern geworden und sinnlos, mein Bruder hat auch gesagt, wir sitzen hier rum wie bestellt und nicht abgeholt, aber meine Mutter ist rasch im Bad verschwunden und hat sich vorsichtshalber gekämmt und die Lippen mit Lippenstift nachgezogen, was sie vor einer Stunde schon mal gemacht hatte, und mit ihrem Feierabendgesicht ist sie herumgegangen und hat gesagt, er wird schon bald kommen. Meine Mutter hat sich oft an einem Tag gleich mehrmals umgestellt, und zu jeder Umstellung hat ein neues Gesicht gehört. In der Schule hat sie das seriöse Gesicht gehabt und ist streng gewesen, was sie zu Hause höchstens versucht hat, es hat aber nie geklappt. Die Schüler aber hatten alle Angst vor ihr, wir überhaupt nicht, aber die Schüler, ihr Schulgesicht war wirklich furchteinflößend, einmal haben wir bei ihr im Unterricht hinten gesessen und zugehört, mein Bruder und ich, wir hätten uns totlachen können und haben überhaupt nicht geglaubt, daß das unsere Mutter ist, so streng hat sie ausgesehen. Respekt ist eine Voraussetzung, hat sie gesagt, mein Vater hat auch gesagt, daß Respekt eine Voraussetzung ist, eine notwendige, sonst lernt man nichts, wir sind aber nie auf den Gedanken gekommen, vor unserer Mutter Respekt zu haben. Zu Hause hat sie das abgespannte, erschöpfte Gesicht gehabt, das Haushaltsgesicht, wenn sie mittags aus der Schule kam, hat sie gesagt, ich bin heute abgespannt, ich habe nach sechs Stunden Schule nicht mehr viel Kraft. (S. 5 ff) R

Lesen Sie den Beginn der Erzählung und beantworten Sie folgende Fragen:

- Was erfahren Sie als Leserin/Leser von den handelnden Personen?
- Welche Erzählerperspektive wählt Birgit Vanderbeke für ihre Erzählung? Weisen Sie diese auf den ersten beiden Seiten nach! Beachten Sie dabei die verwendeten Personalpronomen!
- Wodurch ist die Sprache in dieser Erzählung gekennzeichnet? Wie wirkt dieser sich dahinwälzende Redefluss? An welchen Stellen könnte man von beißender Ironie und schwarzem Humor sprechen, an welchen von Wort- und Sprachspielen?
- An welchem Ort spielt die Handlung?
- Welche Zeitangaben können Sie feststellen?
- Was wird auf diesen ersten Seiten von der Vergangenheit erzählt? (Technik der „Rückblende", des „Rückgriffs": Dabei wird in der Gegenwart der Handlung Wichtiges aus der Vergangenheit erzählt.)
- Welche Sätze weisen auf eine unheilvolle Veränderung, auf eine Erschütterung, eine kommende Katastrophe hin?

Wenn Sie Interesse an dieser Erzählung haben, lesen Sie den Ganztext und diskutieren bzw. bearbeiten Sie (eventuell nach einer schriftlichen Vorbereitung in Gruppen) folgende Fragen bzw. Arbeitsaufgaben:

- Sprechen Sie in der Klasse (oder Kleingruppe) über Ihre ersten Leseeindrücke. Was haben Sie eventuell als verstörend, irritierend, vielleicht „nervig" empfunden?
- Verfassen Sie als Einzelarbeit drei Cluster mit dem zentralen Begriff „ Familie". Denken Sie einmal an die Familie in dem Text *Das Muschelessen*, einmal an Ihre eigene Familie, einmal an die Familie, die Sie sich als Ideal vorstellen. Vergleichen Sie für sich persönlich die Ergebnisse.
- Unterscheidet sich dieser Text von anderen, die Sie im Laufe des Literaturunterrichts gelesen haben? Wenn ja, inwiefern? Sprachlich, inhaltlich, erzählperspektivisch?
- Schreiben Sie eine den Regeln entsprechende **Inhaltsangabe**:

Einleitung: Name der Autorin, Titel, Textsorte, Thema – Erzählkern
Hauptteil: wesentliche Elemente der Handlung, zeitlich geordnet
Zeit: Präsens, sachliche Sprache, keine Bewertung, eigene Worte verwenden

- Welche Bedeutung haben die Muscheln für die Geschichte? Versuchen Sie in der Kleingruppe die Symbolhaftigkeit dieser Meerestiere zu entschlüsseln und zu interpretieren. Belegen Sie Ihre Ergebnisse mit passenden Zitaten. (Beachten Sie in diesem Zusammenhang auch das Titelblatt der Fischer Taschenbuch-Ausgabe, eine Arbeit von Marcel Broodthaers aus dem Jahr 1966.)

Rolf Michaelis, ein deutscher Literaturkritiker[10], sieht in den Muscheln auch ein Sexualsymbol und verweist in diesem Zusammenhang auf die Textstelle auf S. 7: „(...) wenn meine Eltern zum Muschelputzen im Bad verschwunden sind, (...)".

- Können Sie diesen Interpretationsansatz nachvollziehen oder scheint er Ihnen nicht stimmig zu sein?

Der Aufbau der Erzählung erinnert sowohl an eine **Novelle** als auch an eine **Kurzgeschichte**.

- Wiederholen Sie die Merkmale dieser Textsorten und vergleichen Sie sie mit den Strukturmerkmalen von *Das Muschelessen*! Welche Gemeinsamkeiten bzw. Unterschiede können Sie feststellen?
- Über welchen Zeitraum (ohne Rückblenden) wird im gesamten Text erzählt (= erzählte Zeit)? Wie ist das Verhältnis zwischen erzählter Zeit und Erzählzeit (= Zeit, die die Leserin/der Leser braucht, um den Text zu lesen)?
- Listen Sie alle wichtigen Rückblenden im Gesamttext auf! Ordnen Sie sie in der chronologischen Reihenfolge!

[10] aus: Altneudeutsche Wörtersuppe. In: Die Zeit, 9. 11. 1990

- Beschreiben und charakterisieren Sie Vater, Mutter, Tochter, Sohn genau, indem Sie aus Ihrer Sicht positive und negative Eigenschaften und Charakterzüge tabellarisch auflisten. Finden Sie passende Textstellen. Vergleichen Sie Ihre Meinung mit den Ergebnissen Ihrer Mitschülerinnen und Mitschüler.
- Wie behandelt der Vater seine Frau, seinen Sohn, seine Tochter? Welche Meinung hat er von ihnen? Welche Verhaltensweisen muss die Mutter ablegen, wenn der Vater nach Hause kommt? Diskutieren Sie in diesem Zusammenhang über die dreifache (Arbeits-)Belastung der Mutter (Beruf, Hausfrau, Mutter/Ehefrau).
- Inwiefern können die einzelnen Protagonisten ihre ureigensten Gefühle nicht artikulieren, werden ihre Empfindungen, Wünsche und Einwände unterdrückt? Führen Sie entsprechende Textstellen an. (Diese Fragen können sehr effektiv in Gruppenarbeit mit Arbeitsteilung bearbeitet werden.)

- Wie ergänzen sich Vater und Mutter? Welche Rolle übernimmt der Vater in der Familie, welche die Mutter? (Beachten Sie in diesem Zusammenhang die Herkunftsfamilien der Eltern!)
- Inwieweit führt dies zu einer scheinbaren (oder zu bestimmten Zeiten wirklichen) Harmonie zwischen den Eheleuten? Welche Vorteile kann diese bieten – für den Vater, aber auch für die Mutter? Warum ist Harmonie („eine richtige Familie" zu haben) für den Vater so wichtig?
- Welche Regeln stellt der Vater in Bezug auf die Kinder und auf die Umgangsformen der Ehepartner untereinander auf? Warum ist ihm dieses Regelwerk so wichtig? (Zentrale Regeln lauten: *Alle sollen immer glücklich sein und sich nicht streiten. Gemeinsame Rituale sind einzuhalten. Alle sollen sich so verhalten, wie es sich der Vater wünscht.*) Finden Sie weitere wichtige vom Vater aufgestellte Regeln?
- Wie (be)straft der Vater?
- Finden Sie für alle Punkte dieser Aufgabe passende Textzitate.

- Wodurch gerät die „Harmonie" aus der Balance? Besprechen Sie in der Kleingruppe folgende drei Möglichkeiten: Geburt der Kinder (Beeinträchtigung der Paarbeziehung zwischen Vater und Mutter), Umzug der Familie aus der DDR in die BRD (Veränderung des politischen und gesellschaftlichen Wertesystems), kritische Reflexion und Auflehnung am Abend des Muschelessens.
- Beschreiben Sie die Chronologie des Bewusstwerdens der Unterdrückung durch den Vater und des Emanzipationsprozesses der am Abendtisch versammelten Familienmitglieder durch entsprechende Textzitate! Einen ersten direkten Anfang macht die Tochter:

Meine Mutter hat kurz nach sieben gesagt, es wird doch hoffentlich nichts passiert sein, und aus reiner Bosheit habe ich darauf gesagt, und wenn schon, weil ich plötzlich fand, daß mein Vater ein Spielverderber wäre, vielmehr ein Stimmungsverderber, auf einmal habe ich mir gewünscht, daß er nicht mehr zurückkäme, (...). Meine Mutter hat mich zwar angesehen, aber nicht so entsetzt, wie ich erwartet hatte, sondern mit schräggelegtem Kopf, dann hat sie gelächelt und gesagt, nun, wir werden sehen, und es hat nicht so geklungen, als würde sie es verwunderlich oder schlimm finden, wenn er jetzt einfach nicht käme, (...) (S. 21)

Kurz bevor das Telefon läutet, überfällt die Mutter nochmals das schlechte Gewissen:

Wie gehässig wir sind, hat meine Mutter traurig gesagt, wir tun ihm Unrecht. Dann hat sie sich einigermaßen gerade hingesetzt und ihren Lieblingssatz vor sich hingesagt, ihr Lieblingssatz ist ein Fontanesatz gewesen. Er hat viel Gutes in seiner Natur und ist so edel, wie jemand sein kann, der ohne rechte Liebe ist. Amen, hat mein Bruder darauf gesagt, und ich habe meine Mutter daran erinnert, daß dieser Satz so ziemlich der letzte gewesen ist, den sie gesagt hat, Effi, bevor sie gestorben ist; (...) (S. 103 f)

Diese Äußerung („Lieblingssatz" der Mutter) bezieht sich auf Effie Briests Gemahl Baron von Instetten, eine Figur, die gewisse Ähnlichkeiten mit der Vaterfigur in Vanderbekes Erzählung aufweist.[11]

[11] siehe: Theodor Fontane: Effie Briest

- Wenn Sie diesen Roman von Theodor Fontane kennen (wenn nicht, ist er es wert, gelesen zu werden), versuchen Sie eine vergleichende Interpretation der beiden Männer- und Frauenfiguren.
- Ein weiterer intertextueller Bezug ist die Äußerung der Mutter über Medea (S. 104 f), eine altgriechische Sagenfigur. Informieren Sie sich über diese Frauengestalt und setzen Sie ihr Schicksal und ihr Verhalten mit der Geschichte *Das Muschelessen* in Verbindung.

Exkurs: Konstruktive Konfliktbewältigung durch Mediation

Mediation und mediative Grundhaltungen haben in den letzten Jahren in unseren Schulen schon teilweise Eingang gefunden. Diese Methode soll alle Menschen im Umfeld Schule dazu befähigen, auf jede Art von Gewalt als Mittel zur Konfliktlösung zu verzichten und Konflikte konstruktiv zu bewältigen. Wenn in einer Schule, in einer Klasse (und in einer Familie) diese mediativen Grundhaltungen herrschen, dann entsteht ein Klima der Hoffnung, das aus fünf grundsätzlichen Bestandteilen besteht:

1) dem Klima der Bestätigung, in dem jeder wertschätzt, was jemand ist, nicht, was er macht;
2) dem Klima des aktiven Zuhörens,
3) dem Klima der Kooperation,
4) dem Klima der konstruktiven Problemlösung, in dem Probleme und Konflikte als Chancen und Wachstumspotenziale gesehen werden,
5) dem Klima des gegenseitigen Respekts und der Menschenrechte.

Grundlegende **Regeln** einer mediativen Grundhaltung sind:

1) zwischen Mensch und Problem unterscheiden
(Konstruktive Konfliktbearbeitung heißt, eine Lösung für das Problem zu suchen, ohne die Person des Gegenübers anzugreifen.)
2) zwischen Position und Bedürfnis unterscheiden
(Hinter den Positionen zweier Streitender liegen positiv zu bewertende und anerkennungswürdige Bedürfnisse. Wenn diese klar erkennbar sind, sind Lösungen zu finden.)
3) die verschiedenen Ebenen eines Konflikts beachten
(Oft geht es in Konflikten nicht um den vordergründigen Streitgegenstand, sondern um etwas ganz anderes: lang zurückliegende, unbearbeitete Konflikte, Missverständnisse, Machtkämpfe, seelische Verletzungen ...)
4) die Kommunikation aufrechterhalten bzw. wiederherstellen
(Ein Streitpartner oder eine Streitpartnerin soll den Konflikt nicht eskalieren lassen, auch deshalb, damit eine Kommunikationsmöglichkeit bestehen bleibt.)
5) nach neuen Möglichkeiten suchen
(Es gibt immer – Stichwort Brainstorming – neue und überraschende Lösungen.)

Die Erzählung *Das Muschelessen* bietet in idealer Weise die Möglichkeit, die Themen *mediative Grundhaltung* und *konstruktive Konfliktbewältigung* zu bearbeiten. Obwohl die im Text aufgezeigte Situation einen Extremfall darstellt, können sich viele Schülerinnen und Schüler in die dargestellten Muster einfühlen und die Handlungsweisen der Figuren – besonders die der beiden Kinder – nachvollziehen und verstehen. Erleichtert wird dies durch die Erzählperspektive: Die Tochter der Familie erzählt als junge Erwachsene rückblickend von einem Abend, an dem der Vater nicht nach Hause kommt und sich die restliche Familie (Mutter, Tochter, Sohn) Schritt für Schritt von diesem emanzipiert. So wird die Leserin / der Leser langsam mit den Mustern in der Familie, der Rollenverteilung und den vorsichtigen Versuchen, die tyrannische Herrschaft des Vaters in Frage zu stellen, vertraut gemacht.
Die Schülerinnen und Schüler sollen nach der Arbeit am Text einen Zusammenhang zwischen Konflikten und den inneren Haltungen der am Konflikt beteiligten Menschen sehen, was wiederum zu einer Sensibilisierung für die wahren Bedürfnisse und Interessen hinter den Konflikten, auch denen, die Schülerinnen und Schüler im Alltag meistern müssen, führen kann.

Lösungsmöglichkeiten / Rollenspiele im Sinne einer mediativen Grundhaltung zur Veränderung des Konfliktverhaltens:

Es ist sinnvoll, diese Arbeitsaufgaben in der vorgeschlagenen Reihenfolge durchzuführen. Eine fünfte Schülerin/ein fünfter Schüler (Beobachterin/Beobachter) kann Protokoll führen und die Ergebnisse dem Plenum präsentieren.

- Bilden Sie Vierergruppen, jedes Gruppenmitglied soll sich in die Rolle einer Romanfigur einfühlen (eventuell, indem es eine Rollenbiografie in der Ich-Form vorbereitet). Die „Mutter", die „Tochter" und der „Sohn" erzählen den anderen, die schweigend zuhören, darüber, wie sie die Konflikte in der Familie erleben und auf diese reagieren (Ängste, Verletzungen, enttäuschte Gefühle, Bedürfnisse, Interessen ...). Der „Vater" sagt auch nach den „Geständnissen" nichts dazu.
- Die Gruppenmitglieder diskutieren anschließend, wie sich das autoritäre Verhalten des Vaters auf das Verhalten der anderen auswirkt. Finden Sie Aspekte, warum Mutter, Tochter und Sohn ihre Interessen und Bedürfnisse nicht frei artikulieren können!
- Der „Vater" erzählt nun über seine Beweggründe für sein autoritäres Verhalten, über seine Gefühle, Wünsche, Bedürfnisse, Interessen (eventuell über seine Kindheit, sein Leben in der DDR und jetzt in der BRD, über seine Macht und Ohnmacht, seine Gefühle für – bzw. seine Wünsche an – seine Frau und seine Kinder ...). Die anderen hören, ohne ihn zu unterbrechen, aktiv (d. h. aufmerksam, mit Respekt und Anteilnahme) zu.
- Was könnte dieses Mehr an Verständnis für den Vater und ein verändertes Verhalten des Vaters bei den anderen Familienmitgliedern auslösen?
- Wie könnten nun in Zukunft Konflikte in der Familie konstruktiv gelöst werden?

Eine andere Vater-Sohn-Beziehung

Der österreichische Autor, Schauspieler, Aktionskünstler und Liedermacher **André Heller**, geboren 1947 mit dem bürgerlichen Namen Franz Heller, wird in jungen Jahren als Chansonnier und Liedermacher, später durch die spektakuläre Umsetzung fantastischer und visionärer Ideen bekannt. Zu seinen bekanntesten derartigen Projekten zählen 1976 der „Zirkus Roncalli", 1981 das „Poetische Varieté Flic Flac" und 1985 die chinesische Artistenshow „Begnadete Körper". 1998 realisiert er das Projekt „Meteorit" in Essen, eine unterirdische Halle mit Wunderkabinetten und Multimedia-Shows. Außerdem ist André Heller als Autor von Liedern, Erzählungen und Theaterstücken bekannt. Heute lebt der Künstler in Wien, am Gardasee und in Marokko. Seine wichtigsten Prosabände sind *Die Ernte der Schlaflosigkeit in Wien*, *Auf und Davon*, *Schattentaucher*, *Schlamassel*, *Als ich ein Hund war. Liebesgeschichten und weitere rätselhafte Vorfälle* und die 2008 erschienene und von der Presse gelobte Erzählung *Wie ich lernte, bei mir selbst Kind zu sein.*

2001 schreibt er für seinen Sohn Ferdinand das Gedicht *Liebster du*, das 2003 als Lied auf der CD *Ruf und Echo* erscheint.

André Heller: *Liebster du*

Liebster du mit deinen Augen,
Schau mich nicht so fordernd an.
Daß wir Sohn und Vater sind,
Heißt nicht, daß ich alles kann.

Kann nicht deine tote Katze,
Lebend machen hier und jetzt.
Kann dir nicht den Schmerz ersparen,
Wenn ein Abschied dich verletzt.

Kann nicht in den Wehrmutnächten,
Bannen deinen bösen Traum.
Kann nicht wie ein Drache steigen,
Reisen an der Sterne Saum.

Liebster du mit deinen Augen,
Schau mich nicht so fordernd an,
Daß wir Sohn und Vater sind,
Heißt nicht, daß ich alles kann.

Kann auch nicht die Winterwolken
Zwingen, daß sie für dich schneien.
All mein großes Unvermögen
Bitte ich dich zu verzeihen.

Du bist ja die weise Seele,
Die noch halb im Drüben wohnt.
Lehre du mich, welche Wünsche
Es zu wünschen wirklich lohnt.

Ich kann dich Neapel lehren
Und was Rhododendren sind.
Aber häufig will mir scheinen,
Wir sind beieinander Kind.

Und sind füreinander Eltern.
Liebster, welches tiefe Glück.
Denn der eine hilft dem anderen,
Schritt für Schritt ins Licht zurück.

Liebster du mit Deinen Augen,
Schau mich nicht so fordernd an,
Daß wir Sohn und Vater sind,
Heißt nicht, daß ich alles kann.[12]

- Wie sehen Sie die Beziehung zwischen Vater und Sohn? Wodurch unterscheidet sich diese von den Eltern-Kind-Beziehungen in den anderen Primärtexten?
- An welchen Textstellen zeigt sich die Liebe des Vaters besonders?
- Wie definiert und beschreibt sich das lyrische Ich in seiner Beziehung zu seinem Sohn?
- Schreiben Sie in der Rolle des Sohnes einen Brief an den Vater, in dem Sie diesem Ihre Sicht der Beziehung mitteilen.

Eine zarte Liebelei

Peter Altenberg (1859–1919), dessen bürgerlicher Name Richard Engländer lautet, entstammt einer angesehenen und wohlhabenden jüdischen Familie. Nach dem Scheitern eines Medizin- und Jurastudiums und einer Buchhändlerlehre bescheinigt ihm ein vom Vater gerufener Arzt „Überempfindlichkeit des Nervensystems" und „Berufsunfähigkeit". Unter der Adresse „Café Central, Wien I" führt er nun in Kaffehäusern und billigen Hotels das Leben eines Bohèmiens und muss immer wieder von Karl Kraus, Alfred Polgar, Arthur Schnitzler, Egon Friedell und anderen Freunden des „Jungen Wien"[13] unterstützt werden. 1896 veröffentlicht er die erste Sammlung seiner literarischen Skizzen. Mit seiner von ihm selbst „Telegramm-Stil der Seele" genannten Erzählweise begründet Altenberg seinen Ruf als Dichter der „kleinen Form" und findet in der literarischen Szene Wiens große Anerkennung. Trotz dichterischer Erfolge führt er ein gebrochenes Leben, das von Krankheit, Drogen, Depressionen und finanzieller Not geprägt ist. Nach mehreren Aufenthalten in Nervenheilanstalten und gezeichnet von Alkoholismus und Schlafmittelmissbrauch stirbt er 1919 in Wien. Er wird in einem Ehrengrab am Wiener Zentralfriedhof bestattet. Die Grabrede hält Karl Kraus, er beschließt sie mit folgenden Worten: „Wehe der Nachkommenschaft, die Dich verkennt!"

- Informieren Sie sich über die oben genannten Dichter und über die Literatengruppe Jung-Wien. Welche Stellung nimmt Peter Altenberg in dieser Dichter- und Künstlergesellschaft ein?
- Informieren Sie sich unter www.viennatouristguide.at/personen/Altenberg/ab.htm genauer über Peter Altenberg und gestalten Sie eine Präsentation mit den beigefügten Bilddokumenten!

Peter Altenberg: *Spätsommer-Nachmittag*

„Ich kann nur anziehen, nicht fesseln - - -", sagte sie.
Sie trug ein hellblaues weites Kleid mit weissen winzigen Pünktchen, einen braunen Strohhut mit weißen Nelken – – –.
„Da oben ist ein schöner Waldweg – – –", sagte Er, „überall kleine Felder von Disteln und lila Blumen und Birken; man geht schnurgerade und unten schlägt der Fluss weissen Schaum – –."

[12] Heller, Andre: Ruf und Echo. Textbuch. Universal Music GmbH Austria 2008
[13] Vgl. dazu das Kapitel „Die Wiener Moderne" in Stichwort Literatur NEU.

Sie sah Ihn an wie wenn man sagt: „Da möchtest Du mit mir sein und den Duft meines Kleides atmen – – –!?“

Aber sie gingen nicht den schnurgeraden Weg mit den kleinen Lichtungen von Disteln, lila Blumen und Birken, sondern sie tranken Kaffee en grande société auf der feuchten Wiese an einem rothbraunen Tische und spielten dann Federball – –.

Die Haare des jungen Mädchen wurden feucht und zarte Ringellöckchen schwebten an den Schläfen – –.

Sie war sehr schön – – –.

Es begann zu regnen – – –.

Die ungemähten Wiesen rochen stark wie Waldmeister im Mai. Die braunen Wege begannen zu glänzen wie Glasererkitt. Die Kieselhaufen an der Strasse wurden reingewaschen und die Pappeln erzitterten und tranken Regen – – –.

Sie trug den schönen Strohhut mit den weissen Nelken in der Hand und Er hielt den Schirm über ihre braunen Haare wie eine gute sorgsame Mama –.

Dann gingen sie in das Klavierzimmer des Casino.

Ein kahler dunkler Raum, der nach Keller roch – – –.

Der Bruder des Mädchens spielte Chopin, étude As dur.

Es war wie See-Wellen, die singen, herangleiten und zerrinnen – – –.

Es wurde ganz dunkel.

Draussen an dem Fenster verneigten sich die Kastanienblätter vor den Windstössen, und der Sturm machte: sch sch sch – –. In der Ferne schimmerte eine Glaslaterne – –.

Drinnen glitt die As dur-Etüde heran, legte sich an die Herzen und zerrann – – –.

Der Herr und die Dame rauchten – –.

Man sah nur die glühenden Spitzen der Cigaretten – –.

Er sass ganz nahe bei ihr und bebte – – –.

„Tanzen wir – – –“, sagte sie.

Draussen verneigten sich die Kastanienblätter vor den Windstössen, die Cigaretten leuchteten auf dem Fensterbrett, der Bruder spielte, und die Zwei tanzten im Dunkel langsam, lautlos dahin – – –.

Später sagte sie: „Wie heisst diese Etüde, die Du da früher gespielt hast – – –?!“

„Chopin As dur – –“, sagte der Klavierspieler. Dann fügte er hinzu: „Robert Schumann sagt Wunderbares über dieselbe. Warum fragst du?!“

„Nur so – – –.“

Der junge Mann aber war wie in einer andern Welt – –. Er fühlte auch Wunderbares über die As dur-Etüde, aber er konnte es nicht ausdrücken wie Schumann – – –. Er sagte nur leise zu dem Mädchen: „meine gütige Königin – – – – –!“ (S. 52 ff)

- Wie beschreibt und charakterisiert der scheinbar ausschließlich beobachtende Erzähler die junge Frau, wie den jungen Mann? Wie sehen sich diese selbst? An welcher Stelle wird der Erzähler, in diesem Falle wohl auch der Autor, spürbar?
- Inwiefern spiegelt die Natur das Seelenleben der beiden Protagonisten wider?
- Wie erleben (spüren) Sie die Beziehung der beiden jungen Menschen? Wie würden Sie die „Liebe“ der beiden bezeichnen?
- Stellen Sie sich vor, Sie wären eine dieser beiden Personen: Schreiben Sie nach dem Abschiednehmen einen inneren Monolog!
- Schreiben Sie in der Rolle eines der Protagonisten einen Brief an eine Freundin/einen Freund.

Peter Altenberg selbst beschreibt den Prozess der Entstehung seiner Prosatexte in einem Brief an Arthur Schnitzler folgendermaßen:

Wie schreibe ich denn?!

Ganz frei, ganz ohne Bedenken. Nie weiß ich mein Thema vorher, nie denke ich nach. Ich nehme Papier und schreibe. Sogar den Titel schreibe ich so hin und hoffe, es wird sich schon etwas machen, was mit dem Titel im Zusammenhang steht. Man muß sich auf sich verlassen, sich nicht Gewalt antun, sich entsetzlich frei ausleben lassen, hinfliegen –. Was dabei herauskommt, ist sicher das, was wirklich und tief in mir war. Kommt nichts heraus, so war eben nichts wirklich und tief darin und das macht dann auch nichts.[14]

Franz Kafka, dessen jüngere Schwester Peter Altenberg verehrt, schreibt über den Autor und dessen „Prosa-Gedichte“:

In seinen kleinen Geschichten spiegelt sich sein ganzes Leben wider. Und jeder Schritt, jede Bewegung, die er macht, bestätigt die Wahrheit seiner Worte. Peter Altenberg ist ein Genie der Nichtigkeit, ein seltsamer Idealist, der die Schönheiten der Welt wie Zigarettenstummel in den Aschenbechern der Kaffeehäuser findet.

Vier Liebesgedichte?

Günter Kunert: *Unterwegs mit M.*

Im Auto gemeinsam
unterwegs auf vergessenen Straßen
geborstene Wespen am Glas
platzender Regen
Sonne und Dunkelheit
und wieder Sonne: Wechsel
weniger Worte. Abwesendes
Beieinandersein. Sorglos.
Glück. (S. 322)

Günter Kunert wird 1929 in Berlin geboren. Da seine Mutter Jüdin ist, darf er 1936 keine weiterführende Schule besuchen. Von den Nazi-Behörden als „wehrunwürdig“ ausgemustert, arbeitet er vorübergehend als Lehrling in einem Bekleidungsgeschäft. Nach Kriegsende beginnt er ein Grafik-Studium, das er mit dem Verfassen von satirischen Gedichten und Geschichten für die Zeitschrift „Ulenspiegel“ finanziert. Bald gibt er das Studium dem Schreiben zuliebe auf. 1950 erscheint Kunerts erster Gedichtband unter dem Titel *Wegschilder und Mauerinschriften*. Zu dieser Zeit wird der junge Schriftsteller von Johannes R. Becher, dem sozialistischen Dichter und späteren DDR-Minister für Kunst und Kultur, entdeckt und gefördert. In künstlerischer Hinsicht darf jedoch die Bekanntschaft mit Bertolt Brecht (um 1951/52) als die bedeutendere gelten. In den 1960er-Jahren gerät Kunert mit seinen skeptisch-pessimistischen Versen zunehmend in Konflikt mit den staatlichen Kulturbehörden der DDR. Gleichzeitig wird man in Westdeutschland auf den viel gelesenen Autor aufmerksam. Hier erscheint 1967 sein einziger Roman, *Im Namen der Hüte*, der erst neun Jahre später in der DDR gedruckt werden sollte. Auf seine Unterzeichnung des Schriftstellerprotestes gegen die Ausbürgerung Wolf Biermanns 1975 folgt der Parteiausschluss aus der SED. 1979 ermöglicht ihm ein mehrjähriges Visum die Ausreise in die Bundesrepublik. Kunert lässt sich mit seiner Frau in Schleswig-Holstein nieder. Er lebt seither als freier Schriftsteller in Kaisborstel bei Itzehoe. Sein umfangreiches Werk besteht aus Gedichten, Erzählungen, Märchen, Essays, Fotosatiren, Reisejournalen und Kinderbüchern. Lakonisch und knapp, wie seine Gedichte, formuliert Kunert 1997 seine Erinnerungen, die unter dem Titel *Erwachsenenspiele* herauskommen. Zwei Jahre später, zu seinem 70. Geburtstag, erscheint der Gedichtband *Nachtvorstellung*, eine Sammlung von freien und gereimten Versstücken, in denen sich die Erfahrung des Älter-Werdens bemerkbar macht.

- Schreiben Sie, ausgehend von den letzten zwei Versen von *Unterwegs mit M*, selbst ein formal ähnliches Gedicht, das ebenso endet.

[14] Altenberg, Peter: Brief an Arthur Schnitzler 1894. In: Gotthard Wunberg (Hg.): Die Wiener Moderne. Literatur Kunst und Musik zwischen 1890 und 1910. Stuttgart: Reclam Verlag 1981, S. 427

Der von Kürenberg: *Ich zôch mir einen valken* / Ursula Krechel: *Warnung* – Ein Vergleich

Ich zôch mir einen valken   mêre danne ein jâr.
dô ich in gezamete,   als ich in wolte hân,
und ich im sîn gevidere   mit golde wol bewant,
er huop sich ûf vil hôhe   und flouc in anderiu lant.

Sît sach ich den valken   schône fliegen.
er fuorte an sînem fuoze   sîdîne riemen,
und was im sîn gevidere   alrôt guldîn.
got sende sî zesamene,   die gelieb wellen gerne sîn.

Übertragung:

Ich zog mir einen Falken auf,   länger als ein Jahr.
Als ich ihn gezähmt hatte,   wie ich ihn haben wollte,
und ihm sein Gefieder   mit Gold schön geschmückt hatte,
erhob er sich in die Lüfte   und flog davon.

Später sah ich den Falken   herrlich fliegen.
Er führte an seinem Fuß die   seidenen Bänder,
und sein Gefieder   war ganz rotgolden.
Gott führe die zusammen,   die einander gerne lieben wollen.

Ursula Krechel: *Warnung*

Komm aus der Höhe herab,
und steig mal von deinem Roß,

sieh einfach zu und staune,
wie ich den Kopf hebe,
die Schultern, die Arme,
davonfliege in klarer Luft,
ohne mich umzusehen nach dir.

- Welche Bilder können Sie im ersten Text erkennen und auflösen?
- In welchen Bereichen ähneln sich die beiden Gedichte?
- Nehmen wir an, in beiden Gedichten ist das lyrische Ich eine Frau. Inwiefern unterscheiden sich die Einstellungen der Frauen gegenüber dem Mann? Wie würden Sie den Charakter der beiden literarischen Frauenfiguren beschreiben?
- Diskutieren Sie in Gruppen, ob das lyrische Ich in beiden Gedichten auch ein Mann sein könnte! Was würde sich verändern?

Dieter P. Meier-Lenz: *Ehe*

Dieter P. Meier-Lenz, 1930 in Magdeburg geboren, arbeitet nach dem Studium der Germanistik, Soziologie, Politologie und Philosophie in Hannover als Lehrer und später als Schulleiter in seiner Heimatstadt. Seit 1984 lebt er als freier Schriftsteller in den französischen Pyrenäen. Laut Umfrage in der Zeitschrift *Das Gedicht* wird er zu den hundert wichtigsten deutschsprachigen Lyrikern gerechnet.

Folgendes Gedicht ist eine Montage der im Brockhaus angeführten Definition der Ehe mit dem mittelhochdeutschen Gedicht einer unbekannten Nonne.

die ehe ist
    du bist min ich bin din
die durch sitte und gesetz
    des solt du gewis sin
anerkannte vereinigung

bist beslozzen
von mann und frau
in minem herzen
zur dauernden gemeinschaft
verlorn ist das sluzzelin
aller lebensverhältnisse
du muost immer drinne sin (S. 242)

- Was will der Dichter mit dem Montieren der beiden Texte herausarbeiten, erhellen, diskutieren? Wie sieht er die Institution der Ehe?
- Welche Vorstellungen von Ehe haben Sie? Welche Wünsche und Sehnsüchte kann eine Ehe für Sie erfüllen?

Szenen einer Ehe

Brigitte Schwaiger wird 1949 in Freistadt, Oberösterreich, geboren. 1977 hat sie mit ihrem ersten Roman *Wie kommt das Salz ins Meer* bei Publikum und Kritik großen Erfolg. Er zählt 1977 zu den meistverkauften Prosatexten des deutschsprachigen Raumes und wird in mehrere Sprachen übersetzt. Es folgen u. a. die Bücher *Mein spanisches Dorf, Lange Abwesenheit, Ich suchte das Leben und fand nur dich, Fallen lassen* und *Schönes Licht*. Die mehrfach ausgezeichnete Schriftstellerin ist im Juli 2010 in Wien verstorben.

In dem Roman *Wie kommt das Salz ins Meer* reflektiert eine junge Frau über ihre kürzlich geschlossene Ehe, die an den traditionellen und konventionellen Klischeevorstellungen ihres Mannes vom Rollenbild einer Ehefrau und an der kleinbürgerlichen Enge ihrer Familie und Umgebung zerbricht.
Friedrich Torberg, ein österreichischer Dichter und Literaturkritiker des 20. Jahrhunderts (*Der Schüler Gerber*), schreibt nach Erscheinen des Romans 1977[15]:

Brigitte Schwaiger ist ein sensibles Geschöpf, und hinter ihrem Bericht vom zwangsläufigen Scheitern einer Ehe, hinter ihrer Schilderung einer in Klischees und Phrasen erstarrten Umwelt steckt ein verzweifeltes Bedürfnis nach echten Regungen, nach Gefühl, nach Wärme, nach Liebe – ein Bedürfnis, das sich als desto unerfüllbarer erweist, je gnadenloser die Erfüllung konsumgesellschaftlicher Scheinbedürfnisse ihrer Romanheldin aufgedrängt wird. Niemand, am allerwenigsten ihr Ehemann, versteht sie, niemand kann sich ihre abweisende Verschlossenheit erklären, ihre Aufsässigkeit, ihre Undankbarkeit. Wo sie doch alles hat, was man sich nur wünschen kann! Ihr Pech ist, daß sie sich das alles nicht wünscht. Gibt es keinen Ausweg aus dieser Trostlosigkeit, keinen Ausbruch? Es gibt ihn nicht. Es gibt nur die Wahrnehmung dessen, was die anderen nicht wahrhaben wollen. Unmittelbar nachdem die traurige Heldin sich darüber klargeworden ist, daß ihre Ehe nichts taugt, vermerkt sie: ‚Mutter ist froh, daß ich eine gute Ehe führe.' … Aber da kommt noch etwas hinzu (und ich muß gestehen, daß es mich ganz besonders fasziniert): ein trockener, alles eher als harmloser Humor, der unter dem Deckmantel einer geradezu infamen Scheinheiligkeit um so spritziger zusticht … Wahrscheinlich liegt in ihrer erstaunlichen Fähigkeit, Charaktere und Konflikte vom Sprachlichen her zu erfassen und zu präzisieren, Brigitte Schwaigers spezifische Stärke. Sie hat, ungleich Luthern, nicht dem Volk aufs Maul geschaut, sondern dem Mittelstand auf den Mund, und was dabei herauskommt, ist auf amüsanteste Weise vernichtend, ist sozialkritischer als absichtsvolle Sozialkritik jemals sein könnte, und bezeugt einen produktiven Scharfblick, der zu den schönsten Hoffnungen und auf allerlei Häßliches berechtigt. R

[15] Der Text ist als Klappentext zu Brigitte Schwaigers Roman abgedruckt.

- Lesen Sie folgenden Textausschnitt und charakterisieren Sie die namenlose Icherzählerin und ihren Mann Rolf. Wie könnte man das Selbstbild[16] dieser beiden Protagonisten beschreiben?

Brigitte Schwaiger: *Wie kommt das Salz ins Meer*

Mein Mann wirft Wörter aus, und sie fallen dorthin, wo er sie haben will. Meine Wörter haben kein Gewicht. Sie schweben sichtbehindernd im Raum. Ich kann sie alle wieder einfangen. Hörst du zu, wenn ich mit dir rede? fragt Rolf. Ja. Woran denkst du? An das, was du sagst. Was habe ich gesagt? Daß ich dir heute abend keine Schande machen soll. Und? Daß ich nett sein soll mit Albert und Hilde. Und? Und gesprächig. Weiter? Daß ich den Armreifen nicht trage, den du mir geschenkt hast, und daß du es bereust, mir den silbernen Bleistifthalter deines Großvaters geschenkt zu haben, weil ich ihn verschlampt oder verloren habe. Komm, sagt Rolf, laß dich küssen. Er streichelt und lobt mich, sei nicht so steif, küß mich richtig, knöpfe deine Bluse auf, sieh mir in die Augen. Man sieht rundherum das Weiße, ich habe aber diese Augen einmal geliebt, und ich bewahre ein Foto auf, da sitzt Rolf in einem Fauteuil im Wohnzimmer meiner Eltern, er lacht, seitlich, seine Nase habe ich so gemocht, sein verrutschtes Hemd, seine Manschetten habe ich gemocht. Ein richtiger Mann, dachte ich, und wenn ich im Zweifel war, ob ich ihn noch liebte, suchte ich das Foto heraus und wußte: Ja, den liebe ich. Küß mich! Früher hat er das nicht so grob gesagt, da tat ich es wahrscheinlich freiwillig. Ich stelle mir vor, wir spielen eine Filmszene. Das half immer. Wenn ich etwas angestellt hatte und vor den Eltern Rechenschaft und Reue ablegen mußte, dachte ich, daß ich ein Kinderstar bin, der seine Rolle spielt. Ton ab, Bild ab, siebenundzwanzigste Einstellung: Frau küßt Mann. Er köpft sein bügelfreies und silanisiertes Hemd auf, wirft es auf den Boden, benimmt sich plötzlich wie ein Junggeselle, und ich denke nur daran, daß ich es waschen muß. Aber jetzt ist ihm das Hemd nicht so wichtig, und die Haut zwischen meinen Schenkeln ist empfindlich. Was er tut, ist Leichenschändung. Ich denke noch immer, daß ich das Hemd dann wieder waschen und bügeln muß.

Später zieht er seine Armbanduhr auf. Das ist eine seiner Gewohnheiten, an der Schraube zu drehen, sein Daumen ist breit, er hält die Uhr gegen das Ohr, hört sich an, wie Zeit, Zeit, Zeit vertickt. Ein Tag hat vierundzwanzig, eine Stunde sechzig, mal sechzig, mal sechzig, sechsundachtzigtausendvierhundert Sekunden verticken jeden Tag. Wie viele Tage sind wir schon verheiratet? Er fürchtet sich nicht, daß uns etwas weglaufen könnte.

Was sollte ich fürchten?

Denkst du nicht manchmal, daß du blind werden könntest auf einem Auge und dann denken wirst: Wieviel ließ es mich sehen!

Man sieht noch so halbwegs mit einem Auge.

Oder, daß du sterben wirst?

Das muß jeder.

Woran denkst du, wenn du an deinen Tod denkst?

An meine Lebensversicherung. Das willst du doch hören, oder? Du willst doch immer nur bestätigt haben, daß ich der Trottel bin, für den du mich hältst? (S. 58 ff)

---

[16] Das Selbstbild bezeichnet die Vorstellung, die jemand von sich selbst hat. Es beruht auf Selbstwahrnehmung und steht im Gegensatz zum Fremdbild, also wie Dritte einen von außen wahrnehmen. Das Selbstbild wird vom Denken, Fühlen und Verhalten gesteuert und misst sich dran, wie jemand gerne sein möchte (Wunschbild).

NATIONALSOZIALISMUS UND STALINISMUS IN DER LITERATUR DES 20. JAHRHUNDERTS

Für uns als Nachgeborene und Menschen, die in einer relativ sicheren Welt leben, ist es schwierig, die Welt der nationalsozialistischen Vernichtungslager bzw. der stalinistischen Gefängnisse und Arbeitslager zu begreifen, das unbeschreibliche Leid und die Gräuel, die passiert sind, auch nur annähernd zu ermessen.
Die Berichte Überlebender (besonderer derer aus den deutschen Konzentrationslagern) sind eine Lektüre, die uns über die Grenzen der Menschlichkeit führt.
Der Literaturwissenschafter Terence Des Pres beschäftigt sich in seinem Buch *Der Überlebende – Anatomie der Todeslager* mit dieser Thematik, obwohl ihm klar ist, dass „keine noch so große Ausführlichkeit, keine noch so gewissenhafte Auseinandersetzung (...) der Monstrosität solcher Ereignisse oder dem Leid, das sie mit sich bringen, gerecht werden." (S. 7)
Des Pres ist es wichtig, die Stimmen der Überlebenden zu bündeln, sie dem Vergessen zu entreißen:

> Wie war es mit Chmelno[1]? Kam jemand von dort zurück? Doch wenn es nur ein Dutzend Männer und Frauen waren, die menschlich geblieben waren und durchkamen, wenn es in dieser Welt nur die kleinste Spur von Menschlichkeit gab, dann ist die Erfahrung des Überlebenden von unschätzbarer Bedeutung. „Anzeichen des Menschlichen müssen bewahrt werden", schrieb Albert Camus. (S. 10)

Denn: Wie sehr der Holocaust von den Nazis industriell und bürokratisch organisiert wurde, zeigt der folgende Textauszug. Der Reporter der Zeitschrift *Der Spiegel* Matthias Geyer beschreibt in dem Artikel[2] seine Gespräche mit dem 83-jährigen SS-Mann Oskar Gröning, der zwei Jahre lang in Auschwitz an den Massenmorden beteiligt war. Er selbst sieht sich nach wie vor als unschuldig:

> Gröning hat nicht getötet. Er hat kein Zyklon B in die Schächte gefüllt, keine Scheiterhaufen angezündet. Er hat zugesehen. Er stand dabei, erst schockiert, dann gleichgültig. Er bekam Routine.
> Er lebte in einer Welt, die organisiert war. Ihre Ordnung sicherte die Unabhängigkeit des Terrors von den Fundamenten der Zivilisation. Der Terror hatte klare Befehlsstrukturen und geregelte Dienstpläne, Aufgaben- und Ämterteilung, Folterknechte und Buchhalter.
> Gröning war ein gewissenhafter Buchhalter. Er zählte das Geld der Juden, sortierte es, verschloß es in einem Tresor. Er war ein Buchhalter des Terrors. (...)
> Was haben Sie gedacht, als Sie wußten, daß in Auschwitz Juden vergast werden?
> „Daß es ein Mittel der Kriegsführung ist. Eines Krieges mit fortschreitenden Methoden."

Facetten des Terrors und der Erniedrigung

Merkmale, die vielen Texten (Augenzeugenberichten, Romanen, Novellen, Kurzgeschichten, Tagebüchern ...) gemeinsam sind:

- die Ausweglosigkeit der Situation, in der sich die Menschen befinden
- die Tatsache, dass die meisten Opfer der offensichtlichen Wahrheit des Massenmordes nicht ins Auge sehen wollen, dass sie nicht glauben können und wollen, was sie an Schrecklichem sehen
- der Extremfall, in dem von den meisten Häftlingen alles Menschliche und Zivilisatorische abfällt

> Im Extremen jedoch erfordert es geradezu heldenhaften Mut, seiner Verantwortung als Mitglied der menschlichen Gemeinschaft nachzukommen. (S. 16)

- die Zeit, die als nicht endende Wiederholung des Mordens, Elends und Grauens erlebt wird.

---

[1] Chmelno: dt. Kulmhof, NS-Vernichtungslager in Polen

[2] Geyer, Matthias: Der Buchhalter von Auschwitz. In: Wegelagerer. Die besten Storys der Spiegel-Reporter. Frankfurt a. M.: Eichborn 2009, S. 142 ff

- die Tatsache, eine zu Unrecht Verurteilte/ein zu Unrecht Verurteilter zu sein.
- der Wille, Zeugnis abzulegen, die Wahrheit zu schreiben. Diese Menschen überleben auch deshalb, weil sie gegen das Schweigen ankämpfen wollen. Des Pres schreibt:

Das Vergessen ist ein Verbündeter des Todes. Wo keine Erinnerung ist, fehlt auch die Grundlage der Menschlichkeit, der Glaube an ein Fortbestehen. Der größte Schrecken liegt in dem Gedanken, dass keiner übrig bleibt. (S. 43)

Etwas, was die SS-Schergen[3] den Häftlingen immer wieder höhnisch voraussagten.

- der Verlust der Identität durch rasierte Schädel, Lumpen als Kleidung, das Ausgemergeltsein, den Dreck ...
- Schuldgefühle der Überlebenden, da so viele den Massenmord nicht überlebten.
- das Empfinden, dass all das Leiden sinnlos sei.
- das Beschreiben der unzähligen Erniedrigungen, die den Häftlingen zugefügt werden: der allgegenwärtige Dreck; die Tatsache, in den eigenen Exkrementen leben bzw. vegetieren zu müssen; das bewusste Verhindern von Körperpflege; die Krankheiten; körperliche Misshandlungen ... Die Abwertung der Opfer ist bewusst, denn sie sollen als Menschen nicht mehr erkennbar sein, den Henkern damit die Massenvernichtung psychisch erleichtern, da sie ja mit „Schädlingen", „Ungeziefer" zu tun haben, die vernichtet werden müssen:

Es ging um das Töten der Seele. Terror und Entbehrung waren ein Weg, dieses Ziel zu erreichen. Vor allem aber versuchte man, den Gefangenen ihr Gefühl für Reinheit und Würde zu nehmen. Der Angriff mit Exkrementen sollte in den Gefangenen Ekel und Abscheu vor sich selbst hervorrufen. (...) Wie viel Respekt kann man für sich und den anderen aufbringen, wenn beide stinken und mit Fäkalien besudelt sind? (S. 71)

- die Beschreibung der allgegenwärtigen Apathie, der Selbstaufgabe, die unweigerlich zum Tode führte.
- das Faktum, dass in der Extremsituation die meisten von denen, die überleben wollen, nur an sich denken. Es gibt aber auch wenige Ausnahmen.
- die Tragödie (dieser Begriff gilt nicht für die Kapos[4], selbst Häftlinge, die genauso brutal wie die SS-Schergen waren), dass einige Überlebende Räder im System der Mörder – insbesondere, aber nicht nur in den deutschen Konzentrationslagern – waren:

Unter normalen Umständen verurteilen wir die Mitwirkung an einem Verbrechen, weil immer eine gewisse Möglichkeit besteht, sich dagegen zu entscheiden. Im Extremen jedoch gab es nur einen Weg, um zu überleben. Im Konzentrationslager blieb dem, der sich für das Leben entschieden hatte, nur eine Wahl: Er musste sich mit den Mördern arrangieren *und* Widerstand leisten. (S. 113)

- Die Überlebenden sehen sich sehr oft mit der Tatsache konfrontiert, dass sie als Augenzeugen unwillkommen sind, da sie den Frieden stören, das Vergessen, das viele Menschen in den betroffenen Ländern erstreben, verhindern. Außerdem sind sie unliebsame Zeugen, die eine Beschwichtigungskultur des Vergessens behindern. Es handelt sich psychologisch gesehen „bei diesem Phänomen natürlich um die Projektion eines Schuldgefühls vom Zuschauer, beziehungsweise vom Leser, auf das Opfer. Verständlicherweise wirken die Berichte verstörend auf Menschen, die ein ganz normales gesichertes Leben führen." (S. 51)

Leni Yahil, ehem. Professorin für moderne Jüdische Geschichte der Universität von Haifa, schreibt in der Einleitung zu ihrem Buch *Die Shoah. Überlebenskampf und Vernichtung der europäischen Juden* über die Shoah[5]:

---

[3] Scherge: Handlanger, Vollstrecker der Befehle eines Machthabers

[4] Kapo: Bezeichnung eines Funktionshäftlings, der zu einem Mitarbeiter der Lagerleitung wurde und andere Häftlinge beaufsichtigte

[5] Shoah: hebräisches Wort (Zerstörung; große Katastrophe), das die systematische Ermordung der europäischen Juden während des Nationalsozialismus bezeichnet

Diese menschheitsgeschichtliche Katastrophe ragt aus den revolutionären Umbrüchen des 20. Jahrhunderts sowohl in allgemein menschlicher wie in spezifisch jüdischer Hinsicht als zentrales Ereignis hervor. In seiner Folge wurde der Begriff des „Verbrechens gegen die Menschheit" geprägt, und die Täter wurden als Kriegsverbrecher vor Gericht gestellt. Hitlers Absicht, das jüdische Volk zu vernichten, und die bei der „Endlösung der Judenfrage" angewandten Methoden (...) waren der Ausgangspunkt für die Definition eines neuartigen Verbrechens, des Völkermords oder Genozids. Dieses Konzept hat durch die Beschlüsse der Vereinten Nationen im internationalen Raum politische und juristische Bedeutung gewonnen und hat sich zu einem moralischen und politischen Grundbegriff entwickelt. Und *Auschwitz* ist zum Symbol für die moderne Menscheitskatastrophe geworden. Wie jedes Symbol ist es in Gefahr, politisch benutzt, mißbraucht und verfälscht zu werden. Diejenigen, die – aus welchen Gründen auch immer – bestreiten, daß der Holocaust stattgefunden hat, greifen das in dem Wort *Auschwitz* zusammengefaßte Konzept auf, um zu argumentieren, daß so etwas nie geschehen sei, daß weder in Auschwitz noch anderswo je Millionen von Menschen in Gaskammern umgebracht oder in Krematorien verbrannt worden seien – all dies sei lediglich eine von den Juden erfundene Mär, um so die Welt zu zwingen, der Errichtung des „Zionistenstaats" zuzustimmen.[6] R

- Wie erklärt Leni Yahil den Begriff des „Genozid"?
- Recherchieren Sie, was „Endlösung der Judenfrage" bedeutet und erklären Sie die historische Dimension des Begriffs „Endlösung".
- Klären Sie in diesem Zusammenhang auch, mit welchen verharmlosenden Begriffen die nationalsozialistischen Bürokraten und Mörder die Vernichtung von Menschen in den Konzentrationslagern verschleierten.
- Welche Funktion hat das Leugnen der Ermordung von Juden im Konzentrationslager Auschwitz für die Verleugner?

In seinem zweibändigen grundlegenden Werk zur Vernichtung der Juden *Das Dritte Reich und die Juden* schreibt der Historiker Saul Friedländer auch von den Menschen, die der Mordmaschinerie zum Opfer fielen:

Von dem Augenblick an, in dem die Opfer von dem Prozeß verschlungen wurden, der zur „Endlösung" führte, begann – nach einer kurzen Spanne verstärkten Zusammenhalts – ihr kollektives Leben zu zerfallen. Bald darauf verschmolz diese kollektive Geschichte mit der Geschichte der Verwaltungs- und Mordmaßnahmen, die zu ihrer Vernichtung führten, und mit deren abstrakter statistischer Darstellung. Die einzige konkrete Geschichte, die sich bewahren läßt, bleibt diejenige, die auf persönlichen Erzählungen beruht. Vom Stadium des kollektiven Zerfalls bis zu dem des Abtransports und des Todes muß diese Geschichte, damit sie überhaupt geschrieben werden kann, als die zusammenhängende Erzählung individueller Schicksale dargestellt werden.[7] R

- Was ist nach Saul Friedländer Aufgabe der Geschichtsschreibung des Holocaust? Wie muss sie mit dem einzelnen Menschen, mit seinem Schicksal, umgehen?

---

[6] Yahil, Leni: Die Shoah. Überlebenskampf und Vernichtung der europäischen Juden. München: Luchterhand Literaturverlag 1998, S. 28 f

[7] Friedländer, Saul: Das Dritte Reich und die Juden. Erster Band: Die Jahre der Verfolgung 1933–1939. München: C.H. Beck 1998, S. 16

Holocaust und stalinistischer Terror

Zwischen der Vernichtung der Juden und dem organisierten Terror der Sowjets gibt es Ähnlichkeiten und Differenzen. Norman Manea meint in einem Gespräch, abgedruckt in der Zeitschrift *Lettre international Nr. 51*:

Gerade wegen des historischen Verständnisses und wegen des Respekts gegenüber den Opfern muss eine gewisse Einzigartigkeit bewahrt werden. Es ist letztlich nicht angebracht, alles unter einer weitläufigen Rubrik zu führen, die jeden Unterschied aufhebt. Es gibt Ähnlichkeiten und Differenzen zwischen diesen Katstrophen, deren entsetzliche Wirklichkeit bekannt und anerkannt werden muss. Diese Massenmorde stehen nicht in Konkurrenz zueinander und schließen einander nicht aus. Die menschlichen Tragödien sind einzigartig, allen Ähnlichkeiten zum Trotz. Jeder Mensch ist einzigartig. Ich möchte mich nicht auf eine detaillierte Analyse dieses furchtbaren Themas einlassen, sondern überlasse es anderen, die Frage wissenschaftlich und objektiv zu beantworten, ob Auschwitz bedeutungsschwerer ist als andere Katastrophen des 20. Jahrhunderts.

- Analysieren Sie den folgenden Auszug aus einem Artikel der *Neuen Zürcher Zeitung*[8]. Welche Parallelen zwischen dem Nationalsozialismus und dem Stalinismus zieht der Autor, der in Rumänien geborene Schriftsteller Richard Wagner, inwiefern unterscheiden sich die beiden Terrorsysteme voneinander?

In der Diskussion um die Opfer des Nationalsozialismus und des Kommunismus gibt es eine „Konkurrenz", die nicht immer leicht nachzuvollziehen ist. Auf jüdischer Seite finden sich Stimmen, die auf der Einzigartigkeit des Holocaust bestehen. Die These von der Unvergleichbarkeit der beiden totalitären Systeme indes ist eine (deutsche) These der Nachkriegszeit. Sie neigt dazu, die Verbrechen des Gulag zu verharmlosen.

In seiner Erinnerung an den jugoslawischen Komintern-Mitarbeiter und Gulag-Häftling Karlo Stajner beschreibt Danilo Kiš eine Szene von 1956, zwischen Tito[9] und Chruschtschow[10]. Tito überreicht am Rande der Verhandlungen dem Kremlchef ein Papier mit der Bemerkung: „Das ist die Liste von 113 ehemaligen Funktionären aus unseren Reihen, die in der Sowjetunion waren. Was ist mit ihnen?" Zwei Tage später, bei Wein und Zigarre, klopft Chruschtschow auf das Blatt, das vor ihm liegt, und sagt: „Genau 100 sind nicht mehr am Leben."

Überall, wo Stalins Apparat Zugriff bekam, verschwanden die Menschen zu Hunderttausenden. Auffallend ist die Missachtung jeder rechtlichen Verbindlichkeit, selbst der eigenen Gesetzgebung, von den internationalen Vereinbarungen ganz zu schweigen. (...)

Im Nationalsozialismus wie im Stalinismus[11] war ein Menschenleben nur so viel wert, wie es dem System nützte. Die beiden totalitären Regime bezogen sich ausdrücklich aufeinander. Sie vereinnahmten jeweils die Ideologien des Antikommunismus und des Antifaschismus. Hitler ließ 1936 den Antikominternpakt[12] gründen und lockte die Osteuropäer zu seinem Eroberungskrieg gegen Russland mit dem Schlagwort vom Kampf gegen den Bolschewismus[13]. Selbst die Verknüpfung von Antisemitismus und Antikommunismus ist keine nationalsozialistische Erfindung.

---

[8] Wagner, Richard: Für ein gemeinsames Geschichtsverständnis. In: Neue Zürcher Zeitung, 7. 4. 2004

[9] Tito, Josip Broz (1892–1980): Kommunist; langjähriger jugoslawischer Chef der kommunistischen Partei und Ministerpräsident und Staatschef Jugoslawiens

[10] Chruschtschow, Nikita Sergejewitsch (1894–1971): von 1953 bis 1964 Parteichef der kommunistischen Partei der Sowjetunion, von 1958 bis 1964 Regierungschef

[11] Stalinismus: die Herrschaft Stalins (1924–1953) und seine theoretische Auslegung und praktische (autoritäre) Durchsetzung des Marxismus-Leninismus

[12] Antikominternpakt: Vertrag (1936) zwischen dem nationalsozialistischen Deutschland und dem japanischen Kaiserreich zur Bekämpfung der kommunistischen Internationale (Komintern). Italien trat 1937 dem Pakt bei, andere Länder folgten.

[13] Bolschewismus: Theorie und Taktik des revolutionären marxistischen Flügels der russischen Arbeiterbewegung mit dem Ziel, die Diktatur des Proletariats (Arbeiterklasse) zu verwirklichen

Weite Teile der europäischen Öffentlichkeit machten seinerzeit Juden für den Bolschewismus verantwortlich. (...)

Der **Genozid**[14] als Staatsziel

Zur Avantgarde[15] des Verbrechens wurden die Nazis, indem sie den Holocaust mit den Mitteln der Technik und der Bürokratie in Gang setzten. Der so praktizierte Genozid wurde mit der Wannseekonferenz[16] faktisch zum Staatsziel erhoben. Trotzdem war nicht die Verhinderung der Judenvernichtung das Kriegsziel der Alliierten, auch nicht der Sowjetunion. Das Kriegsziel war die Niederwerfung des „Dritten Reiches", das mit seinen Weltherrschaftsplänen eine deklarierte Bedrohung für die Weltgemeinschaft darstellte. Der sowjetische Sieg über den Nationalsozialismus aber lässt den Kommunismus vielerorts noch heute in einem besseren Licht erscheinen.

Der „Antifaschismus" ist das am meisten manipulierte moralische Konzept der Nachkriegszeit. Die Sowjetunion hat ihn zu einem erfolgreichen Fundament ihrer Imagepflege machen können – und dies, obwohl sie mit dem „Dritten Reich" 1939 den Hitler-Stalin-Pakt zur Aufteilung Osteuropas geschlossen hatte. Dieser Vertrag hat es der deutschen Wehrmacht ermöglicht, Polen zu überfallen, die damals vereinbarte Demarkationslinie ist bis heute die Ostgrenze des Landes. (...)

Dass die Sowjetunion den Antifaschismus instrumentalisieren konnte, hängt auch mit der Schuld der Osteuropäer zusammen. Ihre Kollaboration mit den Nazis wurde zum Stigma für ihre Völker, für Stalin aber diente solches nur zum Vorwand. Das zeigt die Gleichbehandlung der Slowaken, die einen Satellitenstaat ausriefen, und der Polen, die offen und verzweifelt Widerstand gegen die Nazis leisteten. Die Rote Armee legte an der Weichsel eine Pause ein und wartete ab, bis die SS den Warschauer Aufstand niedergeschlagen hatte. Nach der Massenerschießung der polnischen Offiziere 1940 in den Wäldern bei Katyn war das ein weiterer Schritt Stalins zur Vernichtung der polnischen Eliten. Was unterscheidet ihn darin von den Nazis, die gezielt polnische Intellektuelle ins KZ brachten und die Schulbildung für Polen begrenzen wollten?

Die Massenerschießungen und Deportationen großer Teile der baltischen Eliten nach Sibirien dienten der Unterwerfung und Gleichschaltung ihrer Länder. Von Estland bis Bulgarien wurde die stalinistische Herrschaft nicht nur gegen den Willen der jeweiligen Nation, sondern auch gegen das Völkerrecht durchgesetzt. Es war der menschenverachtende Versuch, Kultur und Sprache und damit die Identität der einzelnen Völker auszulöschen.

Unvergleichbar?

Die These von der Unvergleichbarkeit der beiden totalitären Systeme ist eine These der Nachkriegszeit, sie kam etwa in Deutschland als eine Polemik gegen Ernst Nolte[17] daher, widerspricht aber Hannah Arendt[18]. Sie drückt zwar verständliche Ängste vor dem Revisionismus[19] aus, letzten Endes verharmlost sie jedoch den Stalinismus, die „Welt ohne Erbarmen", wie Gustaw Herling[20] sie erlebt hat. Die Häftlinge des Gulag bleiben manchen „Meisterdenkern" aber noch als Zeugnisse suspekt, obwohl genügend Schicksale von Menschen bekannt sind, die sowohl im KZ als auch im Gulag inhaftiert waren. „Als Gefangene bei Stalin und Hitler" heißt Margarete Buber-Neumanns autobiografisches Buch von 1949.

Die Unterscheidung zwischen den verbrecherischen Regimen in Moskau und Berlin fußt auf dem Thema der Judenvernichtung. Diese ist in ihrer rassistischen Begründung, der erklärt eliminatorischen Absicht und ihrer schrecklichen Ausführung durch die Vergasung einzigartig. Daran ist nicht zu rütteln. (...)

Die brutalen sowjetischen Haft- und Foltermethoden, die Schauprozesse, die sadistischen Praktiken zur Zerstörung der Persönlichkeit haben zahllose Opfer gefordert. Schon ein kurzer Blick in das „Schwarzbuch des Kommunismus", in Solschenizyns „Archipel Gulag" oder in das unlängst

[14] Genozid: Völkermord

[15] Avantgarde: Vorkämpfer

[16] Wannseekonferenz: Konferenz in Berlin-Wannsee, bei der am 20. 01. 1942 fünfzehn hohe Funktionäre von Staat und Partei die Ausrottung der jüdischen Bevölkerung Europas planten und organisierten

[17] Ernst Nolte: deutscher Historiker

[18] Hannah Arendt (1906–1975): jüdische Gelehrte

[19] Revisionismus: das Streben nach Änderung eines Zustandes oder eines politischen Programms, hier: Verleugnung und Verharmlosung des Holocaust

[20] Herling, Gustaw (1919–2000): polnischer Schriftsteller; 1940–1942 in einem sowjetischen Lager inhaftiert

erschienene Kompendium von Anne Applebaum lässt das Ausmaß des stalinistischen Verbrechens erahnen.
Die Einzigartigkeit des Holocaust ergibt sich nicht aus der unterschiedlichen Bewertung von Nationalsozialismus und Stalinismus, sondern aus der ideologisch begründeten Priorität, die die Nazimörder der Vernichtung der Juden beimaßen. (...)

Nationalsozialismus

Weiterleben mit den schrecklichen Erfahrungen der Vernichtungslager

Ruth Klüger: *weiter leben. Eine Jugend*

Die Jüdin **Ruth Klüger** wird 1931 in Wien geboren und erlebt schon als Kind den latenten Antisemitismus, der nach dem Einmarsch der deutschen Truppen zur systematischen Ausgrenzung der jüdischen Bevölkerung und schlussendlich zu ihrer Deportation in die nationalsozialistischen Todeslager führt.
Ruth Klüger überlebt mit ihrer Mutter die Konzentrationslager Theresienstadt, Auschwitz und Christianstadt. 1945 gelingt ihr die Flucht. Ihr Vater und ihr Halbbruder werden von den Nazis ermordet. Ruth Klüger emigriert 1947 in die USA und ist von 1980 bis 1986 Professorin an der Princton University, danach Professorin an der University of California. Sie lebt heute in Irvine/Kalifornien und Göttingen.

Die Autobiografie *weiter leben. Eine Jugend* erscheint 1992 in deutscher Sprache und schildert Klügers Kindheit in Wien, ihre Verschleppung mit elf Jahren und die ihrer Mutter nach Theresienstadt, in das KZ Auschwitz-Birkenau und nach Christianstadt (Außenlager des KZ Groß-Rosen). Der Roman beschreibt die Möglichkeit bzw. die Unmöglichkeit des Weiterlebens nach Auschwitz, die Frauenfeindlichkeit einer männerdominierten Welt und die nach Klügers Ansicht verlogene Auseinandersetzung der Öffentlichkeit mit den Naziverbrechen.

- Was könnte die Widmung der Autorin *Den Göttinger Freunden – ein deutsches Buch* bedeuten, wenn man bedenkt, was Ruth Klüger im NS-Staat erleiden musste und was den Menschen in den deutschen Konzentrationslagern angetan wurde?
- Was bedeutet der Umstand, dass das Buch im Original auf Deutsch erschien?

Im folgenden Textauszug wird deutlich, in welch feindseliger Umgebung Ruth Klüger ihre Kindheit verlebt. Die kommenden Ereignisse werfen ihre unheilvollen Schatten voraus.

Ich kenne die Stadt meiner ersten elf Jahre schlecht. Mit dem Judenstern hat man keine Ausflüge gemacht, und schon vor dem Judenstern war alles Erdenkliche für Juden geschlossen, verboten, nicht zugänglich. Juden und Hunde waren allerorten unerwünscht, und wenn man doch einen Laib Brot kaufen mußte, dann betrat man den Laden an dem Schild vorbei, auf dem zu lesen war: „Trittst als Deutscher du hier ein, / Soll dein Gruß Heil Hitler sein." Kleinlautes „Grüß Gott" meinerseits, die Bäckerin grußlos, nur ein grobes „Was willst du?" Ich war immer erleichtert, wenn die beiden schlichten Grußworte auf ein Echo stießen und meinte, wohl mit Recht, es läge auf arischer Seite ein leiser, aber deutlicher Protest darin, etwa: „In Gottes Hand begeb ich mich, nicht in Hitlers".
Was alle älteren Kinder in der Verwandtschaft und Bekanntschaft gelernt und getan hatten, als sie in meinem Alter waren, konnte ich nicht lernen und tun, so im Dianabad schwimmen, mit Freundinnen ins Urania-Kino gehen oder Schlittschuh laufen. Schwimmen hab ich nach dem Krieg in der Donau gelernt, bevor sie verseucht war; aber nicht bei Wien, auch Fahrrad fahren anderswo, und Schlittschuhlaufen nie. Letzteres hat mir besonders leid getan, denn ich hatte es gerade ein paar Mal wackelnd ausprobiert, da war es aus damit. Sprechen und lesen kann ich von Wien her, sonst wenig. An judenfeindlichen Schildern hab ich die ersten Lesekenntnisse und die ersten Überlegenheitsgefühle geübt. Jüngere als mich gab es zufällig nicht in diesem Kreis, ich

war die Jüngste und daher die einzige, die nicht in ein sich erweiterndes Leben hineinwachsen konnte, die einzige, die nicht im Dianabad schwimmen lernte, und die einzige, die die österreichische Landschaft nur den Namen nach kannte: Semmering, Vorarlberg, Wolfgangsee. Namen, die vom Nichtkennen her noch idyllischer wurden. Wie eine volle Generation lag es zwischen mir und den Cousins und Cousinen und noch heute zwischen mir und den Exilanten aus Wien, die sich dort einmal frei bewegt haben. Alle, die nur ein paar Jahre älter waren, haben ein anderes Wien erlebt als ich, die schon mit sieben auf keiner Parkbank sitzen und sich dafür zum auserwählten Volke zählen durfte. Wien ist die Stadt, aus der mir die Flucht nicht gelang.
Dieses Wien, aus dem mir die Flucht nicht geglückt ist, war ein Gefängnis, mein erstes, in dem ewig von Flucht, das heißt vom Auswandern, die Rede war. Ich sah uns sozusagen immer auf dem Sprung und im Begriff abzureisen, mit gepackten Koffern eher als für die nächsten Jahre gemütlich eingerichtet. Ich konnte mir daher auch keine Gewohnheiten leisten, und wenn ich mich langfristig auf etwas freuen wollte, wie zum Beispiel auf das kontinuierliche Lesen der Kinderzeitschriften „Der Schmetterling" und „Der Papagei", so korrigierte ich diese Vorfreude gleich mit der Hoffnung, noch vor der übernächsten Nummer in einem anderen Land zu sein.
Ich war im September 1937 eingeschult worden, kurz vor meinem sechsten Geburtstag, ein halbes Jahr vor Hitlers Einmarsch. (...)
Ungefähr ein Jahr später gingen wir wieder Hand in Hand durch die Straßen. Wir wohnten im 7. Bezirk, Neubau. Es war im November '38. Auf der Mariahilferstraße hat er mir die zerbrochenen Fenster der Geschäfte gezeigt, fast schweigend, nur immer mit kurzen Hinweisen: „Da kann man jetzt nicht mehr einkaufen. Das ist geschlossen, du siehst ja. Warum? Die Leut, denen das gehört, sind Juden wie wir. Darum." Ich, voller Schreck und Neugier, hätte gern weitere Fragen gestellt, und gleichzeitig spürte ich, daß er vielleicht selbst nicht weiter wußte, und prägte mir das Gesagte ein. (Siehst du, ich weiß es noch.) (S. 16 ff)

Es muß 1940 gewesen sein, ich war acht oder neun Jahre alt, im Kino um die Ecke wurde „Schneewittchen" gespielt. (...)
Als es im Saal hell wurde, wollte ich die anderen vorgehen lassen, aber meine Feindin [die neunzehnjährige Bäckerstochter] stand und wartete. Ihre kleinen Geschwister wurden ungeduldig, die Große sagte: „Nein, seid's stad", und sah mich streng an. Die Falle war, wie gefürchtet, zugeschnappt. Es war der reine Terror. Die Bäckerstochter zog noch ihre Handschuhe an, pflanzte sich endlich vor mir auf, und das Ungewitter entlud sich.
Sie redete fest und selbstgerecht, im Vollgefühl ihrer arischen Herkunft, wie es sich für ein BDM-Mädel schickte, und noch dazu in ihrem feinsten Hochdeutsch: „Weißt du, daß deinesgleichen hier nichts zu suchen haben? Juden ist der Eintritt ins Kino gesetzlich untersagt. Draußen steht`s beim Eingang an der Kasse. Hast du das gesehen?" Was blieb mir übrig, als die rhetorische Frage zu bejahen?
Das Märchen vom Schneewittchen läßt sich auf die Frage reduzieren, wer im Königsschloß etwas zu suchen hat und wer nicht. Die Bäckerstochter und ich folgten der vom Film vorgegebenen Formel. Sie, im eigenen Hause, den Spiegel ihrer rassischen Reinheit vor Augen, ich, auch an diesem Ort beheimatet, aber ohne Erlaubnis, und in diesem Augenblick ausgestoßen, erniedrigt und preisgegeben. Ich hatte mich unter Vorspiegelungen falscher Tatsachen hier eingeschlichen, den Nazivers bestätigend: „Und der Jud hat den Brauch, / Und es bringt ihm was ein, / Schmeißt man vorne ihn raus, / Kehrt er hinten wieder rein." Wenn ich auch das Gesetz, das ich verletzt hatte, für ungerecht hielt, so war ich doch beschämt, ertappt worden zu sein. Denn die Scham entsteht einfach dadurch, daß man einer verbotenen Tat überführt wird, und hat oft mit schlechtem Gewissen gar nichts zu tun. Wäre ich nicht erwischt worden, so wäre ich auf meine Waghalsigkeit stolz gewesen. So aber war es umgekehrt: Man sieht sich im Spiegel boshafter Augen, und man entgeht dem Bild nicht, denn die Verzerrung fällt zurück auf die eigenen Augen, bis man ihr glaubt und sich selbst für verunstaltet hält. (S. 44 ff) R

- Beschreiben Sie die Kindheit bzw. die „Nichtkindheit", die Ruth Klüger erlebt hat. Welche prägenden Erfahrungen musste sie machen? Wie reagierte sie darauf, auch aus der Distanz der autobiografischen Erinnerung?
- Wie verhalten sich die Durchschnittswienerin/der Durchschnittswiener – hier anhand der Bäckersfamilie gezeichnet?
- Wie interpretiert die erwachsene Ruth Klüger das Märchen? Wie erklärt sie das als Kind erlebte Schamgefühl?

Ruth Klüger schildert und reflektiert im zweiten Teil ihrer Erinnerungen die unvorstellbaren Gräuel und Bestialitäten, die in den Konzentrationslagern passierten. Was die Leserinnen und Leser teilweise irritiert zurücklässt, ist Klügers schonungslose Auseinandersetzung mit hohlen Phrasen und unreflektierten Vorstellungen über den Holocaust.

Ich sitze am Mittagstisch mit einigen Göttinger Doktoranden und Habilitanden. Einer berichtet, er habe in Jerusalem einen alten Ungarn kennengelernt, der sei in Auschwitz gefangen gewesen, und trotzdem, „im selben Atem" hätte der auf die Araber geschimpft, die seien alle schlechte Menschen. Wie kann einer, der in Auschwitz war, so reden? fragte der Deutsche. Ich hake ein, bemerke, vielleicht härter als nötig, was erwarte man denn, Auschwitz sei keine Lehranstalt für irgend etwas gewesen und schon gar nicht für Humanität und Toleranz. Von den KZs kam nichts Gutes, und ausgerechnet sittliche Läuterung erwarte er? Sie seien die allernutzlosesten, unnützesten Einrichtungen gewesen, das möge man festhalten, auch wenn man sonst nichts über sie wisse. Man gibt mir weder recht, noch widerspricht man mir. Deutschlands hoffnungsvoller intellektueller Nachwuchs senkt die Köpfe und löffelt verlegen Suppe. Jetzt hab ich euch mundtot gemacht, das war nicht die Absicht. Eine Wand ist immer zwischen den Generationen, hier aber Stacheldraht, alter, rostiger Stacheldraht.

Dabei hätte es schon Einwände geben können. Glaub ich denn nicht selbst, in den Lagern über Menschen in Not etwas gelernt zu haben, das auch später anwendbar war? Eben weil ich Vergleiche nicht ablehne. Und gelten meine zähneknirschendsten Reaktionen nicht denen, die mir dieses Wissen streitig machen, und denen, die ohne weiteres Hinsehen annehmen wollen, an einem solchen Ort müsse man unzurechnungsfähig werden?

Ein Bekannter, ein Jude in Cleveland, verlobt mit einer Deutschen, sagt mir ins Gesicht: „Ich weiß, was ihr getan habt, um euch am Leben zu erhalten." Ich wußte es nicht, aber ich wußte, was er meinte. Er meinte: „Ihr seid über Leichen gegangen." Hätte ich antworten sollen: ,,Ich war damals erst zwölf"? Das hieße ja: „Die anderen waren übel, ich aber nicht." Oder sagt man: „Ich bin von Haus aus ein guter Mensch", auch das im Gegensatz zu den anderen. Oder sagt man: „Wie kommst du dazu?" und macht Krach. Ich hab gar nichts gesagt, ich bin nach Haus gegangen und war deprimiert. Und in Wirklichkeit war es Zufall, daß man am Leben geblieben ist.

Da sollen wir Überlebenden entweder zu den Besten oder zu den Schlechtesten gehören. Und die Wahrheit ist auch hier, wie üblich, konkret. Die Rolle, die so ein KZ-Aufenthalt im Leben spielt, läßt sich von keiner wackeligen psychologischen Regel ableiten, sondern ist anders für jeden, hängt ab von dem, was vorausging, von dem, was nachher kam, und auch davon, wie es für den oder die im Lager war. Für jeden war es einmalig. (S. 72 f)

In Buchenwald gibt es ein metallenes Schild am alten Verwaltungsgebäude, das die Rettung eines jüdischen Kindes, beim Namen genannt, wenn auch nicht als jüdisch identifiziert, festhält und feiert. Es gibt auch einen Roman über die Rettung dieses Kindes. Das Schild verschleiert die wahren, zumeist unguten, wenn überhaupt vorhandenen Beziehungen zwischen politischen und jüdischen Häftlingen. Die Politischen, die teils selbst aus antisemitischem Milieu kamen, verachteten die Juden, weil sie sich als moralisch höherstehend vorkamen, waren sie doch wegen ihrer Überzeugungen inhaftiert worden, die Juden hingegen wegen nichts und wieder nichts. (Politisch aktive Juden wurden im KZ immer noch als Juden behandelt.) Noch nach dem Krieg ist mir dieser Hochmut der Politischen aufgefallen, der eigentlich ein Fanatismus ist. Sich etwas einbilden darauf, im KZ gewesen zu sein? Freiwillig war keiner hingegangen. Freiwillig gingen nur manchmal Verwandte mit Verwandten in den Tod, am häufigsten Mütter mit ihren Kindern.

Die waren allemal Juden. Einmal hat sich ein katholischer Priester für einen anderen Katholiken vergasen lassen. Der Priester ist heilig gesprochen worden, in Anbetracht des großen Seltenheitswertes der Selbstlosigkeit. Den Politischen war es um die eigene Rettung und höchstens noch um ihre Organisation zu tun, nicht um die Rettung der Unsrigen, denen es noch schlechter ging als ihnen. Die Agitprop-Burschen, die das Schild vom geretteten Kind anbrachten, infantilisierten, verkleinerten und verkitschten damit den großen Völkermord, die jüdische Katastrophe im 20. Jahrhundert. Das ist mir der Inbegriff von KZ-Sentimentalität. Und der Roman über dieses Kind ist trotz der Achtung, die er genießt, ein Kitschroman. (S. 74 f) R

- Was irritiert Sie an diesen Aussagen Ruth Klügers? Welche Gewissheiten (z. B. aus dem Geschichtsunterricht) bringt sie vielleicht auch bei Ihnen ins Wanken?
- Wie beschreibt Ruth Klüger das Verhältnis zwischen Juden und politischen Häftlingen?

Jurek Becker: *Jakob der Lügner*

Jurek Becker, 1937 in Łodź/Polen geboren und 1997 in Berlin gestorben, war Jude. 1939 wurde er zunächst ins Ghetto von Łodź deportiert, von dort kam er im Alter von fünf Jahren zuerst ins KZ Ravensbrück, dann ins KZ Sachsenhausen. Während seine Mutter und ungefähr 20 Familienmitglieder ermordet wurden, überleben er, sein Vater und eine Tante.

Jurek Becker leidet zeit seines Lebens daran, dass er glaubt, seine Mutter habe sterben müssen, weil sie ihm ihr letztes bisschen Essen gegeben habe. 1969 erscheint sein Roman *Jakob der Lügner*, in dem ein namenloser Icherzähler humorvoll (!) von Opfern und Tätern und vor allem von Jakob erzählt, der seinen Mitmenschen im Ghetto Hoffnung gibt. Der amerikanische Schriftsteller Louis Begley, ebenfalls ein Überlebender des Holocaust, beschreibt den Roman:

Jurek Beckers herzbeklemmender, ganz uneitler und sehr schöner Roman erzählt sotto voce[21] und mit sanftem Humor von einer Handvoll Juden im Ghetto einer polnischen Stadt. Einer von ihnen – Jakob Heym oder Jakob der Lügner – hört zufällig auf einem deutschen Polizeirevier, aus dem kaum ein Jude lebend herauskommt, einen Frontbericht im Radio.

Die Nachricht ist elektrisierend: In einer erbitterten Abwehrschlacht sei es den heldenhaft kämpfenden deutschen Truppen gelungen, einen bolschewistischen Angriff zwanzig Kilometer vor Bezanika zum Stehen zu bringen.

Bezanika! Jakob versteht, was das heißt, und alle Juden im Ghetto, denen man die frohe Botschaft ins Ohr flüstert, verstehen es auch. Wenn die Russen so dicht vor Bezanika stehen, sind sie nur ungefähr 400 Kilometer vom Ghetto entfernt. Sie sind praktisch schon vor den Toren. Hört auf, euch das Leben zu nehmen!

Ein Jude, der ausharrt, der es schafft, noch eine Weile zu überleben – ein paar Tage oder Wochen –, wird aus dem Albtraum aufwachen. Er wird wieder ein Mensch sein. Und so lässt Jakob die guten Nachrichten nicht versiegen, erfindet sie, denkt sich das versteckte Radio aus, das er angeblich hört, unter Lebensgefahr, alles nur, um den anderen im Ghetto Mut zu machen, Hoffnung zu geben.

Sie warten auf die Russen. Schließlich sind sie Juden: gewohnt, auf den Messias zu warten. Eine Weile später, als Jakob merkt, dass er keine guten Nachrichten mehr zu erzählen weiß, hört die Geschichte auf. Sie nimmt ein schlimmes Ende.

Allen Juden im Ghetto wird befohlen, sich an einem Sammelplatz einzufinden. Sie dürfen nur soundso viel Kilo Gepäck mitbringen. Sie werden in wartende Viehwaggons verfrachtet, und dann beginnt die Reise zu dem gefürchteten Ziel, das jeder von ihnen kennt, auch wenn es niemand beim Namen nennt.

In Polen gibt es keine Stadt Bezanika, aber im August 1944, als die Gestapo ihre letzten Deportationsbefehle an die Mauern des Ghettos von Lodz schlug, stand die Rote Armee schon 120 Kilometer – selbst damals nur ungefähr eine Schnellzug-Stunde – vor Lodz. (...) Die russische Offensive kam im Januar 1945 wieder in Gang. Das Ghetto hatte am 1. Mai 1940, als es von der Außenwelt

[21] sotto voce: (ital.) halblaut, gedämpft

abgeriegelt wurde, etwa 163 000 Bewohner. Die russische Armee befreite Lodz im Januar 1945 und fand in den Ruinen 877 Juden, die noch am Leben waren. Als „Aufräumungskommando" waren sie nicht mit den anderen deportiert worden und hatten danach auf deutschen Befehl im alten jüdischen Friedhof schon ihre Gräber schaufeln müssen. Nur das Chaos beim Rückzug der Wehrmacht hatte ihre Erschießung verhindert. So hatten diese 877 überlebt.[22]

Das tatsächliche Ende der Geschichte wird den Leserinnen und Lesern vorenthalten: Jurek Becker bietet zwei Schlussvarianten an, eine reale und eine fiktive.
Im folgenden Textabschnitt hat sich Jakob in ein Klohäuschen geschlichen – darauf steht die sofortige Exekution –, um aus Zeitungsausschnitten, die als Klopapier dienen, etwas über den aktuellen Stand der russischen Offensive zu erfahren:

Der Soldat öffnet die Tür, die sich nicht sträubt, zu seinem Verdruß sieht er eine aufgeschlagene Doppelseite Zeitung vor sich, in Maßen zitternd, was aber in solch peinlichem Moment nicht weiter auffällt.
„Oh, Verzeihung!" sagt er und macht die Tür schnell zu und hat nicht die zerfallenden jüdischen Schuhe unter der Zeitung gesehen und auch nicht, daß da gar keine heruntergelassene Hose prangte, die das Bild abgerundet hätte, wozu aber der Kopf nicht kühl genug und die Zeit zu kurz war. Vielleicht ganz gut so, zuviel an Tarnung kann auch schaden, Hauptsache er schließt die Tür frei von Verdacht, er richtet sich auf eine kurze Wartezeit ein, das Koppel hängt ihm schon über dem Unterarm, und spaziert auf und ab, weil man es so leichter aushält als im Stehen.
Auf was für Wartezeit soll Jakob sich einrichten, über dem Zeitungsrand und durch das Herzchen geht der Graue hin und her. Jetzt hilft nur noch ein Wunder, her mit dem ersten besten, man braucht den Kopf nicht anzustrengen, denn echte Wunder sind nicht kalkulierbar. Es hat noch zwei Minuten Zeit, kaum mehr, das Unerwartete, und wenn es ausbleibt, was nur recht und billig wäre, dann sieht so lächerlich die besagte letzte Stunde aus.
„Beeil dich, Kamerad, ich habe Durchfall", hört man den Soldaten bitten. (...)
„Hast du schon gehört, daß Marotzke wieder Heimaturlaub kriegt? Wenn das mal mit rechten Dingen zugeht! Der muß irgendwelche Leute ganz oben kennen, woll? Fährt alle naselang, und unsereins wartet und wartet und muß egalweg bei diesen Knoblauchfressern bleiben."
Du lieber Himmel, Knoblauch, wenn man eine einzige Zehe hätte, hauchdünn auf warmes Brot gestrichen, du Idiot, ein Schulz oder ein Müller wird auf dem Klosett vermutet, ein Marotzke nicht Wohlgesonnener, an sich ein Treffer, wer Marotzke auch ist. Jakob lehnt sich gegen die Rückwand und schließt die Augen, auf heldenhaftes Aufbäumen könnt ihr lange warten, seins ist erledigt. Der Kamerad da draußen ist am Zug, er muß die Handlung in Trab halten. Soll er weggehen oder hierbleiben, soll er, von Bauchkneifen geplagt, die Tür aufreißen und staunen und schießen, einen Überraschten wird er nicht treffen. Alles Folgende ist seine Sache.
Wer soll auch ahnen, daß an dem Wunder schon gearbeitet wird, in groben Zügen ist es schon entworfen. Da ist noch Kowalski, Kowalski mit zwei entsetzten Augen im Kopf, der weiß, was los ist, der kennt die Lage. Der sieht den bedürftigen Soldaten und die Tür, die noch standhält, der weiß, wer drin ist und ohne seine Hilfe da nicht freikommt, wenn er nicht vor Angst schon sowieso gestorben ist. Die Rettung heißt, man lenkt den Deutschen ab, kein Steinchen an die Mauer werfen, daß er sich umdreht, wer geworfen hat, es muß etwas geschehen, was seinen sofortigen Eingriff verlangt. Als erstes fällt da der Kistenstapel auf, an die zwei Meter hoch und ziemlich wacklig. Wenn dem zwei Kisten von unten weggezogen werden, dann steht er nicht mehr so stolz und abfahrbereit, dann ist es aus mit seinem Gleichgewicht, und das möchte eine schöne Ablenkung geben. Was aber passiert einem Dummkopf, der solche Ungeschicklichkeit begeht, was passiert mit Jakob, wenn sich weit und breit kein Ungeschickter findet, was sind vierzig Jahre Freundschaft wert, Rechenaufgaben für Kowalski.
Jakob hört ein leises Poltern in der Ferne, die Ohren kann man nicht schließen wie die Augen, dann hört er Soldatenstiefel eilig weglaufen. Grund genug, die Augen wieder aufzureißen, so und nicht anders hört sich ein Wunder an. Die Arme und die Beine bekommen zuverlässig das alte

[22] Welt online www.welt.de/kultur/article1211354/Louis_Begley_ueber_Jurek_Becker_und_das_Grauen.html; 21.9. 2010. Der Text ist das Nachwort zur Suhrkamp-Sonderausgabe von „Jakob der Lügner".

Gewicht, es geht wieder los. Die Luft scheint rein, sagt einem der Blick durch das Herz, die Juden, die in dem Ausschnitt zu erkennen sind, haben die Arbeit unterbrochen und starren alle in eine bestimmte Richtung, dorthin, wo sich vermutlich das Wunder abspielt. (S. 105 ff)

- Wie beschreibt Jurek Becker die Absurdität der Situation, in der Jakobs Leben auf dem Spiel steht? An welchen Textstellen wird das deutlich?
- Wie verhält sich Jakob? Kann er in dieser Situation überhaupt etwas tun? Wie „arbeitet" sein Freund Kowalski an dem „Wunder", das ihm – Kowalski – das Leben kosten könnte?

Edgar Hilsenrath: *Der Nazi & der Friseur*

Edgar Hilsenrath, geboren 1926 in Leipzig, flüchtet 1938 mit seiner Mutter und seinem jüngeren Bruder vor der Reichskristallnacht nach Rumänien, von wo er mit seiner Familie 1941 in das Ghetto Mogilev-Podolsk in Transnistrien (Ukraine) deportiert wird.

1944 wird das Ghetto von den russischen Truppen befreit und Edgar Hilsenrath gelangt nach Palästina. 1947 zieht er nach Frankreich zu seiner Familie, die 1951 in die USA emigriert. Seit 1975 lebt Edgar Hilsenrath wieder in Berlin.

1977 erscheint der Roman *Der Nazi & der Friseur* auf Deutsch (engl. 1971), zuvor hatten in drei Jahren über 60 deutsche Verlage den Roman abgelehnt, obwohl er in den USA, in England, Frankreich und Italien eine Millionenauflage erlebte.

Der „satirische Schelmenroman", eine „bitterböse, pechschwarze Satire", die das Geschehene nicht erklärt, ihm keinen Sinn gibt, ließ aufgrund dieser Form der Behandlung des Themas einen echten Skandal befürchten. Helmut Braun, der Verleger der Erstausgabe des Romans, schreibt im Nachwort zur Ausgabe des Romans im Dittrich-Verlag:[23]

Wenn wir sehen, welches positive Echo der unveränderte, nicht neu lektorierte Roman nach seiner Veröffentlichung bei den Lesern, in der Buchkritik und der Literaturwissenschaft fand, lässt sich begründet vermuten, dass auch die individuell begründeten Absagen nur kaschierten, was in der deutschen Verlagsszene einhellige Meinung und in manchen Ablehnungen auch offen formuliert worden war: *So kann und darf man über das Thema Holocaust nicht publizieren!* Man war sich einig, dass eine Aufarbeitung der Shoa in Form einer bitterbösen, pechscharzen Satire – noch dazu ausschließlich aus der Täterperspketive geschrieben – völlig unangemessen und deshalb unzulässig sei. Auf den Punkt gebracht: Die in Verlagen sitzende Nachfolgegeneration der Täter beanspruchte, dem Opfer vorzuschreiben, wie die Shoa literarisch darzustellen sei, beziehungsweise festzulegen, wo die Grenzen für eine solche Darstellung lägen.

Heinrich Böll schreibt in einem Artikel in *der Zeit* vom 9. Dezember 1977:

Diesen blutbesudelten Hans im Glück mit seiner Goldlast durch die Zeiten zu bringen, diesen grauslichen Max Schulz als Itzig Finkelstein in Israel durch seiner Hände – nicht seiner Mörderhände – Arbeit zu bescheidenem Wohlstand, zu seiner dicken Mira zu bringen, da will das und wenn sie nicht gestorben sind, nicht so recht heraus. Das Gruselspiel war ja kein Spiel, es ist durch Hilsenrath wirklich geworden und es hat sie ja wohl doch gegeben – oder? – diese Nazis, die getan haben, wovon keiner gewusst, was keiner gewollt und wenn man alles vergessen sollte: Die Goldzähne und die, die sie einmal getragen haben, vergisst man nicht, wenn Schulz-Finkelstein da im Wald der sechs Millionen spazieren geht.

- Darf man das überhaupt? Als jüdischer Schriftsteller über das Thema „Holocaust" satirisch, mit schwarzem Humor, schreiben?
- Wo liegen für Sie beim Thema „Holocaust" die Grenzen des „guten Geschmacks"?

[23] Braun, Helmut: Nachwort zu Hilsenrath, Edgar: Der Nazi & der Friseur. Köln: Dittrich-Verlag 2006, 3. Auflage, S. 472 f

- Fassen Sie die Position Edgar Hilsenraths zusammen, die im folgenden Auszug aus einem *Spiegel*-Interview[24] aus dem Jahr 2005 deutlich wird.

SPIEGEL: Herr Hilsenrath, Sie haben in ihren Romanen vom Leben und Überleben im Ghetto erzählt. Manche Leser hat es verstört, dass die Ghettoerfahrung bei Ihnen durch Humor und Satire gebrochen ist. Können Sie das nachvollziehen?
Hilsenrath: Wenn ich dafür Verständnis hätte, würde ich nicht so schreiben. Ich habe nun mal eine groteske Sicht auf die ganze Holocaust-Geschichte.
SPIEGEL: Das gilt manchen als anstößig.
Hilsenrath: Es gibt in Deutschland so eine Art Wiedergutmachung an den Juden, indem man versucht, sie als Edelmenschen darzustellen. Das waren die Juden im Ghetto aber genauso wenig wie die Menschen sonst irgendwo auf der Welt. Wer mir vorhält, ich würde die Juden in meinem Roman „Nacht" als skurril, armselig und gemein darstellen, dem kann ich nur entgegnen: Ich habe in „Nacht" gar nicht die Juden beschrieben, sondern einfach die Armut im Ghetto (...)
SPIEGEL: „Der Nazi & der Friseur" erschien erst mit sechs Jahren Verspätung in Deutschland, 1977. Warum? Der Roman war schon ein Bestseller in den USA.
Hilsenrath: Die Verleger haben gesagt, das deutsche Volk sei noch nicht reif, so ein ernstes Thema dürfe man nicht satirisch angehen. Die Sprache hat ihnen nicht gefallen, die offene Sexualität.
SPIEGEL: Veröffentlicht hat es dann ein kleiner Verlag. Das Buch wurde ein Riesenerfolg, aber selbst Heinrich Böll, der ihren Roman in der „Zeit" rezensierte, schrieb, dass er beim Lesen der ersten Kapitel gewisse „Ekelschwellen" überwinden musste. Hat Sie das verletzt?
Hilsenrath: Nein, amüsiert. Empfindliche Leser haben nun einmal Probleme mit meinen Büchern. Eine Freundin von mir arbeitete damals beim Bayerischen Rundfunk. Und als ich ihr „Das Märchen vom letzten Gedanken" schickte, hat sie mich wenig später entsetzt angerufen. Sie habe eben die Passage gelesen, in der beschrieben wird, wie ein alter Mann, er ist 97 Jahre, mit einem neunjährigen kurdischen Mädchen schläft. Sie könne das Buch nicht weiterlesen. Aber so ist das nun einmal mit meinen Büchern.

Der Roman ist das Ich-Bekenntnis eines Täters, des SS-Massenmörders Max Schulz, dessen Mutter auf den Strich geht und Dienstmädchen im Haus des jüdischen Pelzhändlers Abramowitz ist:

Ich bin Max Schulz, unehelicher, wenn auch rein arischer Sohn der Minna Schulz ... zur Zeit meiner Geburt Dienstmädchen im Hause des jüdischen Pelzhändlers Abramowitz. An meiner rein arischen Herkunft ist nicht zu zweifeln, da der Stammbaum meiner Mutter, also der Minna Schulz, zwar nicht bis zur Schlacht im Teutoburger Walde, aber immerhin bis zu Friedrich dem Großen verfolgt werden kann. Wer mein Vater war, kann ich nicht mit Bestimmtheit sagen, aber er war bestimmt einer von den fünfen: der Fleischer Hubert Nagler, der Schlossermeister Franz Heinrich Wieland, der Maurergehilfe Hans Huber, der Kutscher Wilhelm Hopfenstange oder der Hausdiener Adalbert Hennemann.
Ich habe die Stammbäume meiner fünf Väter sorgfältig prüfen lassen, und ich versichere Ihnen, daß die arische Herkunft der fünf einwandfrei festgestellt wurde. (...)
Itzig Finkelstein wohnte im Nachbarhaus. Er war genauso alt wie ich oder ... um genauer zu sein, und wenn ich mich so ausdrücken darf: Itzig Finkelstein erblickte das Licht der Welt genau zwei Minuten und zweiundzwanzig Sekunden nachdem mich die Hebamme Gretchen Fettwanst mit einem kräftigen Ruck aus dem dunklen Schoß meiner Mutter befreite ... wenn man mein Leben als Befreiung bezeichnen kann, was ... schließlich und endlich ... ziemlich fragwürdig wurde. (S. 7f)

Max Schulz, in seiner Kindheit mit Itzig Finkelstein befreundet, der dem Klischee des „Stürmer-Juden" so gar nicht entsprechend blond und blauäugig ist, ist kein überzeugter Antisemit, sondern wird quasi durch Zufall – weil die „Zeiten halt so sind" – zum SS-Massenmörder. Schulz, der im Frisiersalon von Itzigs Vater die Friseurlehre absolviert, dort die jüdischen Sitten und Gebräuche

[24] In: Der Spiegel 15/2005, S. 170ff

lernt, wird im KZ Laubwalde zum Mörder an seinem Jugendfreund Itzig Finkelstein und seiner Familie.

Ich, Max Schulz, rein arischer Sohn der Minna Schulz, lernte bei den Finkelsteins Jiddisch, machte mich mit Hilfe meines Freundes Itzig mit den hebräischen Schriftzeichen vertraut, begleitete meinen Freund am Samstag in die kleine Synagoge in der Schillerstraße, betete manchmal mit, weil mir das Spaß machte, saß in der Synagoge still neben den Finkelsteins, stand auch manchmal auf, wenn die Gemeinde aufstand, sang mit ihnen mit, wiegte meinen Körper im Rhythmus des Gebets, flüsterte inbrünstig: „Schemach Jisrael Adonai Elohenu Adonai Echat! – Höre, oh Israel: der Herr unser Gott, ist ein einziger Gott!" (...)
Mein Freund Itzig war blond und blauäugig, hatte eine gerade Nase, feingeschwungene Lippen und gute Zähne. Ich dagegen, Max Schulz, unehelicher, wenn auch rein arischer Sohn der Minna Schulz, hatte schwarze Haare, Froschaugen, eine Hakennase, wulstige Lippen und schlechte Zähne. Daß wir beide oft verwechselt wurden, werden Sie sich ja leicht vorstellen können. Die Jungens von der gegnerischen Mannschaft riefen mich „Itzig", sagten, ich hätte den Fußball verhext, fragten mich, ob mein Vater, der Chaim Finkelstein, auch ins Waschbecken pinkelte wie der Stiefvater meines Freundes Max Schulz, ob er seiner Frau auch den Hintern versohle, und wenn nicht, warum nicht?
Wenn ich das meinem Stiefvater Slavitzki erzählt hätte, dann hätte er nur gesagt: Na, was hab ich dir gesagt! Spiel nicht mit dem Itzig. Der hat dich verhext. Ist doch klar. Wieso hat er dein blondes Haar? Und du sein schwarzes? Und deine gerade Nase? Und du seine krumme? Von den Augen, Lippen und Zähnen gar nicht zu reden ...
Aber ich erzählte das natürlich nicht meinem Stiefvater, sondern erzählte es nur dem Herrn Friseur Chaim Finkelstein.
„Mach dir nichts draus", sagte Chaim Finkelstein. „Es gibt keine Juden, die so aussehen wie du. Aber das wissen die nicht. Verstehst du das? Die haben Vorurteile und glauben eben, so und so müßte ein Jude aussehen. Und du siehst eben so aus." (S. 31 f) R

- Woraus entsteht in dieser Szene die Absurdität des Geschehens?

Lieber Itzig. Du weißt nicht, wer dich erschossen hat. Damals in Laubwalde. Du hast „Ihn" ja nicht gesehen. Weil „Er" dich überrascht hat. Weil „Er" nicht wollte, daß du es siehst. Und weil „Er" hinter dir stand. Zwei Schritte hinter dir.
Er hat auch deinen Vater erschossen. Den Chaim Finkelstein. Und auch deine Mutter. Die Sara Finkelstein. Er hat euch alle umgebracht.
Kennst du „Ihn"? Weißt du, wer der Mörder ist? Dein Mörder? Und der Mörder deines Vaters? Und der Mörder deiner Mutter? Soll ich dir das Geheimnis verraten? Ha, ich laß dich zappeln. Reiß ruhig deine toten Augen auf! Und spitze deine toten Ohren! Es wird dir nichts nützen. Ich verrate das Geheimnis nicht. (S. 243 f) R

Nach dem Krieg nimmt Schulz perfiderweise die Identität von Itzig Finkelstein an und lässt sich tätowieren und operieren:

Horst Kumpel! Ein SS-Mann. Unbelastet. Ohne Beine. Heulte, als er mich sah. Rutschte auf dem Fußboden herum. Fuchtelte mit den Armen.
„Mensch, Max. Ich hab deinen Namen in der Zeitung gelesen. Hab den Daumen für dich gedrückt. Hab zu mir gesagt: „Den erwischen sie nicht!"
„Ja, Horst. Ich hab's gewußt ... ich meine ... daß du den Daumen für mich drückst."
„Da habt ihr ja ein tolles Ding gedreht ... in diesem Laubwalde. 200 000. Stand in der Zeitung."
„Juden, Horst. Das waren bloß Juden. Volksfeinde. Untermenschen."
„Ihr habt's ihnen heimgezahlt, Max!" (...)
„Hör mal zu, Horst. Kannst du eigentlich noch tätowieren?"
„Klar, Max."
„Hast du noch dein Werkzeug? Und alles Drumm und Dran?"

„Hab ich noch, Max."
„Kannst du mich tätowieren, Horst?"
Horst grinste. „Was willst du: eine Frau mit großen Brüsten? Erdbeeren als Brustwarzen? Oder Kirschen? Oder Schildkröten? ... Eine Scheide oder zwei? Oder eine Rose?"
Ich sagte: „Eine KZ-Nummer, Horst. Ich will eine KZ-Nummer."
Wir witzelten eine Zeitlang. Dann sagte Horst: „Mensch, Max. Mir scheint, du bist doch ein verdammter Jude. Und die haben bloß deine Nummer vergessen."
Ich grinste und sagte nichts.
„Wie konnte das passieren, Max? Mit so 'ner Fresse!"
Ich sagte: „Nummer 12314! Und vor der Nummer ein Buchstabe. Der Buchstabe A!"
„Warum ein A? Warum nicht ein L? Du warst doch in Laubwalde?"
„In Laubwalde gab es keine Überlebenden, Horst. Das war doch nur ein kleines Lager."
„Wieso war das ein kleines Lager? Ihr habt doch 200 000 umgebracht."
„Das war ein kleines Lager, Horst. Die meisten Juden wurden gleich umgelegt. Gleich nach ihrer Einlieferung. Kapierst du das? Wir hatten auf diese Weise nie viele zu überwachen."
„Ach so, Max."
„Ja, Horst. Das war ein kleines Lager. Mit wenigen Gefangenen. Und keiner ist entwischt. Wir waren gut organisiert."
„Das kann man wohl sagen, Max." „Der Buchstabe A, Horst!"
„Na schön, Max. Also ein A."
„Auschwitz, Horst! Das wirkt mehr. Das ist bekannter."
Ich kriegte meine KZ-Nummer. Horst Kumpel gab mir auch die Adresse eines Arztes ... einer, der die Schnauze halten konnte.
Doktor Hugo Weber war 84. Ein Mann, der bereits 1930 in den Ruhestand getreten war. Zu alt, um während des Krieges mit dabei gewesen zu sein. Also: unbelastet. Aber ein Nazi.
Ein Theoretiker. Ein Antisemit. Sentimental. Ein Idealist.
Ich sagte ihm offen, wer ich war: „Max Schulz. Ein kleiner Fisch." – Dieser Mann würde mich nicht verraten.
Doktor Hugo Weber entfernte zuerst meine SS-Tätowierung unter dem linken Oberarm – eigentlich eine unansehnliche Tätowierung, ein kleiner Buchstabe, mein Blutgruppenzeichen – entfernte dann auch das Vorhäutchen an meinem Geschlechtsglied, operierte mit zittrigen, runzeligen Händen, ein letzter Liebesdienst für Führer und Vaterland. (S. 189 ff) R

- Was erschüttert Sie an diesem Textauszug?

Schulz/Finkelstein wandert nach Palästina aus, schließt sich der Terror-Gruppe „Schwarz" gegen die Engländer an und wird in weiterer Folge ungewollt zum israelischen Kriegshelden. Er ist ein Nazi, der nach dem Krieg als Jude „Karriere" macht: Besitzer des Frisiersalons „Der Herr von Welt", Präsident des Tierschutzvereins von Beth David und Präsident der Antiwiedergutmachungsliga. Ein Szenario, das nach 1945 in Deutschland und Österreich hunderttausendfach passiert ist: Der Nazi macht einen Neuanfang, wird zum deutschen/österreichischen Biedermann, der in Justiz, Wirtschaft, als Arzt, Lehrer seinen Weg geht und so tut, als wäre weiter nichts passiert.

Jorge Semprún: *Was für ein schöner Sonntag*

Jorge Semprún, 1923 in Madrid geboren, beschreibt in den meisten seiner Romane und Erzählungen – fast alle auf Französisch geschrieben – autobiografisch seine KZ-Erfahrungen und seinen Kampf gegen das faschistische Franco-Regime in Spanien.
1936, nach dem Ausbruch des Spanischen Bürgerkriegs, emigriert die großbürgerliche Familie Semprún in die Niederlande, wo der Vater Botschafter der Republik wird. Die Familie emigriert in weiterer Folge nach Frankreich, wo sich Semprún 1941 der Résistance[25] anschließt und in die Kommu-

[25] Résistance: Sammelbegriff für die französische und belgische Widerstandsbewegung gegen die deutsche und italienische Besatzungsmacht

nistische Partei Spaniens eintritt. Im Oktober 1943 wird Jorge Semprún von der Gestapo verhaftet und drei Monate später in das Konzentrationslager Buchenwald deportiert, aus dem er 1945 befreit wird. Ab 1953 organisiert er als Mitglied des Zentralkomitees der spanischen Exil-KP den Widerstand gegen das Franco-Regime und reist auch immer wieder mit gefälschtem Pass nach Spanien.
Wegen seiner Kritik am stalinistischen Parteiapparat wird Semprún 1964 wegen „parteischädigenden Verhaltens" aus der Kommunistischen Partei ausgeschlossen.
Jorge Semprún lebt in Paris, schreibt Bücher, erinnert sich nach siebzehn Jahren des Schweigens über das KZ Buchenwald. In einem Interview mit der *Frankfurter Allgemeinen Zeitung* sagt er:[26]

Sie wollten schon als Jugendlicher Schriftsteller werden?
Das war fast schon eine familiäre Bestimmung. Nach der Entlassung aus Buchenwald wollte ich auch wirklich etwas schreiben. Allerdings nicht einfach einen Erfahrungsbericht. Ich war sehr ehrgeizig. Zeugnisse, auch literarischer Art sind zweifellos wichtig, ohne sie könnte man keine Geschichte der Lager schreiben. Aber, und das soll jetzt nach all den Jahrzehnten nicht überheblich klingen – ich wollte etwas Raffiniertes, Ausgeklügeltes, Großes schreiben. Es gelang mir nicht. Das Schreiben bewirkte, dass ich der Erinnerung verhaftet blieb. Dieses Erinnern wurde beim Schreiben immer wieder erneuert. Das hatte etwas Morbides. Es gibt ein paar Fragmente dieser Erzählung, die ich nicht zu schreiben vermochte. Ich stand vor der Alternative: Schreiben oder Leben. Schreiben bedeutete Sterben. Und Leben hieß Vergessen. Ich musste, zumindest vorübergehend, vergessen, um leben zu können. Im Nachhinein darf ich feststellen, dass das gar nicht so idiotisch war. Viele Überlebende haben Suizid begangen. Primo Levi, Jean Améry. Aber genauso unmöglich war es mir, über etwas anderes zu schreiben.
Ihr Warten und Schweigen dauerte siebzehn Jahre. Ihr ganzes großartiges Werk seither dreht sich um die Erfahrung Buchenwald. Sie haben ein so reiches Leben, dass Ihre Bücher immer auch autobiographisch sind. Hat Buchenwald Sie daran gehindert, Romane als reine Fiktion zu schreiben?
Ich habe Probleme als Schriftsteller – eines davon ist tatsächlich dieses. Ich kann nicht erfinden, fabulieren. Die Last der realen Erfahrung, Wahrheit und der Wirklichkeit ist zu groß. Manchmal versuchte ich es. Jetzt versuche ich es wieder. Ich schreibe an einem neuen Roman. Er spielt in der Zeit vor meiner Gefangenschaft. In Spanien. Es geht um die Politik, die Erfahrung des Untertauchens. Aber das alles bleibt im Hintergrund, die Personen in diesem Roman haben nichts damit zu tun. Bis jetzt ist es mir gelungen, Buchenwald auszuklammern. Aber es würde mich nicht wundern, wenn plötzlich die Erinnerung des Lagers über den Text hereinbricht. Und sei es auf einer halben Seite. Noch aber habe ich die Verdrängung im Griff.

- Was denkt Jorge Semprún über das Vergessen und über das Schreiben? Was hat Buchenwald mit seinem Schreiben zu tun?

1988 kehrt Jorge Semprún nach Madrid zurück, von 1988 bis 1991 ist er spanischer Kulturminister.

Der Roman *Was für ein schöner Sonntag* (1980) beschreibt den Tagesablauf im Konzentrationslager Buchenwald an einem Sonntag im Dezember 1944. Semprún schreibt über das „System Buchenwald" – darüber, wie die kommunistischen Häftlinge die „Verwaltung der Arbeit" im Konzentrationslager organisieren. Der Icherzähler erzählt autobiografisch den Tagesablauf des KZ-Häftlings Gerárd, der im Büro der Arbeitsstatistik arbeitet. Der Titel geht auf einen zynischen Ausspruch des Mithäftlings Fernand Barizon im ersten Kapitel zurück:

„Kumpel, was für ein schöner Sonntag!" hat der Kumpel gesagt.
Er betrachtet den Himmel und sagt zu den Kumpeln, daß es ein schöner Sonntag sei. Aber am Himmel sieht man nur den Himmel, die Schwärze des Himmels, die Finsternis des Himmels voller Schnee, der im Licht der Scheinwerfer herabwirbelt. Ein tanzendes und frostiges Licht. Er hat das mit übertriebenem Gelächter gesagt, als sagte er: „*Merde!* Aber er hat nicht *merde* gesagt. Er hat gesagt: „Was für ein schöner Sonntag, Kumpel!" auf französisch, beim Anblick des

[26] Frankfurter Allgemeine Sonntagszeitung, 8. 2. 2008, S. 35

schwarzen Himmels um fünf Uhr morgens. Er hat ganz für sich allein schallend gelacht und nicht *merde* gesagt. Hätte er übrigens *merde* sagen wollen, so hätte er Scheiße gesagt, denn die wichtigen Wörter sind nicht französisch. Auch nicht serbokroatisch oder flämisch. Nicht einmal russisch, bis auf *machorka*, ein beachtliches Wort. Man sagt Scheiße, Arbeit, Brot, all die anderen wichtigen Wörter auf deutsch. Und außerdem *machorka*, das auch ein wichtiges Wort ist, um den Tabak oder eher das beißende Kraut, das man raucht, zu benennen.

Jedenfalls hätte der Kumpel den Himmel, die Finsternis des Himmels, den Schnee des Himmels, die elektrischen Strahlen des Himmels betrachtet und Scheiße gerufen, wenn er *merde* hätte sagen wollen. Wenn man Scheiße sagt, verstehen einen alle, und es ist wichtig, sich verständlich zu machen, wenn man Lust hat, Scheiße zu rufen und verstanden zu werden. (...) Der Kumpel sagt nichts mehr. Er hat alles, was er vom Leben hält, sagen müssen und taucht in die Finsternis des Schnees, zum Appell. Er ist nur noch ein dahineilender, vom Schneetreiben gekrümmter Schatten. Andere Schatten rennen hinter dem Schatten des Kumpels her, der gesagt hat, daß es ein schöner Sonntag sei.

Für wen hat er gesprochen? Warum dieses verzweifelte Hohngelächter in seiner Stimme, in seinem Schrei zum Schneehimmel empor? (S. 23) R

Im Roman geht es nicht nur um Buchenwald, sondern auch um den stalinistischen Terror nach 1945. Im ersten Kapitel von *Was für ein schöner Sonntag* schreibt Jorge Semprún über die Karrieren ehemaliger Buchenwald-Mithäftlinge in den Ländern des Ostblocks. Es handelt sich um Menschen, die immer von der unmenschlichen Maschinerie der stalinistische „Säuberungen" bedroht sind, denn:

Man ist nicht, weil man unter dem Nazismus einige Jahre im Konzentrationslager gesessen hat, immun gegen politische Verirrungen. Und wenn ich gebeten hätte [Jorge Semprún ist in dieser Textstelle 1960 als Abgesandter der KP Spaniens in Ostberlin], Leute zu treffen, die die Partei von ihrer Mutterbrust (...) hätte verstoßen müssen? Daß sie vielleicht sogar gezwungen gewesen war, sie ins Gefängnis zu stecken oder durch Erhängen kurzen Prozess mit ihnen zu machen? (S. 39) R

Semprún schreibt in *Was für ein schöner Sonntag* auch über die stalinistischen Schauprozesse, denn viele ehemalige „Buchenwald-Mithäftlinge" werden nach 1945 vom stalinistischen System ermordet:

Im November 1952 sitzt Josef Frank in Prag auf der Anklagebank. Der Prozeß, bei dem er neben Rudolf Slansky der Hauptdarsteller ist, ist der letzte große Schauprozeß der stalinistischen Ära. Der vollendete Abschluß zwanzigjähriger Untersuchungen und Praktiken der Geheimdienste Stalins. Aber auch das Ende zwanzigjähriger unbedingter Unterwerfung, zwanzigjähriger feiger Faszination der westlichen kommunistischen Bewegung. Das eine geht natürlich nicht ohne das andere.

Josef Frank war unser Kamerad aus Buchenwald. Wir hatten in der Arbeitsstatistik zusammengearbeitet. (...) Ich hatte Josef Frank gern. Er überschüttete uns nicht mit seinen Erzählungen eines alten Kämpfers. Er brüstete sich nicht wie die meisten anderen kommunistischen Führer als Grandseigneur der Bürokratie.

Später, nach der Befreiung, ist Josef Frank stellvertretender Generalsekretär der tschechischen KP geworden. Aber im November 1952 sitzt er in Prag auf der Anklagebank. In einigen Tagen wird er gehenkt werden. Seine Asche wird auf einer verschneiten Straße in den Wind gestreut werden.

Vor dem Richterstuhl stehend, spricht Josef Frank den auswendig gelernten Text: „Während meines Aufenthalts in den Konzentrationslagern von 1939 bis 1945 habe ich mir in dem Morast des Opportunismus und des Verrats Vorteile verschafft. Ich habe auch Kriegsverbrechen begangen."

Aber der Staatsanwalt verlangt natürlich Einzelheiten. Das tadellos einstudierte, mehrmals geprobte Szenario des öffentlichen Verhörs hat seine Effekte geschickt abgestuft. Frank nennt also nach der allgemeinen Einführung die Einzelheiten:

„Während meines Aufenthalts im Konzentrationslager Buchenwald", erklärt er, „habe ich 1942 den Posten eines Sekretärs und Dolmetschers bei der Arbeitsstatistik bekommen und von da an diese Funktion zum Nutzen des nazistischen Lagerkommandanten ausgeübt."

Aber das reicht noch nicht, Frank muß noch weitergehen. Der Schauprozeß muß voll und ganz

die erzieherischen Mechanismen des Terrors, der schändlichen Eingeständnisse, des Skandals aufzeigen. Das brave Volk muß begreifen, zu welchen Extremen man sich hinreißen lassen kann, wenn man vom rechten, durch die strahlende Gewißheit des richtigen Denkens erleuchteten Weg abweicht. Zu diesem Zweck ist der Text dieser Schau sorgfältig verfaßt, verbessert und einstudiert worden.
So spielt das Szenario des Prozesses, wenn Frank den konkreten Umfang seiner „Kriegsverbrechen" nur allmählich, in Bruchstücken preisgibt, die der Staatsanwalt ihm zu entlocken scheint, mit den Mechanismen der Spannung, mit der Mythologie einer schrecklichen, sich im Gewissen des Verbrechers verbergenden Wahrheit, die die kluge Dialektik der Partei zutage bringen wird. Es sind *die Geheimnisse von Prag*, die in dem von allen Rundfunkstationen gesendeten Fortsetzungsroman dem Publikum enthüllt werden.
Und wenn Frank manchmal Mühe zu haben scheint, seinen Text aufzusagen, wenn er bei manchen Wörtern zittert, denken alle, daß es die Scham über seine Verbrechen ist, die ihm das Sprechen schwer macht und ihn stocken läßt. Alle könnten glauben, daß es die Scham ist, diese Wahrheit einzugestehen, während es in Wirklichkeit nur die Scham ist, all diese Lügen vorbringen zu müssen.
Der Staatsanwalt fordert also an jenem Novembertag 1952 Frank auf, in der schrecklichen Präzisierung der erlogenen Geständnisse weiterzugehen. „Welches sind die Kriegsverbrechen, die Sie begangen haben?" fragt er ihn.
Josef Frank antwortet: „Bei der Ausübung meiner Ämter habe ich den Nazis mitgeholfen, die Transporte der Häftlinge, die zu verschiedenen Außenkommandos eingeteilt worden sind, zusammenzustellen. In diesen Außenkommandos waren die Lebens- und Arbeitsbedingungen wesentlich härter als im Lager selbst. So sind zahlreiche Häftlinge von den Transporten nicht zurückgekehrt. Außerdem habe ich bei der Ausübung meiner Ämter mehrmals Häftlinge geschlagen und damit Kriegsverbrechen begangen."
Aber der Staatsanwalt verlangt noch mehr von Frank. Der Staatsanwalt stellt eine weitere Frage. Eine zweifellos entscheidende Frage: „Auf wessen Anweisungen hin und wie schickten Sie die Häftlinge in den Tod?" fragt der Staatsanwalt. Und Josef Frank beantwortet diese entscheidende Frage: „Die Anweisungen hinsichtlich der Transporte kamen vom nazistischen Lagerkommandanten. Sie wurde mir durch Vermittlung des Kapos Willi Seifert gegeben, der mir die Listen der Häftlinge vor dem Abtransport aushändigte ..."
Das Wort ist gefallen.
Deshalb hat Willi Seifert [Häftling in Buchenwald, leitet die Arbeitsstatistik, in der Semprún tätig ist] im November 1952 die Kugeln um seine Ohren pfeifen hören müssen. Alle osteuropäischen Zeitungen berichteten über die Gerichtsverhandlungen im Prager Prozeß, der als Vorbild galt. Eines Tages hat Seifert also seinen Namen in den Zeitungen entdeckt. Und, mein Gott, in welchem Zusammenhang! Er, der hohe Offizier der Volkspolizei, wurde indirekt beschuldigt, Frank den Befehl der Nazis zur Ausrottung der Häftlinge von Buchenwald überbracht zu haben. Er ist hochgestellt genug, um zu wissen, was das bedeutet. Er weiß genau, daß es nutzlos, ja vermessen ist, den Versuch, die Wahrheit richtigzustellen, zu unternehmen. Was nützte es schon, daran zu erinnern, wie die tatsächliche Situation in Buchenwald war, zu welcher Reaktion auf die Naziforderungen tatsächliche Möglichkeiten bestanden, auf Grund derer eine Strategie, gemeinsam beschlossen, mit den verschiedenen nationalen Widerstandsorganisationen ausgearbeitet worden war? Was nützte es schon, daran zu erinnern, daß Josef Frank sich bei der Arbeitsstatistik niemals mit der Organisation der Transporte zu befassen hatte? Was nützt es schon, zu erklären, daß man niemals, wirklich niemals, gesehen hatte, daß Josef Frank einen Häftling schlug? Seifert weiß genau, daß der Prager Prozeß ein Werk der Fiktion ist, bei dem nicht die Wahrheit, sondern die Wahrscheinlichkeit zählt. Er weiß genau, warum man von Frank verlangt hat, seinen Namen zu nennen. Man nennt die Namen der Militanten, die im laufenden Prozeß nicht direkt angeklagt worden sind, um neuen Kettenprozessen die Hintertür offenzuhalten. Um die Anwendung des Terrors auf diejenigen planen zu können, die genannt worden sind.
So bedeutet, in diesem Fall, die Nennung von Seiferts Namen, daß Stalins Geheimdienste sich die Möglichkeit vorbehalten, eine neue Säuberungsaktion im Staatsapparat der DDR einzuleiten. Wann? Einerlei wann, beim geringsten Anlaß. Anläßlich einer Wendung in der Außenpolitik der

UdSSR, eines Orientierungswechsels in den Ostblockstaaten. Warum? Ohne Grund oder eher, um zu beweisen, daß eine absolute Macht es absolut nicht nötig hat, vernunftmäßig, juristisch ihren Machtmißbrauch zu rechtfertigen. Um klarzumachen, daß der Terror nie endet, damit man es für selbstverständlich hält, daß der Terror sich, von einem bestimmten Augenblick an, aus sich selbst nährt, aus der endlosen Ausübung seiner eigenen Willkürherrschaft.

Wie dem auch sei, Willi Seifert hat erst fünf Monate später wieder aufatmen dürfen, nämlich am Todestag Stalins. Inzwischen hat er, stelle ich mir vor, seine Gefügigkeit, seinen Respekt vor dem richtigen Denken, seine Wachsamkeit gegen Abweichler jeglicher Art noch betonen müssen. Fünf Monate später, am Todestag Stalins, hat er sich sicherlich besoffen – während das Volk sich drängte, erdrückte, buchstäblich zertrampelte, um ein letztes Mal das wächserne Gesicht des Meisters, in der Säulenhalle, in Moskau, zu betrachten –, so wie die Überlebenden des russischen Politbüros sich besoffen haben. (S. 41 ff) R

- Was empört Sie, wenn Sie diesen Text lesen?
- Wie funktionierte das System der stalinistischen Schauprozesse offensichtlich?

Im dritten Kapitel des Romans reflektiert Jorge Semprún – auch anhand der Lektüre der Bücher von Alexander Solschenizyn (S. 92) und Warlam Schalamow (S. 94) über den sowjetischen Gulag und über die Gemeinsamkeiten der nazistischen und sowjetischen Lager:

1937, als sich die ersten deutschen Häftlinge auf dem Ettersberg einfanden, um den Buchenwald zu roden, entfesselt in der UDSSR das Zwangssystem der Straf- und Umerziehungslager, kurzum der Gulag, den fürchterlichen Wirbelsturm dieses schrecklichen Jahres.

Die Geschichte des Terrors in der UdSSR hat verschiedene Etappen durchlaufen. Schwellen sind überschritten worden, ehe der Gipfel des stalinistischen Terrors erreicht wird. Das Jahr 1937 ist sicherlich eine dieser Schwellen. (...)

„Im ganzen Jahr 1937", sagt Warlam Schalamow, „fanden von zwei- oder dreitausend offiziellen Arbeitskräften zwei Männer in der Mine *Partisan* (eine der Minen in dem Gebiet von Kolyma) den Tod: ein Deportierter und ein freier Mann. Man begrub sie, Seite an Seite. Zwei undeutliche Steine – ein etwas kleinerer für den Deportierten – standen auf den beiden Gräbern. 1938 ist eine ganze Brigade unentwegt damit beschäftigt, Gräber auszuheben." Denn der Tornado ist Ende 1937 in den Straflagern von Kolyma, wie in der ganzen sowjetischen Gesellschaft, entfesselt worden. Unter dem Befehl von Oberst Garanin, der schließlich als „japanischer Spion" genauso wie sein Lehrmeister Jeschow, der Jagoda an der Spitze des NKWD ersetzt hat, der wiederum von Berija ersetzt wird, der seinerseits ... erschossen wurde also Oberst Garanin hat den Tornado des Wahnsinns im Jahre 1937 über dem Dalstroi, über dem Konzentrationsgebiet von Kolyma entfesselt.

Unter dem Befehl von Oberst Garanin hat man in den Lagern des Hohen Nordens die Deportierten zu Tausenden erschossen. Man hat sie wegen „kontrarevolutionärer Agitation" erschossen. Woraus besteht die kontrarevolutionäre Agitation in einem Lager des Gulag? Warlam Schalamow antwortet darauf: „Laut zu bestätigen, daß die Arbeit mühsam war, die harmloseste Bemerkung über Stalin zu flüstern, zu schweigen, wenn die Menge der Deportierten brüllte: „Es lebe Stalin!" ... „Erschießung! Schweigen ist Agitation." Man hat wegen „Beleidigung gegen ein Mitglied der Wache" erschossen. Man hat wegen „Arbeitsverweigerung" erschossen. Man hat wegen „Diebstahl von Metall" erschossen. „Aber", sagt Schalamow, „die letzte, größte Rubrik, unter der die Deportierten massenweise erschossen wurden, lautet auf Nichteinhaltung der Normen. Dieses Vergehen führte ganze Brigaden ins Massengrab. Die Behörden legten dieser Härte eine theoretische Basis zugrunde: im ganzen Land legte man den Fünfjahresplan in genauen Zahlen für jede Fabrik, für jedes Unternehmen fest. In Kolyma wurde das Soll für jeden Spaten, jeden Schubkarren, jede Hacke festgelegt. Der Fünfjahresplan ist das Gesetz! Wer den Plan nicht einhält, ist ein kontrarevolutionärer Verbrecher! Nieder mit den Schweinen, die den Plan nicht einhalten!" (S. 146 f) R

Jorge Semprún sagt in einem Interview:[27]

(...) Noch während sich „Die große Reise" in Druck befand, las ich Solschenizyns Gulag-Erzählung „Ein Tag im Leben des Iwan Denissowitsch". Ich begann, mir über das ganze Ausmaß der kommunistischen Verbrechen klarzuwerden: Auch in dieser Hinsicht funktionierte die Verdrängung plötzlich nicht mehr. Ich hatte jetzt das zwingende Bedürfnis, ein zweites Mal über Buchenwald zu schreiben, im Bewusstsein der Katastrophe des Faschismus und des Kommunismus.

Der österreichische Schriftsteller Norbert Gstrein schreibt in einem Artikel in der *Neuen Zürcher Zeitung* über Jorge Sempruns Bücher:[28]

Wie beim jugoslawischen Schriftsteller Danilo Kiš, dessen Vater in Auschwitz umkam, lässt sich indes über das Werk von Jorge Semprun nicht ohne Hinweis auf die sowjetischen Lager sprechen. Tatsächlich sind es beklemmende Stellen, wenn Semprun beschreibt, wie bereits im Augenblick der endlich wiedererlangten Freiheit die ersten Zeichen einer neuen Unfreiheit sichtbar werden in einem gigantischen, gespenstisch realistischen Porträt von Stalin, am Tag nach der Befreiung von Buchenwald von Gefangenen an einer ihrer Baracken angebracht, oder wenn er sich klarmacht, dass bereits in den Wochen darauf die ersten Überlebenden aus den Nazi-Lagern in den Lagern des Gulag verschwanden. Man braucht nicht Vergleiche anzustellen oder die Unvergleichbarkeit der beiden Systeme zu konstatieren, um dennoch von einer schauerlichen Kontinuität zu sprechen, einer Kontinuität, die, Goethe hin, Goethe her, am Ettersberg ihren symbolischen Ort hat, wo das Lager ein paar Monate nach Kriegsende unter stalinistischer Führung seinen tödlichen Betrieb wieder aufnahm.

Was bei Danilo Kiš noch die Forderung an den Intellektuellen ist, auf beide politischen Jahrhundertverbrechen die richtige Antwort zu finden, spitzt sich bei Jorge Semprun zur Erkenntnis zu, zweimal überlebt zu haben, das Nazi-Lager und den ideologischen Terror des Stalinismus. „Die große Reise" war schon in Druck, schreibt er, als er „Ein Tag im Leben des Iwan Denissowitsch" gelesen hat und augenblicklich zum Schluss gekommen ist, von vorn anfangen zu müssen, gerade weil er Kommunist war und ihm daher die einfache Wahrheit seiner Zeugenschaft nicht mehr ausreichte, nicht anders zu können, als über seine Erfahrungen in Buchenwald mit dem Wissen um die anderen Lager noch einmal zu erzählen.

Ich erinnere mich nicht mehr, wann genau mir zum ersten Mal ein Buch von Solschenizyn in die Hand gefallen ist und ob es „Ein Tag im Leben des Iwan Denissowitsch" war oder eher doch „Der Archipel Gulag". Es handelte sich um ein blaues oder grünes Exemplar, das weiß ich noch, das plötzlich bei den Kochbüchern, den Herz- und-Schmerz-Schmökern und den Karl-May- Bänden stand und im Hotel meiner Eltern auf dem gleichen Weg ins Haus gekommen sein dürfte wie die meisten anderen Bücher auch, als Vorzugsausgabe der Buchgemeinschaft Donauland, was bedeutete, dass wahrscheinlich auch viele andere Haushalte es besaßen, oder als Mitbringsel eines Gastes, wenn er es nicht überhaupt nur zufällig liegengelassen hatte. Ob darüber geredet worden war oder ob es nur an den Anpreisungen des Klappentextes lag, vermag ich nicht zu sagen, es hatte jedenfalls wenn schon nicht die Aura von etwas Verbotenem, so doch die damit verbundene Anziehungskraft, und so unangebracht der Vergleich ohne Zweifel klingt, kann ich mir doch denken, dass ich darin geblättert habe wie sonst nur in den aufgeblasensten Wälzern auf der Suche nach eindeutigen Stellen.

Man mag sich nun fragen, ob ich auf die gleiche Weise auch auf ein Buch über die Nazi-Lager hätte stoßen können, irgendwann in den frühen siebziger Jahren in der österreichischen Provinz, in einer zufälligen Zusammenwürfelung von Büchern, die auf mich jetzt, zumindest was Solschenizyn betrifft, nicht mehr ganz so zufällig wirkt. Was auch immer dabei herauskommt, es scheint mir wahrscheinlich, dass „Der Archipel Gulag" zu der Zeit und an dem Ort, egal wie das Buch dorthin gelangt ist, eine Funktion gehabt hat, die nicht unschuldig war. Es sollte, fürchte ich, ob gelesen oder nicht, durch seine schiere Existenz etwas beweisen, was es nicht beweisen konnte,

[27] In: Der Spiegel, 40/1994

[28] Gstrein, Norbert: Über Wahrheit und Falschheit einer Tautologie. Nach der Lektüre von Jorge Sempruns Erinnerungsbüchern. In: Neue Zürcher Zeitung, 26. 5. 2001

geradeso, als wäre Buchenwald verständlicher, ich weiß nicht, welches Wort dafür verwenden, verzeihlicher oder im äußersten Fall nur halb so schlimm, weil es Kolyma gab. Davon kann keine Rede sein, aber man wird sich sicher erinnern, dass ungefähr zur gleichen Zeit das gleiche Buch unter manchen Intellektuellen am liebsten wegdiskutiert oder überhaupt totgeschwiegen worden wäre und damit auch das, was es tatsächlich beweist, und wenn Jorge Semprun darüber schreibt, liest sich das nicht zuletzt wie der skrupulöse[29] Rechenschaftsbericht eines ehemaligen Parteimitglieds, (...).

- Inwiefern beziehen sich Buchenwald und Kolyma aufeinander? Inwiefern gleichen sie sich? Werden durch diese Ähnlichkeiten die nationalsozialistischen Todeslager „weniger schlimm"?
- Wie wirkte sich laut Norbert Gstrein die Existenz der sowjetischen Lager auf das Werk Jorge Semprúns aus?

Die Schrecken des „Lageralltags"

Primo Levi: *Ist das ein Mensch?*

Der Chemiker **Primo Levi**, 1919 geboren und 1987 gestorben, schließt sich 1943 dem antifaschistischen Widerstand an und wird festgenommen. Im Februar 1944 wird er als Jude nach Auschwitz deportiert und elf Monate später dort von der Roten Armee befreit. Von den 650 italienischen Juden, die mit ihm deportiert werden, überleben nur fünf. Primo Levi überlebt nur aufgrund der Tatsache, dass er als „Chemiker-Sklavenarbeiter" im Nebenlager Buna-Monowitz, in einer Fabrik des deutschen Chemiekonzerns IG-Farben, arbeitet und von einem italienischen Häftling mit Essen unterstützt wird.
Gleich nach der Rückkehr nach Italien beginnt Primo Levi seine autobiografischen Berichte *Ist das ein Mensch?* und *Atempause* aufzuschreiben.
In *Ist das ein Mensch?* (1947) beschreibt Primo Levi das Jahr, das er in Auschwitz verbracht hat. Die im Titel des Romans gestellte Frage verneint Levi:

26. Januar. Wir lagen in einer Welt der Toten und Larven. Um uns und in uns war die letzte Spur von Zivilisation geschwunden. Das Werk der Vertierung, von den triumphierenden Deutschen begonnen, war von den geschlagenen Deutschen vollbracht worden.
Mensch ist, wer tötet, wer Unrecht zufügt oder erleidet; kein Mensch ist, wer jede Zurückhaltung verloren hat und sein Bett mit einem Leichnam teilt. Und wer darauf gewartet hat, bis sein Nachbar mit Sterben zu Ende ist, damit er ihm ein Viertel Brot abnehmen kann, der ist, wenngleich ohne Schuld, vom Vorbild des denkenden Menschen weiter entfernt als der roheste Pygmäe und der grausamste Sadist.
Ein Teil unseres Seins wohnt in den Seelen der uns Nahestehenden: darum ist das Erleben dessen ein nicht-menschliches, der Tage gekannt hat, da der Mensch in den Augen des Menschen ein Ding gewesen ist. (S. 174)

- Wer ist nach Meinung Primo Levis ein Mensch bzw. Mensch geblieben? Ist das wörtlich zu nehmen?

Im Übrigen durften Primo Levis Berichte in der DDR nicht gedruckt werden:[30]

Sie enthalten einige Bemerkungen über die Rolle der politischen Häftlinge in der Lagerhierarchie, die nicht ins zementierte Bild vom kommunistischen Widerstand in den Lagern passten. Levi beschrieb, wie wenig solidarisch das Verhalten der Häftlinge unter den Bedingungen der Todesfabrik oft war, wie ein Teil der Bosheit des Terrorsystems Besitz von den Opfern ergriff – einer der schrecklichsten Aspekte der Lagerwelt.

[29] skrupolös: peinlich genau
[30] Seibt, Gustav: Die Akte Primo Levi. In: Die Zeit, 14/2000

Der Bericht *Ist das ein Mensch?* setzt mit einem Gedicht ein:

Ist das ein Mensch?

Ihr, die ihr gesichert lebet
In behaglicher Wohnung;
Ihr, die ihr abends beim Heimkehren
Warme Speise findet und vertraute Gesichter:
Denket, ob dies ein Mann sei,
Der schuftet im Schlamm,
Der Frieden nicht kennt,
Der kämpft um ein halbes Brot,
Der stirbt auf ein Ja oder Nein.
Denket, ob dies eine Frau sei,
Die kein Haar mehr hat und keinen Namen,
Die zum Erinnern keine Kraft mehr hat,
Leer die Augen und kalt ihr Schoß
Wie im Winter die Kröte.
Denket, daß solches gewesen.
Es sollen sein diese Worte in eurem Herzen.
Ihr sollt über sie sinnen, wenn ihr sitzet
In einem Hause, wenn ihr geht auf euren Wegen,
Wenn ihr euch niederlegt und wenn ihr aufsteht;
Ihr sollt sie einschärfen euren Kindern.
Oder eure Wohnstatt soll zerbrechen,
Krankheit soll euch niederringen,
Eure Kinder sollen das Antlitz von Euch wenden. (S. 19)

Wer wird in diesem Gedicht angesprochen? Was sollen die Angesprochenen „beherzigen", woran sollten sie denken?
Wie verstehen Sie die letzten drei Zeilen des Gedichts?

Primo Levi beschreibt mit äußerster Akribie und wissenschaftlich-sachlicher Genauigkeit die Ermordung der Juden, ihre Entmenschlichung durch die Mörder, ihre Reduktion auf eine eintätowierte Nummer, auf ein „Stück":

„Wieviel Stück?" fragte der Oberscharführer zum Schluss; und der Rottenführer stand stramm und meldete, es seien sechshundertundfünfzig „Stück". (S. 24)

„Häftling": Ich lernte, daß ich ein „Häftling" bin. Mein Name ist 174 517; wir wurden getauft, und unser Leben lang werden wir das tätowierte Mal auf dem linken Arm tragen. (S. 35)

Im folgenden Textausschnitt beschreibt Primo Levi den „Lageralltag", die Verbote. Diese zu übertreten bedeutete in den meisten Fällen zumindest Prügel, meist die sofortige Ermordung.

Wir kennen jetzt auch schon zum guten Teil die maßlos komplizierte Lagerordnung. Unzählbar sind die Verbote: auf weniger als zwei Meter an den Stacheldraht heranzugehen; mit der Jacke, ohne Unterhosen oder mit der Kopfbedeckung zu schlafen; besondere Waschräume oder Latrinen zu benutzen, die „nur für Kapos" oder „nur für Reichsdeutsche" sind; an den vorgeschriebenen Tagen nicht zum Duschen zu gehen und dies an den nicht vorgeschriebenen Tagen zu tun; die Baracke mit aufgeknöpfter Jacke oder mit hochgestelltem Kragen zu verlassen; unter der Kleidung Papier oder Stroh als Schutz gegen die Kälte zu tragen; sich anders als mit entblößtem Oberkörper zu waschen.
Endlos und unergründlich sind die zu befolgenden Riten: Tag für Tag muß man morgens „das Bett" machen, vollkommen gerade und glatt; man muß die verdreckten und ekligen Holzpanti-

nen mit dem dazu bestimmten Maschinenfett einschmieren und von der Kleidung die Schlammflecken abschaben (Farb-, Fett- und Rostflecken dagegen sind zulässig); abends muß man sich auf Läuse und auf gewaschene Füße untersuchen lassen; samstags muß man sich Bart und Haare scheren lassen und sich die Klamotten selber stopfen oder stopfen lassen; sonntags muß man sich der allgemeinen Krätzekontrolle und der Kontrolle der Jackenknöpfe unterziehen, und die müssen fünf an der Zahl sein.
Des weiteren gibt es eine Fülle von Dingen, die normalerweise ohne Belang sind, hier aber zu Problemen werden. Wenn die Fingernägel nachgewachsen sind, muß man sie kürzen, was nicht anders als mit den Zähnen geschehen kann (für die Fußnägel sorgt schon das stetige Reiben an den Schuhen); wenn einem ein Knopf abgeht, muß man ihn sich mit Draht wieder befestigen können; wenn man in die Latrine oder in den Waschraum geht, muß man immer und überall alles mit sich nehmen, und während man sich die Augen wäscht, muß man das Kleiderbündel zwischen den Knien halten, weil es sonst in diesem nämlichen Augenblick gestohlen würde. Wenn einem ein Schuh Schmerzen verursacht, muß man abends die Zeremonie des Schuhumtausches mitmachen; hier wird die Beschlagenheit des einzelnen auf die Probe gestellt, denn man muß imstande sein, mit einem Blick einen (nicht ein Paar, einen) passenden Schuh aus dem unsagbaren Durcheinander auszusuchen, weil nach erfolgter Wahl ein zweiter Tausch nicht mehr erlaubt wird. (S. 41 f) R

Dass die Juden in Auschwitz vernichtet werden sollen, glaubt selbst Levi anfangs nicht, bis er eine „Selektion" miterlebt:

„Was für eine Krankheit hast du, Walter?"
„Körperschwäche."
Die schlimmste aller Krankheiten: Man kann sie nicht heilen, und es ist sehr gefährlich, mit diesem Befund in den KB[31] zu kommen. Wäre die Wassergeschwulst an den Knöcheln nicht gewesen (er zeigt sie mir), die ihn daran hindert, arbeiten zu gehen, so hätte er sich gewiß nicht krank schreiben lassen.
Über diese Art von Gefahren habe ich noch ziemlich undeutliche Vorstellungen. Alle reden sie nur indirekt und andeutungsweise davon, und wenn ich frage, sehen sie mich an und verstummen.
Also stimmt es, was man von Selektionen, Gas und Krematorium hört?
Krematorium. Der andere, Walters Nachbar, erwacht mit einem Ruck und setzt sich auf: Wer spricht von Krematorium? Was ist hier los? Kann man nicht einmal einen Schlafenden in Ruhe lassen? Er ist ein polnischer Jude, ein Albino mit eingefallenem Gesicht, gutmütig, nicht mehr jung. Schmulek heißt er und ist Schmied. Walter klärt ihn kurz auf.
Nun, „der Italeyner" glaubt nicht an die Selektionen? Schmulek möchte deutsch sprechen, aber was herauskommt, ist Jiddisch. Ich kann ihn mit Müh und Not verstehen und auch nur darum, weil er sich unbedingt verständlich machen will. Er bringt Walter mit einer Handbewegung zum Schweigen; er wird mich schon eines Besseren belehren: „Zeig mal deine Nummer. Du bist also 174517. Diese Nummerierung hat vor achtzehn Monaten angefangen und gilt für Auschwitz und die dazugehörigen Lager. Hier in Buna-Monowitz sind wir jetzt zehntausend; mit Auschwitz und Birkenau zusammen vielleicht dreißigtausend. Wo sind ‚die Andere'?"
„Vielleicht in andere Lager versetzt...", wage ich vorzuschlagen. Schmulek schüttelt den Kopf, wendet sich Walter zu: „Er will nix verstayen!"
Aber es ist mir bestimmt, daß ich bald belehrt werden soll, und das auf Schmuleks Kosten. Abends geht die Barackentür auf und jemand schreit „Achtung!"; und jeder Laut verstummt, und man spürt das bleierne Schweigen.
Zwei SS-Männer treten ein (der eine hat viele Rangabzeichen; vielleicht ein Offizier?); man hört, wie ihre Schritte in der Baracke hallen, als sei sie leer. Sie sprechen mit dem leitenden Arzt, der ihnen eine Liste vorweist und hierhin und dorthin deutet. Der Offizier macht sich Aufzeichnungen in sein Notizbuch. Schmulek berührt meine Knie: „Paß auf, Paß auf!"
Der Offizier, vom Arzt gefolgt, geht stumm und mit unbeteiligter Miene zwischen den Betten umher. Er hat eine Reitpeitsche in der Hand, er schlägt damit auf den Zipfel einer Decke, der von

[31] KB: Krankenbau, Krankenbaracke

einem der oberen Betten herunterhängt, und der Kranke bringt es hastig wieder in Ordnung. Der Offizier geht vorüber.
Ein anderer hat ein gelbes Gesicht. Der Offizier reißt ihm die Decke weg, jener fährt schaudernd zusammen. Der Offizier tastet ihm den Bauch ab, sagt: „Gut, gut", und geht vorüber.
So, nun hat er seine Augen auf Schmulek gerichtet; er zieht sein Notizbuch, vergleicht die Bettnummer und die Tätowierungsnummer. Von oben kann ich alles gut sehen: Er hat neben Schmuleks Nummer ein Kreuzchen gemacht. Dann geht er vorüber.
Jetzt sehe ich Schmulek an, und ich sehe hinter ihm die Augen Walters, und da frage ich nicht mehr.
Am nächsten Tag werden statt der gewöhnlichen Gruppe der Genesenden zwei getrennte Gruppen entlassen. Die einen werden rasiert und geschoren und geduscht. Die andern gehen, wie sie sind, mit langen Stoppelbärten, ohne neuen Verband und ohne Dusche. Und denen sagt keiner auf Wiedersehen, und keiner trägt ihnen etwas für die gesunden Kameraden auf.
Zu denen gehört Schmulek.
So diskret und gelassen, ohne Aufhebens und ohne Zorn, geht in den Baracken des KB Tag für Tag das Morden um und faßt diesen und jenen. Als Schmulek ging, ließ er mir seinen Löffel und sein Messer. Walter und ich vermeiden es, einander anzusehen, und wir schweigen lange. Dann will Walter von mir wissen, wie ich meine Brotration so lange aufheben kann, und setzt mir auseinander, daß er die seine meistens der Länge nach schneidet, um breitere Scheiben zu bekommen, auf die man die Margarine leichter schmieren kann. (S. 60f) R

- Zeichnen Sie die Stationen des Verstehens beim Icherzähler auf. Wie empfindet er die Ermordung bzw. das „Verschwinden" seiner Mithäftlinge? Wie reagieren die anderen Mithäftlinge darauf?

Belastende Gedanken, er habe zu Unrecht, auf Kosten der Gestorbenen, überlebt, führen bei Primo Levi zu Depressionen und schlussendlich zu seinem (vermuteten) Selbstmord.

Imre Kertész: *Roman eines Schicksallosen*

Imre Kertész, geboren 1929 in Budapest, wird wegen seiner jüdischen Abstammung 1944 im Alter von fünfzehn Jahren in die deutschen Konzentrationslager Auschwitz, Buchenwald und dessen Außenlager Zeitz deportiert.
1960 beginnt er seine dreizehn Jahre andauernde Arbeit am *Roman eines Schicksallosen*, Teil einer Trilogie der Schicksallosigkeit. Der Roman weist autobiografische Züge auf und erscheint 1973 in Ungarn, ohne ein großes Echo in der Öffentlichkeit auszulösen.
Imre Kertész, der seit dem Jahr 2000 in Berlin lebt, erhält 2002 den Nobelpreis für Literatur.
In einem Interview[32] spricht Imre Kertész von seiner Biografie und was sein *Roman eines Schicksallosen* damit zu tun hat.

SPIEGEL: Haben Sie sich hier selbst beschrieben, ist der Erzähler ihr Alter ego?
Kertész: Nein, ich habe mein Schicksal akzeptiert. Ich bin, wenn Sie so wollen, mit Auschwitz und meinem Schicksal im Konzentrationslager identisch. Ich betrachte mich nicht einmal nur als Opfer. Um überleben zu können, musste man durch die Hölle gehen – und in der Hölle wird man schmutzig. Die Unschuldigen sind die, die gestorben sind. Aber einer, der das überlebt hat, kann einfach nicht ganz ohne diese allgemeine menschliche Beschmutzung sein. Das muss man für sich akzeptieren. (...)
SPIEGEL: Der Held ist zunächst ein selbstbewusster, fast sorgloser junger Mann, der die Schikanen und Quälereien im Lager mit einer geradezu provozierenden Gelassenheit erträgt. Erst im Lauf der Zeit wird er schwach und zerbricht nahezu. Wo sind die Unterschiede zu ihrer ganz persönlichen Biografie?
Kertész: Ich war ganz einfach ein anderer Junge. Diesen jungen Mann habe ich nicht deshalb zum Erzähler gemacht, weil ich dieses Schicksal durchlitten hätte, sondern aus einer strategischen

[32] In: Der Spiegel, 18/1996, S. 225ff

Überlegung heraus: Typisch für totalitäre Regime wie den Nazismus oder den Stalinismus ist doch, dass man auf ein gewisses Niveau herabgedrückt wird. Der Mensch lebt in einer Art Infantilismus,er wird gebraucht und funktioniert, mehr nicht. Die Naivität des Erzählers entspricht diesem Niveau,er weiß noch nichts von all den Schrecken. (...)

SPIEGEL: Wenn Sie die Erfahrung des Totalitarismus in Nazismus und Stalinismus gleichsetzen, müsste sich ihr Roman auch als Protest gegen das kommunistische Regime in Ungarn lesen lassen.

Kertész: Jedenfalls hätte ich das Buch ganz sicher nicht geschrieben, wenn ich den Stalinismus nicht erlebt hätte. 1949 wurde in Ungarn alles stalinisiert. Ich war damals ein junger Journalist und verlor sofort meinen Job. 1956 kam dann der Ungarn-Aufstand und dessen Niederschlagung. Erst dann war ich reif genug, um über Auschwitz zu schreiben, erst da wusste ich, was eine so unbarmherzige Macht mit den Menschen machen kann. (...)

SPIEGEL: Tatsächlich beschreibt der Roman zwar die physische Zerstörung seines Helden durch die Zwangsarbeit, sadistische Szenen fehlen jedoch weitgehend.

Kertész: Jedenfalls bin ich persönlich sehr viel mehr Grausamkeiten begegnet. Nein, ich vertraue einfach darauf, dass die Moral des Lesers durch die scheinbar unmoralischen, kalten Zeilen dieses Buchs verletzt wird. Dass er sich darüber empört, dass sich der Erzähler eben nicht empört, sondern scheinbar klaglos alles hinnimmt ...

- Welche Funktion hat die Erzählerfigur? Was hat der Roman mit der Biografie Imre Kertész' zu tun?
- Wie beschreibt Imre Kertész die Parallelen zwischen Nationalsozialismus und Stalininsmus?

In *Roman eines Schicksallosen* verarbeitet Imre Kertész seine Erfahrungen von Auschwitz und Buchenwald. Er erzählt lakonisch und unpathetisch aus der Ich-Perspektive des fünfzehnjährigen Budapester Juden Gyurka Köves, wie dessen jüdische Familie versucht, sich der Wahrheit zu entziehen, sie zu verleugnen, obwohl alle Zeichen auf die kommende Vernichtung der Juden hinweisen.

Es ist die Naivität und Unschuld des Ich-Erzählers – die dieser im Verlauf des Romans verliert, da er mit ansehen muss, wie die Menschen um ihn vernichtet werden –, die die Leserinnen und Leser verstört. Genauso wie der konsequent amoralische Grundton, in dem die Geschichte erzählt wird.

Gyurkas Überlebenswille zerbricht an Hunger und Krankheit, aber schlussendlich überlebt er doch und kommt nach Budapest zurück, wo er auf Unverständnis trifft:

Darauf wandte er sich an mich, das Gesicht jetzt milde: „Kommst du aus Deutschland, mein Junge?" „Ja." „Aus dem Konzentrationslager?" „Natürlich." „Aus welchem?" – „Aus dem in Buchenwald." Ja, er hatte davon gehört, wußte auch, daß es „einer der Kreise des Nazi-Infernos" war, so hat er sich ausgedrückt. „Von wo haben sie dich verschleppt?" „Aus Budapest." „Wie lange warst du dort?" „Ein Jahr, alles in allem." „Du hast wahrscheinlich viel gesehen, mein Junge, viele Greuel", meinte er da, und ich habe nichts gesagt. „Na ja", fuhr er fort. „Hauptsache, es ist aus und vorbei", seine Miene hellte sich auf, er zeigte auf die Häuser, an denen wir gerade vorbeirumpelten, und erkundigte sich, was ich jetzt wohl empfand, wieder zu Hause, beim Anblick der Stadt, die ich damals verlassen hatte. Ich sagte: „Haß." Er schwieg eine Weile, bemerkte dann aber, er müsse mein Gefühl leider verstehen. Im übrigen habe „je nach den Umständen", so meinte er, auch der Haß seinen Platz, seine Rolle, „ja seinen Nutzen", und er nehme an, fügte er hinzu, wir seien uns da einig, und er wisse wohl, wen ich haßte. Ich sagte: „Alle." Er schwieg wieder, dieses Mal etwas länger, und fragte dann: „Hast du viel Schreckliches durchmachen müssen?", und ich sagte, es käme darauf an, was er unter schrecklich verstehe. Bestimmt, sagte er da, mit einem etwas unbehaglichen Ausdruck im Gesicht, hätte ich viel entbehren, hungern müssen, und wahrscheinlich sei ich auch geschlagen worden, und ich sagte: „Natürlich." „Lieber Junge", rief er da, wobei er, wie mir schien, doch langsam die Geduld verlor, „warum sagst du bei allem, es sei natürlich, und immer bei Dingen, die es überhaupt nicht sind!" Ich sagte, im Konzentrationslager sei so etwas natürlich. „Ja, ja", sagte er, „dort schon, aber ...", und hier stockte, zögerte er ein bißchen, „aber ... ich meine, das Konzentrationslager an sich ist nicht natürlich!", endlich hatte er gewissermaßen das richtige Wort erwischt, und ich erwiderte dann auch nichts darauf, denn

ich begann allmählich einzusehen: über bestimmte Dinge kann man mit Fremden, Ahnungslosen, in gewissem Sinn Kindern, nicht diskutieren, um es so zu sagen. Und im übrigen – so fiel mir beim Anblick des Platzes, der noch immer vorhanden, höchstens etwas kahler und ungepflegter geworden war, plötzlich ein –, ich mußte ja aussteigen, und das teilte ich ihm auch mit. Doch er kam mit mir, zeigte dann auf eine schattige Bank ohne Rückenlehne und schlug vor, wir sollten uns dort für einen Augenblick hinsetzen.
Zunächst schien er einigermaßen unsicher. Tatsächlich – so hat er bemerkt – kämen „die Schrecklichkeiten erst jetzt wirklich an den Tag", und er fügte hinzu, daß „die Welt vorläufig verständnislos vor der Frage steht, wie, auf welche Art, das alles überhaupt geschehen konnte". Ich sagte nichts, und da hat er sich auf einmal ganz zu mir gewandt und gesagt: „Mein Junge, möchtest du nicht über deine Erlebnisse berichten?" Ich staunte ein bißchen und sagte, sehr viel Interessantes könnte ich ihm nicht erzählen. Da hat er ein wenig gelächelt und gesagt: „Nicht mir: der Welt." Darauf staunte ich noch mehr und wollte wissen: „Aber worüber denn?" „Über die Hölle der Lager", antwortete er, worauf ich bemerkte, darüber könne ich schon gar nichts sagen, weil ich die Hölle nicht kenne und sie mir nicht einmal vorstellen kann. Aber er sagte, das sei bloß so ein Vergleich. (S. 269 ff) R

- Was versteht der Fragende nicht? Wie schätzt der Icherzähler diese „Verständnislosigkeit" ein?

Nach der Ankunft im Konzentrationslager Auschwitz erlebt der Junge die Selektion an der Rampe. In einem harmlos anmutenden sachlichen Berichtston erzählt er von der Ordnung des Terrors, da er völlig unwissend ist. Es ist der Blick des Außenstehenden; die Leserin/der Leser weiß immer mehr als der Erzähler:

Die Untersuchung selbst kann im übrigen nicht mehr als etwa zwei, drei Sekunden (annähernd) gedauert haben. Gerade war vor mir noch Moskovics an die Reihe gekommen – ihn hatte der Arzt sofort, mit gestrecktem Zeigefinger, in die andere Richtung gewiesen. Ich hörte noch, wie Moskovics zu erklären versuchte: *„Arbeiten ... sechzehn ..."* – aber von irgendwoher packte ihn eine Hand, und schon hatte ich seinen Platz eingenommen. Mich, so sah ich, betrachtete der Arzt schon gründlicher, mit einem abwägenden, ernsten und aufmerksamen Blick. Ich habe mich dann auch aufgerichtet, um ihm meinen Brustkasten zu zeigen, und – so erinnere ich – sogar etwas lächeln müssen, als ich so nach Moskovics drankam. Zu dem Arzt hatte ich auch gleich Vertrauen, weil er von angenehmer Erscheinung war und ein sympathisches langes, glattrasiertes Gesicht hatte, eher schmale Lippen und blaue oder graue, auf jeden Fall helle, gütig blickende Augen. Ich konnte ihn mir gut anschauen, während er, seine behandschuhte Hand beidseits auf meine Wangen stützend, mir mit dem Daumen die Haut unter den Augen ein bißchen herunterzog – geradeso, mit dem gleichen Handgriff, wie ich es von den Ärzten zu Hause kannte. Gleichzeitig fragte er mich mit einer leisen, aber klaren Stimme, die den gebildeten Menschen verriet: *Wie alt bist du?"* – aber irgendwie nur so nebenbei. Ich sagte: *„Sechzehn."* Er hat leicht genickt, aber es schien eher deswegen zu sein, weil es die richtige Antwort, und nicht, weil es die Wahrheit war – jedenfalls ist es mir in der Eile so vorgekommen. Ich habe auch noch eine andere Beobachtung gemacht, oder eher eine flüchtige, vielleicht auch falsche Wahrnehmung – als hätte er irgendwie zufrieden, ja fast schon erleichtert gewirkt; mir schien, ich gefiel ihm irgendwie. Dann schob er mich weg, mit der einen Hand noch auf meinem Gesicht, während er mir mit der anderen die Richtung wies, auf die andere Seite der Straße, zu den Tauglichen. Die Jungen erwarteten mich schon triumphierend, vor Freude lachend. Und beim Anblick dieser strahlenden Gesichter war es vielleicht, daß ich den Unterschied verstand, welcher unsere Gruppe von denen auf der anderen Seite wirklich trennte: es war der Erfolg, wenn ich es richtig empfand.
So habe ich mir dann das Hemd wieder angezogen und mit den Jungen ein paar Worte gewechselt und dann wieder gewartet. Von hier aus konnte ich jetzt alles, was am anderen Ende der Straße ablief, aus einem neuen Blickwinkel sehen. Der Menschenstrom wälzte sich unablässig heran, zwängte sich in ein engeres Bett, beschleunigte sich und verzweigte sich dann vor dem

Arzt. Auch die Jungen trafen einer nach dem anderen ein, und jetzt nahm auch ich schon an ihrem Empfang teil, versteht sich. Etwas weiter weg erblickte ich eine andere Kolonne: die der Frauen. Auch um sie herum Soldaten, Sträflinge, auch vor ihnen ein Arzt, und auch dort lief alles genauso ab, außer daß sie sich oben nicht ausziehen mußten, und das war ja natürlich auch verständlich, wenn ich es richtig bedachte. Alles war in Bewegung, alles funktionierte, jeder war an seinem Platz und machte das Seine, alles exakt, heiter, wie geschmiert. Auf vielen Gesichtern sah ich ein Lächeln, ob eher bescheiden oder eher selbstsicher, den Zweifel ausschließend oder das Ergebnis schon vorausahnend – es war im Grunde eigentlich doch immer das gleiche, das gleiche etwa, das auch ich zuvor auf meinem Gesicht gespürt hatte. Mit eben diesem Lächeln wandte sich dort eine braunhaarige, von hier aus sehr schön aussehende Frau mit Ohrringen, die sich den weißen Regenmantel über der Brust zusammenhielt, fragend an einen Soldaten, und mit dem gleichen Lächeln trat hier ein gutaussehender schwarzhaariger Mann vor den Arzt: tauglich. Ich habe der Arbeit des Arztes dann auch bald folgen können. Kam ein alter Mann – ganz klar: auf die andere Seite. Ein jüngerer – hier herüber, zu uns. Dann wieder ein anderer, mit Bauch, soviel er sich auch streckte und reckte: vergeblich – doch nein, der Arzt schickte ihn dennoch auf unsere Seite, da war ich nicht ganz zufrieden, denn ich meinerseits fand ihn eher etwas betagt. Ich mußte auch feststellen, daß die Männer zum größten Teil sehr stoppelbärtig waren und nicht gerade einen guten Eindruck machten. Und so, mit den Augen des Arztes, konnte ich nicht umhin festzustellen, wie viele von ihnen alt oder sonstwie unbrauchbar waren. Einer zu mager, der andere zu dick, und einen, der nach Art eines schnüffelnden Hasen fortwährend Mund und Nase verzog, befand ich als nervenkrank – obwohl auch er pflichtbewußt und bereitwillig lächelte, als er mit eifrigen und merkwürdig watschelnden Schritten hinübereilte, zu den Untauglichen. (S. 97 ff)

- Wie sieht der Icherzähler die Situation an der Rampe in Auschwitz, die Selektionen? Was überrascht an seinen Reaktionen?

Viktor E. Frankl: *...trotzdem Ja zum Leben sagen. Ein Psychologe erlebt das Konzentrationslager*

Viktor E. Frankl, 1905 in Wien geboren und 1997 ebendort gestorben, ist einer der wichtigsten Psychologen des 20. Jahrhunderts. Frankls Frau und seine Eltern wurden in den Konzentrationslagern der Nazis ermordet. Er selbst wird im Oktober 1944 von Theresienstadt nach Auschwitz deportiert, einige Tage später in ein Außenlager des KZ-Dachau überstellt, wo er Ende April 1945 von der amerikanischen Armee befreit wird.

In *...trotzdem Ja zum Leben sagen* beschreibt Frankl seine Erlebnisse in den Konzentrationslagern, berichtet von der Entwürdigung des Menschen und von den wenigen, denen es gelingt, ein menschlich würdevolles Leben zu leben.

Frankls Credo ist, dem Leben – besonders auch nach der grauenvollen Erfahrung der Konzentrationslager – einen Sinn zu geben.

Das Leben im Konzentrationslager ließ zweifelsohne einen Abgrund in die äußersten Tiefen des Menschen aufbrechen. Soll es uns da wundern, daß in diesen Tiefen auch wieder nur das Menschliche sichtbar wird? Das Menschliche als das, was es ist –, als eine Legierung von gut und böse! Der Riß, der durch alles Menschsein hindurchgeht und zwischen gut und böse scheidet, reicht auch noch bis in die tiefsten Tiefen und wird eben auf dem Grunde auch noch dieses Abgrunds, den das Konzentrationslager darstellt, offenbar.

Wir haben den Menschen kennengelernt wie vielleicht bisher noch keine Generation. Was also ist der Mensch? Er ist das Wesen, das immer *entscheidet*, was es ist. Er ist das Wesen, das die Gaskammern erfunden hat; aber zugleich ist er auch das Wesen, das in die Gaskammern gegangen ist aufrecht und ein Gebet auf den Lippen. (S. 130 f)

Viktor E. Frankl beschreibt und analysiert, was mit Menschen in dieser Extremsituation – nur wenige überleben das Inferno – passiert, wie sie nicht nur körperlich, sondern auch seelisch zugrunde gerichtet werden:

Was weh tut

Die Apathie, die Abstumpfung des Gemüts, die innere Wurstigkeit und das Gleichgültigwerden – die Kennzeichen der von uns herausgestellten zweiten Phase innerhalb der seelischen Reaktionen des Lagerhäftlings – machen ihn bald auch unempfindlich gegen das tägliche und stündliche Geschlagenwerden. Diese Unempfindlichkeit ist eine höchst notwendige Panzerschicht, mit der sich die Seele des Häftlings beizeiten umgibt. Schläge bekommt man im Lager aus den nichtigsten Gründen – oder auch überhaupt ohne Grund. Beispiel: Auf der Baustelle, auf der ich arbeite, wird die „Brotzeit" verteilt. Wir stellen uns an, einer hinter dem andern. Mein Hintermann muß eine Fußlänge seitlich gestanden sein und dem SS-Wachtposten muß das, vielleicht aus optischem Symmetriegefühl, nicht gefallen haben; obzwar es etwa vom disziplinären Standpunkt irrelevant und überflüssig war – standen wir doch mitten auf unebenem, noch unplaniertem Gelände –, paßte es ihm nicht. Ich jedenfalls konnte keine Ahnung haben davon, was hinter mir in der Reihe – und was da wohl auch in der Seele des Wachtpostens vorging. Aber auf einmal spürte ich zwei heftige Schläge auf meinem Schädeldach. Erst dann sah ich, daß der Posten neben mir gestanden war und einen Knüppel benützt hatte.

Der körperliche Schmerz, den Schläge verursachen, ist – bei uns erwachsenen Häftlingen übrigens ebenso wie bei gezüchtigten Kindern! – nicht das Wesentliche; der seelische Schmerz, will heißen: die Empörung über die Ungerechtigkeit bzw. die Grundlosigkeit ist dasjenige, was einem in diesem Moment eigentlich weh tut. So ist es verständlich, daß ein Schlag, der gar nicht trifft, unter Umständen sogar mehr schmerzen kann: (S. 44 f) R

- Was empfindet Frankl als die größte Erniedrigung?

Boris Pahor: *Nekropolis*

Boris Pahor (1913 in Triest geboren) wird im Jänner 1944 in das KZ-Dachau verschleppt und muss bis zum Kriegsende vier deutsche Konzentrationslager erleiden:[33]

Die Welt: Sie erzählen davon in Ihrem autobiografischen Buch „Nekropolis". Es beschreibt Ihr Leiden im KZ.

Boris Pahor: Nach meiner Verhaftung im Januar 1944 kam ich nach Dachau, wo wir – etwa 600 Menschen aus Triest, in der Hauptsache Slowenen – uns etwa 15 Tage lang aufhielten. Dann wurden wir alle ins Elsass geschickt, nach Markirch. Dort wurde ich krank, und man schickte mich nach Natzweiler, 800 Meter hoch, ein Lager in Terrassenform. Dort blieb ich von April bis September 1944. Als die Alliierten näher rückten, wurden alle, die noch am Leben waren, nach Dachau geschickt. Dort entdeckten mich Slowenen und machten mich zum Krankenpfleger. Ich kam in den „Scheißereiblock". Mit dem Chef dort, einem „polnischen Volksdeutschen", der die Sterbenden zu je 60 Leuten nach Belsen schickte, war ich nicht einverstanden. Ich hätte nach seinem System mit den Kranken verfahren und die Kranken schneller säubern sollen, als ich es wollte. Aber man musste sich um die Kranken doch kümmern, sie waschen!

Er hat mich deshalb negativ beurteilt, und so kam ich mit anderen Krankenpflegern nach Dora Mittelbau, wo die V2-Rakete gebaut wurde. Dort entdeckte man eine große Sabotageaktion, an der auch die Pfleger beteiligt waren. In den Galerien dort wurden dann 15 von ihnen aufgehängt. In Harzungen (einem Teil des Konzentrationslagers Mittelbau, d. Red.) schlief ich zusammen mit den Tuberkulosekranken und steckte mich an. Als sich die sowjetische und die westliche Armee trafen, wurden die Überlebenden in Waggons gepfercht und durch Deutschland gefahren, ohne zu wissen, wohin. Ausgestiegen sind wir schließlich in Bergen-Belsen. Das sind die KZs, in denen ich gewesen bin. Diese Geschichte hatte ich vor Augen, als ich Natzweiler 1960 besuchte und mir die Idee kam, wie ich „Nekropolis" würde schreiben können.

[33] http://www.welt.de/welt_print/article1509153/Zeuge_eines_Jahrhunderts_der_Barbarei.html; 21.09.2010

1967 erscheint *Nekropolis* auf Slowenisch. Es erzählt von einem schönen Sommertag Anfang der Sechzigerjahre, an dem der Autor in das KZ Natzweiler zurückkehrt, und davon, was ihm in den Konzentrationslagern widerfahren ist. Es erzählt aber auch, was er verdrängt hat, und beschreibt autobiografisch den Kampf um die nackte Existenz, den allgegenwärtigen Tod von Menschen, die verhungern, erfrieren, ermordet werden.

Es war noch nicht richtig hell, als unsere rasierten, gewaschenen und desinfizierten nackten Körper schon auf dem deutschen Februar-Schnee standen. Heute erscheint mir der damalige Schrecken, das damalige Bewusstsein der Körperzellen, dass einem nach dem Leben getrachtet wird, fast kindisch. Wenn dieselbe Szene sich durch Monate hinweg ständig wiederholt, ergibt man sich dem Bild. Sofern man nicht draufgeht. Man ergibt sich nicht dem Gedanken, dass man unterliegt, sondern dem Bewusstsein, dass alles so ausgerichtet ist, dass man fast sicher unterliegen wird. Die Gewalt einer solchen Offenbarung ist für einen gesunden, noch zivilisierten Körper viel verheerender als später, wenn der Organismus asthenisch und das Gewebe schon ziemlich atrophisch geworden sind. Sicher, derjenige, der den Nazis schon einmal begegnet war, wusste, dass er in ihrem Lager nichts Gutes zu erwarten hatte. Entscheidend ist jedoch die erste seelische Erschütterung nach dem Eintritt in die Welt der Krematorien, denn mit ihr beginnt die Ökonomie der Vernichtung. Das Gehen und Laufen der nackten Körper im Schnee, das Warten in der zugigen Baracke, das erneute Laufen im Schnee, wenn einem die wollene Unterwäsche, der Winteranzug und der Mantel abhanden gekommen sind. Ich kann mir jetzt kein Bild mehr davon machen, ob mein Blick verstört oder verängstigt war. Ich weiß auch nicht, wie es mir erging, als ich in einer grünen Soldatenhose, die kaum bis unter das Knie reichte, mit kurzen Socken und Holzschuhen vor die Baracke lief, wo wir danach eine ganze Ewigkeit im Schnee standen. Bestimmt habe ich gefroren, weil ich keinen Pullover hatte, aber jetzt erscheinen mir diese Bilder unbedeutend, wo wir doch auf diesen Terrassen tagaus, tagein unendliche Stunden im Schnee standen und zu großen Menschenbündeln zusammenrückten, damit die verbleibenden Kalorien nicht verloren gingen. Hier hat man anders gefroren. (S. 194 f)

Anatolij Kusnezow: *Babij Jar. Die Schlucht des Leids*

Anatolij Kusnezow, 1929 in Kiew geboren und 1979 in London verstorben, beschreibt in seinem autobiografischen Roman *Babij Jar. Die Schlucht des Leids*, der 1966 in der UdSSR erstmals in zensierter Form erscheint, die Zeit der Besetzung Kiews durch die Deutschen.
Kusnezow, der den Roman im Untertitel als *Roman-Dokument* bezeichnet, schreibt aus der Sicht eines Kindes von seinen Erfahrungen, von der alltäglichen Brutalität der deutschen Besatzer, aber auch vom Antisemitismus der Ukrainer, von ihrer Kollaboration mit den Deutschen, von ihrer Lust am Plündern. Er berichtet auch vom Terror der Sowjets, die Kiew befreien (der Text wurde in den Jahren 1967 bis 1969 eingefügt):

[Wie man Menschen aufhängt, sah ich zum ersten Mal nicht unter der Herrschaft der Deutschen, sondern erst unter der Sowjetmacht. Auf den Plätzen von Kiew wurden Galgen mit jeweils fünf bis acht Schlingen aufgestellt. An diesen Galgen wurden jene Russen und Ukrainer aufgehängt, die mit den Deutschen kollaboriert hatten und sich nicht hatten davonmachen können. Sie wurden auf einen Lastwagen gebracht, die Schlingen um den Hals gelegt, die Rückwand des Lastwagens heruntergeklappt, dann fuhr der Wagen an, und sie begannen zu tanzen und an den Stricken zu baumeln. Einige schrien sehr und kämpften, solange der Wagen noch nicht angefahren war; sie wollten nicht sterben. Später hingen sie dann alle starr da, einige hatten ruhige Gesichter, bei manchen war der Kopf unnatürlich verdreht, und die Zunge quoll blau heraus. Man ließ sie lange hängen, sie sollten ein Exempel sein.
Jene Kriegsgefangenen, die den Aufenthalt in den deutschen Lagern überlebt hatten, wurden automatisch in sibirische Lager übergeführt, als Verräter, die sich dem Feind ergeben hatten, statt bis zum Letzten zu kämpfen. Der Hunger hielt auch nach Kriegsende an, er griff jetzt aber auch aufs Dorf über. Im Jahre 1948 begann die Kampagne gegen die Juden. Da Mutter und ich weder

Juden noch Kriegsgefangene noch Speichellecker der Deutschen waren, gerieten wir in die Kategorie der „in deutscher Besatzung gewesenen" Leute. Von jetzt an und bis ans Lebensende machte uns dieser Umstand auf den Blättern unserer Lebensläufe zu Menschen dritter Sorte. Mir selbst stand in diesem Zusammenhang noch manche Unannehmlichkeit und manche Auseinandersetzung bevor.] (S. 438) R

- Welche absurden Muster kennzeichnen die Maßnahmen gegen ehemalige russische Kriegsgefangene, Juden, „in deutscher Besatzung gewesene" Leute?

Kusnezow erlebt als Kind die Massenmorde der SS in Babij Jar (übersetzt „Weiberschlucht") bei Kiew, bei denen am 29. und 30. September 1941 mehr als 33 000 Juden durch Maschinenpistolenfeuer erschossen werden.
Dieser Massenmord nimmt im Roman zwar nur ca. ein Zehntel des Gesamtumfangs ein, erschüttert aber durch die Beschreibung der Tötungen nach einem Bericht der Überlebenden Dina Mitronowna Pronitschewa:

„Also dann, vorwärts! Auf mit euch!" schrien die Polizisten.

Die Menschen erhoben sich schwankend, als wären sie betrunken. Es war schon spät, deshalb wurde diese Gruppe nicht mehr entkleidet. Man führte sie angezogen durch die Lücke in der Sandmauer.

Dina schritt ungefähr im zweiten Dutzend. Sie gingen durch die Lücke. Jetzt öffnete sich vor ihnen eine Sandgrube mit beinahe senkrecht abfallenden Wänden. Die Dunkelheit nahm rasch zu. Dina sah die Grube nur in Umrissen. Man trieb sie schnell im Gänsemarsch nach links, einen ganz schmalen Sandvorsprung entlang.

Links war die Wand, rechts die Grube. Der Vorsprung war offenbar extra für die Erschießung präpariert worden. Er war so schmal, daß sich die Menschen instinktiv an die Wand preßten, um nicht hinabzustürzen.

Dina blickte hinab, ihr wurde schwindlig – so tief kam ihr der Abgrund vor. Unter ihnen war ein Meer blutverschmierter Leichen. Auf der gegenüberliegenden Seite der Grube erkannte sie aufgestellte leichte Maschinengewehre. Daneben standen mehrere deutsche Soldaten. Außerdem brannte ein Feuer, auf dem die Soldaten offenbar Kaffee kochten.

Als die ganze Reihe auf dem Vorsprung stand, ging ein Deutscher vom Lagerfeuer zu einem MG und begann zu schießen. Dina fühlte, mehr als sie es sah, wie die Leiber den Vorsprung hinunterfielen und wie sich die Bahn der Geschosse ihrem eigenen Leib näherte. Sie dachte blitzschnell: „Gleich bin ich dran ... Gleich!" Sie wartete die Kugel nicht ab und sprang, mit geballten Fäusten, selbst hinunter.

Ihr schien, daß sie eine ganze Ewigkeit fiel; wahrscheinlich war es wirklich hoch. Beim Aufschlagen spürte sie weder einen Stoß noch einen Schmerz. Zuerst wurde sie von warmem Blut übergossen, auch über ihr Gesicht rann Blut. Es war, als wäre sie in eine Badewanne voller Blut gestürzt. Sie lag da, mit ausgebreiteten Armen und geschlossenen Augen.

Sie hörte irgendwelche Körperlaute, Stöhnen, Schluckauf, Weinen ringsherum und unter ihr. Viele Menschen waren nicht tödlich getroffen worden. Die Masse dieser Leiber machte eine sachte Bewegung, wodurch sie sich noch mehr verdichtete und sich leicht senkte.

Die Soldaten traten auf den Sandvorsprung und leuchteten mit Taschenlampen nach unten. Sie schossen mit Pistolen auf jene, die noch zu leben schienen. Aber nicht weit von Dina hörte jemand nicht auf, laut zu stöhnen.

Sie hörte neben sich Schritte. Die Deutschen waren hinuntergestiegen und gingen jetzt über die Leichen. Sie bückten sich, nahmen den Toten etwas ab, zielten ab und zu auf jene, die sich noch bewegten.

Auch jener Polizist, der vorhin Dinas Ausweis kontrolliert und ihre Handtasche weggenommen hatte, war dabei. Sie erkannte ihn an der Stimme.

Ein SS-Mann stieß auf Dina; sie kam ihm verdächtig vor. Er leuchtete mit der Taschenlampe, hob Dina hoch und begann auf sie einzuschlagen. Aber sie ließ sich wie ein Sack hängen und gab kein

Lebenszeichen von sich. Er trat sie in die Brust, trat auf ihre rechte Hand drauf, so dass die Handknochen knirschten, schoss aber nicht und ging balancierend über die Leichen davon. Einige Minuten später hörte sie oben eine Stimme: „*Demindenko*! Komm, schütt nach!"
Sie hörte das Scheppern von Spaten, hörte, wie der Sand auf die Leiber fiel, immer näher zu ihr her. Dann spürte sie den Sand auf ihren eigenen Körper fallen.
Der Sand bedeckte sie immer mehr, aber sie rührte sich nicht, solange ihr Mund frei blieb. Sie lag mit dem Gesicht nach oben, atmete Sand ein, verschluckte sich. Da begann sie in wildem Entsetzen zu zappeln. Jetzt wäre sie doch lieber erschossen als lebendig begraben worden.
Mit der linken, gesunden Hand begann sie, den Sand von sich wegzuschaufeln. Der Sand drohte sie zu ersticken, sie war nahe daran loszuhusten. Mit letzter Mühe unterdrückte sie den Husten. Dann wurde ihr besser. Schließlich hatte sie sich frei geschaufelt.
Die *ukrainischen Polizisten* da oben *waren offenbar erschöpft nach diesem anstrengenden Tag. Sie schaufelten träge und warfen nur wenig Sand hinunter*; dann schmissen sie die Spaten beiseite und entfernten sich. Dinas Augen waren voller Sand. Ringsherum herrschte völlige Finsternis. *Von der Masse der frischen Leichen* stieg ein schwerer *Fleischgeruch* auf. (S. 108 ff)

Am Schluss des Romans schreibt Anatolij Kusnezow völlig resigniert:

Diesen Roman begann ich in Kiew zu schreiben, im Haus meiner Mutter. Aber dann konnte ich dort nicht weiterarbeiten und fuhr weg, denn ich konnte nicht schlafen. Nachts hörte ich im Traum immerzu Schreie. (...)
Wir haben kein Recht, dieses Geschrei zu vergessen. Es ist nicht Geschichte geworden. Es ist unser Heute. Und was wird morgen sein?
Welche neuen Babij Jars, Maidaneks, Hiroshimas, [Kolymas und Potmas], an welchen Orten und in welchen neuen technischen Formen, liegen noch im Verborgenen und warten auf ihre Stunde?
Und wer von uns Lebenden ist vielleicht bereits ihr Kandidat?
Werden wir denn jemals begreifen, daß das Wertvollste auf der Welt das Leben des Menschen und seine Freiheit sind? Oder steht uns noch eine Barbarei bevor?
Mit diesem Fragen breche ich wohl dieses Buch ab. Ich wünsche Ihnen Frieden. [Und Freiheit].
1969 (S. 461 f)

- Die kursiv gesetzten Textstellen kennzeichnen die Zensurmaßnahmen, die die sowjetischen Behörden durchgeführt haben. Was könnten Gründe für diese Zensur sein?

Die Täter

Jonathan Littell: *Die Wohlgesinnten*

Jonathan Littell, geb. 1967 in New York als Sohn einer jüdischen Familie mit osteuropäischen Wurzeln, schreibt (auf Französisch) aus der Perspektive des SS-Offiziers Maximilian Aue. *Die Wohlgesinnten* ist die fiktive Autobiografie eines Täters – in der deutschen Übersetzung 1359 Seiten lang –, der nach 1945 unter falschem Namen in Frankreich eine bürgerliche Karriere macht. Der Protagonist wird als Mitorganisator der Massenmorde an den Juden in Russland und der Vernichtung der Juden in den Konzentrationslagern dargestellt.
Während der Roman in Frankreich begeistert aufgenommen wird – er bekommt den „Prix Goncourt" und den „Grand Prix du roman francais" der Academie Francaise – gibt es im deutschen Sprachraum großteils vernichtende Kritiken:[34]

Am Anfang steht ein Missverständnis
Jonathan Littells Buch „Die Wohlgesinnten" will uns erklären, warum die Mörder mordeten, aber versinkt in widerwärtigem Kitsch.
Warum gibt es so viel Aufregung über ein literarisch mittelmäßig bis dürftig geratenes, 1400 Seiten starkes Debüt eines bis vor Kurzem gänzlich unbekannten Autors? Die Antwort liegt auf

[34] Radisch, Iris; In: Die Zeit, 08/2008

der Hand. Das Buch ist eine strategische Provokation. Wäre dieses Buch einer der üblichen historischen Thriller, zu denen es seiner sprachlichen Ambition nach zu rechnen ist, wäre es bereits wieder in den Katakomben der Unterhaltungsliteratur verschwunden, Seite an Seite mit ungezählten anderen Wälzern voller splitternder Hirnschalen, ejakulierender Gehenkter, purpurroter Erwürgter und aufgeschlitzter Soldaten. Doch der jüdische Autor Jonathan Littell hat getan, was in der Tat noch niemand gewagt hat und was die Interpreten in Frankreich und in Deutschland verblüfft und herausfordert. Er spielt 1400 Seiten lang SS-Obersturmbannführer. Er beschreibt den NS-Täter nicht – das haben schon viele getan –, er erkundet, wie sich Täterschaft von innen anfühlt. Der detaillierte Bericht des nach Frankreich geflohenen SS-Mannes Dr. Max Aue über seine Jahrzehnte zurückliegenden Kriegserlebnisse füllt eine publizistische Lücke, die merkwürdigerweise noch niemandem aufgefallen war. (...)

Littell souffliert uns in seinen Interviews, die er in Frankreich gegeben hat, eine Antwort: Wir sollen während dieser mühsamen, häufig ekelerregenden, noch häufiger einfach langweiligen Lektüre etwas über die tiefsten Motive der NS-Täter erfahren. Von Anfang an, sagt er in einem Gespräch mit dem französischen Historiker Pierre Nora, habe ihn „die Frage nach den Motiven der Leute, die töten, gefesselt. Viel mehr als die Opfer."

Das ist ein starkes Argument. Die tiefsten Motive der NS-Täter sind ein ungelöstes Geheimnis. Wenn das Versprechen, dieses Geheimnis zu lüften, in diesem endlosen Buch auch nur für Augenblicke eingelöst wird, dann wären in der Tat alle Mühen, alle Qual, die man mit diesem geschwätzigen Buch hat, nicht vergeblich gewesen. Dann wäre es aller literarischen Mängel zum Trotz ein großes Buch.

Die französische Kritik hat diese Frage bereits beantwortet. Sie behauptet, von vereinzelten Gegenstimmen abgesehen, Littell habe das Wunder vollbracht. Er habe die Untiefen der NS-Täterschaft ausgeleuchtet, er sei in den Sumpf gestiegen wie Dante in die Hölle und habe von dort kostbare Erkenntnisse ans Licht befördert. Er habe aus den Unmenschen Menschen gemacht, den Mördern ein Gesicht und eine Familiengeschichte gegeben, der europäischen Literatur die große Erzählung des 20. Jahrhunderts geliefert und so weiter. Diese Lesart ist von Jorge Semprún über Pierre Nora bis zum Literaturteil von Le Monde in Frankreich die dominierende. In dieser Lesart ist alles Misslungene des Romans – die Kolportage, der Kitsch, die Pornografie, das NS-Geschwätz – nichts als ein notwendiger Baustein zum Gelingen des Ganzen. Da nun das Buch am 23. Februar auch in Deutschland erscheint, wird man aus deutscher Sicht hinzufügen müssen: Von kostbaren Erkenntnissen kann keine Rede sein. Dieses Buch ist allenfalls eine Bibliotheksfantasie, ein gebildetes und größenwahnsinniges Spiel mit Unmengen von Archivmaterialien (...)

Bleibt die allerletzte Frage: Warum sollen wir dieses Buch eines schlecht schreibenden, von sexuellen Perversionen gebeutelten, einer elitären Rassenideologie und einem antiken Schicksalsglauben ergebenen gebildeten Idioten um Himmels willen dennoch lesen? Ich muss gestehen: Pardon, chers amis français, aber auf diese Frage habe ich keine Antwort gefunden.

- Was kritisiert Iris Radisch am Roman *Die Wohlgesinnten*?

Der Schriftsteller Jorge Semprún nimmt in einem Interview in der *Frankfurter Allgemeinen Zeitung* Stellung:[35]

Frage: Abscheu? Ekel? Was empfindet ein Schriftsteller, der zwei Jahre in einem Konzentrationslager überlebte, beim Lesen von Jonathan Littells „Wohlgesinnten"?

J. S.: Nein, nein. Ich war keineswegs geschockt. Das Buch hat mich sofort in seinen Bann gezogen. Es ist ein Meisterwerk. Man macht es sich zu einfach, wenn man gewisse Schwächen dieses Romans kritisiert: die Längen und die Wiederholungen. Das interessiert mich nicht. Zwei Eigenschaften machen diesen Roman zu etwas ganz Besonderem. Erstens die Tatsache, dass es Littell gewagt hat, den Henker zur Hauptfigur und zum Icherzähler zu machen. Das ist neu, das hat es so direkt und ohne Distanzierung nicht gegeben, man kann das nicht wirklich mit Robert Merles frühem,

[35] Frankfurter Allgemeine Zeitung, 8. 2. 2008, S. 35

sehr französischen Buch vergleichen, in dem ebenfalls ein Henker das Wort ergreift. Und wirklich außergewöhnlich ist die Art und Weise, wie es Littell schafft, eine umfassende historische Dokumentation zu verarbeiten und daraus ein schöpferisches Werk zu machen. Sein Buch lebt von der Authentizität, aber es ist ein Roman aus Fleisch und Blut. (...)

Frage: Besteht die Gefahr der positiven Identifikation? Kann sich der Leser mit Max Aue identifizieren?

J. S.: Ich habe den Roman nicht so gelesen, aber ich wäre auch als Schriftsteller nicht in der Lage, einen solchen Roman zu schreiben. Man muss sich das vorstellen: Jemand versetzt sich in die Haut dieses Kriminellen. Monatelang, jahrelang lebt er mit ihm. Ein deutscher Nazi, ein Massenmörder als Icherzähler! Aber könnte ich einen spanischen Faschisten und Folterer als literarische Figur erfinden? Ich weiß es nicht. Vielleicht. Weil ich der spanischen Kultur näher bin. Oder einen Judengreifer in Vichy? Einen der heroischen und ehrenhaften französischen Offiziere in der besten Tradition der republikanischen Armee, die in Algerien gefoltert haben? Es geht nicht um Vergleiche, Gleichstellungen, Entschuldigungen – sondern um das Potenzial in einem Individuum. Und das ist sehr wohl ein Thema für die Literatur.

- Was sieht Jorge Semprún als Vorzüge des Romans?

Robert Merle: *Der Tod ist mein Beruf*

Bereits 1952 schreibt **Robert Merle** (geb. 1908, gest. 2004) in *La mort est mon métier* konsequent aus der Sicht eines Täters – also aus der Ich-Perspektive – über die Vernichtung der Juden. Grundlage für seinen Roman sind die Verhörprotokolle mit Rudolf Höß, dem Kommandanten des KZ Auschwitz-Birkenau. Im Buch heißt Höß Rudolf Lang (so nannte sich Höß auf der Flucht nach dem Kriegsende). Robert Merle schreibt in der Nachbemerkung zum Roman:

Rudolf Lang hat existiert. Er hieß in Wirklichkeit Rudolf Höß und war Lagerkommandant von Auschwitz. Das Wesentliche aus seinem Leben ist uns durch den amerikanischen Psychologen Gilbert bekannt, der ihn während des Nürnberger Prozesses in seiner Zelle befragte. Das Resümee dieser Gespräche – das mir Gilbert zur Verfügung stellte – ist insgesamt unendlich viel enthüllender als die Beichte, die Höß selbst später in seinem polnischen Gefängnis niedergeschrieben hat. Der erste Teil meines Romans ist eine literarische „Neuschöpfung" des Lebens von Rudolf Höß nach dem Gilbertschen Resümee. Der zweite Teil – in dem ich, wie ich glaube, die Arbeit eines Historikers geleistet habe – schildert nach den Dokumenten des Nürnberger Prozesses die langsame, tastende Einregulierung der Todesfabrik von Auschwitz. (...)

Was furchtbar ist und uns eine desolate Meinung vom Menschengeschlecht aufdrängt: um ihre Pläne auszuführen, findet eine Gesellschaft dieses Typs unweigerlich die willigen Werkzeuge für ihre Verbrechen.

Einen solchen Menschen wollte ich in meinem Roman beschreiben. Man möge sich nicht täuschen: Rudolf Lang war kein Sadist. Der Sadismus wucherte in den Todeslagern, aber auf der unteren Ebene. Weiter oben war eine ganz andere psychische Ausrüstung vonnöten.

Es hat unter der Naziherrschaft Hunderte, Tausende Rudolf Langs gegeben, moralisch innerhalb der Immoralität, gewissenhaft ohne Gewissen, kleine Kader, die dank ihrer Zuverlässigkeit und dank ihren „Verdiensten" zu den höchsten Ämtern aufstiegen. Alles, was Rudolf Lang tat, tat er nicht aus Grausamkeit, sondern im Namen des kategorischen Imperativs, aus Treue zum Führer, aus Respekt vor dem Staat. Mit einem Wort, als ein *Mann der Pflicht*: und gerade darin ist er ein Ungeheuer. (S. 291 ff) R

Der erste Teil des Romans ist eine psychologische Charakterstudie, in der sich Robert Merle mit der Kindheit und Jugend von Rudolf Lang auseinandersetzt. Dessen Vater – streng katholisch, pedantisch und gefühlskalt – verlangt von seinem Sohn absoluten Gehorsam und der Leserin/dem Leser wird klar, wie sich aus diesem Lebenslauf heraus das Monster Rudolf Höß entwickeln konnte.

Er hob den Kopf wieder und sagte: „Begnüge dich damit – auf meine Fragen – zu antworten."
„Ja, Vater."

Er fuhr in seinem Verhör fort, aber zerstreut, gleichsam aus bloßer Gewohnheit: „Haben deine Schwestern – gesprochen?"

„Nein, Vater."

„Hast du – Wasser verschüttet?"

„Nein, Vater,"

„Hast du – auf die Straße gesehen?"

Ich zögerte eine Viertelsekunde.

„Nein, Vater."

Er sah mich fest an.

„Gib gut acht. Hast du – auf die Straße gesehen?"

„Nein, Vater."

Er schloß die Augen. Er mußte wirklich zerstreut sein. Sonst hätte er mich nicht so schnell davonkommen lassen.

Ein Schweigen entstand. Sein großer steifer Körper bewegte sich auf dem Sessel hin und her. Der Regen drang mit bösartigen Windstößen ins Zimmer, und ich fühlte, daß mein linkes Knie naß war. Die Kälte ging mir durch und durch, aber es war nicht die Kälte, unter der ich litt. Es war die Furcht, Vater könnte bemerken, wie ich wieder zu zittern anfing.

„Rudolf – ich habe mit dir zu reden." „Ja, Vater."

Er wurde von einem entsetzlichen Husten geschüttelt. Dann sah er zum Fenster hin, und ich hatte den Eindruck, er wollte aufstehen, um die Flügel zuzuschlagen. Aber er besann sich anders und fuhr fort: „Rudolf – ich habe mit dir – über deine Zukunft zu reden."

„Ja, Vater."

Eine ganze Weile saß er schweigend da und sah nach dem Fenster hin. Seine Hände waren blau vor Kälte, aber er gestattete sich keine Bewegung.

„Vorher – wollen wir – beten."

Er stand auf, und ich stand auch auf. Er trat vor das Kruzifix, das hinter dem kleinen niedrigen Stuhl an der Wand hing, und kniete auf dem Fußboden nieder. Ich kniete ebenfalls nieder, nicht neben, sondern hinter ihm. Er machte das Zeichen des Kreuzes und begann, langsam, deutlich und ohne eine Silbe auszulassen, ein Vaterunser zu sprechen. Seine Sprechweise war nicht mehr abgerissen, wenn er betete.

Ich hielt meine Augen fest auf die große, steife Gestalt gerichtet, die vor mir kniete, und wie immer hatte ich das Empfinden, daß mein Gebet sich viel mehr an sie als an Gott wandte.

Vater sagte mit fester Stimme und stand auf. Ich stand gleichfalls auf. Er setzte sich wieder an seinen Schreibtisch.

„Setz dich."

Ich nahm wieder auf meinem kleinen Stuhl Platz. In meinen Schläfen hämmerte es.

Er sah mich eine ganze Weile an, und ich hatte den außergewöhnlichen Eindruck, daß es ihm an Mut gebrach zu sprechen. Während dieses Zögerns hörte der Regen plötzlich auf. Sein Gesicht erhellte sich, und ich wußte, was geschehen würde.

Vater stand auf und schloß das Fenster: Gott selbst hatte der Strafe ein Ende gesetzt.

Vater setzte sich wieder, und mir schien es, als hätte er neuen Mut geschöpft.

„Rudolf", sagte er, „du bist dreizehn Jahre – und du bist in dem Alter – es zu verstehen. Gott sei Dank – bist du verständig – und dank mir – oder vielmehr", fuhr er fort, „dank der Erleuchtung, die Gott mir – betreffs deiner Erziehung – hat zuteil werden lassen – bist du – in der Schule – ein guter Schüler. Denn ich habe dich gelehrt – Rudolf – ich habe dich gelehrt – deine Pflicht zu tun – so wie du die Fenster putzt – gründlich!"

Er schwieg eine Viertelsekunde und fuhr mit lauter Stimme, fast schreiend, fort: „Gründlich!"

Ich begriff, daß ich etwas sagen mußte, und antwortete mit schwacher Stimme: „Ja, Vater." Seitdem das Fenster geschlossen war, kam es mir vor, als wäre es im Zimmer noch kälter.

„Ich werde also – dir sagen – was ich – betreffs deiner Zukunft _ beschlossen habe. – Aber ich will", fuhr er fort, „daß du – die Gründe – meines Entschlusses – erfährst und verstehst."

Er hielt inne, preßte seine Hände gegeneinander, und seine Lippen fingen an zu beben. (S. 11 f)

R

Rudolf Langs Biografie führt ihn zu den Nationalsozialisten und in weiterer Folge zur SS. Vom Reichsführer der SS, Heinrich Himmler, wird er ausgesucht, die „Endlösung der Judenfrage" organisatorisch durchzuführen:

„Sie sind dazu ausersehen, diese Aufgabe durchzuführen." (...)
„Ich habe das KZ Auschwitz als Ort der Vollstreckung gewählt und Sie als den Ausführenden. Ich habe das KZ Auschwitz gewählt, weil es am Schnittpunkt von vier Eisenbahnlinien liegt und für die Transporte leicht erreichbar ist. Außerdem ist die Gegend einsam, wenig bevölkert und bietet folglich günstige Voraussetzungen für die Abwicklung eines geheimen Unternehmens."
Er senkte den Blick zu mir herunter.
„Sie habe ich wegen Ihres Organisationstalents gewählt ..." Er bewegte sich leicht im Schatten und sagte betont und deutlich: „... und wegen Ihrer seltenen Gewissenhaftigkeit. (...) (S. 190 f) R

- Wie prädestiniert die Erziehung durch seinen Vater Höß/Lang zur Organisation der Massenvernichtung der Juden?

In einer Besprechung Langs mit einem Abgesandten Himmlers[36] wird deutlich, dass die Juden nicht als Menschen gesehen werden:

Erstens: „Für die ersten sechs Monate sollen Sie Ihre Dispositionen unter der Voraussetzung treffen, daß die ungefähre Gesamtsumme der Eingänge etwa fünfhunderttausend Einheiten beträgt."
Ich öffnete den Mund, er winkte mit seiner Zigarre ab und sagte energisch: „Einen Moment, bitte! Bei jedem Transport werden Sie unter den Ankömmlingen eine Auswahl treffen und die zur Arbeit tauglichen Personen den industriellen und landwirtschaftlichen Unternehmen von Birkenau-Auschwitz zur Verfügung stellen."
Ich machte ein Zeichen, daß ich sprechen wollte, aber er schwang wiederum gebieterisch seine Zigarre und fuhr fort: „Zweitens: Sie werden mir für jeden Transport eine Meldung über die Zahl der Untauglichen zukommen lassen, die von Ihnen der Sonderbehandlung unterworfen werden. Doch Sie dürfen keine Zweitschrift dieser Meldungen zurückbehalten. Mit anderen Worten, die Gesamtsumme der Leute, die von Ihnen während der ganzen Zeit Ihres Kommandos behandelt werden, muß Ihnen unbekannt bleiben."
Ich sagte: „Ich sehe nicht ein, wie das möglich ist. Sie haben doch selbst von fünfhunderttausend Einheiten für die ersten sechs Monate gesprochen."
Er schwang ungeduldig seine Zigarre.
„Bitte, bitte! Die von mir angeführte Zahl von fünfhunderttausend Einheiten umfaßt sowohl die zur Arbeit Tauglichen wie die Untauglichen. Sie werden sie bei jeder Lieferung trennen müssen. Sie sehen also, daß Sie im voraus die Gesamtzahl der Untauglichen nicht kennen können. Und von denen sprechen wir."
Ich überlegte und sagte: „Wenn ich Sie recht verstehe, soll ich von jedem Transport die Zahl der Untauglichen, die der Sonderbehandlung unterworfen werden, Ihnen mitteilen, aber ich darf keine Unterlage über diese Zahl aufbewahren und ich darf folglich die Gesamtsumme der Untauglichen aus sämtlichen Transporten, die von mir behandelt werden, nicht wissen." (...)
Es trat ein Schweigen ein, und ich sagte: „Darf ich eine Bemerkung zu Ihrem ersten Punkt machen?"
Er steckte seine Zigarre in den Mund und sagte kurz: „Bitte!"
„Wenn ich die runde Summe von fünfhunderttausend Einheiten für die ersten sechs Monate zugrunde lege, komme ich auf einen Monatsdurchschnitt von ungefähr vierundachtzigtausend Einheiten, das heißt etwa zweitausendachthundert Einheiten, die binnen vierundzwanzig Stunden der Sonderbehandlung zu unterwerfen wären. Das ist eine ungeheure Zahl."
Er nahm die Zigarre aus dem Mund und hielt sie hoch.
„Irrtum. Sie vergessen, daß es unter den fünfhunderttausend Einheiten wahrscheinlich eine ziemlich hohe Zahl von Arbeitstauglichen geben wird, die Sie nicht zu behandeln haben werden."
Ich dachte darüber nach und sagte: „Meiner Meinung nach heißt das nur dem Problem auswei-

[36] Himmler, Heinrich (1900–1945): Reichsführer der SS und Chef der Deutschen Polizei

chen. Nach meiner Erfahrung als Lagerkommandant beträgt die durchschnittliche Dauer der Verwendungsmöglichkeit eines Häftlings zur Arbeit drei Monate. Danach wird er arbeitsunfähig. Folglich, angenommen, bei einem Transport von fünftausend Einheiten würden zweitausend für arbeitstauglich erklärt, ist es klar, daß diese zweitausend nach einem Vierteljahr zu mir zurückkommen werden und daß ich sie dann zu behandeln habe."
„Gewiß. Aber Sie haben wenigstens Zeit gewonnen. Und solange Ihre Einrichtung noch nicht ganz auf der Höhe ist, wird dieser Aufschub Ihnen zweifellos sehr wertvoll sein." (S. 195 ff) R

- Beschreiben Sie die sprachlichen Auffälligkeiten des Texts, insbesondere die Wortwahl.

Stalinismus

Alexander Solschenizyn: *Der Archipel Gulag*

Alexander Solschenizyn, geboren 1918 in Kislovodsk, gestorben 2008 in Moskau, ist von 1942 bis 1945 im Fronteinsatz Hauptmann einer Batterie. 1945 wird er in Ostpreußen wegen kritischer Äußerungen über Stalin in Briefen verhaftet und zu acht Jahren Lagerhaft verurteilt. Nach den acht Jahren wird er nach Kasachstan verbannt, wo er 1956 rehabilitiert wird.
1962 erscheint sein erster Roman *Ein Tag im Leben des Iwan Denissowitsch*. Ab 1966 darf er in der UdSSR nicht mehr publizieren, seine Werke erscheinen im Westen. 1970 erhält Solschenizyn den Nobelpreis für Literatur, 1974 wird er verhaftet und ausgebürgert. Nach Aufenthalten in Deutschland, in der Schweiz und in den USA kehrt er 1994 nach Russland zurück.
Die Dokumentation *Der Archipel Gulag* beschreibt das System der sowjetischen Lager, den Mechanismus des stalinistischen Terrors auf Grundlage der Berichte von ca. zweihundert Zeugen:[37]

Solženicyn beschreibt ein vom übrigen Leben völlig getrenntes Inselreich („Archipel"). (…) Von den Soloveckij-Inseln breitete sich der „Archipel Gulag" über das ganze Land aus, wobei „Gulag" für „Lagerhauptverwaltung" steht. Nach einer oft phantasievoll in Szene gesetzten Verhaftung erwarten den Delinquenten raffinierte Verhörtechniken und zahllose Variationen der Folter, die von seiner völligen Isolierung über sexuelle Erniedrigung, Hungerstrafen, Schwerstarbeit ohne Hilfsmittel bei Frost bis nahe 60 Grad bis zur Anwendung brutalster physischer Gewalt mit Todesfolge reichen. In den Lagern ist Arbeit Pflicht, „Vernichtung durch Arbeit" das Ziel, dem auch wirtschaftlich und verkehrstechnisch sinnlose Großprojekte wie der Weißmeer-Kanal dienen, der buchstäblich aus den Knochen Tausender von Lagerinsassen errichtet wurde. (…) Korruptes Wachpersonal, willkürliche Bestrafungen, das allgegenwärtige Spitzelwesen, sexuelle Not durch strikte Geschlechtertrennung und die Herrschaft der Kriminellen über die rechtlosen politischen Gefangenen kennzeichnen das Leben in den Lagern, in denen Millionen Menschen unschuldig gefangengehalten wurden: Altbolschewiken, in Kriegsgefangenschaft geratene Soldaten, mißliebige nationale Minderheiten wie Letten, Wolgadeutsche oder Koreaner, ferner Priester, Christen und Angehörige von Sekten jeder Art, dazu Tolstojaner, Esperantisten, als „Kulaken" verunglimpfte freie Bauern, Geschäftemacher, die aus der „Neue ökonomische Politik" (NEP) genannten Teilreprivatisierung der Wirtschaft in den zwanziger Jahren Gewinn gezogen hatten, und ganze Berufsstände wie Ingenieure oder – in den Jahren 1936/37 – fast das gesamte Offizierskorps vom Hauptmann aufwärts. Dem Massenterror fielen als angebliche Spione, Terroristen, Trotzkisten, Staatsfeinde und Schädlinge, Kinder, Greise, und, nach dem Prinzip der Sippenhaft, selbstverständlich auch die Angehörigen der Verurteilten zum Opfer. Stalins Terrorrecht kehrte die Beweislast um: Nicht die Behörden müssen die Schuld des Beschuldigten beweisen, sondern dieser seine Unschuld – angesichts absurdester Beschuldigungen die schiere Unmöglichkeit. (…) Außer Solženicyns eigenen Reminiszenzen enthält die Dokumentation einige Beispiele für Schauprozesse der dreißiger Jahre, zahlreiche Häftlingsbiographien, Berichte über Ausbruchsversuche und andere Episoden, die oft den Umfang eigenständiger Erzählungen annehmen, (…).

[37] Walter, Klaus-Peter: Alexsandr Solženicyn. In: Kritisches Lexikon zur fremdsprachigen Gegenwartsliteratur. München: edition text+kritik Band 10 1983, S. 5 f

Die Gerichtsverhandlungen, die zu den Verurteilungen führen, sind nur eine Farce:

Auf bedrückende Weise ähneln einander die Tagungen der Tribunale. Auf bedrückende Weise gefühl- und gesichtslos sind die Richter, wie – Gummihandschuhe. Und die Urteile kommen alle vom Fließband.

Alle haben ernste Mienen aufgesetzt, aber jeder versteht, daß es eine Posse ist, am besten verstehen es die einfacheren Burschen von der Wachmannschaft. Aus dem Nowosibirsker Durchgangsgefängnis wird 1945 eine Sträflingspartie übernommen; die Wachen rufen nach *Akten* auf: „Häftling Soundso!" – 58,1a, fünfundzwanzig Jahre." Der Chef des Konvois merkt auf: „Wofür kriegst du die denn?" – „Für nichts!" – „Lüg nicht. *Für nichts kriegt man zehn!*"

Wenn das Tribunal in Eile ist, dauert die „Beratung" eine Minute: Das Gericht kommt, das Gericht geht. (...)

Alle Wände der gerichtlichen Wartesäle sind von Nägeln zerkratzt, mit Bleistiften bekritzelt: „... zum Tode verurteilt", „fünfundzwanzig bekommen", „zum Zehner verknackt". Sie lassen die Inschriften stehen: als Mahnung. Sei furchtsam und unterwürfig und glaube ja nicht, du könntest durch dein Verhalten das geringste ändern. Auch die schönste Demosthenesrede, vor einem leeren Saal, bloß einem Häuflein von Untersuchungsrichtern vorgetragen (Olga Sliosberg beim Obersten Gericht, 1938), wird dir nicht helfen. Den Zehner zum Genickschuß anheben – das kannst du allerdings; brauchst ihnen bloß ins Gesicht zu schleudern: *„Faschisten seid ihr!* Ich schäme mich, mit euch in einer Partei gewesen zu sein!" (Nikolai Semjonowitsch Daskal, Sonderkollegium der Asow-Schwarzmeerregion, Gerichtsvorsitzender Chelik, Maikop 1937), dann hängen sie dir ein neues Verfahren an, dann bist du geliefert. (S. 277 f) R

- Wozu dienen die Verfahren vor Gericht? Inwiefern unterscheiden sie sich von „normalen" Gerichtsverfahren?

Bereits der Transport zu den Lagern ist für viele Menschen tödlich:

Als in Solikamsk ein Transport aus Leningrader Gefängnissen entladen wurde (1942), war der ganze Bahndamm mit Leichen bedeckt, nur wenige Insassen kamen lebend an. Die in den Wintern 1944/45 und 1945/46 in der Siedlung Schelesnodoroschnyj (Knjasch-Pogost), wie auch in anderen wichtigen Knotenpunkten des Nordens, ankommenden Häftlingstransporte aus den befreiten Gebieten – aus dem Baltikum, aus Polen, aus Deutschland – führten einen oder zwei Waggons Leichen mit sich. Das bedeutet aber, daß sie die Toten unterwegs aus den lebenden Wagen herausholten, was indes nicht immer so gehandhabt wurde. In der Station Suchobeswodnaja geschah's oft genug, daß man erst nach dem Öffnen der Waggontüren erfuhr, wie viele lebendig, wie viele tot angekommen waren: Wer nicht herausgekrochen kam, war mithin tot.

Schrecklich und tödlich ist die Fahrt im Winter, denn die Konvoisoldaten haben mit dem Wachsamsein alle Hände voll zu tun; zum Kohlenschleppen für fünfundzwanzig Öfen reicht die Kraft nicht mehr. Doch auch in der Hitze zu fahren ist kein reines Honiglecken: Von den vier kleinen Fensterluken sind zwei luftdicht zugemacht, das Dach ist glühend heiß; Wasser für tausend Menschen zu schleppen hieße von den Wachmannschaften vollends zuviel verlangen, wo sie doch schon mit einem Stolypin nicht zu Rande kommen. Als beste Transportmonate gelten darum unter den Häftlingen der April und September. (...)

Hier die Ankunft an Ort und Stelle: Station Jerzowo, Februar 1938. Die Waggons werden in der Nacht geöffnet. Am Zug entlang sind Feuer angezündet, sie geben das Licht für die Entladung, fürs Abzählen, fürs Aufstellen im Schnee, fürs abermalige Zählen. Draußen sind zweiunddreißig Grad Kälte. Der Schub kommt aus dem Donbass, die Verhafteten sitzen seit dem Sommer ein, haben darum Halbschuhe und Sandalen an den Füßen. Sie versuchen, sich am Feuer zu wärmen, und werden fortgejagt: Nicht zum Wärmen sind die Feuer, sondern fürs Licht. Die Zehen werden sofort steif. Die leichten Schuhe sind voll Schnee, der taut nicht einmal. Gnade ist nicht zu finden, da ertönt das Kommando: „Angetreten! ... ein Schritt nach links ... ein Schritt nach rechts ... ohne Warnung ... geschossen ... Marsch!" (...) Die Kolonne setzt sich in Marsch, die Wachen in den Pelzjacken und die Todgeweihten in ihren Sommersachen, sie stapfen über die tiefverschneite, von gar niemandem ausgetretene Straße – irgendwohin in die finstere Taiga. Vor ihnen kein Zeichen von Behausung. Lodernd strahlt das Nordlicht, unser erstes und wahrscheinlich letztes … Die Tannen knacken im Frost. Mit erfrierenden Fußklumpen, mit klammen Knien kämpfen sich die Barfüßler durch den Schnee. (S. 517 ff)

Der Historiker Karl Schlögel untersucht in seinem Buch *Terror und Traum. Moskau 1937* die Jahre des „Großen Terrors". Unter anderem anhand des Moskauer Adressbuchs von 1936 zeichnet er eine Spur des Verschwindens:

Niemand konnte 1936 ahnen, wie sich das Geflecht aus Institutionen und Menschen, die das aktuelle Adressbuch abgebildet hatte, ein Jahr später verändert haben würde. Historiker werden später herausfinden, dass Anfang 1939 110 der 139 im Jahre 1934 vom XVII. Parteitag gewählten Mitglieder und Kandidaten des Zentralkomitees verhaftet waren, dass Mitte 1939 in Stadt und Gebiet Moskau nur noch sieben von 139 Parteisekretären im Amt und alle übrigen verhaftet und erschossen waren und viele Selbstmord begangen hatten. Sie werden herausfinden, dass Abertausende unter falschen und absurden Beschuldigungen verhaftet und getötet worden sind, dass die Führungsebenen und Apparate des Staates, der Wirtschaftsorganisationen und Kombinate, der Institute und vor allem der Roten Armee so radikal dezimiert worden sind, wie es in keinem noch so opferreichen Krieg gegen einen äußeren Feind je geschehen war. (…)
Und doch waren die Hauptopfer der Zahl nach die einfachen Parteimitglieder und vor allem Menschen, die überhaupt keiner Partei, weder der regierenden noch einer konterrevolutionären, angehörten. Allein bei Elektrosawod, einer der größten und modernsten Fabriken Moskaus, waren 1000 Angehörige der Belegschaft von den Repressionen betroffen, (…).[38]

- Wie kann der Historiker Karl Schlögel die Ausmaße des Stalinistischen Terrors anhand des Moskauer Adressbuchs von 1936 sichtbar machen?

Warlam Schalamow: Erzählungen aus Kolyma

Warlam Schalamow, 1907 geboren und 1982 in Moskau in einer psychiatrischen Klinik gestorben, wird wegen „konterrevolutionärer Agitation" zu zwei Jahren Lagerhaft im Ural verurteilt. 1937 wird er im Zuge der „Großen Säuberung" wegen „konterrevolutionärer trotzkistischer Tätigkeit" erneut verhaftet und in die Kolyma-Region im Nordosten Sibiriens deportiert, wo er unter anderem in einem Gold- und in einem Kohlebergwerk Zwangsarbeit leisten muss. Die Temperaturen in diesem arktischen Gulag fallen in den Wintermonaten unter minus 50 Grad.
Schalamow macht eine Odyssee durch die stalinistischen Lager, gilt mehrmals als „dochodjaga" (Todeskanidat mit extremem Untergewicht und schweren Krankheiten) und wird erst 1953 aus der Lagerhaft entlassen.
Warlam Schalamow hat seine Erfahrungen im Gulag auf Hunderten Seiten in seinen Kurzgeschichten verarbeitet. Im Gegensatz zu vielen Autoren wie Semprún und Levi, die selbst noch in den Konzentrationslagern der Nazis die Reste menschlicher Humanität überleben sehen, hat Schalamow jegliche Hoffnung verloren. Es herrschen Kriminelle über die anderen Häftlinge; für den kompromisslosen Schalamow gibt es in den Lagern keine humanistischen Ideale mehr, die den Menschen kennzeichnen:[39]

Das Lager, so lautet Schalamows Fazit des Erlebten, ist eine „Negativerfahrung": „Der Mensch soll es nicht kennen, soll nicht einmal davon hören. Kein einziger Mensch wird besser oder stärker nach dem Lager. Das Lager ist eine Negativerfahrung, eine negative Schule, es wirkt zersetzend auf alle – auf die Chefs und die Häftlinge, auf Begleitposten und Zuschauer, auf Passanten und Leser von Belletristik. (…)
Hinter der Schwelle des Lagers bleibt in den „Erzählungen aus Kolyma" kein Raum für Hoffnung.

[38] Schlögel, Karl: Terror und Traum. Moskau 1937. München: Hanser Verlag 2008, S. 97 ff

[39] Thun-Hohenstein, Franziska: Warlam Schalamows Radikale Prosa. In: Schalamow, Warlam: Durch den Schnee. Erzählungen aus Kolyma I. Berlin: Matthes & Seitz 2007, 2. Auflage, S. 313 ff

An den grundsätzlich dezivilisierenden Folgen des Lagers für jeden Menschen ließ der Verfasser keinen Zweifel: „In einer Situation aber, wo die tausendjährige Zivilisation abfällt wie eine Schale und das animalische biologische Wesen vollkommen offen hervortritt, werden die Reste der Kultur zum realen und brutalen Kampf um das Leben in seiner unmittelbaren, primitiven Form genutzt."

Die Leserin/Der Leser muss nach Lektüre der Schalamowschen Texte schaudernd erkennen, dass der Gulag und Auschwitz einander sehr nahe sind, denn in beiden wird der Einzelne durch den Staat vernichtet.

Im folgenden Textauszug wird ein Häftling hingerichtet:

„Komm her", sagte der Aufseher zu Dugajew. „Hier ist dein Platz." Er maß den Rauminhalt der Grube aus und legte ein Merkzeichen hin, ein Stück Quarz. „Bis hier", sagte er. „Der Stegbauer verlegt dir ein Brett bis zum Hauptsteg. Dort karrst du hin, wie die anderen auch. Hier hast du Schaufel, Hacke, Brechstange, Schubkarre, leg los."

Dugajew begann fügsam mit der Arbeit.

Um so besser, dachte er. Kein Kamerad wird schimpfen, daß er schlecht arbeitet. Die ehemaligen Ackerbauern müssen weder begreifen noch wissen, daß Dugajew Anfänger ist, daß er gleich von der Schule an die Universität gewechselt und die Universitätsbank gegen diese Grube eingetauscht hat. Jeder für sich allein. Sie müssen nicht, sind nicht verpflichtet zu begreifen, daß er längst schon ausgezehrt und halb verhungert ist und unfähig, zu stehlen: die Fähigkeit zu stehlen ist die wichtigste Tugend des Nordens, in allen Varianten, angefangen vom Brot des Kameraden bis hin zu den Tausenden Rubeln Prämien, die die Leitung einstreicht für nichtvorhandene, nichtexistente Erfolge. Niemanden geht es etwas an, daß Dugajew einen Sechzehnstundentag nicht durchhält.

Dugajew karrte, hackte und kippte, und wieder: karrte, hackte, kippte.

Nach der Mittagspause kam der Aufseher, warf einen Blick auf das von Dugajew Geschaffte und entfernte sich wortlos ... Dugajew hackte und kippte wieder. Bis zur Quarzmarke war es noch sehr weit.

Am Abend erschien der Aufseher erneut und wickelte das Bandmaß ab. Er maß, was Dugajew geschafft hatte.

„Fünfundzwanzig Prozent", sagte er und sah Dugajew an. „Fünfundzwanzig Prozent. Hörst du?"

„Ich höre", sagte Dugajew. Er wunderte sich über diese Zahl. Die Arbeit war so schwer, die Schaufel faßte so wenig Stein, es war so schwer zu hacken. Die Zahl – fünfundzwanzig Prozent der Norm – erschien Dugajew sehr hoch. Die Waden schmerzten, vom Druck auf die Schubkarre taten Arme, Schultern und Kopf unerträglich weh. Der Hunger hatte ihn längst verlassen. Dugajew aß, weil er sah, daß die anderen aßen, irgend etwas diktierte ihm: du mußt essen. Aber er mochte nicht essen.

„Na dann", sagte der Aufseher im Gehen. „Ich wünsche Gesundheit."

Am Abend wurde Dugajew zum Untersuchungsführer gerufen. Er antwortete auf vier Fragen: Vorname, Nachname, Artikel, Haftdauer. Vier Fragen, die der Häftling dreißig Mal am Tag gestellt bekommt. Dann ging Dugajew schlafen. Am nächsten Tag arbeitete er wieder mit der Brigade, mit Baranow, und in der Nacht darauf führten ihn Soldaten hinter den Pferdestützpunkt und brachten ihn auf einem Waldweg an einen Ort, wo, einen kleinen Hohlweg beinahe verdeckend, ein hoher Zaun mit Stacheldrahtverhau stand und woher in den Nächten fernes Traktorengeknatter herüberklang. Und als Dugajew begriff, worum es ging, bedauerte er, daß er umsonst gearbeitet, sich umsonst gequält hatte an diesem letzten heutigen Tag. (S. 32f) R

- Wie behandelt der Aufseher den Häftling Dugajew? Zitieren sie entsprechende Textstellen.
- An welchen Textstellen wird die Hoffnungslosigkeit der Situation besonders deutlich?

Gustaw Herling: *Welt ohne Erbarmen*

Gustaw Herling, geboren 1919 in Lielce (Polen), gestorben 2000 in Neapel, wird 1940 beim Versuch, sich über Litauen nach Frankreich durchzuschlagen, von der russischen Geheimpolizei verhaftet und zu fünf Jahren Zwangsarbeit verurteilt. 1942 kommt er frei.
Sein Roman *Welt ohne Erbarmen* zeichnet detailgetreu die Welt der Lager: die Lagerhierarchie, die Vernichtung durch Arbeit, die unmenschlichen Lebensbedingungen … (S. 35 ff)

Die beiden ersten Kameraden, denen ich im Lager begegnete, gehörten noch zu den Überresten der „Alten Garde" von 1937. Den einen, Polenko, einen Landwirtschaftsingenieur, hatte man der Sabotage bei der Kollektivierung für schuldig befunden, und den anderen, Karbóuski, einen Funkingenieur aus Kiew, hatte man eingesperrt, weil er den Briefkontakt zu seinen Verwandten in Polen aufrechterhalten hatte. Von ihnen erfuhr ich, daß das Lager Kargopol vor vier Jahren gegründet worden war. Als ich dorthin kam, bestand es aus mehreren Einzellagern (…), die in einem Umkreis von vielen Kilometern verteilt waren und in denen zusammen ungefähr 30 000 Gefangene lebten. (…) Die Lebensbedingungen waren sehr hart. Nicht selten fiel das Thermometer auf mehr als 40° unter Null. Die tägliche Essensration betrug 300 g Schwarzbrot und eine Schüssel warme Suppe. Die Gefangenen schliefen in Hütten aus Tannenästen, die sie rings um ein immer brennendes Feuer gebaut hatten, während das bewaffnete Wachpersonal in kleinen, auf Schlittenkufen stehenden Baracken hauste. Zunächst mußten die Gefangenen ein Stück Wald roden. (…) Zur gleichen Zeit nahm die Sterblichkeit erschreckend zu. Die ersten, die starben, waren polnische und deutsche Kommunisten, die aus ihren Heimatländern nach Rußland geflohen waren, um einer Verhaftung zu entgehen. Nach den Berichten meiner beiden Kameraden war es besonders erschütternd, die Polen sterben zu sehen, weil ihr Tod so plötzlich kam. Diese polnischen Kommunisten, meist Juden, endeten jäh, wie Vögel, die bei starkem Frost von einem Zweig herabfallen, oder wie Tiefseefische, die krepieren, wenn man sie an die Meeresoberfläche bringt. Ein kurzes Aufhusten, ein kaum hörbares Seufzen, eine dünne weiße Hauchwolke, die einen Augenblick in der Luft schwebte, und der Kopf sank schwer auf die Brust herab, während die Hände noch ein letztes Mal nach dem Schnee auf dem Boden griffen. Weiter nichts – kein Schrei – nicht einmal ein Klagen … Nach ihnen kamen die Ukrainer an die Reihe und dann die, die aus Mittelasien stammen, also die Kasaken, Usbeken, Turkmenen, Kirgisen, die man alle „Nacmenij" nennt. (…) In den ersten Monaten, als die Menschen wie die Fliegen starben und die Verhältnisse im Lager mehr als primitiv waren, konnten die Wachhabenden die Gefangenen kaum dauernd unter Kontrolle halten, und oft wurden die schon ganz gefrorenen Leichen in den Hütten versteckt, damit man so in den Genuß ihrer Lebensmittelrationen kam.

Auf Deutsch erschien der Roman erstmals 1953, zu einer Zeit, in der die Tatsache des stalinistischen Lagersystems von vielen als antisowjetische Gräuelpropaganda diffamiert wurde. Der Philosoph Bertrand Russell schreibt dazu im Vorwort zu *Welt ohne Erbarmen*:

Im Anhang des Buches sind Briefe von bekannten Kommunisten veröffentlicht, in denen behauptet wird, daß derartige Lager überhaupt nicht existieren. Die Schreiber dieser Briefe sowie alle jene Sympathisanten des Kommunismus, die den dortigen Sirenengesängen glauben, sind gleichermaßen verantwortlich für die fast unvorstellbare Grausamkeit, mit der Millionen hilfloser Menschen, Männer und Frauen, durch harte Arbeit und Hunger in der arktischen Kälte langsam zu Tode gequält werden. Nur Menschen, denen jede Menschlichkeit fremd ist, können die Wahrheit solcher Bücher, wie dieses von Gustaw Herling, leugnen, denn, hätten sie irgendeine Menschlichkeit, würden sie die darin geschilderten Tatsachen nicht einfach abtun, sondern sich die Mühe machen, ihnen nachzugehen.
Kommunisten ebenso wie Nazis haben den schmerzlichen Beweis erbracht, daß der Trieb, andere zu quälen, in sehr vielen Menschen schlummert und nur auf eine Gelegenheit wartet, um sich in

seiner nackten Grausamkeit zu offenbaren. Aber ich glaube nicht, daß das Böse durch blinden Haß gegen jene, die es verüben, ausgerottet werden kann. Wir würden damit nur genau so werden wie sie. (S. 7)

Herlings genauer Blick auf das System der Arbeitslager ist kompromisslos. Er zeigt aber auch die Ausnahmen, diejenigen, die Menschen geblieben sind, die sich nicht aufgegeben und in das Lagersystem eingefügt haben. Meist war das für diese Menschen tödlich.

Wassili Grossmann: *Leben und Schicksal*

Wassili Grossmann (1905–1964) verliert 1941 bei einem Massaker der Deutschen an Juden seine Mutter. Der Ingenieur und Schriftsteller meldet sich freiwillig an die Front und wird Kriegsreporter für die russische Armeezeitung „Krassnaja Swedsda". Er schreibt als Schriftsteller so, wie sich die Machthaber die Literatur vorstellen: als Propaganda für die jeweilige Parteilinie.
Unter anderem wegen Stalins antisemitischer Kampagne wird Grossmanns Distanz zum stalinistischen System evident. Die wenigsten seiner Werke dürfen in der UdSSR erscheinen und er wird vom KGB überwacht. Das Manuskript seines Romans *Leben und Schicksal*, alle Abschriften, Notizen für den Roman und selbst die Farbbänder der Schreibmaschine werden beschlagnahmt.

Leben und Schicksal kann – aus der Sowjetunion herausgeschmuggelt – erstmals 1980 in russischer Sprache in der Schweiz erscheinen. Der monumentale realistische Roman handelt von der mörderischen Schlacht um Stalingrad, aber auch von den deutschen KZ und den sowjetischen Gulags, deren Ähnlichkeit deutlich wird.

Der Historiker Karl Schlögel beschreibt in der Zeitung *Die Welt* die Absurdität der Schlacht um Stalingrad:[40]

So wird Stalingrad zum Augenblick der Metanoia[41] und der Revision[42]. Endlich – wie scheinbar paradox! – treffen Sowjetbürger nicht auf den Spuk ausgedachter Faschisten, Diversanten[43] und Spione, mit denen ein paranoides und von Panik gepacktes Regime die Bevölkerung terrorisiert hatte, sondern auf wirkliche Feinde, wirkliche Faschisten! Endlich wusste man, dass es einen wirklichen Frontverlauf gab, und wo Feind und Freund standen.
Grossman lässt einen Häftling in einem sowjetischen KZ sagen: „Wie schön, wenn man einsitzt und weiß, dass man von einem Faschisten geprügelt wird. Wir sind hier doch in der schrecklichsten Lage, werden von unseren eigenen Leuten misshandelt." Endlich können all jene Zehntausende, Hunderttausende, Millionen, die wegen „Verrat des Vaterlandes", „Diversion", „Sabotage" verhaftet, gefoltert, verbannt worden sind, zeigen, wer der Heimat wirklich die Treue gehalten hat und wer nicht.
Von diesem Moment an erscheint die Geschichte in einem neuen Licht, und die Menschen fangen an, über die Zeit nach dem Sieg zu sprechen, wie es wäre, wenn Schluss wäre mit den Lügen und Fiktionen; wie es wäre, wenn es eine Freiheit des Wortes, der Presse, der Religion gäbe. Im Feuer von Stalingrad verbrennt die Lüge. Hier fangen Politkommissare wie Krymow, die des Defaitismus oder des Verrats beschuldigt worden sind, an, über die Verbrechen zu sprechen, denen sie selbst während der „Entkulakisierung" teilnahmslos zugesehen oder auch selbst begangen hatten.
Jetzt, wo die Söhne der deportierten Bauern ins Feuer gehen, ist die Stunde gekommen, wo über das Grauen, das die Kollektivierung und die Hungersnot über ihre Familien gebracht hatten, zu sprechen. Stalingrad ist jener Moment der Klarheit, der schon bald wieder verdunkelt werden wird. Die Abermillionen Toten der Hungersnot und der Säuberungen in den 30er Jahren werden im Triumph des Sieges und im Schatten der Kriegstoten verschwunden sein – und in Jahrzehnten des Schweigens.

[40] Schlögel, Karl: Wassili Grossmann. Stalingrad in literarischer Großaufnahme. In: Die Welt, http://www.welt.de/kultur/article1239753/Stalingrad_in_literarischer_Grossaufnahme.html; 21. 9. 2010

[41] Metanoia: Umdenken

[42] Revision: Richtigstellung

[43] Diversant: im kommunistischen Sprachgebrauch ein Saboteur

Zugedeckt von der Tragödie des deutsch-sowjetischen Krieges ist auch die Tragödie der Ermordung der sowjetischen Juden. Grossmann, der 1905 in Berditschew geboren wurde und dessen Mutter zusammen mit der gesamten Judenheit von Berditschew von den Deutschen schon in den ersten Kriegstagen umgebracht worden war, war mit der Roten Armee nach Westen – „durch eine Ukraine ohne Juden" – vorgerückt. Er hatte zu den ersten gehört, die Babij Jar, Majdanek-Lublin und Treblinka gesehen und im mit Ilja Ehrenburg verfassten „Schwarzbuch" über die Vernichtung der sowjetischen Juden dokumentiert hatte – ein weiteres Buch, das zu Grossmans Lebzeiten nie hatte erscheinen können.
Die sowjetische Sprachregelung, die nur die Rede von den „Massenverbrechen gegen Sowjetbürger" erlaubte, verschwieg so die Geschichte der Ausrottung des jüdischen Volkes. Mehr noch: schon bald nach dem Sieg über den Faschismus wurden die sowjetischen Juden Zielscheibe eines als „Kampf gegen den Kosmopolitismus" verkappten Antisemitismus, dessen tödliche Gefahr erst mit dem Tod Stalins gebannt war.

- Was ist für die „Sowjetbürger" das Absurde an der Schlacht von Stalingrad? Markieren Sie die entsprechenden Textstellen.
- Was verschweigt das stalinistische System?

Im folgenden Textausschnitt – einer zentralen Stelle des Romans – wird der in einem deutschen Lager eingekerkerte Michail Mostowskoi vom SS-Obersturmbannführer Liss mitten in der Nacht zum vermeintlichen Verhör abgeholt. Doch Liss will mit Mostowskoi, einem alten überzeugten Kommunisten, nur diskutieren, ihn davon überzeugen, dass sich ihre beiden Systeme sehr ähnlich sind.

Michail Sidorowitsch hatte keine Angst vor der Folter; viel schrecklicher war ihm der Gedanke, dass der Deutsche womöglich nicht log, dass er vielleicht tatsächlich das rein menschliche Bedürfnis hatte, sich auszusprechen. (...)
Aber Liss sagte: „(...) Wer sitzt denn in unseren Lagern, wenn kein Krieg ist und keine Kriegsgefangenen da sind? – Die Feinde der Partei, des Volkes. Diese Leute sind Ihnen nicht unbekannt – es sind dieselben, die auch Ihre Lager bevölkern. Und wenn unser Reichssicherheitshauptamt in der Friedenszeit nach dem Krieg Ihre Gefangenen in das deutsche System einbezieht, dann werden auch wir sie nicht freilassen. Ihre Häftlinge wären dann auch unsere Häftlinge."
Er musste lachen.
„Die deutschen Kommunisten, die wir ins Lager gesperrt haben, haben auch Sie im Jahr 1937 eingesperrt. Jeschow hat sie eingesperrt, und Himmler hat sie eingesperrt ... Denken Sie doch mal hegelianisch[44], Lehrmeister."
Er zwinkerte Mostowskoi zu: „Ich glaube, in Ihren Lagern würde Ihnen die Kenntnis fremder Sprachen nicht weniger zugutekommen als in unseren. Heute erschreckt Sie unser Hass gegen das Judentum. Vielleicht werden Sie sich morgen schon unsere Erfahrungen in diesem Punkt zu eigen machen; und übermorgen werden wir dann für Sie schon ganz erträglich sein. Ich habe einen langen Weg zurückgelegt, geführt von einem großen Mann. Auch Sie hat ein großer Mann geführt, auch Sie haben einen langen, schweren Weg zurückgelegt. Haben Sie denn wirklich geglaubt, Bucharin sei ein Provokateur? Nur ein großer Mann konnte auf einem solchen Weg vorangehen. Auch ich habe Röhm[45] gekannt und an ihn geglaubt. Aber es musste sein. Doch ein Gedanke quält mich: Ihr Terror hat Millionen Menschen das Leben gekostet, und in der ganzen Welt haben nur wir Deutschen begriffen, dass es nötig war, dass es sein musste! Verstehn Sie mich doch, wie ich Sie verstehe. Dieser Krieg muss Sie mit Entsetzen erfüllen. Napoleon hätte eben nicht gegen England Krieg führen dürfen."
Ein neuer Gedanke durchzuckte Mostowskoi; er musste die Augen zukneifen, um den stechenden Schmerz abzuwehren und diesen furchtbaren Gedanken abzuschütteln. Wie, wenn seine Zweifel kein Zeichen von Schwäche und Ohnmacht, von beschämender Zwiespältigkeit, von Mü-

[44] hegelianisch: die Philosophie in der Nachfolge Hegels, den Hegeliarismus betreffend
[45] Ernst Röhm: SA-Führer; infolge des von Hitler konstruierten Röhm-Putsches im Juli 1934 als politischer Gegner erschossen

digkeit und Wankelmut waren? Wie, wenn diese Zweifel, die ihn hin und wieder, einmal stärker, einmal schwächer, heimsuchten, wenn sie das Beste und Reinste wären, was in ihm war? Und er unterdrückte sie, stieß sie von sich, hasste sie? Wie, wenn gerade in ihnen der Keim der revolutionären Wahrheit steckte? Das Dynamit der Freiheit? (...)
Doch nein, damit war es nicht getan! Er musste sich von allem lossagen, wofür er bisher gelebt, alles verurteilen, was er verteidigt und verfochten hatte.
Doch nein, nein, auch das genügte nicht! Nicht verurteilen, sondern von ganzem Herzen, mit ganzer revolutionärer Leidenschaft das Lager, die Lubjanka, den blutigen Jeschow, Jagoda, Berija[46] hassen! Ja, und natürlich auch Stalin und seine Diktatur!
Aber nein, es ging noch weiter! Er musste Lenin verurteilen. Dieser Weg führte in den Abgrund! Das war der Sieg von Liss! Und dieser Sieg war nicht auf dem Schlachtfeld errungen, sondern in einem Krieg, der von diesem Gestapo-Mann nicht mit Waffen, sondern mit Schlangengift gegen ihn geführt wurde.
Einen Augenblick fürchtete er, den Verstand zu verlieren; doch plötzlich atmete er erleichtert auf. Der Gedanke, der ihn einen Augenblick lang mit solch grausamer Heftigkeit überfallen hatte, war zu Staub geworden, erschien ihm nun lächerlich und erbärmlich. Die Versuchung hatte nur wenige Sekunden gedauert, doch wie hatte er auch nur für eine Sekunde, für den Bruchteil einer Sekunde an der Gerechtigkeit der großen Sache zweifeln können? (...)
Dann hat uns Stalin viel gelehrt. Um den Sozialismus in einem Land zu verwirklichen, muss man die Freiheit der Bauern, Korn zu säen und zu verkaufen, ausrotten, und Stalin hat sich nicht gescheut, Millionen von Bauern zu liquidieren ... Auch Hitler hat erkannt, dass der deutschen nationalsozialistischen Bewegung ein Feind droht – das Judentum – und er hat beschlossen, Millionen von Juden zu liquidieren. Aber Hitler ist nicht nur ein Schüler, sondern auch ein Genie! Das Vorbild für seine Parteisäuberung im Jahr 1937 hat Stalin in Hitlers Säuberung von Röhm und seinen Anhängern gefunden – auch Hitler hat nicht davor zurückgescheut. Sie müssen mir einfach glauben. Ich habe gesprochen, und sie haben geschwiegen, aber ich weiß, dass ich für Sie wie ein Spiegel bin." (S. 486 ff)

- Können Sie anhand dieser Textstelle nachvollziehen, warum der Roman von der sowjetischen Diktatur unterdrückt wurde?
- Welche Parallelen von Nationalsozialismus und Stalinismus werden in dieser Textstelle angeführt?

Herta Müller: *Atemschaukel*

Herta Müller ist 1953 in eine Familie der deutschen Minderheit im Banat (Rumänien) geboren.
Nach ihrer Weigerung, mit dem rumänischen Geheimdienst zusammenzuarbeiten, wird sie von ihrer Arbeit als Übersetzerin entlassen. Ihre Bücher können in den folgenden Jahren nur zensiert und unter erschwerten Bedingungen erscheinen.
Sie reist 1987 in die Bundesrepublik Deutschland aus. 2009 erhält Herta Müller den Nobelpreis für Literatur.
Im Roman *Atemschaukel* (2009) zeichnet Herta Müller den Bericht eines jungen Mannes auf, der im Jänner 1945 mit anderen Rumäniendeutschen in die UdSSR deportiert wird, um dort fünf Jahre Zwangsarbeit zu leisten.
Den Stoff für diesen Roman hat die Autorin in vielen Gesprächen mit dem Lyriker Oskar Pastior und anderen Überlebenden der Lager gesammelt. Der siebzehnjährige Ich-Erzähler – die Figur von Oskar Pastior ist deutlich erkennbar – berichtet von den Stationen seiner Erfahrungen, besonders auch vom chronischen Hunger, der im Lager herrscht.

---

[46] Lubjanka: Hauptquartier und Gefängnis des sowjetischen Geheimdiensts in Moskau
Jeschow: Chef des sowjetischen Geheimdiensts 1936–1938; zentrale Figur der „stalinistischen Säuberungen"; 1940 als vermeintlicher Konkurrent Stalins hingerichtet
Jagoda: Chef des sowjetischen Geheimdiensts von 1934–1936; 1938 exekutiert
Berija: Chef der sowjetischen Geheimdienste, löste Jeschow ab; wurde 1953 nach einem Gerichtsverfahren erschossen

Immer ist der Hunger da.
Weil er da ist, kommt er, wann er will und wie er will.
Das kausale Prinzip ist das Machwerk des Hungerengels. Wenn er kommt, dann kommt er stark.
Die Klarheit ist groß:
1 Schaufelhub = 1 Gramm Brot. (…)
Der Hungerengel sucht Spuren, die nicht zu löschen sind, und löscht Spuren, die nicht zu halten sind. Kartoffelfelder ziehen durch mein Hirn, die schiefliegenden Parzellen zwischen den Heuwiesen auf der Wench, Gebirgskartoffeln von zu Hause. Die ersten runden blassen Frühkartoffeln, die glasblauen krumm verzogenen Spätkartoffeln, die faustdicken, lederschaligen gelbsüßen Mehlkartoffeln, die schlanken, glatthäutig ovalen hartkochenden Rosenkartoffeln. Und wie sie in den Sommer blühen mit gelbweiß, rosagrau oder lila gewachsten Bündeln auf bittergrünem Kraut mit kantigen Stengeln.
Und wie schnell hab ich dann mit hochgezogener Lippe alle gefrorenen Kartoffelschalen gegessen. Eine Schale gleich hinter die andere in den Mund geschoben, ohne Lücke wie der Hunger. Ohne Unterlass, alle am Stück sind sie ein einziges langes Kartoffelschalenband.
Alle, alle, alle.
Und es kommt der Abend. Und alle kommen von der Arbeit heim. Und alle steigen in den Hunger. Er ist ein Bettgestell, wenn ein Hungriger den anderen Hungrigen zuschaut. Aber das täuscht, ich spüre an mir, der Hunger steigt in uns hinein. Wir sind das Gestell für den Hunger. Wir alle essen mit geschlossenen Augen. Wir füttern den Hunger die ganze Nacht. Wir mästen ihn hoch auf die Schaufel.
Ich esse einen kurzen Schlaf, dann wache ich auf und esse den nächsten kurzen Schlaf. Ein Traum ist wie der andere, es wird gegessen. Es gibt eine Gnade des Esszwangs im Traum, und die ist eine Qual. Ich esse Hochzeitssuppe und Brot, gefüllte Paprika und Brot, Baumtorte. Dann werde ich wach, schau ins kurzsichtige gelbe Dienstlicht der Baracke, schlaf wieder ein und esse Kohlrabisuppe und Brot, sauren Hasen und Brot, Erdbeereis im Silberbecher. Danach Nussnudeln und Offizierskipfel. Und dann Klausenburger Kraut und Brot, Rumtorte. Dann Kesselfleisch vom Schweinskopf mit Meerrettich und Brot. Zuletzt hätte ich noch Rehkeule mit Brot und Aprikosenkompott gehabt, aber der Lautsprecher plärrt mittenhinein, denn es ist Tag. Der Schlaf bleibt dünn, je mehr ich esse, und der Hunger wird nie müde. (S. 86 ff)

- Wie manifestiert sich der Hunger des Icherzählers?
- Welche sprachlichen Besonderheiten können Sie in diesem Textausschnitt erkennen?

Arthur Koestler: *Sonnenfinsternis*

Arthur Koestler (1905–1983), in Budapest geborener österreichischer Schriftsteller, tritt 1931 der KPD bei. 1932/33 bereist er die Sowjetunion. Er sieht dort eine Hungersnot katastrophalen Ausmaßes, zieht aber keine Konsequenzen daraus, weil er auf eine bessere Zukunft hofft.
Während des Spanischen Bürgerkriegs wird Koestler von Francos Truppen gefangen genommen und entgeht als britischer Staatsbürger nur knapp der Exekution.
Aufgrund des stalinistischen „Großen Terrors" in den Jahren 1937/38 und der Moskauer Säuberungen, aber auch der Tatsache, dass der Bruder seiner damaligen Lebensgefährtin 1937 ein Opfer dieser „Säuberungen" wird, tritt er aus der Kommunistischen Partei aus. *Sonnenfinsternis* (1940 in englischer Sprache erschienen) ist Koestlers Abrechnung mit dem Stalinismus.

In Zentrum des Romans stehen drei Verhöre gegen den altgedienten Genossen und Funktionär Rubaschow, der isoliert in einer Einzelzelle festgehalten wird und sich nur mithilfe von Klopfzeichen mit seinen Zellennachbarn verständigen kann. Rubaschow, der als Funktionär Freunde und Genossen für die kommunistische Sache geopfert hat, ist im Sinne der Anklage zwar unschuldig, soll aber durch ein absurdes Geständnis der Partei einen letzten Dienst erweisen. Als „Trotzkist" soll er die Partei verraten haben und mit einem „Geständnis" dieser Anschuldigung das Todesurteil, das von vornherein feststeht, besiegeln.

Arthur Koestler beschreibt in einer Textstelle, in der der Verhörende Gletkin Rubaschow zum Geständnis bewegen will, indem er an seine Pflicht als Parteigenosse appelliert, die Argumentation, die in der Deutung des Romans als „Rubaschow-Theorie der Geständnisse" bekannt wurde:

„Ihre Fraktion, Bürger Rubaschow, ist geschlagen und vernichtet. Sie wollten die Parteispaltung, obgleich Sie wußten, daß die Spaltung der Partei den Bürgerkrieg bedeutet. Sie wußten von der Unzufriedenheit unter den Bauern, die noch nicht gelernt haben, den Sinn der ihnen auferlegten Opfer zu verstehen. Im Kriegsfall, von dem uns möglicherweise nur ein paar Monate trennen, können solche Strömungen zur Katastrophe führen. Daher die absolute Notwendigkeit für die Partei, geeinigt dazustehen. Sie muß aus einem Guß sein, ein einziger Block, gefüllt mit blinder Disziplin und absolutem Vertrauen. Sie und Ihre Freunde, Bürger Rubaschow, haben einen Riß im Körper der Partei verursacht. Wenn Ihre Reue echt ist, dann müssen Sie uns helfen, diesen Riß zu heilen. Ich habe Ihnen bereits gesagt, daß dies der letzte Dienst ist, den die Partei von Ihnen verlangt.

Ihre Aufgabe ist einfach. Sie haben sie sich selbst gesetzt: das Richtige zu vergolden, das Falsche anzuschwärzen. Das Falsche: das ist die Politik der Opposition. Ihre Aufgabe ist daher, die Opposition verächtlich zu machen; den Massen vor Augen zu führen, daß Opposition ein Verbrechen und jeder Oppositionelle ein Verbrecher ist. Das ist die einfache Sprache, die die Massen verstehen. Wenn Sie anfangen, über komplizierte Motive zu reden, stiften Sie bloß Verwirrung. Ihre Aufgabe, Bürger Rubaschow, ist, zu vermeiden, daß Sie Sympathie und Mitleid erwecken. Sympathie und Mitleid für die Opposition bedeuten eine Gefahr für unser Land. Genosse Rubaschow, ich hoffe, daß Sie die Aufgabe, die die Partei Ihnen setzt, verstanden haben."

Es war das erste Mal seit ihrer Bekanntschaft, daß Gletkin Rubaschow „Genosse" genannt hatte. Rubaschow hob rasch den Kopf. Er fühlte eine heiße Welle in sich emporsteigen, gegen die er wehrlos war. Sein Kinn zitterte, während er sich den Zwicker aufsetzte.

„Ich verstehe."

„Beachten Sie", fuhr Gletkin fort, „daß die Partei Ihnen keine Belohnung verspricht. Wir haben eine Anzahl von Gefangenen durch physischen Druck gefügig gemacht. Andere, indem wir ihnen in Aussicht stellten, daß sie ihren Kopf retten könnten oder die Köpfe ihrer Angehörigen, die als Geiseln in unseren Händen waren. Ihnen, Genosse Rubaschow, schlagen wir keinen Handel vor und stellen keine Belohnung in Aussicht."

„Ich verstehe", wiederholte Rubaschow. Gletkin suchte unter den Akten.

„Es gibt eine Stelle in Ihrem Tagebuch, die mich beeindruckt hat", fuhr er fort. „Sie schreiben: ‚Ich habe gedacht und gehandelt, wie ich mußte. Wenn ich recht behalte, habe ich nichts zu bereuen. Wenn ich unrecht habe, werde ich bezahlen.'"

Er blickte auf und sah Rubaschow voll ins Gesicht.

„Sie haben unrecht behalten, und Sie werden bezahlen, Genosse Rubaschow. Die Partei verspricht Ihnen nur eines: Nach dem Endsieg, zu einer Zeit, wenn dadurch kein Schaden mehr angestiftet werden kann, wird das Material unserer geheimen Archive veröffentlicht werden. Dann wird die Welt erfahren, was hinter den Kulissen dieses Puppentheaters, wie Sie es nannten, geschehen ist; die Hintergründe des Schauspiels, das wir nach dem Textbuch der Geschichte vorspielen mußten ..."

Er zögerte eine Sekunde lang, schob seine Manschetten zurecht und schloß etwas verlegen, während die Narbe auf seinem Schädel rot anlief: „Und dann wird Ihnen und einigen Ihrer Freunde aus der alten Generation die Sympathie und das Mitleid zuteil werden, das wir Ihnen heute versagen müssen." (...)

Rubaschow unterzeichnete das Protokoll, in dem er gestand, seine Verbrechen auf Grund konterrevolutionärer Gesinnung und im Dienste einer ausländischen Macht begangen zu haben. (S. 244 ff) R

Rubaschow wird am Ende des Romans exekutiert.

- Versuchen Sie, die Argumentationsstrategie Gletkins zu skizzieren.

Orlando Figes: *Die Flüsterer. Leben in Stalins Russland*

Der Historiker **Orlando Figes** beschreibt in seinem Buch *Die Flüsterer. Leben in Stalins Russland* das System des Großen Terrors, zeichnet mithilfe der Aussagen von Überlebenden und Angehörigen, aber auch aktiv Beteiligter und Archivmaterial die Ereignisse und beschreibt die Folgen. Im folgenden Textauszug erklärt Orlando Figes, warum fast alle Beschuldigten vom stalinistischen Machtapparat vorgefertigte Geständnisse unterzeichnet haben.

Wie reagierten die Menschen während des Großen Terrors auf das plötzliche Verschwinden von Kollegen, Freunden und Nachbarn? Glaubten sie wirklich, dass es sich um „Spione" und „Feinde" handele, wie die Sowjetpresse behauptete? So etwas konnte man doch bestimmt nicht von Menschen denken, die man seit vielen Jahren kannte?
Für wahre Kommunisten verbot es sich jedoch, an den Worten der Parteiführung zu zweifeln. Es ging nicht darum, ob sie glaubten, dass Tuchatschweksi oder Bucharin[47] ein Spion sei, sondern darum, ob sie das Urteil der Partei, in die sie ihr Vertrauen setzten, akzeptierten. (...)
Stalins Gefängnisse waren voll von Bolschewiki, die weiterhin an die Partei als Quelle jeglicher Gerechtigkeit glaubten. Manche legten Geständnisse ab, nur um sich diese Überzeugung bewahren zu können. Zwar wurden den Bolschewiki Schuldbekenntnisse häufig unter der Folter abgepresst, doch der „entscheidende Faktor" für ihre Kapitulation war nach Aussage eines früheren Gefangenen (eines Nichtkommunisten) nicht Gewalt, sondern die Tatsache, dass die meisten überzeugten Kommunisten ihren Glauben an die Sowjetunion um jeden Preis zu bewahren trachteten. Ihm abzuschwören wäre über ihre Kräfte gegangen. Unter gewissen Umständen braucht man eine große moralische Stärke, um langjährige, tief verwurzelte Überzeugungen aufzugeben, selbst wenn diese sich als unhaltbar erweisen.

Nadeshda Grankina begegnete 1938 im Gefängnis von Kasan vielen Parteimitgliedern. Alle glaubten weiterhin an die Parteilinie. Als Nadeshda die Rede auf die Hungersnot von 1932 brachte, entgegneten sie, „das sei eine Lüge, eine Übertreibung, mit der ich unsere sowjetische Lebensweise verleugnen wolle." (...)
Selbst Stalins Opfer ließen sich in ihrem Glauben an die Existenz von „Volksfeinden" nicht erschüttern. Sie gaben diesen die Schuld an ihrer Verhaftung (die sie auf „konterrevolutionäre Sabotage" zurückführten) oder mutmaßten, irrtümlicherweise für „Volksfeinde" gehalten zu werden. Dmitri Strelezkis zu „Kulaken"[48] erklärte Angehörige waren als „Volksfeinde" in die Verbannung geschickt worden. Er schenkte der gesamten Propaganda des Regimes weiterhin Glauben und blieb bis 1953 ein fanatischer Stalinist. Im Rückblick auf sein Leben meint Strelezki: „Es war leichter für uns [die Repressalien ausgesetzt waren], unsere Strafen zu überleben, wenn wir an unserem Vertrauen zu Stalin festhielten und annahmen, dass er von Volksfeinden getäuscht wurde, statt die in ihn gesetzten Hoffnungen aufzugeben." (S. 402 ff)

[47] Tuchatschewski: Marschall der Roten Armee; 1937 exekutiert. Bucharin: führender kommunistischer Funktionär; 1938 exekutiert.

[48] Kulake: Bereits geringes Eigentum machte einen Bauern im Kommunismus zum Besitzenden, der bekämpft werden musste. „Während der Kollektivierung wurde der Begriff „Kulak" für jeden Bauern – ob reich oder arm – verwendet, der den Eintritt in die Kollektivwirtschaft ablehnte." (Figes, S. 144.) Zwischen 1928 und 1937 wurden nach Schätzungen von Historikerinnen und Historikern mehr als 10 Millionen Menschen unter der Beschuldigung, „Kulake" zu sein, deportiert oder umgebracht.

DER KRIMINALROMAN VON FRIEDRICH SCHILLER BIS WOLF HAAS

Einführung und Definition

Der Kriminalroman

Der **Kriminalroman** (Kriminalgeschichte, Kriminalnovelle) erzählt eine Geschichte, in deren Mittelpunkt ein Gewaltverbrechen (z. B. Mord, Erpressung, Betrug), der oder die Verbrecher und ihre Verfolgung und Ergreifung durch Vertreter der Staatsgewalt stehen. Als **Vorformen** bzw. **Vorbilder** für den klassischen Kriminalroman können einerseits Volksbücher, Schwänke und Kalendergeschichten, andererseits der Abenteuer-, Schelmen- oder Räuberroman angesehen werden.

- Welche Abenteuer-, Schelmen- oder Räuberromane kennen Sie, in denen kriminalistische Motive aufscheinen?

Literarisch anspruchsvolle Formen der Kriminalliteratur entstehen im 18. und 19. Jahrhundert, in England z. B. **Daniel Defoe** *Moll Flanders* (1722), **Henry Fielding** *Jonathan Wild* (1743) oder **Charles Dickens** *Oliver Twist* (1818), im deutschen Sprachraum z. B. **Friedrich Schiller** *Der Verbrecher aus verlorener Ehre* (1785), **Heinrich von Kleist** *Der Zweikampf* (1809), **E. T. A. Hoffmann** *Das Fräulein von Scuderi* (1819) oder **Annette von Droste-Hülshoff** *Die Judenbuche* (1842). Neben diesen literarischen Formen entwickelt sich ab der Mitte des 19. Jahrhunderts der Kriminal- bzw. Detektivroman zur Hauptgattung der Trivial- und Unterhaltungsliteratur des 20. Jahrhunderts.

Der Detektivroman

Der **Detektivroman** gehört zur Verbrechensliteratur und ist somit ein Kriminalroman, weist jedoch eine ganz bestimmte literarische Form und ein klares Aufbauschema auf. Er erzählt nicht das Schicksal eines Verbrechers[1], sondern die Aufklärung (Detektion) eines Verbrechens[2]. Der Detektivroman beginnt mit dem, womit der Kriminalroman endet, mit dem Mord, und endet mit der Aufklärung der Tat (analytische Struktur).

RICHARD ALEWYN: *KRIMINALROMAN – DETEKTIVROMAN*

Nehmen wir als Beispiel den ältesten und berühmtesten Kriminalfall unserer Überlieferung, den Tod Abels, wie ihn das vierte Kapitel des ersten Buchs Mosis erzählt: Adam und Eva hatten zwei Söhne, Kain und Abel. Kain war ein Ackermann und Abel war ein Schäfer. Beide brachten dem Herrn ein Opfer dar. Der Herr aber sah Abels Opfer gnädig an, Kains Opfer dagegen sah er nicht gnädig an. Darob ergrimmte Kain, und seine Gebärde verstellte sich. Und Kain redete mit seinem Bruder Abel, und da sie auf dem Felde waren, erhob sich Kain gegen seinen Bruder und erschlug ihn.
Hier haben wir in knappster Form alle Elemente eines Kriminalromans: Den Mörder und sein Opfer, das Motiv der Tat, den Hergang der Tat und ihren Ausgang. Die Erzählung läuft dem Geschehen parallel. Sie erzählt das erste zuerst und das letzte zuletzt.
Nun kann man die gleiche Geschichte aber anders herum erzählen: Eine Leiche wird gefunden. Wer ist es? Antwort: Abel. – Wie ist er umgekommen? Durch Gewalt. – Ein Unglücksfall? Nein. – Also Mord! Wer ist der Täter? Nun, die Menschheitsfamilie war damals noch klein. Es kommen nur drei in Frage: Adam, Eva, Kain. Sie werden nacheinander befragt. Wer konnte zur Tatzeit am Tatort gewesen sein? Wer hatte ein Motiv zur Tat? Ergebnis: Kain allein hat kein Alibi. Er allein hat ein Motiv. Kain allein kann der Täter gewesen sein.

---

[1] Die Angelsachsen nennen diese Texte „Howdunit"- oder „Whydunit"-Geschichten. – „Wie oder warum ist's getan worden?" – Die Leserin / Der Leser erfährt den Hintergrund, das Motiv und die Ausführung einer Gewalttat.

[2] „Whodunit"-Typ. – „Wer hat's getan?" ist die vom Detektiv zu lösende Frage.

Das ist eine künstlichere Art zu erzählen. Diese Erzählung beginnt, wo die andere aufgehört hat, mit dem erschlagenen Abel. Sie hört da auf, wo die andere angefangen hat, bei der Person des Täters und seinem Motiv. Das erste Modell, die Originalfassung der Bibelgeschichte, ist ein Kriminalroman, das andere ein Detektivroman. Wenn man sie mit dem zeitlichen Ablauf des erzählten Geschehens vergleicht, kann man die eine Form des Erzählens progressiv nennen, die andere invertiert oder rückläufig, weil sie gegen den Strich verläuft.

Der Unterschied der beiden Erzählungen liegt also nicht im Gegenstand – beide behandeln einen Mord – sondern in der Form: Der Kriminalroman erzählt die Geschichte eines Verbrechens, der Detektivroman die Geschichte der Aufklärung eines Verbrechens. Man kann jeden Kriminalroman auf den Kopf stellen und ihn als Detektivroman erzählen, und man kann umgekehrt jeden Detektivroman auf die Füße stellen und damit den ihm zugrunde liegenden Kriminalroman herstellen.[3]

- Versuchen Sie, das Aufbauschema des Detektivromans und des Kriminalromans grafisch darzustellen.

Der Detektiv

Im Mittelpunkt des Detektivromans steht die Figur des Detektivs. Dieser versucht (meistens mit Erfolg), durch besondere geistige Fähigkeiten, wie Scharfsinn und Kombinationsvermögen, die Hintergründe und Motive eines scheinbar unlösbaren und geheimnisvollen Verbrechens zu klären und den oder die Täter zu überführen. Der Detektiv verkörpert das Prinzip des Detektivromans, das Prinzip der Vernunft. Dieses suggeriert[4] der Leserin und dem Leser – besonders wenn er sich mit dem Helden (Detektiv) identifiziert –, dass es möglich ist, die Probleme einer von Gewalt heimgesuchten Gesellschaft rational zu bewältigen, dass in einer nicht durchschaubaren Welt doch noch Ordnung vorhanden ist.

„Vater aller Detektive"

Der Vater der Detektivgeschichte ist **Edgar Allan Poe** (1809–1849). Mit *Mord in der Rue Morgue* (1841) begründet er diese Gattung der gehobenen Unterhaltungsliteratur.

E. A. Poes Held Auguste Dupin ist die erste Detektivgestalt der Literatur. Das rationale Verfahren dieses Detektivs besteht nicht nur im Kombinieren von Fakten, woraus sich die Überführung des Täters ergibt, sondern auch im Nachvollziehen der Überlegungen des Täters.

E. A. Poe: *Der Mord in der Rue Morgue*

Als ich mich während des Frühlings und eines Teiles des Sommers 18.. in Paris aufhielt, machte ich die Bekanntschaft eines Monsieur C. Auguste Dupin. Dieser junge Mann entstammte einer vornehmen, ja sogar berühmten Familie, war aber durch eine Reihe widriger Ereignisse in solche Armut geraten, daß die Energie seines Charakters von seinem Elend gebrochen wurde und er es aufgab, sich weiter im Weltgetriebe zu rühren oder um die Wiedererlangung seines Vermögens umzutun. Durch das Entgegenkommen seiner Gläubiger blieb noch ein kleiner Rest seines väterlichen Erbteils in seinem Besitz, und er brachte es fertig, aus der daraus bezogenen Rente bei äußerster Sparsamkeit den notwendigen Lebensunterhalt zu bestreiten, ohne sich um das Überflüssige zu sorgen. Bücher waren in der Tat sein einziger Luxus, und die sind in Paris leicht zu haben. Unsere erste Begegnung fand in einem obskuren Buchladen in der Rue Montmartre statt. Zufällig waren wir beide auf der Suche nach ein und demselben sehr seltenen und sehr merkwürdigen Werk, was zu unserer Bekanntschaft führte. Von nun an trafen wir uns immer wieder. Mit herzlichem Anteil hörte ich ihm zu, wenn er mir redselig und offenherzig, wie die Franzosen sind, so-

---

3 Alewyn, Richard: Kriminalroman – Detektivroman. In: Waldmann, Günter: Literatur zur Unterhaltung 2. Texte, Gegentexte und Materialien zum produktiven Lesen. Reinbek bei Hamburg: Rowohlt Verlag 1980, S. 268

4 suggerieren: beeinflussen, einreden, glauben machen

fern es sich um ihr liebes Ich handelt, seine kleine Familiengeschichte erzählte. Auch seine umfassende Belesenheit setzte mich in Verwunderung. Vor allem aber fühlte ich mich von der lebendigen Ursprünglichkeit und seltsamen Glut seiner Einbildungskraft bezaubert; ich fühlte, daß die Gesellschaft dieses Menschen, da er in Paris denselben Dingen nachjagte wie ich, für mich ein Schatz von unberechenbarem Wert sein müßte, und gestand ihm dies offen ein. Endlich beschlossen wir, solange mein Aufenthalt in dieser Stadt dauerte, zusammen zu leben, und da meine äußeren Umstände etwas weniger beengt waren als die seinen, konnte ich es mir erlauben, auf meine Kosten ein baufälliges, wunderliches Haus zu mieten und es in einem Stil auszustatten, der dem ein wenig grillenhaften Düster unserer beiden Temperamente angemessen war. Infolge abergläubischer Gerüchte, denen wir nicht weiter nachgingen, seit langem verödet, lag es, dem Einsturz nahe, in einem abgelegenen und vereinsamten Teil des Faubourg St. Germain. Hätte man draußen in der Welt erfahren, wie wir an diesem Ort hausten, wir wären für Irre gehalten worden, wenn auch vielleicht für Irre harmloser Art. Aber unsere Abgeschiedenheit war vollkommen. Besuche empfingen wir nicht. Allerdings hatte ich meinen Zufluchtsort vor meinem früheren Gefährten sorgfältig geheimgehalten, und Dupin hatte seit vielen Jahren aufgehört, in Paris bekannt zu sein oder jemanden zu kennen. Wir lebten ganz allein miteinander.

Es war eine Marotte meines Freundes – wie sonst soll ich es nennen? –, in die Nacht um ihrer selbst willen verliebt zu sein, und ich nahm ruhig an dieser Skurrilität teil wie an allen den anderen, indem ich mich seinen wunderlichen Schrullen mit vollkommener Hingabe überließ. Die schwarze Gottheit wollte zwar nicht immer bei uns verweilen, aber wir konnten ihre Gegenwart künstlich erzwingen. Beim ersten Morgengrauen schlossen wir all die schweren Läden unseres alten Bauwerks und zündeten ein paar Wachskerzen an, die stark dufteten und nur ganz gespenstische und blasse Strahlen aussandten. Bei ihrem Schimmer versenkten wir unsere Seelen in Träume, lasen, schrieben und sprachen, bis uns die Uhr den Anbruch der wirklichen Dunkelheit kundtat. Nun stürzten wir uns auf die Straßen, setzten Arm in Arm das Gespräch des Tages fort oder ließen uns bis tief in die Nacht hinein weit und breit umhertreiben, inmitten des seltsamen Lichtes und Schattens der volkreichen Stadt, nach jener unermeßlichen Fülle geistiger Erregung suchend, die stille Beobachtung zu gewähren vermag.

Bei solchen Gelegenheiten konnte ich nicht umhin, auf Dupins hervorragende analytische Fähigkeit aufmerksam zu werden und sie zu bewundern, obgleich ich durch seinen Reichtum an Gedanken schon darauf vorbereitet war. Auch schien die Betätigung, ja vielleicht sogar das Zurschaustellen dieser Begabung einen heftigen Reiz für ihn zu haben, und er scheute sich nicht, mir den Genuß, den er sich so verschaffte, einzugestehen. Er rühmte sich mir gegenüber mit einem leisen, kichernden Gelächter, daß für ihn die meisten Menschen ein Fenster auf der Brust trügen, und pflegte einer solchen Behauptung als unwiderleglichen und höchst verblüffenden Beweis die eindringlichsten Aufschlüsse über meine eigene Person folgen zu lassen. In solchen Augenblicken war sein Wesen kalt und abstrakt, seine Blicke starrten ins Leere, während seine Stimme, sonst ein volltönender Tenor, zu fisteln begann, was ausgelassen geklungen hätte, wären die Worte nicht so bedachtsam, so scharf und deutlich von seinen Lippen gekommen. Wenn ich ihn in derartigen Stimmungen beobachtete, mußte ich oft an die alte Theorie von der Doppelseele denken, und ich ergötzte mich an der Vorstellung eines doppelten Dupin, eines schöpferischen und eines auflösenden.

Man lasse sich nach allem, was ich bisher gesagt habe, nicht zu der Annahme verleiten, daß ich Geheimnisse auskramen oder einen Roman zu Papier bringen wolle. Die hier geschilderten Eigenschaften des Franzosen waren nichts als das Ergebnis einer übersteigerten oder vielleicht krankhaften Intelligenz. Doch wird ein Beispiel den Charakter seiner Beobachtungen in der erwähnten Zeit am besten veranschaulichen.

Eines Nachts schlenderten wir durch eine lange, schmutzige Straße unweit des Palais Royal. Da wir beide, wie es schien, mit unseren eigenen Gedanken beschäftigt waren, hatte seit mindestens einer Viertelstunde keiner von uns eine Silbe gesprochen. Plötzlich brach Dupin ganz unvermittelt in die Worte aus: „Er ist ein sehr kleiner Kerl, das ist wahr, und würde besser für das Théâtre des Variétés passen." (S. 139 ff)

- Charakterisieren Sie C. Auguste Dupin.
- Wie sehen Sie die Beziehung zwischen dem Icherzähler und Dupin?
- Lesen Sie die Kriminalgeschichte als Ganztext. Wie und mit welchen Hilfsmitteln löst der Detektiv das Rätsel?

Ein weiteres Motiv, das Poe in die Kriminalliteratur einführt, ist der für den Mörder zur Tatzeit eigentlich nicht erreichbare Tatort, der „locked room".

Vier der obengenannten Zeugen wurden neuerdings aufgerufen und sagten aus, daß die Tür des Zimmers, in dem die Leiche von Mademoiselle L'Espanaye gefunden wurde, bei ihrer Ankunft von innen versperrt gewesen sei. Alles sei vollkommen still gewesen, sie hätten weder Stöhnen noch sonst irgendwelche Geräusche vernommen. Auch nachdem die Tür aufgebrochen worden sei, hätten sie niemanden gesehen. Die Fenster – Schiebefenster – sowohl im vorderen wie im hinteren Zimmer seien herabgelassen und von innen fest verriegelt gewesen. Die Tür zwischen den beiden Zimmern sei geschlossen, aber nicht abgesperrt gewesen.
Die Tür, die aus dem Vorderzimmer auf den Flur führt, war von innen verschlossen, der Schlüssel steckte. Ein kleiner Raum auf der Vorderseite des Hauses im vierten Stock am Ende des Ganges stand offen, die Tür war angelehnt. Dieser Raum war mit alten Betten, Kisten und so weiter bis unter die Decke vollgestopft. Alles wurde sorgfältig ausgeräumt und durchsucht. Es gibt nicht ein Zollbreit in irgendeinem Teil des Hauses, das nicht sorgfältig durchsucht worden wäre. Durch Kehrer ließ man die Kamine nach oben und nach unten durchstöbern. Das Haus besitzt vier Stockwerke, dazu ein Dachgeschoß (Mansarde). Eine Falltür im Dach war fest vernagelt und schien seit Jahren nicht geöffnet worden zu sein. (S. 151)

- Kennen Sie Romane der Kriminalliteratur, in denen das Erzählmotiv des „verschlossenen Raums" wichtig ist?
- Lesen Sie die kurze Erzählung *Der gestohlene Brief* von E. A. Poe!
- Listen Sie Verdachts- und Entlastungsmomente der einzelnen Personen auf! (Man bezeichnet die Technik, verschiedene Personen, auch den Täter, durch Indizien unterschiedlich zu belasten und entlasten, als Verrätselungstechnik.)
- An welcher Stelle der Erzählung versucht der Detektiv, die Überlegungen des Täters nachzuvollziehen?
- Warum lässt der Autor seinen Helden so negativ über den Präfekten (Vertreter der staatlichen Obrigkeit) sprechen?

Viele Autorinnen und Autoren von Detektivromanen lassen ihre Fälle immer von den gleichen Helden lösen, was ihnen eine feste Lesergemeinde verschafft. Bekannte Detektive nach **Auguste Dupin** (E. A. Poe) sind **Sherlock Holmes** (Arthur Conan Doyle), **Hercule Poirot** und **Miss Marple** (Agatha Christie), **Lord Peter Wimsey** (Dorothy Sayers), **Pater Brown** (Gilbert Chesterton), **Philip Marlowe** (Raymond Chandler), **Kommissar Maigret** (Georges Simenon) oder **Martin Beck** (Sjöwall/Wahlöö).

Sherlock Holmes

Die Figur des Auguste Dupin lebt in der Romanfigur Sherlock Holmes von **Arthur Conan Doyle** (1859–1930) weiter. Auch diese wohl bekannteste Gestalt des Detektivromans besitzt überragende analytische Fähigkeiten, exzentrische Charakterzüge und lebt gesellschaftlich isoliert. Holmes – wie auch Auguste Dupin – ist ein vermittelnder Chronist, der Icherzähler, beigeordnet, der in Bezug auf die Aufklärung der Tat meist den gleichen Wissensstand hat wie die Leserin/der Leser (bei Dupin ein namenloser Freund, bei Sherlock Holmes der Arzt Dr. Watson).

Der „gebrochene" Detektiv

Während im Kriminalroman der Held meist ein Vertreter des Staates ist (Kommissar u. Ä. oder Beauftragter einer Behörde, in neueren Texten auch Mitglied eines entsprechenden Teams), sind die Hauptfiguren im Detektivroman häufig Privatdetektive oder exzentrische Privatpersonen, die besondere analytische Fähigkeiten besitzen. In vielen Detektivromanen ab der amerikanischen Moderne und des späteren europäischen Kriminalromans stellen die Helden „gebrochene Typen" dar, die große Probleme im Privatleben haben. Oft stehen Privatdetektive in Konflikt mit den Vertretern der Polizei, die dann weniger positiv beschrieben werden. Mit dieser Methode werden die Fähigkeiten der privaten Detektive besonders hervorgehoben.

Der Detektivroman ist vorwiegend im anglo-amerikanischen Raum beheimatet, aber auch im deutschen Sprachraum finden wir schon ab dem 19. Jahrhundert Romane mit kriminalistisch-analytischer Struktur, z. B. *Unterm Birnbaum* von **Theodor Fontane** (1885), *Stopfkuchen* von **Wilhelm Raabe** (1891), *Der Fall Mauritius* von **Jakob Wassermann** (1928), *Der Großtyrann und das Gericht* von **Werner Bergengruen** (1935), die Kriminalromane von **Friedrich Dürrenmatt** oder die Detektivroman-Parodie *Der Hausierer* von **Peter Handke**.

- Vergleichen Sie folgende drei Detektivfiguren: Mr. Satterthwaite, Chico Pipa und Martin Beck und versuchen Sie, sie zu zeichnen.
- Was erfahren Sie über ihre Persönlichkeit, ihre Lebensweise und ihr gesellschaftliches Umfeld? In welcher Erzählform sind die Texte geschrieben?
- Mit welchem Detektiv könnten Sie sich am ehesten identifizieren? Begründen Sie Ihre Entscheidung!
- Welcher Text parodiert den Detektivroman und seine „Helden"? Analysieren Sie die Parodie genau, welche sprachlichen und inhaltlichen Mittel verwendet der Autor?

1) Mr. Satterthwaite war sehr froh, dass die jungen Leute zu Bett gegangen waren. Junge Leute in Herden mochte er nicht. Es mangelte ihnen dann an einer gewissen Feinheit, und je weiter das Leben fortschritt, desto größer wurde seine Vorliebe für gewisse Feinheiten. Mr. Satterthwaite war zweiundsechzig: ein kleiner, etwas gebeugter und ausgedörrter Mann mit einem aufmerksamen Gesicht, das seltsam zwergenhaft war, sowie einem heftigen und ausschweifenden Interesse für das Leben anderer Leute. Sein ganzes Leben lang hatte er, wie man so sagt, in der ersten Reihe gesessen und zugesehen, wie verschiedene Dramen der menschlichen Natur vor ihm abrollten. Er selbst hatte immer nur den Zuschauer gespielt. Jetzt allerdings, da das Alter ihn in seinen Klauen hielt, merkte er, dass er dem ihm vorgeführten Drama gegenüber immer kritischer wurde. Er verlangte etwas, das ein wenig vom Üblichen abwich. Es bestand kein Zweifel daran, dass er für diese Dinge eine Witterung, einen Spürsinn besaß. Instinktiv wusste er, wenn die Bestandteile eines Dramas zustandegekommen waren. Wie ein Schlachtross witterte er es. Und seit seinem Eintreffen in Royston am gleichen Nachmittag hatte sich dieser seltsame innere Sinn wieder einmal bemerkbar gemacht und ihm zu verstehen gegeben, dass er sich bereithalten solle. Irgendetwas Interessantes spielte sich ab oder bereitete sich vor. (S. 196)

2) Das Klingeln des Telefons auf dem Nachttischchen weckt mich, aber es gelingt mir nicht, die Augen zu öffnen.

Ich habe den Mund wie von Mehlpapp verklebt, und sogar bei geschlossenen Augen dreht sich mir der Kopf.

Gestern Abend muss ich mir einen kolossalen Affen angezüchtet haben, aber was ich sonst getan habe, davon weiß ich rein gar nichts.

Nun strecke ich die Hand aus und ergreife das Glas auf dem Tischchen. Ich sage „Hallo", doch dann bemerke ich, dass es noch halb voll von Bourbonwhisky ist, und leere es auf einen Zug. (...)

Ich weiß, wer ich bin und was mein Beruf ist; ich weiß, dass ich mich zu Hause befinde; ich weiß eine ganze Menge, aber nicht das, was mich in diesem Augenblick interessiert.

Gestern war gar nichts los; ein Tag wie alle anderen. Ich bin die ganze Zeit gähnend an meinem

Schreibtisch im Büro gesessen. Ja, denn ich besitze in meinem Büro einen Schreibtisch, zwei Büchergestelle, zwei Zettelkasten, einen grünen Lehnsessel und eine Schreibmaschine, der das T fehlt. Und auf der Mattglasfüllung der Tür stehen in Großbuchstaben: PRIVATDETEKTIVBÜRO CHICO PIPA & GREGORIO SCARTA. Chico Pipa bin ich, (...)

Gregorio Scarta ist mein Sozius; Greg, wie ich ihn nenne.

Er ist tüchtig, Greg, und ich wüsste nicht, was ich ohne ihn anfinge. Immer ist er es, der mir in schwierigen Fällen zu Hilfe kommt.

Übrigens, wo steckt er nur, der Idiot? Gestern Abend müssen wir zusammen gewesen sein. Vielleicht weiß er etwas von dem, was vorgefallen ist, falls nicht auch er sich vollgetippelt hat. Greg ist der Einzige in der Stadt, der mit mir Schritt zu halten vermag, wenn's um Whisky geht.

Er teilt diese kleine Wohnung mit mir, aber jetzt ist er nicht zu sehen. Ich gehe in die Küche und finde ihn unter dem Sessel, wo er schläft wie ein Murmeltier.

Ich gebe ihm mit meinem nackten Fuß einen Nasenstüber.

Er öffnet das eine Auge, stößt einen Seufzer aus und schließt es wieder.

Nichts zu machen, er ist voll wie ein Schwamm; also heißt es warten, bis sein Dampf sich verflüchtigt hat.

Er muss mehr getrunken haben als ich, um so beschmort zu sein; er rührt sich nicht einmal, als ich ihm im Vorbeigehen unversehens auf den Schwanz trete.

Verzeihung, habe ich noch nicht erwähnt, dass mein Sozius ein Hund ist? (...) Ja, Greg ist ein Polizeihund. Wir haben miteinander das Examen bestanden und den Entschluss gefasst, dieses Büro aufzumachen; vor drei Jahren. (S. 5 f)

3) Die Uhr zeigte Viertel nach fünf; es regnete. Martin Beck putzte sich lange und sorgfältig die Zähne, um den schalen Geschmack im Mund loszuwerden. Und es schien so, als ob es ihm glücken würde.

Dann knöpfte er den Kragen zu und knotete den Schlips. Lustlos blickte er auf sein Gesicht im Spiegel, zuckte die Schultern und ging hinaus auf die Diele. Ging weiter durch das Wohnzimmer, sah sehnsüchtig auf das halbfertige Modell des Schulschiffs *Danmark*, an dem er am Abend vorher viel zu lange gebastelt hatte, und trat in die Küche.

Die ganze Zeit bewegte er sich vorsichtig und lautlos, teils aus alter Gewohnheit, teils um die Kinder nicht zu wecken.

Er setzte sich an den Küchentisch. „Ist die Zeitung noch nicht da?", fragte er.

„Die kommt erst gegen sechs", erwiderte seine Frau.

Es war schon hell draußen, aber der Himmel war bezogen. In der Küche herrschte ein graues Halbdunkel, weil seine Frau das Licht nicht angedreht hatte. Sie nannte das sparen.

Der Mann öffnete den Mund, aber er schloß ihn gleich wieder, ohne etwas zu sagen. Es würde doch wieder zu scharfen Worten kommen, und dafür war jetzt der falsche Moment. Statt dessen trommelte er vorsichtig mit den Fingern auf die Resopalplatte und blickte auf die leere Tasse mit dem blauen Rosenmuster. Sie war am Rand etwas abgesprungen und hatte einen braunen Riß von der Kante herunter. Die Tasse hatte ihre ganze Ehe miterlebt; mehr als zehn Jahre. Seine Frau schlug selten etwas entzwei, jedenfalls nicht so, daß es Scherben gab. (...)

Fünf Minuten später stellte er die Tasse lautlos auf die Untertasse und hob den Blick zu seiner Frau.

Sie hatte einen roten, flauschigen Morgenmantel über dem Nylonnachthemd an und stützte den Ellbogen auf den Tisch, das Kinn in der Hand. Sie war blond, mit hellem Teint und runden, etwas vorstehenden Augen. (...) Sie war ein paar Jahre älter als er, und obwohl sie in den letzten Jahren etwas zugenommen hatte, begann die Haut am Hals welk zu werden.

Als die Tochter vor zwölf Jahren geboren wurde, hatte sie ihre Anstellung in einem Architekturbüro aufgegeben und seitdem keine Lust mehr verspürt, wieder in den Beruf zurückzukehren.

(...) Ja, ja, dachte Martin Beck, erhob sich und schob wortlos den blau gemalten Schemel unter den Tisch. Dann stellte er sich ans Fenster und blickte in den Nieselregen hinaus. (S. 12 f) R

- Versuchen Sie, Ihnen bekannte Romane, Filme und Fernsehserien in die Gattungen Kriminalroman und Detektivroman einzuordnen. Bedenken Sie dabei, dass sich auch Mischformen ausgebildet haben.

Exkurs in die Vergangenheit

FRIEDRICH SCHILLER: *DER VERBRECHER AUS VERLORENER EHRE*

Schiller schreibt diese „wahre Geschichte", wie es im Untertitel heißt, 1786, in der Epoche seiner Jugenddramen (Sturm und Drang); sie wird auch als Vorläufer der psychologischen Novelle betrachtet. In einer sachlichen und knappen Sprache erzählt Schiller die Geschichte des Gastwirtsohns Christian Wolf, der, „von der Natur verabsäumt", Schritt für Schritt zum Verbrecher wird. Dabei macht Schiller schon am Beginn der Erzählung klar, dass die Umstände (Gesellschaft) ebenso schuld an Wolfs Entwicklung sind wie er selbst. Wolf wird wegen seines Aussehens verlacht, als Zuchthäusler öffentlich gebrandmarkt, in der Folge aus der Gesellschaft ausgeschlossen und durch eine inhumane Rechtsprechung verurteilt. Für den Autor geht es darum, dass die Leserin/der Leser im Gegensatz zur Gesellschaft, in der Wolf auf Menschlichkeit und Güte verzichten muss, verstehen statt verurteilen soll.

Die Natur hatte seinen Körper verabsäumt. Eine kleine unscheinbare Figur, krauses Haar von einer unangenehmen Schwärze, eine plattgedrückte Nase und eine geschwollene Oberlippe, welche noch überdies durch den Schlag eines Pferdes aus ihrer Richtung gewichen war, gab seinem Anblick eine Widrigkeit, welche alle Weiber von ihm zurückscheuchte und dem Witz seiner Kameraden eine reichliche Nahrung darbot.
Er wollte ertrotzen, was ihm verweigert war; weil er mißfiel, setzte er sich vor zu gefallen. Er war sinnlich und beredete sich, daß er liebe. Das Mädchen, das er wählte, mißhandelte ihn; er hatte Ursache, zu fürchten, daß seine Nebenbuhler glücklicher wären; doch das Mädchen war arm. Ein Herz, das seinen Beteurungen verschlossen blieb, öffnete sich vielleicht seinen Geschenken, aber ihn selbst drückte Mangel, und der eitle Versuch, seine Außenseite geltend zu machen, verschlang noch das Wenige, was er durch eine schlechte Wirtschaft erwarb. Zu bequem und zu unwissend, einem zerrütteten Hauswesen durch Spekulation aufzuhelfen, zu stolz, auch zu weichlich, den Herrn, der er bisher gewesen war, mit dem Bauer zu vertauschen und seiner angebeteten Freiheit zu entsagen, sah er nur einen Ausweg vor sich – den Tausende vor ihm und nach ihm mit besserem Glücke ergiffen haben –, den Ausweg, honett zu stehlen. Seine Vaterstadt grenzte an eine landesherrliche Waldung, er wurde Wilddieb, und der Ertrag seines Raubes wanderte treulich in die Hände seiner Geliebten. Unter den Liebhabern Hannchens war Robert, ein Jägerbursche des Försters. (S. 128)

- Warum wird Wolf zum Wilddieb? Können Sie die Handlungsweise des Mannes verstehen? Welche Alternativen hätte Wolf gehabt?

Wolfs Nebenbuhler Robert kann Wolf des Wilddiebstahls überführen und dieser wird „in das Zuchthaus der Residenz abgeliefert".

Auch diese Periode verlief und er ging von der Festung – aber ganz anders, als er dahingekommen war. Hier fängt eine neue Epoche in seinem Leben an; man höre ihn selbst, wie er nachher gegen seinen geistlichen Beistand und vor Gerichte bekannt hat. „Ich betrat die Festung", sagte er, „als ein Verirrter und verließ sie als ein Lotterbube. Ich hatte noch etwas in der Welt gehabt, das mir teuer war, und mein Stolz krümmte sich unter der Schande. Wie ich auf die Festung gebracht war, sperrte man mich zu dreiundzwanzig Gefangenen ein, unter denen zwei Mörder und die übrigen alle berüchtigte Diebe und Vagabunden waren. Man verhöhnte mich, wenn ich von Gott sprach, und setzte mir zu, schändliche Lästerungen gegen den Erlöser zu sagen. Man sang mir Hurenlieder vor, die ich, ein lüderlicher Bube, nicht ohne Ekel und Entsetzen hörte; aber was ich ausüben sah, empörte meine Schamhaftigkeit noch mehr. Kein Tag verging, wo nicht irgendein schändlicher Lebenslauf wiederholt, irgendein schlimmer Anschlag geschmiedet ward. Anfangs floh ich dieses Volk und verkroch mich vor ihren Gesprächen, so gut mir's möglich war; aber ich brauchte ein Geschöpf, und die Barbarei meiner Wächter hatte mir auch meinen Hund abgeschlagen. Die Arbeit war hart und tyrannisch, mein Körper kränklich; ich brauchte Beistand, und wenn ich's aufrichtig sagen soll, ich brauchte Bedauerung, und diese mußte ich mit dem letzten Überrest meines Gewissens erkaufen. So gewöhnte ich mich endlich an das Abscheulichste, und im letzten Vierteljahr hatte ich meine Lehrmeister übertroffen. Von jetzt an lechzte ich nach dem Tag meiner Freiheit, wie ich nach Rache lechzte. Alle Menschen hatten mich beleidigt, denn alle waren besser und glücklicher als ich. Ich betrachtete mich als den Märtyrer des natürlichen Rechts und als ein Schlachtopfer der Gesetze. (...) Damals gelobte ich unversöhnlichen, glühenden Haß allem, was dem Menschen gleicht, und was ich gelobte, hab' ich redlich gehalten." (S. 130 f) R

Diese Szene (Schiller wechselt hier in die Ichperspektive und tritt als Autor zurück) beschreibt Wolfs Wandel vom Bereuenden zum Hassenden.

- Vergleichen Sie die folgenden Stellungnahmen von Udo Jesionek (ehemaliger Präsident des Wiener Jugendgerichtshofes) und Erwin Ringel (österreichischer Psychiater, 1921–1994) zum österreichischen Strafvollzug mit der Darstellung Schillers.

Es muss klar werden, dass Kriminalität nicht mit Einsperren bekämpft werden kann. Die Idee, dass einer in der Haft geläutert wird, ist eindeutig widerlegt. Der Vollzug deklassiert und macht kaputt. Dieser Strafvollzug produziert Kriminalität. (Jesionek)
Im Strafvollzug findet eine Entwürdigung des Menschen statt. Das Einsperren erhöht die Aggression. Wir müssen mit dieser Rückfallquote rechnen. (Ringel)

Der Täter kehrt zum Schauplatz der Tat zurück

ANNETTE VON DROSTE-HÜLSHOFF: *DIE JUDENBUCHE*

Dieses *„Sittengemälde aus dem gebirgichten Westfalen"* (entstanden 1837–1841, gedruckt 1842) beginnt ebenso wie Schillers Text mit einem Überblick über die Herkunft des Helden. Daran schließt die Autorin einen Exkurs über das Leben im Dorf B. an, über die Gerichtsbarkeit und über die problematische Rechtsauffassung der Bewohnerinnen und Bewohner, die aus gemeinsamem, groß angelegtem Holzdiebstahl Einkommen beziehen.
(Weitere Informationen über Anette von Droste-Hülshoff in STICHWORT LITERATUR NEU, S. 185)

Annette von Droste-Hülshoff

Friedrich, der Sohn aus Mergels zweiter Ehe, verliert neunjährig seinen Vater, der zu „den gänzlich verkommenen Subjekten" gezählt wurde. Der Tod des Vaters lässt Friedrich zum Einzelgänger werden. Zwei Tage nach dem Tod des Vaters kommt es zu einem Gespräch zwischen Mutter und Sohn.

Als nach zwei Tagen die Leiche fortgetragen wurde, saß Margret am Herde, das Gesicht mit der Schürze verhüllend. Nach einigen Minuten, als alles still geworden war, sagte sie in sich hinein: „Zehn Jahre, zehn Kreuze. Wir haben sie doch zusammen getragen, und jetzt bin ich allein!", dann lauter: „Fritzchen, komm her!" – Friedrich kam scheu heran; die Mutter war ihm ganz unheimlich geworden mit den schwarzen Bändern und den verstörten Zügen. „Fritzchen", sagte sie, „willst

du jetzt auch fromm sein, daß ich Freude an dir habe, oder willst du unartig sein und lügen, oder saufen und stehlen?" – „Mutter, Hülsmeyer stiehlt." – „Hülsmeyer? Gott bewahre! Soll ich dir auf den Rücken kommen? Wer sagt dir so schlechtes Zeug?" – „Er hat neulich den Aaron geprügelt und ihm sechs Groschen genommen." – „Hat er dem Aaron Geld genommen, so hat ihn der verfluchte Jude gewiß zuvor darum betrogen. Hülsmeyer ist ein ordentlicher, angesessener Mann, und die Juden sind alle Schelme." – „Aber, Mutter, Brandis sagt auch, daß er Holz und Rehe stiehlt." – „Kind, Brandis ist ein Förster." – „Mutter, lügen die Förster?"
Margret schwieg eine Weile; dann sagte sie: „Höre, Fritz, das Holz läßt unser Herrgott frei wachsen, und das Wild wechselt aus eines Herren Lande in das andere; die können niemand angehören. Doch das verstehst du noch nicht; jetzt geh in den Schoppen und hole mir Reisig." (S. 10 f) R

- Beschreiben Sie anhand der Textstelle die Einstellung der Mutter zum Holzdiebstahl. Welche Lehren erhält der kleine Friedrich von seiner Mutter? Welche Vorurteile vermittelt sie ihm?

Als Zwölfjähriger wird Friedrich von seinem Onkel Simon Semmler aufgenommen und gerät in das Milieu der Wilderer und Holzdiebe. Dabei wird er an der Ermordung des Försters Brandes mitschuldig. Friedrich, der seine Herkunft durch Hochmut, Prahlerei und übertriebenen Mut kompensiert, wird bei einer Tanzveranstaltung von dem Juden Aaron wegen einer Geldschuld lächerlich gemacht. Aaron wird in dieser Nacht ermordet. Daraufhin verschwindet Friedrich mit seinem Jugendfreund Johannes Niemand ins Ausland. Unter einer Buche wird der Stab Aarons gefunden. Die Juden ritzen in den von ihnen gekauften Baum den Spruch: „Wenn du dich diesem Baum näherst, so wird es dir ergehen, wie du mir getan hast." Ein halbes Jahr später gesteht ein anderer Jude die Tat. Nach 28 Jahren kehrt Friedrich unter dem Namen seines Freundes Johannes zurück und erhängt sich an der sogenannten Judenbuche.

Im Mittelpunkt der Handlung steht weniger das äußere Geschehen (Tod des Vaters, Mord an Brandes, die Bloßstellung Friedrichs durch Aaron, das Gewaltverbrechen an Aaron), sondern die innere Entwicklung Friedrichs. Zuletzt bleibt die Frage offen, ob Friedrich den Juden wirklich getötet hat, ja sogar, ob es wirklich Friedrich ist, der aus dem „freiwilligen" Exil nach 28 Jahren zurückkehrt.
In beiden Erzählungen (*Der Verbrecher aus verlorener Ehre* und *Die Judenbuche*) geht es um Wahrheit, Gerechtigkeit und Schuld. Die Beurteilung und Wertung ist der Leserin / dem Leser vorbehalten.

Mögliche Arbeitsaufgaben nach der Lektüre des Gesamttextes *Die Judenbuche*:
- Welche Fragen werden von der Dichterin nicht ganz gelöst?
- Welche Rolle spielt die Justiz? Was kann sie beweisen?
- Welche Einstellung haben die Dorfbewohner (im Besonderen Friedrich und seine Mutter) zur Religion?
- Wo die Justiz machtlos ist, kommt (ähnlich wie in Schillers Erzählung) das Gewissen ins Spiel. Wie gehen die Personen (beachten Sie auch die jüdische Bevölkerung) mit dieser moralischen Instanz um?

Ein psychologischer Roman

Friedrich Dürrenmatt: *Der Richter und sein Henker*

Dieser Text Dürrenmatts (1921–1990) nimmt nach Meinung der Literaturwissenschaft eine mittlere Stellung zwischen Hoch- und Trivialliteratur[5] ein. Der Autor schreibt seine ersten beiden Kriminalromane (neben *Der Richter und sein Henker*, 1950, noch *Der Verdacht*, 1951) zum Broterwerb. Dürrenmatt sagt selbst zur Produktion seines ersten Romans:

Friedrich Dürrenmatt

Ich brauchte also Geld. Ein Verleger hätte mir nicht genug Vorschuss gegeben. Ich telefonierte also mit fünf oder sechs Verlegern. Ja, es waren wohl sechs. Jedem erzählte ich, dass ich im Begriff sei, einen Roman zu schreiben. Und jeder dieser Verleger war interessiert und wollte Näheres hören. Und jedem musste ich den Inhalt des vorgeschlagenen Romans erzählen. (Es handelte sich nicht sechsmal um denselben Roman, sondern um sechs verschiedene!) Und jeder erklärte sich bereit, mir Vorschuss zu schicken ... Wenn man Geld braucht, kommen einem die wundervollsten Ideen! Im Übrigen schrieb ich keinen der Romane und die Vorschüsse habe ich natürlich zurückgezahlt ...

1956 und 1958 erscheinen Dürrenmatts dritter und vierter Kriminalroman, *Die Panne* und *Das Versprechen*. Einfluss auf Dürrenmatt als Kriminalromanschriftsteller hat neben E. A. Poe (Motiv des verschlossenen Raumes), Edgar Wallace und Georges Simenon der Schweizer Kriminalschriftsteller **Friedrich Glauser** (1898–1938), vor allem dessen Text *Wachtmeister Studer* (1935).

In *Der Richter und sein Henker* sind zwei Handlungsstränge miteinander verknüpft. Der erste entspricht dem des Detektivromans. Ein scharfsinniger und im Kombinieren überlegener Kommissar übernimmt einen Fall und überführt den Täter. Die zweite Ebene problematisiert die Struktur der Gattung, indem Kommissar Bärlach von den Verbrechen Gastmanns zwar weiß, sie aber nicht für ein staatliches Verfahren und die Verurteilung beweisen kann. Bärlach, beim ersten Hineinlesen kleinbürgerlich, konservativ (er liebt „die Ärzte noch weniger als die moderne wissenschaftliche Kriminalistik") und kauzig, zeigt sich im Laufe der Handlung als Mann mit hintergründigem Humor und klarem Verstand, der sich in Auseinandersetzungen behaupten kann und das Verhalten und die Motive anderer Menschen sehr bald durchschaut. Für die Leserinnen und Leser erscheint er bei fortlaufender Handlung immer undurchsichtiger und rätselhafter, erst das Gespräch mit Gastmann, dem negativen Gegenspieler, bringt eine erste Klärung.

- Fassen Sie Bärlachs Angewohnheiten und individuelle Merkmale zusammen.
- Wodurch sind bekannte Heldenfiguren in Detektivgeschichten individualisiert? Denken Sie an Sherlock Holmes, Hercule Poirot (Agatha Christie) oder bekannte Detektivfiguren aus Film und Fernsehserien.

Bärlachs bestimmendes und auch für den Ausgang der Handlung wichtigstes Merkmal ist seine lebensbedrohende Krankheit. Dass Bärlach trotz seines Leidens den Fall lösen kann, zeigt zudem wieder die Außergewöhnlichkeit des Helden und seiner Leistung.

Wenn Sie den Gesamttext kennen oder als Heimlektüre gelesen haben, können Sie folgende Arbeitsaufgabe bearbeiten:

- Wie geht Bärlach mit seiner Krankheit um? Wie setzt er sie für die Aufklärung des Falles ein?

Der Richter und sein Henker beginnt wie ein durchschnittlicher Detektivroman, eine Leiche wird gefunden. Das entspricht der Struktur der Gattung, die „Ordnung" der Realität wird gestört. Die Leserin/der Leser erwartet, dass die Unordnung nicht nur durchschaubar gemacht wird, sondern durch die Überführung des Täters in den Zustand der Ordnung zurückgeführt wird.

[5] Trivialliteratur: Sammelbegriff, der den Gegensatz zur sogenannten Hochliteratur bezeichnet; Trivialliteratur ist einfach, für jeden verständlich und dient vorwiegend der Unterhaltung.

Zwischen der literarischen Fiktion im Kriminalroman und der gesellschaftlichen Realität herrscht hinsichtlich des zugrunde liegenden Verbrechens eine große Diskrepanz. Während (fast) jeder Detektivroman mit einem Mord beginnt, entfallen in Wirklichkeit auf Mord und Totschlag nur 0,02 % aller strafbaren Delikte. Das zeigt, dass es sich im Kriminalroman klassischer Prägung „um einen im Grunde unrealen Mord in einer unrealen Welt handelt und dass er nur als erregendes Moment benützt wird, aber nicht das Klima der Erzählung bestimmt – das tut vielmehr die Logik" (P. Fischer).

- Betrachten Sie nun die Einleitungsphase des Romans (die ersten drei Seiten) näher.
- Analysieren Sie das Verhalten und Denken des Alphonse Clenin. Inwiefern zeigt sich die Nervosität und Hilflosigkeit des Polizisten, aber auch seine Menschlichkeit? Schreiben Sie den Anfang des Romans (Entdeckung des Toten) so um, dass Clenin als selbstsicherer und souveräner Beamter gezeigt wird.
- Die Naturbeschreibung entspricht dem traditionellen Gattungsklischee des Kriminalromans. Weisen Sie das im Text nach.
- Inwiefern unterscheidet sich Bärlach von seinem Vorgesetzten Dr. Lucius Lutz? Beachten Sie auch die sprechenden Namen.
- Welche Kritik übt Dürrenmatt am Verhalten der Schweiz gegenüber dem Nationalsozialismus?

Während Dürrenmatt eine eher untertreibende und subtil-ironische Darstellungsform wählt, arbeiten die Autoren von **Jerry-Cotton-Romanen** die Klischees des typischen Kriminalromans nach dem Muster von „sex and crime" sehr direkt heraus.

Ein trivialer Heftroman

Jerry Cotton Roman Nr. 857

Seine Freunde hatten Hardy Troy „Silverplate" genannt, weil die Flak des Vietcong ihm ein gutes Stück seiner angeborenen Schädeldecke wegrasiert hatte. Aber Hardy hatte keine Freunde mehr. Sie vermoderten im Dschungel Vietnams oder waren den Haien im Gelben Meer zum Opfer gefallen.

Seine Frau war das einzige Glück in Hardys Leben, sein ganzer Stolz, und mehr als sie brauchte er nicht: Lorna, die Schönheitskönigin von Kalifornien gewesen war, als er sie im letzten Heimaturlaub kennenlernte. Blond, gewachsen wie die Venus von Milo, mit griffiger Karosserie, wie Patrick Procter gesagt hatte, der auch mal Hardys Freund gewesen und seit einem Jahr verschollen war. Bloß einen Haken hatte die Geschichte: Sie kannten sich zu wenig. Vierzehn Tage Bettvergnügen reichten nicht aus. Trotzdem war Hardy keine Spur misstrauisch, als Lorna ihn in eine Spielhölle mitschleppte. Wie hätte er ahnen können, dass sie bisher dort den Lockvogel gespielt hatte, um Geldsäcke auszunehmen. Nein, für ihn war sie der Engel. Und sie blieb es bis zu ihrem frühen Tod an diesem Abend.

Die Spielhölle war natürlich illegal und in einem miesen Hinterhaus in South Bronx untergebracht. In einer Gegend, in der die Cops keinen Schritt allein und schon gar nicht zu Fuß gingen. Hier musste man im Panzerauto zur Welt kommen, dann hatte man eine leichte Chance zum Überleben.

Auch das wusste Hardy nicht und es hätte ihn auch nicht gekümmert. Da, woher er kam, war die Luft bleihaltiger gewesen. Und zum Dritten wusste Hardy nicht, dass der Geschäftsführer und alle Angestellten des Kasinos auf sein Kommen vorbereitet waren, dass er an diesem Abend groß gewinnen sollte! Bloß wurde nichts daraus.

Kurz vor Mitternacht lagen Chips für umgerechnet tausend Dollar vor Hardy Troy. Er riskierte wenig, obwohl Lorna hinter ihm stand und ihm zuredete wie einem lahmen Gaul, der vor den Hornissen scheut. Er misstraute der runden Kugel und mehr noch der Harke des Croupiers, die die Gewinne zusammenkratzte.

Genau drei Minuten vor Mitternacht brach die Hölle los. Die Tür flog auf, drei oder vier Kerle in grässlichen Kunststoffmasken – sie sahen aus wie von des Teufels Großmutter geboren – standen

urplötzlich im Rahmen. Aber schlimmer waren die MP, die ohne jede Vorwarnung ihre Todesmelodie ausspuckten.
Hardy Troy war einer der wenigen ohne Schrecksekunde. Seine Reflexe funktionierten noch einwandfrei. Die hatte die Vierlingsflak ihm nicht amputiert.
Er warf sich blitzschnell mitsamt dem Stuhl nach hinten, griff nach Lorna, um sie mit sich in die Deckung des Spieltisches zu reißen, aber er erwischte nur ihr Abendkleid, und es zerriss unter seinen Händen wie Zunder. Er stürzte, und als er brutal nach Lornas Beinen schnappte, um sie zu sich herabzuzerren, da wurde sie schon von der Garbe durchlöchert. Ihr Blut spritzte in sein Gesicht, warmes Blut aus diesem leidenschaftlichen Körper, den er über alles liebte. Sie schrie und diesen Schrei vergaß er sein Leben lang nicht, weil es das Schlimmste war, was er je hatte hören müssen.
Lorna fiel über ihn und er hielt sie fest, er küsste ihren Mund und keuchte sinnlose Worte. Dann weinte er. (S. 4f)

- Fassen Sie den Inhalt des Jerry-Cotton-Textes schriftlich in Form eines sachlichen Zeitungsberichts zusammen.
- Die Menschen in diesem Roman sind durch starke Gegensätze charakterisiert. Weisen Sie das bei Hardy Troy und Lorna nach.
- Troys Verhalten ist nicht durch Geist und Menschlichkeit, sondern nur durch Triebhaftigkeit bestimmt. Wie sieht er seine Frau Lorna? Was liebt er an ihr? Was erfährt die Leserin/der Leser über sie und die Beziehung des Paares?
- Untersuchen Sie die letzten drei Absätze genauer. Inwiefern werden hier Gewalt und Sexualität auf brutalste Weise miteinander vermengt? Beachten Sie die raffinierte Wortwahl, die Zweideutigkeiten zulässt.
- Versuchen Sie nun, die Unterschiede der beiden Romananfänge (Schauplatz, Charakterisierung der Personen, Sprache, Stil, Textintention) zusammenzufassen.

Jerry Cotton ist der Held und gleichzeitig der Name einer Serie von Heftromanen zu je 64 Seiten und Taschenbüchern, die zur Trivialliteratur gerechnet werden und vor allem über Kioske und Zeitschriftenläden vertrieben werden. Erfinder der Serie ist Delfried Kaufmann. Die Gesamtauflage der im Basteiverlag erscheinenden Romane beträgt ca. 850 Millionen Exemplare, seit Beginn der Serie im Jahr 1954 arbeiten über 100 Autoren ohne Autorennennung an den Manuskripten. In den 1960er-Jahren entstand auf der Basis der Cotton-Romane eine Reihe von Kinofilmen mit dem amerikanischen Schauspieler George Nader in der Hauptrolle und den beiden deutschen Schauspielern Heinz Weiss und Richard Münch als Phil Decker und Mr. High. 2010 kommt eine neue Verfilmung mit Christian Tramitz, Moritz Bleibtreu und Christian Ulmen in die Kinos.
Folgende Leseprobe ist der Beginn des Heftromans „Jerry Cotton Classic", Band 19:

Dynamit für den Millionen-Coup

1 Die Dienstbesprechung des New Yorker FBI war teils von alltäglichen, teils von interessanten Dingen bestimmt wie jeden Morgen. Mr. High, der Distriktchef, saß vor dem Stapel von Aktenstücken, Zetteln und Briefen.
Mein Freund Phil und ich hockten ziemlich im Hintergrund und gaben uns alle Mühe, nicht zu gähnen. Wir waren gestern Abend ein wenig später als gewöhnlich ins Bett gekommen. Normalerweise hätte uns das nichts ausgemacht, aber die brütende Hitze, die wie eine Dunstglocke über der Stadt lag und den Asphalt in den Straßen weichkochte, förderte ohnehin die Müdigkeit, und wer da nicht ausgeschlafen war, dem fielen alle paar Sekunden die Augen zu. „Ach so", murmelte er, „Ja ... Ist der Transport gesichert?"
„Unsere Leute sind schon unterwegs", nickte der Einsatzleiter. „Wie üblich, zwei Mann in einem Wagen voraus, zwei in einem anderen Wage hinterher. Bewaffnung wie immer, Maschinen- und übliche Dienstpistolen, Gewehre mit Zielfernrohr und Tränengas-Handgranaten. Im Notfall können unsere vier Männer bei der Bewaffnung eine halbe Kompanie ein paar Minuten lang aufhalten, bis über Sprechfunk die nötigen Verstärkungen eingetroffen sind."

Ich neigte den Kopf auf die Seite und raunte Phil zu:
„Um welchen Transport handelt es sich eigentlich?"
Mein Freund erwiderte leise:
„Um den Lohntransport zu den EGE."
„Ach so ..." brummte ich uninteressiert. „Dass dieser alte Hut jeden Freitag bei der Dienstbesprechung wieder aufgesetzt wird, verstehe ich nicht. Das kann doch automatisch laufen."
Phil sage nichts dazu. Die EGE waren ein Riesenbetrieb, der weit außerhalb der Stadt in den letzten Jahren buchstäblich aus dem Boden gestampft worden war. Es hieß allgemein, dass er für die Regierung oder fürs Pentagon arbeitete. Jedenfalls ließ der Firmenname „ELECTRONIC AND GENERAL EQUIPMENTS" allerlei Vermutungen zu. Es sollten über zwölftausend Leute dort beschäftigt sein, und jeden Freitag rollte von der Federal Reserve Bank zwischen Maiden Lane und Liberty Street ein Transportwagen mit den Lohngeldern ab zu dieser Firma, dessen Schutz das FBI hatte übernehmen müssen, weil es Regierungsgelder waren, die ausgezahlt wurden.
Unterdessen hatte die Besprechung ihren Fortgang genommen. Jimmy Reads und Walter Stein waren aufgestanden und hörten aufmerksam zu, was der Chef ihnen erklärte.
„... wissen nicht genau, ob die Vermutung der Kollegen in Frisco stimmt. Auf alle Fälle müsst ihr vorsichtig sein. In der Bande soll „Gun-Boy Jack" mitarbeiten, und dass sich dieser Bursche nichts daraus macht, auf jeden zu schießen, von dem er Gefahr wittert, wisst ihr ja. Beobachtet ihn."
„Die haben es gut", seufzte ich. „Die können sich jetzt in der Stadt umtun und „Gun-Boy Jack" suchen. (...) Ich sehe es kommen, dass wir heute dazu verurteilt werden, Papierkrieg zu führen.
„Sei doch froh", zischte Phil leise. „In der Hitze draußen herumrennen müssen, ist bestimmt keine Erholung. So können wir wenigstens die Vorzüge einer Klimaanlage genießen."
Ich wischte mir den Schweiß von der Stirn und erwiderte ebenso leise:
„Erstens spüre ich nicht viel davon, dass dieses Haupt überhaupt eine Klimaanlage hat, und zweitens würde ich es trotzdem vorziehen, einen Außenauftrag zu kriegen."
„Ich weiß nicht", nickte Phil, „du hast wieder mal einen energischen Tag und möchtest alle Gangster der Welt an einem Tage eigenhändig einsperren. Manchmal ist es recht anstrengend, dein Freund zu sein.
„Faulpelz", brummte ich.
Die Besprechung ging weiter. Kollegen wurden jeweils in Gruppen von zwei bis vier Mann mit diesen oder jenen Aufträgen betraut, hörten sich genau an, was sie zu tun hatten, und verschwanden danach. Die Stuhlreihen lichteten sich immer mehr. Meine Befürchtung, dass wir Papierkrieg führen und Akten von einem Zimmer ins andere würden schleppen müssen, steigerte sich. Aber dann ging auf einmal die Tür auf, und ein Kollege aus der Telefon- und Fernschreibzentrale kam hastig hereingestürzt. Er legte dem Chef einen Zettel hin. Mr. High warf nur einen kurzen Blick darauf.
„Der Mörder des Howard-Kindes ist in der Wall Street gesehen worden. Er betrat das am East River gelegene Building Wall Street 120. Jerry und Phil! Beeilt euch!"
Wir erhoben uns. Im Saal hatte sich eine tiefe Stille ausgebreitet, als wir durch den Mittelgang zur Tür stürmten. Mit einer unwillkürlichen Bewegung klatschte meine rechte Hand gegen die linke Achselhöhle, um festzustellen, ob die Dienstpistole in dem Schulterhalfter saß.

- Versuchen Sie eine Charakterisierung der drei Hauptpersonen Jerry Cotton, Phil Decker und Mr. High. Worin zeigt sich die Überlegenheit Jerry Cottons?
- Untersuchen Sie Wortwahl, Satzbau und Bildhaftigkeit im vorliegenden Text.
- Beispiele für die Titel einzelner Hefte sind *In der Häuserschlucht des Grauens, Der Satan schickt seine Rechnung* oder *Blutgeld ohne Zinsen*. Stimmen Sie dem Urteil vieler Literaturwissenschaftlerinnen und Literaturwisseschaftler zu, die diese Romane als trivial[6] bezeichnen? Untermauern Sie Ihre Meinung durch eine genaue Analyse des Textausschnittes.

[6] trivial: etwas, das ohne weitere Erklärungen und Begriffe verstanden werden kann, simpel, banal

Detektive und Kommissare – Von den 1950er-Jahren bis zur Gegenwart

Die 50er-Jahre

In den 50er-Jahren setzt sich der in den 40er-Jahren beginnende Trend zum reinen Kriminalroman (Konzentration auf die Psychologie des „Täters"), zum psychologischen Thriller[7], zu Romanen mit hartgesottenen Privatdetektiven und Polizeiromanen fort, während der auf reine Aufklärung bedachte Detektivroman des Golden Age (**Agatha Christie**, **Dorothy L. Sayers** u. a.) in seiner Dominanz langsam zurückgeht.[8] Die bekanntesten **„Hardboiled Dicks"**[9] und ihre Schöpfer sind Perry Mason (**Erle Stanley Gardner**), Sam Spade (**Dashiell Hammett**), Philip Marlowe (**Raymond Chandler**), Mike Hammer (**Mickey Spillane**), Lew Archer (**Ross Macdonald**), Spencer / Susan Silverman (**Robert B. Parker**) und Sam Hunter (**L. A. Morse**).
Die weiblichen Charaktere in den frühen Hardboiled-Romanen sind keine Hausfrauen oder Ehefrauen, sondern unabhängig und haben oft einen „anrüchigen" Beruf wie Barsängerin oder Spielerin. Fast immer sind sie eine tödliche Gefahr für den Helden, die er jedoch meistert. Die meisten dieser Romane werden in Original-Taschenbuchreihen herausgegeben und zielen vor allem auf ein männliches Publikum ab.

Raymond Chandler, 1888 in Chicago geboren, verbringt den Großteil seiner Kindheit bzw. Jugend in England, wo er das Dulwich College besucht. Er genießt eine konservativ-englische Erziehung und eignet sich ausgezeichnete Kenntnisse der klassischen Literatur an. Später arbeitet er als freier Journalist für *The Westminster Gazette* und *The Spectator*. Im 1. Weltkrieg dient er als Soldat in Frankreich in der ersten Division der Kanadischen Armee und von 1918–1919 in der Royal Air Force. 1919 kehrt er in die USA zurück und lebt bis zu seinem Tod in Kalifornien. Er ist zuerst journalistisch tätig, später als Bankangestellter und steigt schließlich ins Ölgeschäft ein. Die große Depression macht seiner Geschäftskarriere 1929 ein Ende. Im Alter von 45 Jahren beginnt er seine ersten Geschichten zu veröffentlichen. Der erste seiner sieben Romane, *Der große Schlaf*, wird allerdings erst 1939 gedruckt. Chandler wird zweimal mit dem Edgar-Allan-Poe-Preis ausgezeichnet (1946 und 1954). Im letzten Jahr seines Lebens wird er zum Präsidenten der „Mystery Writers of America" gewählt. Chandler stirbt am 26. März 1959 in La Jolla, Kalifornien.

Raymond Chandler: *Der grosse Schlaf*

Sie war so an die zwanzig, klein und schnuckelig ziseliert, sah aber ganz so aus, als ob sie einiges verkraften könnte. Sie trug blaßblaue Hosen und sah gut darin aus. Sie ging, als ob sie schwebte. Sie hatte hübsches lohfarbenes Haar, das viel kürzer geschnitten war, als es die derzeitige Mode mit ihren eingerollten Pagenkopffransen verlangt. Ihre Augen waren schiefergrau und fast völlig ausdruckslos, als sie mich ansahen. Sie kam auf mich zu und lächelte mit dem Mund und hatte kleine scharfe Raubtierzähne, weiß wie frisches Orangenmark und schimmernd wie Porzellan. Sie blitzten zwischen dünnen, gestrafften Lippen. Ihr Gesicht war fahl und wirkte nicht sehr gesund.
„Sind sie aber groß", sagte sie.
„Ich hab's mir nicht ausgesucht."
Ihre Augen kullerten. Sie war verdutzt. Sie dachte nach. Ich merkte schon nach dieser kurzen Bekanntschaft, daß sie mit dem Denken ihre liebe Not hatte.
„Und gut sehen Sie aus", sagte sie. „Und ich wette, Sie wissen's auch."

---

[7] Thriller: aktionsreicher Abenteuerkrimi, der auf emotionale Spannungseffekte angelegt ist, durch die das Publikum in die Handlung einbezogen werden soll

[8] Die klassische Form des gewaltfreien und nur auf die Aufklärung bedachten Whodunit-Romans folgt Richtlinien und Regeln, durch die die Leserinnen und Leser alle wichtigen Informationen in Hinblick auf die Person des Täters erhalten – allerdings auch auf falsche Fährten gelenkt werden.

[9] Hardboiled Dick: Der hartgesottene (ausgekochte, mit allen Wassern gewaschene) Profidetektiv, oft ein Zyniker mit sentimentalem Herz, zeichnet sich mehr durch körperlichen Einsatz als durch den Gebrauch seiner „grauen Zellen" aus.

Ich knurrte.

„Wie heißen Sie?"

„Reilly", sagte ich. „Dobermann Reilly."

„Ist das aber ein ulkiger Name." Sie biß sich auf die Lippe und wandte etwas den Kopf und beäugte mich von der Seite. Dann senkte sie die Wimpern, bis sie ihr fast die Wangen streichelten, und hob sie langsam wieder auf wie einen Theatervorhang. Diesen Trick durfte ich später noch näher kennenlernen. Er sollte wohl bewirken, daß ich mich auf dem Rücken wälzte und alle viere von mir streckte.

„Sind Sie Boxer?" fragte sie, als sie merkte, daß ich nicht zu Boden ging.

„Eigentlich nicht. Ich bin Spürhund."

„Sie sind was?" Sie warf ärgerlich ihr Haar zurück, und das reiche Blond gleißte im Dämmerlicht der großen Halle. „Sie machen sich über mich lustig."

„Hmhm."

„Wie bitte?"

„Nur weiter so", sagte ich. „Sie haben mich schon verstanden."

„Sie haben ja gar nichts gesagt. Sie wollen mich nur auf den Arm nehmen."

(...)

„Sie sind irrsinnig groß", sagte sie. Dann kicherte sie belustigt in sich hinein. Darauf wandte sie, ohne die Füße zu heben, langsam und geschmeidig ihren Körper. Ihre Arme fielen schlaff herab. Sie neigte sich mir auf Zehenspitzen entgegen. Sie fiel mir einfach in die Arme. Ich mußte sie auffangen, wenn ich ihren Kopf nicht auf den Mosaikboden bumsen lassen wollte. So fing ich sie denn unter den Armen, und im Nu hing sie mir mit weichen Knien am Leibe. Ich mußte sie eng an mich drücken, um sie auf den Füßen zu halten. Als ihr Kopf an meiner Brust lag, sah sie zu mir hoch und kicherte.

„Sie sind süß", kicherte sie. „Aber ich bin auch süß."

Ich sagte überhaupt nichts. Also wählte der Butler diesen passenden Augenblick, um durch die Glastür zurückzukommen und sie in meinen Armen vorzufinden.

Es schien ihn nicht weiter zu stören. Er war ein langer, dünner, silberhaariger Mann, so um die sechzig oder ein bißchen darüber. Seine blauen Augen blickten so gleichgültig, wie Augen nur blicken können. Seine Haut war glatt und hell, und er bewegte sich wie ein Mann mit sehr gesunden Muskeln. Er kam langsam durch die Halle auf uns zu, und das Mädchen riß sich von mir los. Sie flitzte durch den Raum zur Treppe und schoß hinauf wie ein Kitz. Sie war weg, bevor ich einmal tief Luft holen konnte.

Der Butler sagte mit ausdrucksloser Stimme: „Der General kann sie jetzt empfangen, Mr. Marlowe."

Ich klappte die untere Kinnlade hoch und nickte ihm zu. „Wer war denn das?"

„Miss Carmen Sternwood, Sir."

„Sie sollten sie mal entwöhnen. Sie ist alt genug."

Er blickte mich mit ernster Höflichkeit an und wiederholte, was er gesagt hatte. (S. 6 ff) R

- Untersuchen Sie Sprachstil, Satzbau und Wortschatz Chandlers.
- Was fällt bei den Dialogen auf?
- Wie wird die Frau in dem Textausschnitt geschildert?

Der Held der realistischen und gesellschaftskritischen Chandler-Romane, Philip Marlowe, verkörpert den typisch amerikanischen Detektiv, einen „tough guy" aus der „hard boiled school". Er ist ein desillusionierter Eigenbrötler, der weder Ehefrau noch Familie hat, gerne Whisky trinkt und Zigaretten raucht. Er ist zynisch, kontert mit harten Sprüchen, doch ist sein Zynismus nur ein Schutzschild, hinter dem er eine romantische und verletzte Seele versteckt. Laut Chandler hat Marlowe sich in einer Welt von Korruption und Verbrechen im Amerika der 30er-Jahre eine Art persönliches Gewissen aufgebaut, das auch Sympathie für die Schwachen, Unterlegenen, bisweilen auch für die Kriminellen zulässt. Gewalt wird nur in Notfällen ausgeübt.

Der Roman schließt mit einem lyrisch-sentimentalen Ende, Philip Marlowe liefert die Täterin nicht der Polizei aus, sondern belässt sie in der Obhut ihrer Familie.

Ich ging rasch von ihr weg und durchs Zimmer und hinaus und die Fliesentreppe hinunter zur vorderen Halle. Ich sah niemanden, als ich hinausging. Ich fand meinen Hut diesmal allein. Die hellen Gärten draußen wirkten gespenstisch, als ob kleine, wilde Augen mich hinter den Büschen belauerten, als ob der Sonnenschein selbst ein mysteriöses Etwas in seinem Licht berge. Ich stieg in meinen Wagen und fuhr den Hügel hinunter.
Was machte es schon, wo man lag, wenn man tot war? In einem schmutzigen Tümpel oder in einem Marmorturm oben auf einem hohen Berg? Man war tot, man schlief den großen Schlaf, man brauchte sich um solche Dinge nicht zu kümmern. Öl und Wasser bedeuteten dasselbe wie Wind und Luft. Man schlief einfach den großen Schlaf, unbekümmert darüber, wie ekelhaft man gestorben oder wohin man gefallen war. Ich selbst, ich war jetzt ein Teil dieses Ekels. Viel mehr, als Rusty Regan es war. Aber der alte Mann mußte es nicht sein. Er konnte ruhig unterm Baldachin in seinem Bett liegen, die blutlosen Hände über der Decke gefaltet, und warten. Sein Herz war ein schwaches, ungewisses Rasseln. Seine Gedanken waren grau wie Asche. Und nach einer kleinen Weile würde auch er, wie Rusty Regan, den großen Schlaf schlafen.
Auf dem Weg zur Stadt hinunter hielt ich vor einer Bar und trank ein paar doppelte Scotch. Sie halfen mir auch nicht weiter. Sie erweckten in mir nur die Erinnerung an Silberperückchen, und ich habe sie nie wiedergesehen. (S. 200 f) R

Die 60er- und 70er-Jahre

Die Zeit der Spione und Agenten

Der Kalte Krieg beherrscht die Weltpolitik und es kommt zu weltweiten Erfolgen von **Ian Fleming** (James Bond) und **John Le Carré**, der bis in die 90er-Jahre mit seinen Spionagethrillern in den Bestsellerlisten steht. Der ausgebildete Lehrer Le Carré beginnt seine Laufbahn als Schriftsteller mit Kriminalromanen der eher traditionellen Art, ehe er mit den Romanen *Der Spion, der aus der Kälte kam*; *Dame, König, As, Spion* und *Eine Art Held*, in deren Mittelpunkt der britische Agent George Smiley steht, eine große Lesergemeinde erreicht. Auch nach dem Ende des Kalten Krieges hat er nach wie vor Erfolge mit Romanen wie *Das Russlandhaus*, *Der Nachtmanager*, *Unser Spiel* oder *Single & Single*.
Die Spione scheinen in den 60er-Jahren die Detektive, besonders den Hardboiled Dick, zu vertreiben. Neben den Agentenromanen erreichen Polizeiromane, Schauerromane und Romantikthriller (**Mary Steward**, **Victoria Holt** und **Phyllis A. Whitney**) sowie historische Kriminalromane große Auflagen. Über die 70er-Jahre schreibt John L. Breen:

Obwohl in den 70er-Jahren die Spionage- und die Romantikthriller noch große Erfolge verbuchten, feierten die traditionellen Kriminalromane und die Privatdetektive ein kleines Comeback, häufig als Nostalgie-Zitate. Zwar hatte es in den vergangenen Jahrzehnten hin und wieder auch Beispiele für den historischen Kriminalroman gegeben (...), doch eigentlich war der Kriminalroman fast schon per definitionem in seinen Szenarien modern. Nun wurden auf einmal Kriminalfälle mit historischen Schauplätzen beliebt. (...) Gleichzeitig waren nostalgische Kriminalromane sehr gefragt, Privatdetektive eingeschlossen, und klassische Dreißiger-Jahre-Detektivromane, die vor zeitgenössischer Kulisse spielten. [10]

„Klosterkrimis"

Zwei Beispiele für historische Kriminalromane, die gleichzeitig als „Klosterkrimis" bezeichnet werden, sind die ab 1977 erscheinenden Romane von **Ellis Peters** mit dem heilkundigen Mönch Cadfael als Helden, der in einer Abtei seine Mordfälle löst, und **Umberto Ecos** *Der Name der Rose*.

Umberto Eco, geb. 1932 in Alessandria (Piemont), Kunstphilosoph, Universitätsprofessor für Semiotik, Schriftsteller und Kulturjournalist, ist eine der herausragenden Gestalten des italienischen Geisteslebens der letzten Jahrzehnte. Neben vielen Essays, Erzählungen und Glossen besteht sein Werk

[10] Schindler, Nina (Hg.): Das Mordsbuch. Alles über Krimis. Hildesheim: Claassen Verlag 1998, S. 23 f

aus vier großen Romanen: *Der Name der Rose* (1980), *Das Foucaultsche Pendel* (1988), *Die Insel des vorigen Tages* (1994) und *Baudolino* (2001). Der Roman *Der Name der Rose,* in dessen Mittelpunkt der englische Franziskanermönch William von Baskerville und sein jugendlicher Adlatus[11] Adson von Melk stehen – Schauplatz ist eine Abtei in Italien, Ende November 1327 –, beinhaltet viele Elemente des klassischen Kriminalromans. Er bietet aber auch ein umfassendes und authentisches Bild des Mittelalters in seiner dualistischen[12] Ausprägung vor dem Hintergrund der Cluniazensischen Reformbewegung[13].

- Informieren Sie sich (vielleicht im Rahmen des Geschichts- oder Religionsunterrichts) über die katholischen Orden im Mittelalter.

Der achtzigjährige Greis Adson von Melk erinnert sich in *Der Name der Rose* an seine Abenteuer als Achtzehnjähriger. Er ist der Chronist, „der durch das Geschehen wandert und alles mit der fotografischen Treue eines Heranwachsenden registriert, aber nichts begreift." Damit steht diese Erzählerfigur in der Tradition eines Dr. Watson (**Arthur Conan Doyle**), der in Bezug auf die Aufklärung der Tat oder der Hintergründe den gleichen Wissensstand hat wie das Lesepublikum. Statt einer „Inhaltsangabe" hier ein Teil des Klappentextes der deutschsprachigen Ausgabe:

Umberto Eco: ***Der Name der Rose***

Daß er in den Mauern der prächtigen Benedektinerabtei an den Hängen des Apennin das Echo eines verschollenen Lachens hören würde, das hell und klassisch herüberklingt aus der Antike, damit hat der englische Franziskanermönch William von Baskerville nicht gerechnet. Zusammen mit Adson von Melk, seinem etwas tumben, jugendlichen Adlatus, ist er in einer höchst delikaten politischen Mission unterwegs. Doch in den sieben Tagen ihres Aufenthaltes werden die beiden mit kriminellen Ereignissen und drastischen Versuchungen konfrontiert: Ein Mönch ist im Schweineblutbottich ertrunken, ein anderer aus dem Fenster gesprungen, ein dritter wird tot im Badehaus gefunden. Aber nicht umsonst stand William lange Jahre im Dienste der Heiligen Inquisition. Das Untersuchungsfieber packt ihn. Er sammelt Indizien, entziffert magische Zeichen, entschlüsselt Manuskripte und dringt immer tiefer in ein geheimnisvolles Labyrinth vor, über dem der blinde Seher Jorge von Burgos wacht. Mehr sei hier nicht verraten. (...)

Im Prolog beschreibt Adson, der Icherzähler, seinen Lehrmeister William von Baskerville:

Was Bruder William tatsächlich suchte, wußte ich damals nicht, und um die Wahrheit zu sagen, ich weiß es noch heute nicht. Mir scheint fast, er wußte es selber nicht recht. Was ihn antrieb, war einzig sein nimmermüdes Streben nach Wahrheit, gepaart mit seinem steten und fortwährend von ihm selbst genährten Verdacht, daß die Wahrheit nie das sei, was sie in einem gegebenen Augenblick zu sein schien. Vielleicht haben ihn auch die dringlichen Anforderungen der Zeitläufte in jenen Jahren ein wenig von seinen Lieblingsstudien abgelenkt. Mit welcher Mission er beauftragt war, blieb mir während unserer ganzen Reise verborgen, jedenfalls sprach er mir gegenüber nie davon. (...)

Die physische Erscheinung Williams von Baskerville war so eindrucksvoll, daß sie noch die Aufmerksamkeit des zerstreutesten Beobachters auf sich gezogen hätte. Seine hohe Gestalt überragte die eines gewöhnlichen Mannes, und durch ihre Schlankheit wirkte sie sogar noch größer. Er hatte scharfe, durchdringende Augen, und die schmale, leicht gebogene Nase verlieh seinem Antlitz den Ausdruck einer lebhaften Wachsamkeit (außer in jenen Momenten der Starre, von denen ich noch sprechen werde). Auch sein Kinn verriet einen starken Willen, mochte sein lang gezogenes Gesicht, das voller Sommersprossen war (...), zuweilen auch Unsicherheit und Verblüf-

[11] Adlatus: lat. Gehilfe

[12] Dualismus: im Mittelalter vorherrschende Auffassung, nach der die Welt in zwei gegensätzliche Prinzipen geteilt ist (z. B. Gut/Böse, Gott/Teufel ...)

[13] Cluniazensische Reform: geistige Reformbewegung des Mittelalters, die vor allem auf eine Betonung der benediktinischen Ideen und eine Stärkung der Position nach außen abzielte

fung ausdrücken können. Mit der Zeit begriff ich freilich, daß diese scheinbare Unsicherheit in Wirklichkeit bloße Neugier war, doch anfangs wußte ich wenig von dieser Tugend und hielt sie eher für eine Leidenschaft der lüsternen Seele; ich war der Ansicht, daß der vernünftige Geist sich nicht an ihr nähren dürfe, seine Nahrung sei einzig die reine Wahrheit, die man (wie ich meinte) von Anfang an kennt.
Kindisch, wie ich war, fesselten mich als erstes die flaumig-hellen Haarbüschel, die aus Bruder Williams Ohren kamen, und seine dichten blonden Brauen. Er mochte ungefähr fünfzig Lenze zählen, war also schon ziemlich alt, doch er bewegte seinen unermüdlichen Körper mit einer Leichtigkeit, die mir selber oft abging. Seine Energie schien unerschöpflich, wenn es rasch und gezielt zu handeln galt. Von Zeit zu Zeit aber, gleichsam als hätte sein Lebensgeist teil an der Gangart des Krebses, wich er zurück in Phasen der Trägheit, und stundenlang sah ich ihn dann lang ausgestreckt auf seiner Bettstatt in seiner Zelle liegen, kaum eine Silbe murmelnd und keinen Muskel in seinem Gesicht bewegend. Bei solchen Gelegenheiten erschien ein Ausdruck der Leere und Abwesenheit in seinem Blick, und ich hätte ihn fast schon unter dem Einfluß einer Visionen erzeugenden Kräutersubstanz gewähnt, hätte nicht die Enthaltsamkeit seines ganzen Lebenswandels mir einen solchen Verdacht untersagt. Gleichwohl sei nicht verschwiegen, daß er im Verlauf unserer Reise sich manchmal an einem Wiesensaum oder Waldrand aufhielt, um irgendein Kraut zu sammeln (vermutlich immer dasselbe) und es dann mit selbstvergessener Miene zu kauen. (S. 21 ff) R

Eco schreibt in seiner Nachschrift zu *Der Name der Rose*:

Adson erzählt als achtzigjähriger Greis, was er als achtzehnjähriger Jüngling erlebt hat. Wer also spricht nun, Adson der Jüngling oder Adson der Greis? Beide natürlich, und das war gewollt. Das Spiel bestand darin, immer wieder den greisen Adson einzubringen, der über das, was er als Jüngling erlebt und empfunden hat, räsoniert.

- Wer spricht im obigen Ausschnitt, Adson der Jüngling oder Adson der Greis? Weisen Sie das anhand von Textpassagen nach!
- Wie sieht Adson seinen Lehrmeister, was fasziniert ihn am meisten an William?
- Welchen Eindruck macht William von Baskerville auf Sie? Inwiefern erinnert er in Ansätzen an die bekannte Detektivfigur Sherlock Holmes von Sir Arthur Conan Doyle?

Der nach dem Roman gedrehte gleichnamige Film von Regisseur **Jean-Jacques Annaud** (produziert von Bernd Eichinger) ist eine bekannte und erfolgreiche Literaturverfilmung. Hochkarätige Schauspieler wie Sean Connery, Christian Slater oder Helmut Qualtinger verleihen den Figuren Glaubwürdigkeit und Ausstrahlung.

- Lesen Sie das Buch als Ganztext und schauen Sie sich den Film auf DVD an.
- Arbeiten Sie in Gruppen heraus, was im Film ausgespart bzw. verändert ist.

Von den 80er-Jahren bis ins 21. Jahrhundert

Die 80er-Jahre leiten einen bislang unvorstellbaren Boom für den Kriminalroman in all seinen Formen ein, der bis heute andauert. Kriminalschriftstellerinnen und -schriftsteller unserer Zeit wählen Themen und Szenarien frei und bauen umstrittene Themen und Subkulturen in ihre Romane ein. Die Kriminalromane der letzten drei Jahrzehnte sollen nicht nur der spannenden Unterhaltung dienen, sondern wollen auch Milieustudien sowie gesellschaftskritische und politische Aspekte bieten.

Der Krimi wird zum Bestseller

Beispiele dafür sind **Bernhard Schlink** (*Selbs Betrug*, *Der Vorleser*), der spanische Lyriker, Romancier und Journalist **Manuel Vázquez Montalbán**, der Pepe Carvalho, Gourmet und Detektiv, erfindet, die englischen Autorinnen und Autoren **Elizabeth George**, **Minette Walters**, **Ian Rankin** und **Reginald Hill**, die Französin **Fred Vargas**, der Schotte **Martin Walker** und der Niederländer **Janwillem van de Wetering**, von dessen Romanen in Deutschland und Österreich über eine Million verkauft wurden.

Wetering, 1931 in Rotterdam geboren, reiste 15 Jahre durch die Welt, war Hilfspolizist in Amsterdam, verbrachte 18 Monate in einem Zenkloster und lebte bis zu seinem Tod im Jahr 2008 mit seiner Familie in Maine/USA. Der Verfasser eigenwilliger Polizeiromane bietet der Leserin/dem Leser keine Identifikationsfigur an, sondern beschreibt das Leben und die Arbeit eines Polizisten-Teams, das aus Adjutant Grijpstra, Brigadier de Gier und dem weisen alten Commissaris besteht. Wetering geht es neben der kritischen Betrachtung des Verhältnisses zwischen Bürger und Staat um Milieuschilderungen, Stimmungen und verschiedenste Menschentypen, die nicht eindeutig in die Kategorien gut–böse bzw. widerlicher Verbrecher–edler Held einzuordnen sind.

Hardboiled-Privatdetektivinnen

Ab Mitte der 80er-Jahre erscheinen in den USA Kriminalromane, in denen Hardboiled-Privatdetektivinnen („hart, aber herzlich") den Ton angeben. Hervorzuheben sind V. I. Warshawski von **Sarah Paretsky**, Carlotta Carlyle von **Linda Barnes** und Kat Colorado von **Karen Kijewski**. Diese Detektivinnen neuen Stils stehen in Zusammenhang mit der Frauenbewegung seit den 70er-Jahren. Die Autorinnen wollen der sexistischen Sichtweise der männlichen Privatdetektive ein weibliches Konzept entgegenstellen. Die „Frauenkrimis" sind besonders beim weiblichen Lesepublikum sehr erfolgreich, weil der Alltag der Heldinnen jene Welt, in der aktive, engagierte Frauen heute leben, realistisch widerspiegelt.

Österreichische und deutsche Krimi-Autorinnen

Neue Heldinnen: Bella Block, Anna Marx …

Auch im deutschsprachigen Raum schreiben seit gut 20 Jahren Autorinnen Kriminalromane, in deren Mittelpunkt Detektivinnen bzw. Polizistinnen stehen. Während in den traditionellen, aus der Sicht der Männer geschriebenen Krimis Frauen nur attraktives Beiwerk oder Objekt der Begierde (siehe Jerry-Cotton-Romane) sind, setzen sich die neuen Heldinnen sehr selbstbewusst mit ihrem Alltag und ihrer Rolle als Frau in einer von Männern dominierten Gesellschaft auseinander.
Bella Block, die Serienheldin von **Doris Gercke**, quittiert schon im ersten Band als Kriminalhauptkommissarin den Polizeidienst und ist daraufhin als Privatdetektivin tätig. Einige der Bella-Block-Krimis wurden mit Hannelore Hoger in der Hauptrolle verfilmt.
In einem in der Zeitschrift *Buchkultur* erschienenen Interview meint Doris Gercke: [14]

Ich finde, dass der Kriminalroman eine sehr gute Möglichkeit ist, unsere gesellschaftlichen Verhältnisse darzustellen. Gelungene Kriminalromane zähle ich zur Aufklärung, im Sinne von aufklärerischer Literatur. (...) Ich habe immer vorgehabt, keine Bücher für Intellektuelle zu schreiben, meine Bücher sollen von „ganz normalen" Menschen gelesen werden. (...) Man kann, denke ich, die Wirklichkeit nie überbieten beim Schreiben, die Wirklichkeit ist immer furchtbarer. Daher ist es nicht nötig, sich irgendwas aufzuerlegen, denn was wirklich passiert, ist so entsetzlich, das kann man sowieso nicht erfinden.

Die Österreicherin **Christine Grän** hat die Serienfigur Anna Marx geschaffen, eine nicht mehr junge und etwas füllige Bonner Journalistin, die in ihrer Klatschkolumne und ihrer Arbeit als Detektivin einen kritischen Blick auf politische und gesellschaftlich relevante Themen wirft.
Die Romane von **Ingrid Noll** beschreiben scheinbar ganz normale Frauen, die aufgrund ihres verlorenen Lebensglücks zu Verbrecherinnen werden. Die Autorin – sie beginnt ihre schriftstellerische Karriere erst mit über 50 – entwickelt ihre Figuren psychologisch schlüssig und mit einem gefährlich-hintergründigen Humor. Ihre bekanntesten Bücher sind *Die Häupter meiner Lieben*, *Kalt ist der Abendhauch*, *Die Apothekerin* und *Röslein rot*. Weitere sehr bekannte deutschsprachige Krimi-Autorinnen sind **Sabine Deitmer** (Kommissarin Beate Stein), **Gabriele Wolf** (Staatsanwältin Beate Fuchs), **Susanne Billig** (Helen Marrow, Journalistin), **Viola Schatten** (Privatdetektivin Ruth Maria von Kadell) und die Österreicherin **Edith Kneifl**. Die 1992 mit dem Glauser-Preis ausgezeichnete Autorin – sie arbeitet auch als Psychotherapeutin – erklärt in einem Interview ihren Zugang zur Kriminalliteratur:

[14] Gercke, Doris: Die Wirklichkeit ist immer schlimmer. Interview. In: Buchkultur. Das internationale Buchmagazin. Doppelheft 59–60/3–4, S. 18 f

Mir geht es immer noch um – vereinfacht gesagt – Geschlechterkampf. Es geht bei meinen Büchern immer um Ausbruchsversuche von Frauen. Was mich noch interessiert, ist, wie weit man ihre Angst steigern kann, ihre Verzweiflung, dass sie schlussendlich morden.

Jedes ihrer Bücher hat eine andere Hauptfigur und spielt an einem anderen Ort. 2004 erscheint ihr bisher letzter Roman *Kinder der Medusa*. Die Romane *Triestiner Morgen* und *Ende der Vorstellung* wurden verfilmt.
Weitere österreichische Autorinnen, die weibliche Detektive einsetzen, sind **Eva Rossmann, Ilona Mayer-Zach** und **Brigitte Albrecht**.
Die Verbindung von gut und interessant gezeichneten Frauengestalten mit zeitkritischen Themen erfreut sich wachsender Beliebtheit und zieht viele Leser und besonders Leserinnen in ihren Bann.

- Diskutieren Sie in Gruppen, welche Aufgaben Kriminalromane im Literaturunterricht haben könnten. Sollen sie überhaupt behandelt und besprochen werden oder soll für diese Art von Literatur kein Platz im Unterricht sein?
- Halten Sie eine kurze Rede, in der Sie Ihren Standpunkt (für / gegen die Behandlung von Krimis im Unterricht) pointiert darlegen. (Machen Sie sich zuvor Notizen zum Thema.)
- Lesen Sie einen der angeführten „Frauenkrimis" und referieren Sie anschließend darüber.

Eine kleine mörderische Reise ...

Skandinavische Kommissare

Skandinavische Kriminalschriftsteller haben, auch wenn sie in ihrer Heimat einen großen Bekanntheitsgrad erreicht haben, im Ausland selten größere Erfolge gefeiert. Das ändert sich, als 1968 das schwedische Ehepaar **Maj Sjöwall** und **Per Wahlöö** seinen ersten Martin-Beck-Roman (*Die Tote im Götakanal*) herausbringt, dem neun weitere folgen. Ab diesem Zeitpunkt sind skandinavische Krimis nicht mehr nur Unterhaltung, sondern ein literarisches Medium zur Überprüfung von Wirkungsweisen und Machtstrukturen der modernen Gesellschaft. Bedeutende Autoreninnen und Autoren sind auch der Däne **Peter Høeg** (*Fräulein Smillas Gespür für Schnee*), aus Schweden **Kerstin Ekman, Henning Mankell, Hakan Nesser, Åke Edwardson** und **Stig Larsson** sowie die Norwegerinnen **Anne Holt** und **Karin Fossum**.

Henning Mankell – Ein Wirklichkeits-Krimischreiber

1993 erscheinen im deutschen Sprachraum die beiden ersten Wallander-Romane (*Mörder ohne Gesicht, Hunde von Riga*) von **Henning Mankell**, auf die weitere Bestseller mit Kommissar Wallander als „Antihelden" folgen (*Die weiße Löwin, Die fünfte Frau, Die falsche Fährte, Mittsommermord, Der Mann, der lächelte, Die Brandmauer* und der Erzählband *Wallanders erster Fall*). *Der Feind im Schatten* erscheint 2010 und schließt die Wallander-Serie ab.

Wallander, Kriminalkommissar bei der Mordkommission im südschwedischen Ystad, ist ein wohltuend normaler Mann. Er schläft zu wenig und isst zu viel Fastfood, er ist geschieden, hat Probleme mit seinem Vater, eine erwachsene Tochter und eine Freundin in Riga, er denkt mit Wehmut an die Zeit, in der man die Strümpfe noch stopfte, anstatt sie wegzuwerfen, und er ist zutiefst beunruhigt über die zunehmende Gewalt in seinem Distrikt.

Mankell, geboren 1948 in Härjedalen, ist einer der angesehensten und meistgelesenen Schriftsteller in Schweden und nun auch im deutschen Sprachraum. In einem Interview aus dem Jahre 1999 sagt der Autor über seine literarische Arbeit und zum Genre Krimi:

Ich hatte nie vor, jemals in meinem Leben über Verbrechen oder Krimis zu schreiben. Ich glaube auch noch immer nicht, dass ich es tue. Was ich mache, ist eigentlich etwas sehr Altes, ich sehe auf die Gesellschaft durch den Spiegel des Verbrechens. Dieses Prinzip verfolgt Shakespeare in *Macbeth* oder Joseph Conrad in *Herz der Finsternis*. Diese beiden Beispiele sind auf ihre Art Krimis, doch niemand bezeichnet sie so. Ich glaube, ich arbeite in einer Tradition, die von Kritikern falsch eingeschätzt wurde. Meine Geschichten handeln von der Gesellschaft und der Zeit, in der ich lebe. (...) Was immer ich schreibe, besonders über Grausamkeit, ist in der Realität immer schlimmer. Ich muss bekennen, dass es viele Seiten gibt, bei denen ich mich wirklich schlecht gefühlt habe, als ich sie schrieb. Doch ich beziehe mein Material aus der Realität und nicht aus meiner Phantasie, die wäre dazu nicht grausam genug. (...) Welche Gesellschaft wollen wir? Eine Gesellschaft, die auf Solidarität beruht, oder das Gegenteil. Ich glaube, mein ganzes Schreiben wie auch mein Leben basiert auf dieser Frage.

Morde auf Italienisch

Als 1972 **Carlo Fruttero** und **Franco Lucentini** ihr Gemeinschaftswerk *Die Sonntagsfrau* (Kommissar Santamaria) veröffentlichen, blicken die Krimifans nach Italien, das in der europäischen Kriminalromanlandschaft bis dahin eher wenig Interessantes zu bieten hatte. Weitere sehr erfolgreiche Texte der beiden Turiner sind *Wie weit ist die Nacht* und *Der Liebhaber ohne festen Wohnsitz*.
Andere bekannte italienische Kommissare oder Detektive der letzten 30 Jahre sind Vize-Questore Aurelio Zen (**Michael Dibdin**), Commissario Peroni (**Timothy Holme**), Maresciallo Guarnaccia (**Magdalen Nabb**), Commissario Montalbano des Drehbuchautors, Regisseurs und Schriftstellers **Andrea Camilleri**, Proteo Laurenti des in Triest lebenden deutschen Schriftstellers **Veit Heinichen**, Grazia Negro von **Carlo Lucarelli** und Guido Guerrieri des Anti-Mafia-Staatsanwalts **Gianrico Carofiglio**.

Donna Leon – Kein Roman für Italien

Donna Leon

Die in New Jersey geborene und seit 1981 in Venedig lebende Sprachdozentin **Donna Leon** stand mit all ihren Brunetti-Romanen – z. B. mit *Nobilitá* – in den deutschen und österreichischen Bestsellerlisten. Donna Leon gestattet die Übersetzung ihrer in vielen Ländern erfolgreichen Krimiserie ins Italienische nicht – mit der Begründung, dass sie ihr Gastland, in dem sie gerne lebe, nicht beleidigen wolle. Außerdem könne sie so unerkannt durch „ihr" Venedig gehen. Bei ihrem Helden, *Commissario Brunetti*, sei es ihr darum gegangen, eine positive Hauptfigur zu schaffen, politisch korrekt und mit intaktem Familienleben:[15]

Er lebt und arbeitet in einer der schönsten Städte Italiens, in Venedig. Ein Mann, der in glücklicher Ehe lebt, gerne isst und guten Wein schätzt, sich gelegentlich über seine heranwachsenden Kinder ärgert und auch manches Mal cholerisch reagiert. Eine Eigenschaft aber bleibt dem Commissario auch in den schwierigsten Situationen: Sein Anstand, gepaart mit einem wunderbaren Sinn für Humor und Menschlichkeit.

- Lesen Sie einen Brunetti-Krimi von Donna Leon und bilden Sie sich selbst ein Urteil über die Figur des Commissario Brunetti und die Qualität dieser Romane.
- Vergleichen Sie den Roman mit einem der oben genannten Texte, z. B. von Mankell oder Sjöwall/Wahlöö. Folgende Kriterien können Ihnen dabei helfen: Charakterisierung der Hauptfigur, Lebensumstände, persönliches und berufliches Umfeld des Helden, Milieu der Verbrecher bzw. des Verbrechens, Methoden der Aufklärung, Absicht und „Aussage" der Autorin/des Autors.

Im Folgenden lesen Sie Charakterbilder von vier unter versierten Krimileserinnen und -lesern bekannten europäischen Detektivfiguren. Welcher der geschilderten „Helden" weckt Ihr Interesse?

- Lesen Sie in Gruppen einen der angeführten bzw. in früheren Abschnitten vorgestellten Romane, diskutieren Sie diesen kontrovers und stellen Sie ihn als Gemeinschaftsreferat vor. Informieren Sie sich dazu auch im Internet über den Autor und die bearbeitete Detektivfigur.

[15] Leon, Donna: Acqua Alta. Klappentext. Zürich: Diogenes Verlag 1997

Martin Walker: *Bruno Chef de Police*

An einem strahlenden Maimorgen, so früh, dass über der großen Flussbiegung noch Nebelreste hingen, hielt ein weißer Kleintransporter mit dunkelblauen Seitenstreifen auf der Anhöhe über dem französischen Städtchen Saint-Denis. Ein Mann stieg aus. Er ging an den Straßenrand, reckte sich und ließ die vertraute Aussicht auf sich wirken. Er war noch jung, und seine geschmeidigen, energischen Bewegungen zeugten von guter Kondition. Aber als er die Arme sinken ließ, fingerte er doch besorgt an seiner Taille herum, wo er immer zuerst Fett ansetzte – vor allem im Frühling, wenn die Rugbysaison zu Ende war und die Jagdzeit eben erst begann. Von seiner Uniform trug er nur das hellblaue Hemd mit Schulterklappen, gebügelt, aber ohne Krawatte, dazu schwarze Stiefel und die marineblaue Hose. Sein dichtes dunkles Haar war kurz geschnitten, die braunen Augen blickten verschmitzt, und die vollen Lippen unter dem sorgfältig gestutzten kleinen Schnauzbart lachten sichtlich gern. Auf dem Dienstabzeichen an seinem Hemd und seitlich am Kleintransporter standen die Worte *,police municipale'*. Eine ziemlich staubige Schirmmütze lag nachlässig hingeworfen auf dem Beifahrersitz.

Hinten im Wagen standen, eingekeilt zwischen einer Brechstange und einem Gewirr von Starterkabeln, ein Korb mit frischen Eiern und ein zweiter mit den ersten Gartenerbsen. Außerdem waren da zwei Tennisschläger, ein Paar Rugbystiefel, Turnschuhe und eine große prall gefüllte Sporttasche, in deren Schulterriemen die Ersatzschnur einer Angelrute verheddert war. Noch weiter hinten kam auch noch ein Verbandskasten zum Vorschein, außerdem eine kleine Werkzeugkiste, eine Wolldecke sowie ein Picknickkorb mit Tellern und Gläsern, Salz- und Pfefferstreuern, einer Knoblauchknolle und einem Laguiole-Taschenmesser mit Horngriff und Korkenzieher. Unter dem Fahrersitz versteckt lag das Geschenk eines befreundeten Bauern: eine Flasche nicht ganz legal gebrannter Schnaps, aus dem der Polizist, wenn am St.-Katharinen-Tag die grünen Walnüsse geerntet wurden, seinen Privatvorrat an *vin de noix* ansetzen wollte. Benoît Courrèges, Polizeichef der 2900-Seelen-Gemeinde Saint-Denis, gemeinhin bekannt als Bruno, war stets auf alle Eventualitäten vorbereitet.

Oder auf fast alle. Er verzichtete auf den breiten Gürtel mit Halfter samt Pistole, Handschellen und Stablampe, mit Schlüsseln, Notizbuch und all den übrigen Utensilien, mit denen sich die meisten anderen französischen Polizisten abschleppten. Ein solcher Gürtel lag auch nicht in seinem Wagen. Zwar würde sich irgendwo aus dem Durcheinander im Heck ein Paar alter Handschellen zutage fördern lassen, doch wo sich der Schlüssel dazu befand, hatte Bruno längst vergessen. Immerhin besaß er eine Stablampe, für die er schon seit Tagen neue Batterien kaufen wollte. Im Handschuhfach schließlich steckten mehrere Stifte und ein Notizbuch, das allerdings bis jetzt nur Kochrezepte enthielt sowie das Protokoll der letzten Mitgliederversammlung des Tennisvereins und eine Liste mit Namen und Telefonnummern der *minimes*, der Knirpse, die sich bei ihm zum Rugbytraining angemeldet hatten.

Brunos Dienstwaffe, eine ziemlich alte MAB 9mm Halbautomatik, lag im Safe seines Büros in der *mairie* und wurde nur einmal im Jahr zum Schießtraining auf dem Polizeischießstand in Périgueux herausgeholt. In seinen acht Jahren bei der *police municipale* hatte er sie genau dreimal im Einsatz getragen (...) (S. 7 ff)

Gianrico Carofiglio: *In freiem Fall*

Ich klingelte an Margheritas Tür und wartete, dass sie mir aufmachte.

Obwohl ich den Schlüssel zu ihrer Wohnung hatte, benutzte ich ihn fast nie. Und sie tat dasselbe mit meiner Wohnung, die zwei Stockwerke tiefer lag.

Jeder von uns hatte seine Wohnung beibehalten, mit den Büchern, den Postern, den Schallplatten und allem Übrigen – insbesondere der Unordnung, was mein Appartement betraf.

Margheritas Wohnung war im Dachgeschoss, groß, schön und aufgeräumt. Ohne es mit der Aufgeräumtheit zu übertreiben. Die Aufgeräumtheit eines Menschen, der sein Leben im Griff hat. In unserer Beziehung hatte sie das Sagen, aber mir war es recht.

Die einzige Veränderung, die wir vorgenommen hatten, betraf ihre Wohnung und bestand im Kauf eines riesigen Bettes, des größten, das zu finden gewesen war. Es stand jetzt in ihrem Schlaf-

zimmer. Für meine persönlichen Dinge hatte sie mir eine Ecke in ihrem Kleiderschrank abgetreten, außerdem belegte ich ein Regalbrett im Bad. Mehr nicht.
Häufig schlief ich bei ihr. Wenn auch nicht immer. Manchmal hatte ich Lust, bis tief in die Nacht fernzusehen, was allerdings immer seltener vorkam; manchmal wollte ich bis tief in die Nacht lesen. Manchmal war sie es, die alleine schlafen wollte, ohne jemanden in ihrer Nähe zu haben. Manchmal ging einer von uns beiden mit seinen Freunden aus. Manchmal blieb ich in meiner Wohnung, weil Margherita beruflich unterwegs war. Wenn sie weg war, ging ich nie in ihre Wohnung. Sie fehlte mir immer schon nach wenigen Stunden.
Ich drückte gerade noch einmal auf den Klingelknopf, als die Tür geöffnet wurde.
„Nervös?"
„Taub?" (S. 10f)

Bernhard Schlink: *Selbs Mord*

Aber Beruf ist Beruf, und ein Auftrag ist ein Auftrag. Ich hatte mich im Herbst für Tengelmann um die Krankmeldungen der Verkäuferinnen gekümmert und die eine und andere falsche Kranke erwischt. Das war so befriedigend, wie als Straßenbahnkontrolleur Schwarzfahrer zu jagen und zu stellen. Im Winter kam kein Auftrag. Es ist nun mal so, daß man einen Privatdetektiv über siebzig nicht als Bodyguard anheuert oder über mehrere Kontinente hinter gestohlenen Juwelen herschickt. Sogar der Ladenkette, die ihren krank gemeldeten Verkäuferinnen nachspionieren will, imponiert ein junger Bursche mit Handy und BMW, von der Polizei ins private Sicherheitsgeschäft gewechselt, mehr als ein alter Kerl mit einem alten Opel Kadett.
Nicht daß ich im Winter ohne Aufträge nichts zu tun gefunden hätte. Ich habe mein Büro in der Augustaanlage geputzt, die Holzdielen gewachst und gebohnert und die Fensterscheibe gewaschen. Die Scheibe ist groß; früher war das Büro ein Tabakladen und das Fenster das Schaufenster. Ich habe meine Wohnung um die Ecke in der Richard-Wagner-Straße aufgeräumt und meinen Kater Turbo, der zu dick wird, auf Diät gesetzt. Ich habe Manu in der Kunsthalle die Erschießung Kaiser Maximilians von Mexiko, im Riess-Museum die Suebenheimer Hügelgräber und im Landesmuseum für Technik und Arbeit die elektrischen Stühle und Betten gezeigt, mit denen man im 19. Jahrhundert Bandwürmer aus dem Darm treiben wollte. Ich bin mit ihm in die Sultan-Selim-Camii-Moschee und in die Synagoge gegangen. (...)
Ich machte mir vor, ich genösse, endlich alles das zu machen, was ich immer hatte machen wollen, wozu ich aber keine Zeit gefunden hatte.
Bis mich Brigitte fragte: „Warum gehst du so oft einkaufen? Und warum nicht tags, wenn die Geschäfte leer sind, statt abends, wenn alle sich drängen? Willst du was erleben, wie die alten Leute?" Sie fragte weiter: „Und ißt du deswegen in der Nordsee und im Kaufhof zu Mittag? Früher hast du, wenn du Zeit hattest, gekocht."
Ein paar Tage vor Weihnachten kam ich die Treppe zu meiner Wohnung nicht hoch. Mir war, als wäre mir ein Eisen um die Brust gelegt, der linke Arm tat weh, und der Kopf war auf eigentümliche Weise zugleich ganz klar und benommen. Ich setzte mich am ersten Absatz auf eine Treppenstufe und saß, bis Herr und Frau Weiland kamen und mir unters Dach halfen, wo ihre und meine Wohnung einander gegenüberliegen. Ich legte mich aufs Bett und schlief ein, verschlief einen und noch einen Tag und auch den Heiligen Abend. Als Brigitte, zunächst verärgert und dann besorgt, am ersten Feiertag nach mir sah, stand ich zwar auf, aß von ihrem Sauerbraten und trank ein Glas Roten. Aber wochenlang blieb ich müde und konnte mich nicht anstrengen, ohne in Schweiß und außer Atem zu geraten.
„Das war ein Herzinfarkt, Gerd, und nicht einmal ein kleiner, sondern schon ein mittlerer. Du hättest auf die Intensivstation gehört." Mein Freund Philipp, Chirurg an den Städtischen Krankenanstalten, schüttelte den Kopf, als ich ihm später davon erzählte. „Mit dem Herzkasper ist nicht zu spaßen. Wenn du ihn ärgerst, nippelst du ab."
Er schickte mich zu seinem internistischen Kollegen, der einen Schlauch von meiner Leiste in mein Herz schieben wollte. Einen Schlauch von meiner Leiste in mein Herz – ich lehnte dankend ab. (S. 17ff)

Andrea Camilleri: *Der falsche Liebreiz der Vergeltung*

Er hatte eine kleine Wohnung mit zwei Zimmern, Bad und Küche gemietet, und zwar mitten im Dorf, damit bei einem Blick aus dem Fenster von Hügeln und Bergen nicht das Geringste zu sehen war. Es gab keine Heizung, und obwohl die vier Elektroöfchen im Dauereinsatz waren, blieb an manchen Winterabenden nur eines übrig, nämlich ins Bett zu schlüpfen, sich bis obenhin zuzudecken und nur die Hand, die das Buch hielt, draußen zu lassen. Lesen und über das Gelesene nachdenken war etwas, was er seit jeher mochte, und deshalb waren beide Zimmer voller Bücher. Er konnte abends ein Buch kaufen und ohne Pause lesen, bis der nächste Tag anbrach. Gott sei Dank bestand keine Gefahr, dass er nachts wegen irgendwelcher blutiger Angelegenheiten rausgeklingelt wurde. Aus unerklärlichen Gründen passierten Morde, Schießereien, Prügeleien immer am Tag. Und zu ermitteln gab es praktisch nichts, die Delikte waren ohne jedes Rätsel: Tizio hatte wegen einer Zinsangelegenheit auf Filano geschossen und gestanden; Caio hatte Martino wegen aufgesetzter Hörner niedergestochen und gestanden. Wenn Montalbano sein Hirn anstrengen wollte, musste er die Bilderrätsel der *Settimana Enigmisticia* lösen. Doch neben einem wie Sanfilippo waren seine Jahre in Mascalippa keine verlorene Zeit gewesen, im Gegenteil. Jetzt aber erschien die Aussicht, den Abend lesend im Bett zu verbringen oder sich irgendeinen Mist in der Glotze anzuschauen, unerträglich. Mery war um diese Uhrzeit bestimmt schon von der Schule, an der sie Latein unterrichtete, nach Hause gefahren. Sie hatten sich in den Jahren des Protests an der Universität kennen gelernt und waren gleichaltrig, das heißt, eigentlich war Mery vier Monate jünger. Sie hatten sich auf Anhieb gemocht, und bald war aus der Sympathie eine Art offener Liebesbeziehung geworden: Wenn sie Lust aufeinander hatten, riefen sie sich an und verabredeten sich. Später verloren sie sich aus den Augen. Mitte der siebziger Jahre erfuhr Montalbano, dass Mery geheiratet und die Ehe kein Jahr gedauert hatte. Er traf sie zufällig in Catania, in der Via Etnea, während seiner ersten Woche in Mascalippa. Vor lauter Verzweiflung hatte er sich ins Auto gesetzt und war in das eine Stunde entfernte Catania gefahren, um zu einer Filmpremiere zu gehen: Die Filme, die im einzigen Kino von Mascalippa gezeigt wurden, waren immer mindestens drei Jahre alt. Als er an der Kasse anstand, rief jemand seinen Namen. Es war Mery, die gerade aus dem Kinosaal kam. Aus der hübschen, impulsiven jungen Frau von damals war mit den Jahren und der Lebenserfahrung eine in sich ruhende, fast geheimnisvolle Schönheit geworden. Am Ende hatte Montalbano den Film nicht gesehen und war mit zu Mery gegangen, die allein lebte und nicht die Absicht hatte, noch einmal zu heiraten. Eine Erfahrung in dieser Richtung hatte ihre vollauf gereicht. Montalbano verbrachte die Nacht mit ihr und fuhr am nächsten Morgen um sechs zurück nach Mascalippe. Das wurde zu einer Art Gewohnheit, mindestens zweimal in der Woche fuhr Montalbano nach Catania.

„Ciao, Mery. Ich bin's, Salvo."

„Ciao. Weißt du was?"

„Was denn?"

„Ich wollte dich gerade anrufen." (S. 16 f)

Wolf Haas und Krimi-Kolleginnen und Kollegen

Wolf Haas

Der 1960 in Maria Alm geborene **Wolf Haas** ist studierter Linguist, Werbetexter und seit 1996 Autor von Kriminalgeschichten mit der Hauptfigur Privatdetektiv Brenner. Sein erster Kriminalroman, *Auferstehung der Toten*, wird 1997 mit dem Deutschen Krimipreis als drittbester Roman des Jahres ausgezeichnet. *Komm, süßer Tod* erhält 1999 den Deutschen Krimipreis und wird im Sommer 2000 von Regisseur Josef Murnberger und mit Josef Hader in der Rolle des Detektiv Brenner verfilmt. Ein Bestseller ist auch Haas' zweiter Kriminalroman *Der Knochenmann*, der 2009 verfilmt wurde und in dessen Mittelpunkt eine Backhendlstation in der Südoststeiermark steht.

Die Romane von Wolf Haas teilen Leserinnen und Leser, aber auch Kritikerinnen und Kritiker in zwei Lager: Während die einen sie als witzige Krimis mit überraschendem Ausgang und als bissige und treffende

Beschreibung der österreichischen Wirklichkeit sehen, lehnen andere sie mit dem Hinweis auf unnatürliche Sprache und wenig sinnhafte Handlung ab.

In seinem Krimi Silentium! *(erschienen 1999, verfilmt 2004) wird Brenner nach Salzburg gerufen. Er soll im Marianum, einer katholischen Internatsschule, Gerüchten nachgehen, wonach sich ein Monsignore beim Hygiene-Unterricht einem Zögling unsittlich genähert habe. Doch eine schreckliche Entdeckung beendet das allgemeine „Silentium“: Ein Toter wird, zerstückelt und verpackt in 23 Plastiktaschen, im Keller der Schule gefunden.*

- Lesen Sie den Anfang des Romans und achten Sie dabei auf die sprachlichen Stilmittel und auf die Erzählerfigur!

Jetzt ist schon wieder was passiert. Und ausgerechnet im Marianum, wo man glauben möchte, da kommt der brave Bauernbub als Zehnjähriger auf der einen Seite hinein und acht Jahre später als halbfertiger Pfarrer auf der anderen Seite wieder heraus. Kein Wunder, daß so lange niemand Verdacht geschöpft hat. Weil eigentlich unfaßbar, daß ausgerechnet in der saubersten Internatsschule von ganz Salzburg so etwas möglich war.

Aber weil ich gerade sage sauber. Das ist natürlich nicht im streng hygienischen Sinn gemeint. Weil gestunken hat es schon immer ein bißchen im Internat, sprich Ausdünstung von Internatsbuben nicht immer ganz Rosengarten. Und wie sie dann im Marianum auf einmal einen Detektiv gebraucht haben, sind dem auch in den ersten Tagen vor allem die eigenartigen Gerüche aufgefallen. Weil so ein Internat hat Gerüche, die findest du sonst nirgends.

Schulklassen stinken natürlich immer, das stimmt schon, da kriegen ja die Lehrer sogar eine eigene Belastungszulage, und finde ich vollkommen richtig. Weil wenn du mit zwanzig, dreißig Halbwüchsigen in eine Klasse eingesperrt bist, kommst du natürlich schon auf Gedanken, daß du den einen oder anderen Schüler, der sowieso nichts begreift, gern gegen ein Duftbäumchen eintauschen würdest.

Aber Internat noch einmal ganz was anderes. Wie der Brenner im Marianum angekommen und in das leerstehende Hilfspräfektenzimmer eingezogen ist, hat ihn der Geruch sofort an die Polizeikasernen erinnert. Weil neunzehn Jahre Polizist gewesen, bevor er sich selbstständig gemacht hat, und da erinnert dich im restlichen Leben natürlich alles an die Polizei. (S. 5 f)

- Lesen Sie nun den Ganztext, bilden Sie sich Ihre eigene Meinung und vergleichen Sie diese mit der folgenden Kritik von Oliver Nagel.
- Suchen Sie im Internet Rezensionen, die Wolf Haas und seine *Brenner-Krimis* positiv beurteilen.

Oliver Nagel: *Rampampam und Freiluftdusche*

Ob du es glaubst oder nicht, es gibt so Bücher, die sind ganz absichtlich in einem, wie soll ich sagen, schon schlichten Stil gehalten. So als hätte da einer einfach hineingeschrieben, was er gerade denkt, oder noch anders, so als würde er gerade einem Freund im Cafe eine Geschichte erzählen. So eines hast du bestimmt auch schon gelesen; normale Redewendungen, manchmal keine Verben. Sprich total authentisch. Merkst du gleich: einer wie du und ich. Der Witz dabei ist dann, daß du früher oder später draufkommst, da sagt einer ja in echt was ganz anderes, quasi hintergründig, vielleicht sagt man in Österreich: hinterfotzig. Weil, so ein Simpel ist der Erzähler ja gar nicht, sondern er tut nur so, und in Wirklichkeit kommen da dann ganz besonders kluge Gedanken raus. Und lustig ist das oft auch, wegen Kontrast und so. So eine Geschichte ist „Silentium!“ leider nicht. Denn Wolf Haas verlässt sich viel zu sehr darauf, dass dieses etwas beliebige und von ihm nicht konsequent angewandte Stilmittel einen ganzen, gleichwohl kurzen Roman trägt. Hauptfigur ist ein selbstverständlich tumb wirkender Privatdetektiv, ein – wie zu erwarten – „Exbulle“, der sich dummerweise bei seinen Fällen immer zuerst um das Unwichtige kümmert, und, um das Einfache an diesem Menschen noch ein bißchen zu unterstreichen, figuriert er nur als „der Brenner“.

„Der Brenner" ist so ein Typ, der praktisch permanent schreit: He, hallo, ich bin total skurril, bitte unterschätze mich!, wie Columbo, nur nicht so sympathisch-verschmitzt, muss ja auch nicht sein, ist ja ein Buch und nicht Fernsehen. „Der Brenner", ein Wiener in Salzburg, wird in ein Knabeninternat bestellt, um Nachforschungen anzustellen über einen Bischofskandidaten, der dort lehrte. Sexueller Missbrauch eines Zöglings ist der Vorwurf, dem der Detektiv nachgehen soll. Doch bevor er mit seinen Ermittlungen vorankommt, geschieht ein Mord, und dann noch einer und noch einer. Wie das zusammenhängt, ist genau genommen egal. Die Sujets taugen jedenfalls für Kontrastwirkungen en masse: grässlich zerstückelte Leichen, perverse Kleriker und ein bisschen Folter vor der malerischen Kulisse Salzburgs, geschildert in Phantasie-Wirtshaussprache. Da wird ein sadistischer Mord zur „Schlachtplatte aus zwei Personen", ein Regenschauer zur „Freiluftdusche", Beischlaf zu „rampampam", originelle Neologismen überall, durchsetzt mit „Jetzt sage ich dir mal etwas", „Nicht dass du glaubst" und „Jetzt musst du wissen". Jedesmal steht dann im Plusquamperfekt, was schriftsprachlich im Perfekt sein müsste, und im Perfekt, was im Imperfekt korrekt wäre. Das ist kein Stilmittel, das ist ein Effekt. Und so schnell man diesen Effekt begriffen hat, so schnell geht er einem auf die Nerven. Man wird allerdings das Gefühl nicht los, Haas zweifelt nicht nur an der Intelligenz seiner Hauptfigur. In der Werbung gibt es eine allgemein anerkannte Regel: Der Konsument, es sei denn der unter zwölfjährige, wird nicht geduzt. So viel höfliche Distanz darf schon sein: Das „Sie" ist Pflicht. Vielleicht war es das, was mir „Silentium!" völlig unsympathisch gemacht hat: ständig von einem Buch angekumpelt zu werden, das ich gar nicht kenne. Haas sollte diese Regel eigentlich vertraut sein. Schließlich war er selbst in der Werbung.[16] R

2001 erscheint *Wie die Tiere*, der Schauplatz ist diesmal Wien, wohin sich der Privatdetektiv Simon Brenner in der Hoffnung, seinen Antrag auf Frühpension durchzubringen, versetzen lässt. *Das ewige Leben* (2003) ist der sechste und zunächst letzte Band seiner Brenner-Krimis. 2006 löst sich Haas von der Textsorte Kriminalroman und veröffentlicht den Liebesroman *Das Wetter vor 15 Jahren*, in dem er eine Literaturredakteurin mit dem Autor ein fiktives Gespräch über den – fiktiv vorausgesetzten – Romantext führen lässt und dabei den Liebesroman als Genre, den Literaturbetrieb und den Umgang von Medien und Künstlern miteinander ironisch-kritisch hinterfragt. Im Jahr 2009 kommt es dann doch zu einer Fortsetzung der Brenner-Reihe: In *Der Brenner und der liebe Gott* hat Simon Brenner zwar den Detektivberuf an den Nagel gehängt und sich als Chauffeur verdingt, die unglücklichen Umstände zwingen ihnen aber rasch, seinen ursprünglichen Job wieder aufzunehmen.

Weitere erfolgreiche österreichische Krimi-Autorinnen und -Autoren sind **Alfred Komarek** (geb. 1945), der die – auch verfilmte – vierbändige *Polt*-Reihe geschrieben hat, **Eva Rossmann** (geb. 1962) mit ihrer *Mira-Valensky*-Reihe, **Manfred Wieninger** (geb. 1963) mit seinen *Marek-Miert*-Romanen, der auch durch zahlreiche Fernsehserien bekannt gewordene **Ernst Hinterberger** (geb. 1931), **Stefan Slupetzky** (geb. 1962) mit seinem Detektiv Leopold Wallisch, genannt Lemming, **Thomas Raab** (geb. 1970) mit seiner *Metzger*-Reihe und **Heinrich Steinfest** (geb. 1961) mit seinem einarmigen Privatdetektiv, der nichts mit einem Chinesen gemein hat, außer, dass er wie einer aussieht.

Manfred Wieninger schreibt im Krimijahrbuch 2009 unter dem Titel „Oh du mein Österreich" über den zeitgenössischen österreichischen Kriminalroman:

Manfred Wieninger: *Oh du mein Österreich*

Der zeitgenössische Krimi als letztes kritisches Korrektiv einer eskapistischen[17] Gesellschaft

Der Krimi ist heute der Ort, um das Ungeheuerliche zu sagen. Zum Beispiel, dass in Österreich jeder Nazi sein politisches Hassgeschäft frei ausüben kann, ohne auch nur im Geringsten befürchten zu müssen, von der Staatsgewalt belästigt zu werden. Zum Beispiel, dass hierzulande der alltägliche Rassismus längst die Oberhand gewonnen hat und mehrheitsfähig geworden ist.

[16] Nagel, Oliver: Rampampam und Freiluftdusche. Rezension zu Wolf Haas' „Silentium". In: www.amazon.de, 21.9.2010

[17] eskapistisch: vor der Realität ausweichen

Zum Beispiel, dass *bei uns in Bagdad* jeder anonyme Schwarzgeldkoffer jederzeit ganz legal an jede Partei gehen kann und niemand darüber Rechenschaft zu geben braucht. Zum Beispiel, dass hierzulande jeder Zwölfjährige in jeder größeren Schule ohne Mühe jedes Kraut und jedes Pulver kaufen kann. Jedes Jahr werden jede Menge Ost- und Dritte-Welt-Teenager hierher verschleppt, um wie Caligula'sche Sklaven geschunden, wie Seife verbraucht zu werden. Jedes Jahr verschwinden jede Menge junger Körper und tauchen nicht einmal mehr als Fleischbrocken im Kanal wieder auf. Vielleicht ist der Krimi ja auch dazu da, um das alles für die Gesellschaft analytisch aufzubereiten. Wenn die Wahrheit nicht relativ ist, dann kann man sie aussprechen. Oder verschweigen, verdrängen und vergessen. Ein guter Kriminalroman vermag es jedenfalls, die Welt in jedem Augenblick neu zu schaffen und einen silbernen Mond auf die große Traurigkeit zu wälzen, die Toten reden zu machen, das Rätsel zu stellen und das Rätsel zu lösen.

Vielleicht ist in Österreich das Ende, das allmähliche Verlöschen der Aufklärung auch nur früher und stärker zu spüren als in anderen Gegenden dieser Erde. Böse Zungen behaupten sogar, dass uns die Aufklärung in den letzten 200 Jahren gar nicht erfasst hat und wir es nur nicht gemerkt haben. In der Kultur dieses seltsamen Landes, das sich selbst gerne als Kulturnation bezeichnet, ist jedenfalls von der Realität nicht mehr viel zu spüren. Die Musik, auf die man soviel hält, ist spätestens seit 1938 sowieso nur mehr geschäftige und routinierte Reproduktion von Standard-Werken der Vergangenheit. Die 3.745. „Neuinszenierung" der „Zauberflöte" wird hierzulande seit jeher ernstlich als große Kunst, als imponierende künstlerische Leistung wahrgenommen und entsprechend gefeiert. Die Literatur dieses Landes, einst kritisch-kantig und von einer sympathischen Hinterfotzigkeit, hat sich spätestens seit dem Tod von Helmut Qualtinger und Thomas Bernhard in eine gewisse artistische Beliebigkeit verabschiedet, spult routiniert die künstlerischen Rituale der Moderne und Postmoderne ab und nährt sich, ohne noch groß Radau zu schlagen, brav und bescheiden von den satt machenden Brosamen staatlicher Kunstförderung. Märchenbücher, Familienromane, mythische Reise-Feuilletons und poetisch-hermetische Texte ohne Skelett sind das Ergebnis. (...) Nur Elfriede Jelinek hält ihren Nobelpreis-Hügel, eine eher singuläre, wohl sehr einsame und gar seltsame Erscheinung wie ein Freilicht-Sonnenstudio am Nordpol. Die meisten Österreicher würden nach der Aufforderung, einen lebenden Dichter zu nennen, auf Goethe oder Grillparzer kommen und Jelinek aus purer Verachtung verschweigen, schon deswegen, weil sie von ihr noch partout keine Zeile gelesen haben. Literarische Werke, so hat man den Eindruck, wurden und werden von den Österreichern nur während der kurzen Periode der schulischen Bildungsberieselung wahrgenommen und dann so schnell wie möglich und vor allem restlos vergessen. Die Deutschlehrer haben längst aufgegeben und schlucken lieber gottergeben und still die ihnen verordneten Antidepressiva. Im heimischen Kabarett sind Programme über das weite Feld der menschlichen Sexualität und Beziehungsunfähigkeit mittlerweile weit zugkräftiger als satirische Angriffe auf die bestehenden Verhältnisse, mehr oder minder gekonntes Witzeln über Sex und den Geschlechterkampf erweist sich als ungemein populärer als Attacken auf die Politik, auf die Praktiken der Gesellschaft. Die gefürchteten Satiriker von einst haben sich in Sexclowns und fernsehtaugliche Comedians verwandelt. Die Politik hierzulande beschäftigt sich sowieso und partout nicht mit der Wirklichkeit, als Output sind von ihr nur Plattitüden, purer Schwachsinn oder Gemeinheiten zu hören. Nur ihre konzertierten Hetzkampagnen organisieren sie recht ordentlich und vernünftig. Die bildende Kunst dieses Landes werkelt in von Sammlern und Kuratoren eingerichteten Schrebergärtchen dahin und hat wahrscheinlich nur mehr Karl-Heinz Essl etwas zu sagen. Die einst so skandalösen Aktionisten bekommen von ihren Gönnern Museen eingerichtet, der große Rest schafft unter Ausschluss der Öffentlichkeit für die Depots der diversen Kulturabteilungen der Städte, Länder und des Bundes. Die Medien, allen voran die elektronischen, haben ihre Programme konsequent auf Spiel, Spaß und Celebrities ausgerichtet. Die Realität könnte da nur stören. Das Starren auf die Quote hat jeden journalistischen Anspruch verdrängt. Es mag schon intelligentes Fernsehen geben, irgendwo, nur halt nicht in Österreich.

In dieser Situation reicht nur mehr der Kriminalroman an alltägliche, offensichtliche Wahrheiten heran, die von den Eliten dieses Landes, vom medialen und kulturellen Überbau mittlerweise vollkommen ausgeblendet werden. Gerald Fiebig hat einmal gemeint, „dass ein guter Kriminalroman sich von einem mittelmäßigen durch einen wachen Blick auf die Gesellschaft auszeichnet, in der er spielt – denn Verbrechen werden nie in einem geschichtslosen Raum begangen, sondern als Reflex auf bestimmte soziale Verhältnisse." Diese neuen österreichischen Krimis – Bastarde aus Kunst und Handwerk, die ihre zweifelhafte Herkunft auch noch stolz vor sich hertragen – wenden sich gegen das landläufige Vorurteil, dass fast alle Verbrechen aufgeklärt werden und dass sich (organisierte) Kriminalität nicht auszahlt. Diese Krimis sind schnell und rücksichtslos, aber nicht ganz so übermenschlich fix wie die Herrschaften vom CSI mit ihren properen Föhnfrisuren, die in kaum vierzig Minuten gleich drei verzwickte Kapitalverbrechen aufklären, ohne dabei groß ins Schwitzen zu geraten. Diese neuen österreichischen Krimis sind intelligent und elegant, fies und fetzig, heilig und stoisch, geil und gewalttätig, witzig und verzweifelt und spiegeln in gewisser Weise unser aller Verlorenheit in dieser Gesellschaft, in dieser Welt wider. Diese Krimis versuchen uns nicht weiszumachen, dass beispielsweise eine Zuhälterfehde am Gürtel in Wien mit ein paar Zerhauenen und Erschossenen das Aller-, Allerschröcklichste sei. Der Maßstab für die äußersten Möglichkeiten des Erzbösen, des wahrhaft Diabolischen ist immer noch in den Geschehnissen von Mauthausen und Ponary, Sobibor und Theresienstadt verborgen. In diesem Sinne sind diese Krimis mehr Komödie als Tragödie. Auf jeden Fall aber schaffen sie es manchmal – wie ein großer Wein etwa – die Furcht zu vertreiben und damit indirekt Mut zu machen.[18]

- Was bezeichnet Wieninger als das Ungeheuerliche in Österreich?
- Wie urteilt er über die österreichische Gegenwartsliteratur? Was vermisst er beim heimischen Kabarett? Wie urteilt er über die bildende Kunst, über das Fernsehen?
- Welche Aufgaben misst der Autor dem Kriminalroman zu? Wie charakterisiert er den österreichischen Gegenwarts-Kriminalroman?

Zum Abschluss des thematischen Schwerpunktes „Kriminalliteratur" seien drei österreichische Autorinnen und Autoren und ihre unterschiedlichen Detektivfiguren aus im 21. Jahrhundert erscheinenden Romanen in kurzen Textausschnitten vorgestellt.

Eva Rossmann wird 1962 in Graz (Österreich) geboren. Sie arbeitet zunächst als Verfassungsjuristin im Bundeskanzleramt und ist später als politische Journalistin tätig. Als Mitinitiatorin des österreichischen Frauenvolksbegehrens und als Wahlkampfkoordinatorin der politischen Quereinsteigerin Gertraud Knoll, Superintendentin der evangelischen Kirche Österreichs, bei den österreichischen Bundespräsidentschaftswahlen 1998 sammelt sie politische Erfahrungen. Eva Rossmann lebt als Autorin im Weinviertel und veröffentlicht neben journalistischen Texten zahlreiche Sachbücher. Vor einigen Jahren wechselt Eva Rossmann mit ihrer Reihe um die Lifestyle-Journalistin *Mira Valensky* aus Wien, die erstaunliche Ähnlichkeiten zu ihrer Schöpferin aufzeigt, erfolgreich ins Krimi-Genre.

Eva Rossmann: *Wein & Tod*

Auf der Treppe liegt tatsächlich Schnee. Ich habe es so satt. Ich wohne im fünften Stock eines Altbauhauses mitten in Wien und habe Schneeverwehungen auf der Treppe. Über mir toben Mischmaschinen und irgendetwas, das ich für einen Presslufthammer halte. Das Stiegenhaus vibriert. Anstelle des Daches gibt es jetzt eine angeblich vollkommen wetterdichte Plane. Wohnungspekulationen. Der Hauseigentümer baut den Dachboden aus und wollte nicht länger warten, bis es Frühling wird. Jeden Tag um Punkt sieben Uhr geht es los. Kein Wunder, dass Gismo die meiste Zeit auf dem Kasten sitzt und faucht. Bleibt abzuwarten, wer früher durchdreht. Meine Katze oder ich. Mein Vorteil: Ich kann fliehen.
Ich würde zu gerne wissen, was die neue Chefredakteurin vom „Blatt" mit mir zur besprechen hat. Das „Blatt" ist die größte Zeitung des Landes, wenn auch nicht gerade die beste. Dagegen ist selbst das „Magazin", für das ich arbeite, ein qualitativ hoch stehendes Medium. Na ja, jedenfalls hin und wieder. Zum „Blatt" habe ich nicht gerade besonders gute Beziehungen. Könnte meine Reportage, die vor zwei Wochen erschienen ist, mit dem Termin zu tun haben? An sich ein harmloser Lifestyle-Bericht, aber ich habe mich darüber lustig gemacht, dass die Chefredakteurin

[18] Wieninger, Manfred: Oh du mein Österreich. Bielefeld: Pendragon Verlag 2009, S. 152 ff

ständig im Schlepptau der beiden Bankmanager auftaucht, denen das „Blatt" inzwischen gehört. Ist doch die Wahrheit und nichts als die reine Wahrheit.
An sich lehne ich Termine vor zehn Uhr am Vormittag ab, aber da ich momentan sowieso um sieben aus dem Bett geworfen werde, stehe ich gähnend um fünf vor acht am Empfangsschalter der Zeitung. Die Empfangsdame trägt eine komplizierte Frisur mit Zickzackscheitel, sie mustert mich skeptisch, ruft dann aber doch in der Chefredaktion an, ihre Miene wird um nichts freundlicher, als sie mich bittet, den linken Lift hinauf in den sechsten Stock zu nehmen. Bürohaus, modern, Glas und Beton, transparenter Bunker.
„Sekretariat Chefredakteur Dr. Daniela Messerschmidt" steht auf dem Türschild. Die Sekretärin lächelt verbindlich, bittet mich weiter. Die Chefredakteurin trägt einen schmal geschnittenen dunklen Hosenanzug, der sie älter aussehen lässt, lächelt ebenfalls, gibt mir die Hand, bittet mich Platz zu nehmen. Lass das Getue und sag, worum es geht. Aber ich lächle natürlich auch und nehme Platz.
Eine halbe Stunde später bin ich ordentlich verblüfft. Man hat mir einen Job angeboten, einen – objektiv gesehen – sogar sehr guten. Die Zeitung wird umstrukturiert. Und ich soll das neu geschaffene Ressort „Aufdeckung und Kriminalberichterstattung" übernehmen, viertausendfünfhundert Euro Gage im Monat plus alle Spesen.
„Brutto?", habe ich misstrauisch gefragt.
„Netto", hat Frau Chefredakteurin Messerschmidt lächelnd geantwortet. Man könne es sich nicht leisten, dass ich dem „Blatt" die besten Kriminalstorys wegschnappe, also versuche man mich einzukaufen. Ich habe mir Bedenkzeit ausgebeten. Ich weiß genau, welche Art von Aufdeckung und Kriminalberichterstattung das Sudelblatt von mir möchte. Aber: Momentan verdiene ich weniger als halb so viel, und nicht einmal das bekomme ich fix. Ich bin freie Mitarbeiterin beim „Magazin", wenn auch regelmäßig beschäftigt.
Sie wolle „Frauen fördern", hat die Messerschmidt außerdem noch gesagt, ich hätte sie fragen sollen, warum dann auf ihrem Türschild „Chefredakteur" steht, vielleicht ein Versehen. (...) Kann man ein solches Angebot ausschlagen? Ich habe nur bis morgen Bedenkzeit. Ich bin einfach noch nicht wach genug, um klar überlegen zu können. So viel Geld. Und so unglaublich edel sind die beim „Magazin" auch nicht. Ich muss ja nicht ... Mira, lüg dich nicht an, du wirst müssen. Das „Blatt" hat eine ganz klare Linie. Und die ist nicht die deine. Ohne allzu moralisch werden zu wollen, sie ist ein bisschen menschenverachtend. So in die Richtung: Ordentliche und anständige Kleinbürger gegen den Rest der Welt, vor allem, wenn es um irgendwelche verdächtig anderen Gruppen geht wie Ausländer, Arbeitslose, Künstler, Feministinnen, Sozialisten oder Kommunisten. Und das „Magazin"? Quotenorientierter Unsinn. Nicht nur. Manchmal auch Information, öfter harmlose Unterhaltung. Ich arbeite für gewöhnlich im Ressort „Lifestyle", und das geht mir zunehmend auf die Nerven. Quatsch, es ist der Dachbodenausbau, der meine Nerven blank gelegt hat.
Ich fahre zum „Magazin". Ob man sich überall, wo man ist, nach einer gewissen Zeit zu Hause fühlt? Hier kennt mich die Empfangsdame, ich nicke ihr zu. Ich weiß, welchen Lift ich nehmen muss, und unser Bürogebäude aus Glas und Beton und Stahl wirkt irgendwie ... freundlicher. Zumindest heute. (...)
Am Abend führe ich langes Telefonat mit Oskar. Vor mir ein Glas Jameson Whiskey, auf meinem Schoß Gismo, über mir nur eine dünne Zimmerdecke und darüber eine Plane. Wenigstens schneit es heute nicht. Es sollte längst Frühling sein. Ob so eine Zimmerdecke bei falscher statischer Berechnung einstürzen kann?
Ähnlich wie schon Droch fragt auch Oskar: „Was willst du?"
Das Geld, aber nicht den Job. Beim „Magazin" etwas anderes machen. Oder anderswo. Aber beim „Blatt" ...
„Dann nimm nicht an. Finanziell bist du immer über die Runden gekommen. Und: Auch wenn du das nicht so gern hörst ... da gibt es in Notfällen immer noch mich."
„Zum Glück nicht nur in Notfällen", antworte ich. Trotzdem möchte ich auf eigenen Beinen stehen, aber das weiß er ohnehin. „Ich werde versuchen, beim „Magazin" einen besseren Vertrag auszuhandeln. Wir haben keine Reise-Redaktion, aber etwas in dieser Richtung ... Und", ich rede

mich in Fahrt, „sollte er kein Interesse haben, mich zu halten, dann kann ich ja immer noch zum ‚Blatt' gehen."
„Oder sonst wohin."
Wohin? Die österreichische Zeitungslandschaft ist nicht gerade vielfältig. Oskar verspricht, am Wochenende nach Wien zu kommen. Liebeserklärungen am Telefon sind nicht meine Sache, über die Leitung klingt alles anders, hohl, virtuell. „Hab dich lieb", flüstere ich zum Schluss rasch und lege auf. In zwei, drei Monaten ist Oskars großer Wirtschaftsprozess in Frankfurt abgeschlossen. Sieht so aus, als würden er und seine Partner auf ganzer Linie siegen.
Seit ich hinter seine Affäre mit einer Kollegin gekommen bin, bemüht er sich, jedes Wochenende mit mir zu verbringen. Immerhin war ich es, die in Wien bleiben wollte. Gedankenloses Vertrauen, so wie früher, hab ich nicht mehr. Aber vielleicht ist es ohnehin besser, trotz allem zu vertrauen, als Treue rundum und in jeder Hinsicht wie naturgegeben anzunehmen. Außerdem: Von meinem Seitensprung in der Karibik weiß er nichts, ich glaube, ich werde ihm auch nie davon erzählen. Eine Liebesnacht am Meer, die mir heute schon wie ein Traum vorkommt. Ein schöner Traum allerdings, aber auch nicht mehr als das. Es hat nichts mit Offenheit zu tun, alles herauszuquatschen, nur weil man es loswerden will. Kann er mir vertrauen? Ich denke schon.
Ich schenke mir noch einen Whiskey ein und Gismo und ich tun, als würde es so ruhig bleiben. (S. 7 ff)

Manfred Wieninger, geboren 1963 in St. Pölten, Studium der Germanistik und Pädagogik in Wien, lebt als Autor und Publizist in seiner Geburtsstadt. Bisher erschienen fünf Kriminalromane mit dem schrägen Harlander „Diskont-Detektiv" *Marek Miert*. Er schreibt über sich selbst:[19]

Meine Zangengeburt im Juli 1963 habe ich nur mit Mühe überlebt. Mit viereinhalb Kilo wurde ich in eine drückend heiße, eher unbedeutende Stadt im Osten Österreichs geboren. In der Schule war ich bis 14 ein strebsamer Musterschüler. Danach habe ich meine Zeit praktisch nur mehr mit Fußballspielen - als harter, aber unfairer Verteidiger - verbracht, die Matura in einem neusprachlichen Gymnasium ist mir irgendwie so nebenher gelungen.
Einige Zeit habe ich dann mangels besserer Ideen lustlos Medizin in Wien studiert und mich gelegentlich für Gottfried Benn gehalten. Der Ernst des Lebens verschaffte mir schließlich absolute Toppositionen als Kaminleger, Verschubarbeiter, Reiseleiter, Lokal- und Sportjournalist usw. Mit 30 habe ich noch ein Studium der Deutschen Philologie begonnen, das ich 1998 überraschenderweise mit ausgezeichnetem Erfolg abschließend konnte.
Im Jahr darauf ist mein erster Marek-Miert-Krimi mit dem Titel „Der dreizehnte Mann" erschienen. Privat bin ich ganz schön langweilig, ziehe Gemüse und Himbeeren, hocke in meiner Bibliothek herum oder trinke Samos in einem geschmacklos dekorierten, griechischem Lokal, das von Albanern geführt wird.
Meine Großmutter väterlicherseits kann heute noch überaus detailliert das Kleid beschreiben, das ihr die Mutter für den ersten Ball ihres Lebens nähte. Sie erinnert auch das Kleid der Schwester, die ebenfalls Elevin war beim Feuerwehrball im Dorf, das in den Karten als Eichberg verzeichnet ist, aber in Wirklichkeit Oaberch heißt. Der Stoff wurde für die Butter der einzigen Kuh eingetauscht. Als Erwachsene hat sich meine Großmutter Butter, die sie sich nun leisten konnte, für gewöhnlich mindestens finderdick auf's Brot geschmiert.
In der dunklen, kalten Gegend, in der sie als eines von sieben Kindern eines Kleinhäuslers aufwuchs, war es für die Mehrheit der Bevölkerung durch Jahrhunderte nachgerade normal, aber deshalb nicht weniger drückend, dass man das Brot trocken essen, drei Jahreszeiten barfuß laufen und sich praktisch pausenlos um kostenlose Zusatzkost in Form von Beeren und Pilzen, Eicheln und Kräutern bemühen musste, wenn man nicht verhungern wollte.

[19] www.manfredwieninger.com; 21. 09. 2010

Manfred Wieninger: *Falsches Spiel mit Marek Miert*

Ich saß über der ersten Melange des Tages und fühlte mich nicht wohl.
Ich saß in meinem gewohnten Tankstellencafé an der Bundesstraße 1 vor der dampfenden Schale, wartend auf den Tod oder einen Auftrag. Vor mir auf dem Tisch in bequemer Griffweite das Handy, das nie piepste. Eigentlich hätte ich mich wohl fühlen müssen, die Ersparnisse würden noch einige Zeit reichen, ebenso mein Eigensinn.
Das Café an der Tankstelle, ich besuchte es jeden zweiten, dritten Vormittag, war das nächste zu meinem Wohnbüro in der Birkengasse. Für gewöhnlich bog ich nicht allzu früh – gegen acht etwa – von der Birken- in die Sensengasse, vorbei am Kindergarten, querte die Josefstraße in Höhe des kleinen Supermarktes, ging eine gedeckte Passage hindurch zu den Bundesheerwohnblocks, auf deren Hauswegen ich bis zur Steinfeldstraße gelangte. Diese überquerend, ging ich über die offenen Gartenanlagen der Krankenkassenwohnhäuser bis zur Rückseite der Tankstelle. Das daran angeschlossene Café, es trug den Namen der Mineralölfirma, betrat ich nach einem Blick auf die Bundesstraße immer durch den Hintereingang, wodurch es mir fast jedes Mal gelang, den Kellner zu erschrecken.
Ich trank die erste Melange des Tages und fühlte mich nicht wohl. Ich hatte die rotblonde, mollige Mutter gesehen, die ihr halb schlafendes Kind wie immer verspätet in den Kindergarten brachte, den grünen Passat, der wie immer um diese Zeit zu schnell die Josefstraße entlangfuhr, die rot gestreifte Tuchent, die wie immer aus dem gleichen Fenster des ersten Heereswohnblocks hing, die hustende Hausmeisterin der Krankenkassenhäuser, die jeden Tag den Gehsteig kehrte, und das Glasauge des Kellners im Café. Ich hatte Milch und Urin aus dem Kindergarten gerochen, den vertrockneten Rasen zwischen den Mietskasernen, den Schotterstaub der Trottoirs, den warmen Brotgeruch der ausgeschüttelten Betten, das Benzol der Tankstelle, die Geschwindigkeit der Bundesstraße. Ich hatte das Geweine gehört, die Ottomotoren, die klappernden Absätze, den unsichtbaren Wind, das Brausen der Blechkarawane und das Zischen der Espressomaschine.
Aber irgendetwas oder irgendjemanden hatte ich nicht gesehen, nicht gerochen, nicht gehört, irgendetwas fehlte, irgendetwas in meiner gewohnten Morgenmenagerie war nicht vorhanden, ausgelöscht, perdu.
Ich wollte darauf warten. Denn die Dinge (und die Menschen) verschwinden nicht einfach. Es bleibt immer etwas zurück, entweder ein Kratzer, eine unbezahlte Rechnung, ein Quantum Hass, oder das Verschwundene meldet sich auf einmal zurück wie ein Schleier Spinnweben, wie eine Ahnung des Unglücks, wie ein Traum, den man schon im Schlaf vergessen hat. Man musste nur darauf warten können, eine sehr spezielle Art des Wartens praktizieren. Denn was man auf der Polizeischule nicht lernte, war das Warten. Das Warten auf nichts. Das interesselose, zwecklose Sammeln von Beobachtungen, von Details. Das Schlangenäugige. (S. 7 f)

Auf der Homepage von **Alfred Komarek** steht zu lesen:

Geboren 1945 in Bad Aussee. Er fing als Student zu schreiben an, weil er dringend Geld brauchte: Glossen und Reportagen für Zeitungen, bald aber auch Texte für das Radio. Hier versuchte Komarek schon in den 60er und 70er Jahren die Möglichkeiten dieses jungen Mediums auszuschöpfen und auch geschriebenes Wort speziell für die Anforderungen des Hörfunks zu gestalten. Es folgten Sendungen auch im Bayerischen und im Hessischen Rundfunk: Features, Hörspiele, Essays, Feuilletons, Erzählungen und TV-Drehbücher. Zuletzt arbeitete er für die Reihe „Universum" an den Dokumentationen „Wasserwege", „Der Stephansdom", „Leben im Stein" „Salzkammergut", und „Schönbrunn" mit.
Alfred Komarek ist Autor zahlreicher Bücher, in denen er sich als literarischer Wegbegleiter durch österreichische und europäische Kulturlandschaften erweist, aber auch als Essayist und Erzähler. Der Einordnung in Kategorien versteht sich Komarek immer wieder zu entziehen, wie auch die aktuellen Buchveröffentlichungen illustrieren. Sein erster Kriminalroman „Polt muß weinen" wurde mit dem „Glauser" als bester deutschsprachiger Krimi des Jahres 1998 ausgezeichnet. Vier

Polt-Romane wurden bisher von ORF und ARTE für das Fernsehen verfilmt. Gemeinsam mit Julian Pölsler erhielt Alfred Komarek 2002 die „Romy" für das beste Drehbuch.
„Die Villen der Frau Hürsch", „Die Schattenuhr", „Narrenwinter" und „Doppelblick" sind Romane einer Tetralogie aus dem Salzkammergut.
Alfred Komarek lebt als freier Schriftsteller in Wien, Bad Aussee und Niederösterreich."[20]

Alfred Komarek: *Himmel, Polt und Hölle*

Gegen vier Uhr früh wachte Simon Polt auf. Er war nackt, das Flanellleintuch, mit dem er sich zugedeckt hatte, lag zusammengeknüllt neben ihm. Das Beste an seinem unruhigen Schlaf waren die Träume gewesen. Erstaunlich, zu welchen erotischen Ausschweifungen sein Unterbewußtsein fähig war.
Durch das offene Fenster klangen Vogelstimmen. Es war noch immer sehr warm.
Indes hatte Czernohorsky, Polts roter Kater, erkannt, daß sein Mitbewohner und Ernährer aufgewacht war. Er miaute fordernd und bearbeitete mit seinen dicken Pfoten die geschlossene Schlafzimmertür.
„Ruhe, geschwänztes Monstum!"
Czernohorsky intonierte einen Schrei, der das ganze Leid der gequälten Kreatur in einem mißtönenden Crescendo vereinte.
Polt resignierte. Kaum eine halbe Stunde später saß er am Frühstückstisch, neidvoll beobachtet von seinem nur einigermaßen gesättigten Kater.
Bis zum Dienstantritt um acht war noch Zeit. Der Gendarm entschloß sich zu einem kleinen Morgenspaziergang. Leise, um die Höllenbauern, bei denen er wohnte, nicht zu wecken, verließ er das Haus.
Der Höllenbauerhof stand in Burgheim, kaum zwei Kilometer von Brunndorf entfernt, wo der Kurzbacher zu Hause war. Brunndorf war immer klein gewesen. Burgheim hingegen hatte es in der Vergangenheit zur Stadt gebracht. Viel war von dieser, ohnehin sehr bescheidenen Bedeutung nicht geblieben. Aber nach wie vor hatte ein Notar sein Büro hier und Polts Dienststelle gab es allen Rationalisierungsmaßnahmen zum Trotz immer noch.
(...) Gemächlichen Schrittes ging er am Kirchenwirt vorbei und am Gemeindeamt, wo er die Bekanntmachungen studierte, die in einem kleinen verglasten Kästchen mit Heftklammern befestigt waren. Ein Grundstück war zur öffentlichen Versteigerung ausgeschrieben. Der Gendarm wußte, daß es – noch – dem Firmian Halbwidl gehörte. Als Bub war Polt mit ihm zur Schule gegangen, und Jahr für Jahr war Firmian der Klassenbeste gewesen. Doch später konnte er mit seinem Schulwissen nur noch wenig anfangen. Als Weinbauer kam er mehr schlecht als recht durch. Immerhin hatte er es aber zum Mesner gebracht, zum „Sakristeidirektor" , wie die Leute sagten, und darauf war Firmian merklich stolz.
Als sich Polt der Stelle näherte, wo die Burgheimer Kellergasse in die Hauptstraße des Ortes mündete, sah er ein offenbar vielfüßiges Wesen auf sich zukommen. Bei genauerem Hinsehen war zu erkennen, daß drei Männer einander um die Schultern gefaßt hielten und so jeder jedem Halt gab. Nach unten verästelte sich die kompakte Dreieinigkeit allerdings in ein unsicher bewegtes Gewirr von Beinen. Als einer der Männer Simon Polt erkannte und die rechte Hand grüßend erhob, wurde das komplizierte Zusammenspiel der Schritte für einen Augenblick empfindlich gestört. Schnell und beinahe lautlos kam der Dreifachmensch zu Fall. (S. 11 f) R

- Vergleichen Sie die einzelnen Schauplätze, die in den Texten ausgedrückten Stimmungen und die unterschiedlichen Eigenheiten der Figuren.

[20] www.alfred-komarek.at; 21. 9. 2010

KATASTROPHEN

Im Folgenden finden Sie vier Werke, die Katastrophen unterschiedlicher Art zum Thema haben. In McCarthys *Die Straße* geht es um eine nicht genau definierte Katastrophe, Indizien weisen aber auf einen atomaren Angriff oder Unfall hin. Krakauers *In eisige Höhen* schildert das Drama am Mount Everest im Jahre 1996. Haslinger beschreibt in *Phi Phi Island* den Überlebenskampf seiner Familie beim Tsunami 2004 in Thailand. Im Mittelpunkt von Kleists Novelle *Das Erdbeben von Chili* stehen das Schicksal eines jungen Paares und die Reaktionen ihrer Mitmenschen auf ein Erdbeben in Chile im Jahr 1647.

Cormac McCarthy: *Die Strasse*

Der amerikanische Autor **Cormac McCarthy** hält sein Leben sehr bedeckt, daher weiß selbst die Cormac-McCarthy-Society, die seine Homepage wartet, sehr wenig über ihn. Er wurde 1933 geboren, studierte an der University of Tennessee, war vier Jahre in der Air-Force und veröffentlichte 1965 seinen ersten Roman *The Orchard Keeper*. Es folgten weitere Romane, von denen *Abendröte im Westen* von vielen Kritikerinnen und Kritikern als einer der wichtigsten Romane des 20. Jahrhunderts in den USA angesehen wird.
Der erste Teil seiner *Border-Triology* wurde mit Matt Damon und Penelope Cruz zwar erfolglos verfilmt, entwickelte sich aber in den USA trotzdem zum Bestseller. *No Country for Old Men* (2005) ist ein Drogenthriller, der in Texas im Jahr 1980 spielt. Er wurde 2007 verfilmt und erhielt 2008 vier Oscars.
Für den Roman *Die Straße*, um den es im Folgenden geht, erhielt McCarthy den angesehenen Pulitzer-Preis. Die Verfilmung wurde 2009 auf dem Filmfestival in Cannes gezeigt.

Eine Katastrophe hat die USA heimgesucht. Um welche Art von Inferno es sich handelt, wird im Buch nicht eindeutig beschrieben. Es gibt nur vage Hinweise: „Die Uhren blieben um 1 Uhr 17 stehen. Eine lange Lichtklinge gefolgt von einer Reihe leiser Erschütterungen." *(S. 50)* „Er hatte schon seit Jahren keinen Kalender mehr geführt."*(S. 8)* „Sämtliche Geschäfte waren schon vor Jahren geplündert worden." *(S. 73) Von der Pracht und dem Reichtum Amerikas ist nichts mehr übrig; alles ist nur mehr Schutt und Asche.*
Die Handlung setzt 10 Jahre nach dem Inferno ein: Es ist Oktober. Ein Vater und sein Sohn machen sich auf den Weg in den Süden, wo es warm sein soll und wo sie zu überleben hoffen. Die Ehefrau und Mutter hatte nicht die Kraft, gegen die Katastrophe anzukämpfen, und hat Selbstmord begangen.
Das Klima hat sich verändert, es ist kalt, es regnet und schneit, die Sonne scheint kaum mehr. Die Vegetation ist verschwunden, es gibt keine Tiere mehr, die man essen könnte. „Noch ein Winter hier war nicht zu überleben." *(S. 8)*
Der Vater, bereits von Krankheit gezeichnet, und sein Sohn leben von einem Tag auf den anderen, sie wandern durch zerstörte und verbrannte Gebiete und schieben einen Einkaufswagen vor sich her, ständig auf der Suche nach Nahrung.
Sie treffen auf bereits mumifizierte Leichen. Die wenigen Überlebenden erinnern an Zombies, sie ziehen mordend und plündernd umher und sind Kannibalen. „Eine Armee in Tennisschuhen, mit schwerem Schritt. In den Händen einen Meter lange Stahlrohrstücke, mit Leder umwickelt. Kordeln an den Handgelenken. Durch manche Rohrstücke waren kurze Ketten gefädelt, an deren Enden alle Arten von Knütteln befestigt waren. In wiegendem Gang, wie Spielzeuge zum Aufziehen, klirrten sie dabei." *(S. 83 f) Der Vater rettet seinen Sohn mit der vorletzten Kugel vor einem der Kannibalen.*
Nur für kurze Zeit bietet ein Atombunker, der noch nicht geplündert ist, den beiden Unterschlupf. Aus Angst, entdeckt zu werden, verlassen sie ihn aber bald wieder.
Sie treffen einen alten Mann, geben ihm zu essen, schicken ihn dann aber aus Angst, er könne die Zombies anlocken, wieder weg.
Als sie endlich den Ozean erreichen, ist er nicht blau, sondern grau, und auch das Wetter ist nicht warm und schön, wie sie es erhofft hatten. Sie versorgen sich mit Vorräten, die der Vater aus einem gestrandeten Schiff geborgen hat. Sie stellen einen Dieb, der ihren Einkaufswagen gestohlen hat. Auf Bitten des Sohnes lässt der Vater dem Dieb die Kleider. Dann wird er von ei-

nem Pfeil am Oberschenkel verletzt und sein Gesundheitszustand verschlechtert sich drastisch, er spuckt Blut und fühlt, dass er sterben wird. Nach seinem Tod wird der Sohn von einer Familie aufgenommen. Das Ende ist offen.

Die Katastrophe verändert die Menschen: Diejenigen, die überlebt haben, sind zu Zombies geworden; um weiter am Leben zu bleiben, müssen sie zu den grausamsten Mitteln greifen.
Auch der Vater würde alles tun, um seinen Sohn zu retten. Deshalb bringt ihn die Frage des Sohnes „Sind wir die Guten?“ in ein Dilemma: *Gute* würden keine anderen töten und sie schon gar nicht essen. Was aber, wenn dies die einzige Möglichkeit ist zu überleben?

Nachdem der Vater und der Sohn Hinweise auf Kannibalismus gefunden haben, entwickelt sich zwischen ihnen ein Gespräch.

Sie saßen am Straßenrand und aßen die letzten Äpfel.
Was ist denn?, fragte der Mann.
Nichts.
Wir finden schon was zu essen. Keine Sorge.
Der Junge gab keine Antwort. Der Mann musterte ihn.
Das ist es nicht, oder?
Ist schon gut.
Sag's mir.
Der Junge wandte den Blick ab, schaute die Straße hinunter.
Ich möchte, dass du es mir sagst. Es ist okay.
Er schüttelte den Kopf.
Sieh mich an, sagte der Mann.
Er wandte sich ihm zu und sah ihn an. Er sah aus, als hätte er geweint.
Sag's mir einfach.
Wir würden nie jemanden essen, oder?
Nein. Natürlich nicht.
Auch wenn wir hungern?
Das tun wir doch gerade.
Du hast gesagt, das würden wir nicht.
Ich habe gesagt, wir würden nicht sterben. Ich habe nicht gesagt, wir würden nicht hungern.
Aber wir würden es trotzdem nicht tun.
Nein.
Ganz gleich, was passiert.
Nein. Ganz gleich, was passiert.
Weil wir die Guten sind.
Ja.
Und wir bewahren das Feuer.
Und wir bewahren das Feuer. Ja. Okay.

In einem Graben fand er Stücke von Feuer- und Kieselsäurestein, doch am Ende war es einfacher, mit der Zange von oben nach unten an einem Steinblock entlang zu schrappen, an dessen Fuß er ein in Benzin getränktes Häufchen Zunder gelegt hatte. Zwei weitere Tage. Dann drei. Sie hungerten erbärmlich. Das Land war geplündert, kahl gefressen, verheert. Jeder Krume beraubt. Die Nächte waren entsetzlich kalt und sargschwarz, und die lange Spanne des Morgens hatte etwas fürchterlich Stilles. Wie die Dämmerung vor einer Schlacht. Die wächserne Haut des Jungen war fast durchscheinend. Mit seinen großen, starren Augen wirkte er wie ein außerirdisches Wesen. (S. 116 ff)

- Wie sprechen Vater und Sohn miteinander? Beschreiben Sie das Gespräch.
- Cormac McCarthy hat für seinen Roman *Die Straße* den renommiertesten Literaturpreis der USA, den Pulitzer-Preis, erhalten. Wenn Sie in der Jury wären, wie würden Sie Ihre Entscheidung begründen? Schreiben Sie eine Begründung, in der Sie Ihren „Schiedsspruch“ näher erläutern. Um diese Arbeitsaufgabe zu bewältigen, müssen Sie den Gesamttext gelesen haben.

Cormac Mc Carthys Roman ist deprimierend und erschütternd, aber gleichzeitig ist die Beziehung zwischen Vater und Sohn, die nur das Notwendigste miteinander sprechen, so berührend, dass man meinen könnte, solche Menschen garantieren doch den Weiterbestand der Menschheit. Besonders der Sohn ist eine Lichtgestalt, die an den neuen Menschen im Expressionismus erinnert.

JON KRAKAUER: *IN EISIGE HÖHEN*

In eisige Höhen ist nicht nur für Menschen geeignet, die selbst gerne in die Berge gehen. Das Buch schildert spannend wie ein Kriminalroman und sehr einfühlsam eine Katastrophe auf dem höchsten Berg der Welt. Es spart nicht mit Kritik an Organisationen, die Menschen einreden, sie könnten es gegen ein horrendes Entgelt schaffen, den höchsten Gipfel der Welt zu erklimmen, ohne dazu konditionell in der Lage zu sein. Jon Krakauer versucht, Distanz zu bewahren und seine Version der Ereignisse zu präsentieren. Ihn selbst plagen Gewissensbisse, denn er hat überlebt, andere aber sind gestorben.

In seiner Vorbemerkung schreibt er:

Einige der Leute, die mich davor gewarnt hatten, zu überstürzt mit dem Schreiben anzufangen, hatten mir von Anfang an davon abgeraten, mich überhaupt auf den Everest zu wagen. Tatsächlich gab es sehr viele gute Gründe, die dagegen sprachen, aber eine Besteigung des Everest ist an sich ein irrationaler Akt: ein Triumph der Begierde über die Vernunft. Jeder, der ein derartiges Unterfangen ernsthaft in Erwägung zieht, ist schon beinahe per definitionem jenseits aller Einsicht.
Die volle Wahrheit ist, daß ich mir über all dies im klaren war und trotzdem auf den Everest gegangen bin. Indem ich dies tat, war ich an dem Tod sehr wertvoller Menschen beteiligt. Und das wird mein Gewissen wohl noch sehr lange belasten. (S. 11 f)

Jon Krakauer, der als Journalist nach Nepal geschickt wurde und Mitglied einer Expedition war, erzählt in einem klaren, einfachen und einprägsamen Stil das Drama am Mount Everest im Mai 1996. Er schildert die Geschehnisse prägnant, spannend und sensibel und versteht es, Menschen und ihren Werdegang zu beschreiben bzw. den Leserinnen und Lesern die Teilnehmer der Expedition nahezubringen.

Krakauers Auftrag war es, für die amerikanische Zeitschrift *Outside* an einer Besteigung des Mount Everest teilzunehmen und einen Artikel über die Kommerzialisierung des Bergsteigens am höchsten Berg der Erde zu schreiben. Nach der Katastrophe konnte Krakauer die Ereignisse in einem Zeitungsartikel nicht umfassend genug darstellen und entschloss sich, dieses Buch zu schreiben.
Nach einer Vorbemerkung über die Gründe, die die Abfassung des Buches notwendig machten, führt Krakauer eine Liste der Personen an, die sich im Frühling 1996 auf dem Mount Everest befanden.
In 21 Kapiteln berichtet er über alle wesentlichen Vorgänge, die zu dem unglücklichen Ende führten. Jedem Kapitel ist ein Ausschnitt aus anderen Büchern, die Bergbesteigungen zum Inhalt haben, vorangestellt, z. B. von Reinhold Messner.

Krakauer reist als Mitglied des Expeditionsteams von Rob Hall, einem anerkannten Bergführer aus Neuseeland, nach Nepal. Er bemerkt bald, dass einige Mitglieder seines Teams, aber auch der Gruppe Scott Fischers, des Konkurrenten Rob Halls, eigentlich auf einem Berg dieser Größenordnung nichts zu suchen haben. Aber auch er ignoriert die Gefahren, die Faszination ist zu groß.
Nach dem Aufstieg zum Basislager müssen die Expeditionsmitglieder zwischen Basislager und den Camps pendeln, um die Route zu erkunden und sich an die Höhe zu gewöhnen. Die Akklimatisierung geht zwar wie geplant vonstatten, aber der Gesundheitszustand fast aller Mitglieder der Expedition ist angeschlagen. Trotzdem startet Rob Halls Team am 10. Mai 1996 mitten in der Nacht den Gipfelversuch.
Rob Hall hat den Zeitpunkt zwar mit den anderen Expeditionen abgestimmt, damit nicht alle gleichzeitig zum Gipfel stürmen, die anderen halten sich aber nicht an die Vereinbarung. So befinden sich in dieser Nacht 33 Personen aus drei verschiedenen Expeditionsteams auf dem Weg

zum Gipfel des Mount Everest. Es kommt zum Stau an den Fixseilen. Krakauer erreicht als einer der ersten kurz nach 13 Uhr den Gipfel. Entgegen den Absprachen, dass alle, die vor 14 Uhr den Gipfel nicht erreicht haben, umkehren, setzen die meisten den Aufstieg fort. Ein nahendes Gewitter bemerkt anscheinend niemand. Nach einem kräfteraubenden Abstieg erreicht Krakauer das Lager, während 19 Menschen oben auf dem Berg in einem gewaltigen Sturm festsitzen und um ihr Überleben kämpfen. Ein Bergführer aus Halls Team rettet drei der Bergsteiger, aber Krakauer und die anderen sitzen hilflos in ihren Zelten. Es gibt zwar Funkkontakte zu den Überlebenden, aber als sie abreißen, scheint die Situation hoffnungslos zu sein.
Am Everest starben 1996 zwölf Männer und Frauen, nur zwei von Halls Expedition erreichten das Lager lebend.

In seinem Nachwort verdeutlicht Krakauer immer wieder den Schuldkomplex der Überlebenden. Er versucht herauszufinden, wie es zu dieser Katastrophe kommen konnte, obwohl die Bergführer der Expeditionen doch so erfahren waren, und kommt zum Ergebnis, dass die Kombination vieler kleiner, vielleicht falscher, Entscheidungen ausschlaggebend war. Dazu kam noch, dass viele der Teilnehmerinnen und Teilnehmer konditionell nicht in der Lage waren, das Unternehmen durchzustehen, und einigen auch das bergsteigerische Vermögen fehlte, den Aufstieg zu bewältigen.

Sein Artikel in der Zeitschrift *Outside* löste eine Flut von Leserbriefen aus:

Ein paar der wütenden Briefe – und der bei weitem am beunruhigendsten zu lesende – kamen von Verwandten der Verstorbenen. Scott Fischers[1] Schwester, Lisa Fischer-Luckenbach, schrieb:

Wenn man von Ihrem geschriebenen Wort ausgeht, dann scheinen SIE ja die geradezu unheimliche Fähigkeit zu besitzen, genau zu wissen, was in den Köpfen und Herzen eines jeden einzelnen Expeditionsteilnehmers vorging. Jetzt, wo SIE zu Hause sitzen, heil und unversehrt, urteilen Sie über die Urteilsfähigkeit der anderen und analysieren ihre Intentionen, Verhaltensweisen, persönlichen Eigenarten und Beweggründe. Sie geben Kommentare darüber ab, was von den Bergführern hätte getan werden SOLLEN, von den Sherpas, den Kunden, und arrogant gehen Sie hin und bezichtigen andere des Fehlverhaltens. Ausgerechnet Jon Krakauer, der, nachdem er das hereinbrechende Verhängnis spürte, in sein Zelt zurückgekrochen ist, um seine eigene Haut zu retten.
Vielleicht überlegen Sie sich einmal, was Sie anrichten, indem Sie vorgeben, ALLES ZU WISSEN. Sie haben sich bereits mit Ihrer SPEKULATION über Andy Harris' Schicksal geirrt und haben so seine Familie und seine Freunde in tiefste Trauer und Verzweiflung gestürzt. Und jetzt haben Sie Lopsangs[2] Integrität mit Ihren „Klatschgeschichten" angezweifelt.
Ich lese in Ihrem Artikel nichts weiter als IHR EIGENES EGO, das sich völlig kopflos abmüht, in den Geschehnissen einen Sinn zu erkennen. Sie werden Ihren Seelenfrieden, nach dem Sie so verzweifelt suchen, nicht finden, und wenn Sie noch soviel analysieren, kritisieren, beurteilen oder Hypothesen aufstellen. Es gibt keine Antworten. Niemand hat sich einer Verfehlung schuldig gemacht. Niemandem sind Vorwürfe zu machen. Alle haben damals unter den gegebenen Umständen ihr Bestes getan.
Niemand wollte, daß dem anderen etwas zustößt. Niemand wollte sterben.

Dieses letzte Schreiben war besonders bestürzend und verletzend, weil ich es zur selben Zeit erhielt, als ich erfahren mußte, daß die Liste der Opfer nun auch Lopsang Jangbu einschloß.

Lopsang war im August, nachdem der Monsun sich aus dem Himalaja zurückgezogen hatte, an den Everest zurückgekehrt, um einen japanischen Kunden über den Südsattel und den Südostgrat zum Gipfel zu führen. Als sie am 25. September von Camp Drei auf Camp Vier stiegen, um ihren Gipfelangriff zu starten, wurden Lopsang, ein weiterer Sherpa und ein französischer Bergsteiger von einer Schlaglawine erwischt, die sie die Lhotse-Flanke hinunterspülte und in den Tod riß. Lopsang hinterließ eine junge Frau und ein zwei Monate altes Baby in Katmandu.
Es trafen noch andere schlechte Nachrichten ein. Am 17. Mai, nachdem er vom Everest abgestie-

[1] Scott Fischer: ein Bergführer, der beim Drama ums Leben kam
[2] Lopsang: ein Sherpa, der die Expedition begleitete

gen und sich zwei Tage im Basislager ausgeruht hatte, bestieg Anatoli Boukreev[3] im Alleingang den Lhotse. „Ich bin müde", sagte er mir, „aber ich gehe für Scott." Boukreev hatte es sich zum Ziel gesetzt, sämtliche vierzehn Achttausender der Erde zu besteigen, und im September reiste er nach Tibet und erklomm sowohl den Cho Oyu und den 8046 Meter hohen Sisha Pangma. Aber Mitte November, während eines Aufenthalts in seiner Heimat Kasachstan, verunglückte er in einem Bus. Der Fahrer kam ums Leben, und Anatoli erlitt schwere Kopfverletzungen. Vor allem ein Auge erlitt dabei schwere, möglicherweise bleibende Schäden.

Am 14. Oktober 1996 wurde im Rahmen des südafrikanischen Diskussionsforums über den Everest folgende Botschaft im Internet verbreitet: *Ich bin eine Sherpa-Waise. Mein Vater kam im Khumbu-Gletscherbruch ums Leben, als er Ende der Sechziger für eine Expedition Lastentransporte durchführte. Meine Mutter starb kurz unterhalb von Pheriche, als ihr Herz unter einer Last versagte, die sie 1970 für eine andere Expedition schleppte. Drei meiner Geschwister starben an verschiedenen Ursachen, meine Schwester und ich wurden zu Pflegeeltern in Europa und den Vereinigten Staaten geschickt.*

Ich bin in mein Heimatland nie zurückgekehrt, weil ich glaube, daß es verflucht ist. Meine Vorfahren zogen in die Khumbu-Region, um der Verfolgung in den Tiefebenen zu entfliehen. Dort, im Schatten des „Sagarmathaji", „Göttin Mutter der Erde", fanden sie heilige Zuflucht. Als Gegenleistung wurde von ihnen erwartet, die heilige Stätte dieser Göttin vor Fremden zu schützen. Aber mein Volk hat das Gegenteil getan. Sie zeigten Fremden den Weg zu dieser heiligen Stätte, und indem sie siegschreiend auf ihr standen, schlugen sie an jedem einzelnen Glied ihres Körpers Wunden, besudelten und beschmutzten ihren Busen. Ein paar mußten ihr Leben dafür lassen, andere kamen gerade noch davon oder brachten statt dessen das Leben anderer als Opfergabe dar …

Ich glaube also, daß sogar die Sherpas mitschuldig an der Tragödie von 1996 auf „Sagarmatha" sind. Ich bedaure meinen Entschluß nicht, nicht zurückzukehren, denn ich weiß, daß die Menschen dort dem Untergang geweiht sind, ebenso wie die reichen, überheblichen Fremden, die von sich meinen, sie könnten die Welt erobern. Erinnert Euch an die Titanic. Selbst die Unsinkbare sank, und was sind schon dumme kleine Sterbliche wie Weathers, Pittman, Fischer, Lopsang, Tenzing, Messner oder Bonington im Angesicht der „Göttin Mutter". Da dies nun einmal so ist, habe ich mir geschworen, niemals in meine Heimat zurückzukehren und mich an diesem Sakrileg zu beteiligen. (S. 356 ff) R

- Welche beiden Einstellungen gegenüber der Natur, den Naturmächten prallen in Nepal aufeinander? Wie stehen Sie zum „Bergtourismus", den es ja auch in Europa gibt?

Die Katastrophe im Buch *In eisige Höhen* ist zum Großteil von Menschen verursacht: Geldgierige Organisationen motivieren sensationssüchtige Menschen, die genügend Geld haben, ihr Leben aufs Spiel zu setzen, und wiegen sie in Sicherheit. Renommierte Bergführer garantieren den Gipfelsieg. Eine Interpretation des Unglücks wäre, dass sich der Berg für das Sakrileg rächt, wie es die Sherpa-Waise in dem Posting im Internet andeutet.

[3] Anatoli Boukreev: russischer Bergsteiger, der zur selben Zeit wie Krakauer auf dem Mount Everest war. Er starb ein Jahr später 1997 bei einem Lawinenunglück am Annapurna.

Josef Haslinger: *Phi Phi Island*

Josef Haslinger, seine Frau und deren zwei Kinder überlebten 2004 den Tsunami in Thailand. Lange Zeit war der Schriftsteller nicht fähig zu schreiben, ehe er 2007 daranging, das Trauma in einem Buch zu verarbeiten. Im Folgenden finden Sie den Anfang des Buches, in dem Haslinger von den Schwierigkeiten berichtet, dieses Buch zu schreiben.
Es ist in konsequenter Kleinschreibung verfasst, weil der Autor bei der Katastrophe eine Sehnenverletzung am kleinen Finger erlitten hat und deshalb die Hochstelltaste nur mehr schlecht bedienen kann.

für edith, sophie und elias. im gedenken an die opfer der flutwelle vom 26. dezember 2004

ein paar monate lang war ich ziemlich sicher, dass ich dieses buch nicht schreiben würde, schon deshalb nicht, weil ich oft danach gefragt wurde: du arbeitest doch nicht etwa an einem tsunamibuch? – nein, keine angst.
oder: mensch, du hast da was erlebt, da musst du dir keine sorgen um dein nächstes buch machen.
das waren unangenehme situationen. ich wollte darüber schreiben, aber ich wollte es auch wiederum nicht. ich konnte das, was ich erlebt hatte, nicht abwägen, ich konnte es nicht von außen anschauen. es war wie ein tief in mir sitzender knoten, der sich nicht lösen ließ.
der tsunami vom 26. dezember 2004 und seine verheerenden auswirkungen blieben einige monate lang ein medienthema. ich sah die bilder, ich las die vielen augenzeugenberichte, und ich erzählte, wenn ich gefragt wurde, wie es uns ergangen war, zwar sagte ich bei jedem interview zu mir selbst: wenn die tsunami-frage kommt, solltest du gar nicht darauf eingehen. du hast überlebt. und du hast keine angehörigen verloren. warum nicht einfach froh sein und schweigen? dann kam das gespräch auf den tsunami, und ich merkte, dass ich doch auch das bedürfnis hatte, darüber zu reden.
dabei stellte sich eine merkwürdige unschärfe ein. es waren immer details, die mir in den sinn kamen, bilder, die sich in der erinnerung festgesaugt hatten, die mir aber den blick auf diese paar tage mehr trübten als schärften. die bilder gruppierten sich um zwei momente, die mit dem tsunami nur äußerlich zu tun hatten, die auch bei ganz anderen ereignissen hätten auftreten können. um den einen moment, als ich plötzlich zu wissen meinte, das werde ich nicht überleben, und um den anderen, als es danach aussah, als hätten wir unsere beiden kinder verloren.
meine erinnerung an die flutwelle war wie eine barrikade, die mir in den weg gestellt war, obwohl ich sie eigentlich hinter mir lassen wollte. es schien keinen weg um diese barrikade herum zu geben. das vergangene lag hinter mir, aber es lag zugleich auch vor mir, es umzingelte mich.
ich hatte ein schreibjahr in aussicht und begann mir gedanken über einen neuen roman zu machen. aber ich kam nicht vom fleck. ganz gleich, welche figur ich zu entwickeln versuchte, ihr hauptzweck schien zu sein, das zu erledigen, was in wirklichkeit ich selbst zu erledigen hatte. eine weile blieb ich bei dem vorsatz, nicht direkt von mir selbst zu schreiben, sondern die geschichte literarisch zu verarbeiten. als hätte es etwas anstößiges, von jenen zufällen zu berichten, die einem das leben zu nehmen schienen, und den anderen, die es einem dann doch noch ließen.
das manöver war zu durchsichtig. anstatt mich in andere figuren hineinzuversetzen, entstand in mir der wunsch, an den ort des geschehens zurückzukehren und den ablauf der katastrophe zu rekonstruieren. und so ist aus dem romanprojekt ein bericht über einen kurzen abschnitt meines eigenen lebens geworden. bald nachdem ich angefangen hatte, daran zu arbeiten, war es mir auch wieder möglich, andere texte zu schreiben.
erzählungen, die davon handeln, wie jemand in die ferne reist, es dort mit unerwarteten vorgängen zu tun bekommt, die es ungewiss machen, ob er überleben wird, heißen abenteuergeschichten. häufig sind sie in der ich-form geschrieben. wer so wie kara ben nemsi seine eigene geschichte erzählt, versichert damit von vorneherein, dass sie letztlich gut ausgehen wird. ich habe die zufallsbekanntschaft mit einer abenteuergeschichte gemacht.

der bericht in einem satz: wir sind zu viert auf der thailändischen insel koh phi phi in einem resort abgestiegen, von dem zwei tage später nur noch ein verwaltungsgebäude, der swimmingpool und das auf acht betonsäulen ruhende dach des speisepavillons übrig waren. die einhundertzehn bungalows, von denen wir zwei gemietet hatten, waren verschwunden.
im grunde ist es die geschichte vieler tsunami-überlebender, die das glück hatten, vom schlimmsten verschont worden zu sein. auch wenn sie verletzt waren und ohne geld, papiere und reisegepäck dastanden, ist ihr schaden nicht zu vergleichen mit der situation derer, die ihre angehörigen und ihr gesamtes hab und gut verloren haben. wir waren die glücklichen überlebenden. aber dieses glück hat einen bitteren geschmack. ich habe es bislang nicht genießen können. wenn ich vom tsunami erzählte, drückten sich mir lange zeit tränen in die augen.
die erinnerung daran, eine immense katastrophe nur zufällig überlebt zu haben, folgt einer eigenen logik. man kann es sich immer wieder sagen, welches glück man hatte, es kommt darüber keine genugtuung auf. es ist vor allem eine erinnerung an den schrecken.
als dieses glück erstmals für mich fassbar wurde, klammerten edith und ich uns gerade an den fassadenvorsprung eines gebäudes, an das wir angeschwemmt worden waren, und unterschieden die menschen, die sich bewegten, von denen, die sich nicht mehr bewegten. die sich, so wie wir, bewegen konnten, hielten nach angehörigen und freunden ausschau. sie nahmen die herumliegenden und die aus dem müll herausragenden toten körper wahr. sie begannen zu schreien oder zu weinen, oder sie starrten regungslos vor sich hin. (S. 5 ff)

- Beschreiben Sie mit eigenen Worten, warum es Haslinger so schwergefallen ist, dieses Buch doch zu schreiben. Warum ist Haslinger noch einmal nach Thailand gefahren? Seine Kinder haben sich übrigens geweigert, das zu tun. Was könnten ihre Gründe gewesen sein?
- Was unterscheidet einen Roman von einem Bericht? Würden Sie Haslingers Text als „literarisch" bezeichnen?
- Warum will Haslinger zunächst nicht von sich selbst berichten? Was glauben Sie?

Im folgenden Textausschnitt beschreibt Haslinger, wie er dem Tod gerade noch entrinnen konnte.

als ich hochkam, sah ich edith nicht mehr, aber ich sah andere menschen zwischen holztrümmern und wellblechen. das wasser staute sich an der mauer des *phi-phi*-hotels, die trümmer kamen unaufhörlich auf uns zu und wurden in die gasse zwischen hotel und verwaltungsgebäude hineingeschwemmt. ich erinnere mich an ein halbes bungalowdach, das auf mich zutrieb und auf das menschen hinaufkletterten. ich griff danach und versuchte ebenfalls hinaufzuklettern, aber dann waren schon zu viele oben, das dach kippte auf mich zu und drückte mich hinunter. ich wurde von einem strudel aus schlamm und müll fortgerissen. ich war unter wasser, es wirbelte mich herum, als wäre ich in einen mixer geraten. andauernd wurde ich von irgendwelchen trümmern getroffen, dann kurz nach oben gespült und von einem sog wieder nach unten gezogen. ich konnte nichts sehen, bekam wasser in den mund und wusste plötzlich nicht mehr, wo oben und unten ist.
in diesem moment erfasste mich die angst, dass es nicht zu schaffen war. und dann der klare gedanke: das ist jetzt das ende. diese erkenntnis kam zwar schockartig, aber ihr folgte keine verzweiflung. es war eher eine art bedauern darüber, dass ich nicht anders sterben darf, sondern hier im dreck verrecken muss. es war das gefühl eines absolut unwürdigen endes. mit bedauern meine ich eine art melancholischen abschiedsblick, weil ich mir vom leben ein falsches bild gemacht hatte. weil ich gedacht hatte, dass es um irgendetwas gehe. nun sah ich mich ein teil des dreckes werden, der mich umgab. und ich wusste, dass ich in wirklichkeit nie mehr gewesen war. und dann der entschluss, bis zum ende zu kämpfen. solange du dich rühren kannst, sagte ich mir, musst du versuchen, hier rauszukommen.
dieser kampf spielte sich etwa auf höhe der zimmerdecke außen am *phi-phi*-hotel ab. irgendwie erwischte ich ein stromkabel, das dort an der mauer entlangführte, und klammerte mich daran fest. ich hatte plötzlich einen halt, wusste wieder, wo oben und unten ist, und konnte den wasserwirbeln mit eigener kraft widerstehen. ich wollte auftauchen, aber ich kam nicht hoch. da war

etwas über mir. ich versuchte, es wegzuschieben, aber das ging nicht. es war eine platte, die sich irgendwie an der mauer und in dem anderen müll verkeilt hatte. mit der rechten hand hielt ich mich am stromkabel fest, mit der linken versuchte ich, das hindernis zur seite zu drücken. immer wieder. ich spürte keinen schmerz, aber ich merkte, dass die finger versagten. ich durchschnitt mir am wellblech mehrmals die sehnen. aber es gelang. ich konnte das dach wegschieben und auftauchen. (S. 79 f)

- Welche Gedanken hat Haslinger im Anblick des Todes? Wie kann er sich selbst motivieren, doch noch weiter zu kämpfen?

Heinrich von Kleist: *Das Erdbeben in Chili*

Die Novelle basiert auf einem tatsächlichen Ereignis, dem Erdbeben in Santiago de Chile 1647. Kleist wurde aber auch durch Berichte über das große Erdbeben in Lissabon 1755 beeinflusst, das zu philosophischen, theologischen und literarischen Auseinandersetzungen Anstoß gab, an denen sich unter anderem Voltaire, Rousseau und Kant beteiligten. Es ging dabei vor allem um die Frage, wie sich Gottes Allmächtigkeit und Güte mit einer Naturkatastrophe und dem Tod zahlloser Menschen vereinbaren ließe.

Die Handlung spielt in St. Jago im Jahr 1647. Gerade als das Erdbeben beginnt, versucht sich Jeronimo Rugera, ein junger Spanier, im Gefängnis zu erhängen. Er ist wegen seiner Beziehung zu Donna Josephe, deren Hauslehrer er war, in Haft. Das Mädchen steckte der Vater in das Kloster der Karmeliterinnen. Dort können sie ihre Beziehung fortsetzen. Bei der Fronleichnamsprozession allerdings wird Josephe von den Wehen überrascht. Nach der Geburt des Kindes wird dem jungen Paar der Prozess gemacht. Donna Josephe wird zum Tode verurteilt, obwohl sich die Äbtissin für sie eingesetzt hat. Am Tag der Hinrichtung, als die ganze Stadt schon sensationslüstern auf die Hinrichtung wartet und Jeronimo Selbstmord begehen will, bricht die „zerstörende Gewalt der Natur" *über die Stadt herein. Das Gefängnis wird zerstört, Jeronimo kann fliehen und begibt sich auf die Suche nach Josephe. Er findet sie an einer Quelle, sie hat ihr Kind aus dem brennenden Kloster retten können. In einem Tal finden die beiden sich in einer* „Seligkeit, als ob es das Tal von Eden wäre". *(S. 149) Sie werden von der mit Josephe befreundeten Familie von Don Fernando herzlich aufgenommen. Alles scheint sich zum Guten zu wenden, und trotz der düsteren Vorahnungen von Don Fernandos Frau wollen alle an dem Gottesdienst in der Dominikanerkirche, die als einzige Kirche unversehrt geblieben ist, teilnehmen. Doch der Prediger bezeichnet das Erdbeben als Strafe Gottes, die die beiden Liebenden zu verantworten haben. Die Menschen sind von der Predigt derart beeinflusst, dass sie Jeronimo und Josephe und das Kind Don Fernandos, das sie für das Kind der beiden halten, trotz der heldenhaften Verteidigung durch Don Fernando erschlagen. Don Fernando nimmt Jeronimos und Josephes Kind anstelle seines ermordeten Sohnes an. Wenn er den Knaben später mit seinem eigenen Sohn* „verglich, und wie er beide erworben hatte, so war ihm fast, als müsst er sich freuen." *(S. 159)*

Interessant ist, dass der Frau die Hauptverantwortlichkeit an dem „Verbrechen" zugeschoben wird. Sie wird zunächst zum Feuertod verurteilt, dann wird das Urteil zur Enthauptung „herabgemildert". Der Mann wird nur zu einer Gefängnisstrafe verurteilt.
Schon auf der ersten Seite erzählt Kleist die Vorgeschichte der tragischen Ereignisse – ein Musterbeispiel für zeitraffendes Erzählen.

Im folgenden Textausschnitt schildert Kleist distanziert und objektiv aus der Sicht des allwissenden Erzählers, wie Jeronimo, der männliche Protagonist der Novelle, das Erdbeben erlebt:

Doch der gefürchtete Tag erschien, und mit ihm in seiner Brust die Überzeugung von der völligen Hoffnungslosigkeit seiner Lage. Die Glocken, welche Josephen zum Richtplatze begleiteten, ertönten, und Verzweiflung bemächtigte sich seiner Seele. Das Leben schien ihm verhaßt, und er beschloß, sich durch einen Strick, den ihm der Zufall gelassen hatte, den Tod zu geben. Eben stand er, wie schon gesagt, an einem Wandpfeiler, und befestigte den Strick, der ihn dieser jammervollen Welt entreißen sollte, an eine Eisenklammer, die an dem Gesimse derselben eingefugt war; als plötzlich der größte Teil der Stadt, mit einem Gekrache, als ob das Firmament einstürzte, versank, und alles, was Leben atmete, unter seinen Trümmern begrub. Jeronimo Rugera war starr vor Entsetzen; und gleich als ob sein ganzes Bewußtsein zerschmettert worden wäre, hielt er sich jetzt an dem Pfeiler, an welchem er hatte sterben wollen, um nicht umzufallen. Der Boden wankte unter seinen Füßen, alle Wände des Gefängnisses rissen, der ganze Bau neigte sich, nach der Straße zu einzustürzen, und nur der, seinem langsamen Fall begegnende, Fall des gegenüberstehenden Gebäudes verhinderte, durch eine zufällige Wölbung, die gänzliche Zubodenstreckung desselben. Zitternd, mit sträubenden Haaren, und Knieen, die unter ihm brechen wollten, glitt Jeronimo über den schiefgesenkten Fußboden hinweg, der Öffnung zu, die der Zusammenschlag beider Häuser in die vordere Wand des Gefängnisses eingerissen hatte.

Kaum befand er sich im Freien, als die ganze, schon erschütterte Straße auf eine zweite Bewegung der Erde völlig zusammenfiel. Besinnungslos, wie er sich aus diesem allgemeinen Verderben retten würde, eilte er, über Schutt und Gebälk hinweg, indessen der Tod von allen Seiten Angriffe auf ihn machte, nach einem der nächsten Tore der Stadt. (...) Hier lag ein Haufen Erschlagener, hier ächzte noch eine Stimme unter dem Schutte, hier schrieen Leute von brennenden Dächern herab, hier kämpften Menschen und Tiere mit den Wellen, hier war ein mutiger Retter bemüht, zu helfen; hier stand ein anderer, bleich wie der Tod, und streckte sprachlos zitternde Hände zum Himmel. Als Jeronimo das Tor erreicht, und einen Hügel jenseits desselben bestiegen hatte, sank er ohnmächtig auf demselben nieder. (S. 145 f)

Im zweiten Textausschnitt schildert Kleist die Katastrophe aus Josephes Sicht:

Josephe war, auf ihrem Gang zum Tode, dem Richtplatze schon ganz nahe gewesen, als durch den krachenden Einsturz der Gebäude plötzlich der ganze Hinrichtungszug auseinander gesprengt ward. Ihre ersten entsetzensvollen Schritte trugen sie hierauf dem nächsten Tore zu; doch die Besinnung kehrte ihr bald wieder, und sie wandte sich, um nach dem Kloster zu eilen, wo ihr kleiner, hülfloser Knabe zurückgeblieben war. Sie fand das ganze Kloster schon in Flammen, und die Äbtissin, die ihr in jenen Augenblicken, die ihre letzten sein sollten, Sorge für den Säugling angelobt hatte, schrie eben, vor den Pforten stehend, nach Hülfe, um ihn zu retten. Josephe stürzte sich, unerschrocken durch den Dampf, der ihr entgegenqualmte, in das von allen Seiten schon zusammenfallende Gebäude, und gleich, als ob alle Engel des Himmels sie umschirmten, trat sie mit ihm unbeschädigt wieder aus dem Portal hervor. Sie wollte der Äbtissin, welche die Hände über ihr Haupt zusammenschlug, eben in die Arme sinken, als diese, mit fast allen ihren Klosterfrauen, von einem herabfallenden Giebel des Hauses, auf eine schmähliche Art erschlagen ward. Josephe bebte bei diesem entsetzlichen Anblicke zurück; sie drückte der Äbtissin flüchtig die Augen zu, und floh, ganz von Schrecken erfüllt, den teuern Knaben, den ihr der Himmel wieder geschenkt hatte, dem Verderben zu entreißen.

(...) Der Palast des Vizekönigs war versunken, der Gerichtshof, in welchem ihr das Urteil gesprochen worden war, stand in Flammen, und an die Stelle, wo sich ihr väterliches Haus befunden hatte, war ein See getreten, und kochte rötliche Dämpfe aus. Josephe raffte alle ihre Kräfte zusammen, sich zu halten. Sie schritt, den Jammer von ihrer Brust entfernend, mutig mit ihrer Beute von Straße zu Straße, und war schon dem Tore nah, als sie auch das Gefängnis, in welchem Jeronimo geseufzt hatte, in Trümmern sah. Bei diesem Anblicke wankte sie, und wollte besinnungslos an einer Ecke niedersinken; doch in demselben Augenblick jagte sie der Sturz eines Gebäudes hinter ihr, das die Erschütterungen schon ganz aufgelöst hatten, durch das Entsetzen gestärkt, wieder auf; sie küßte das Kind, drückte sich die Tränen aus den Augen, und erreichte, nicht mehr auf die Gräuel, die sie umringten, achtend, das Tor. Als sie sich im Freien sah, schloß sie bald, daß nicht jeder, der ein zertrümmertes Gebäude bewohnt hatte, unter ihm notwendig müsse zerschmettert worden sein. (S. 148 f)

- Welche Worte wählt Kleist, um das Erdbeben zu schildern? Welche Wortart kommt häufig vor? Welche sprachlichen Bilder verdeutlichen die Katastrophe?

Im Folgenden finden Sie eine Textstelle, die die Idylle nach dem Erdbeben schildert, in der Anteilnahme, Nächstenliebe und Hilfsbereitschaft verwirklicht zu sein scheinen.

Dies alles erzählte sie jetzt voll Rührung dem Jeronimo, und reichte ihm, da sie vollendet hatte, den Knaben zum Küssen dar. – Jeronimo nahm ihn, und hätschelte ihn in unsäglicher Vaterfreude, und verschloß ihm, da er das fremde Antlitz anweinte, mit Liebkosungen ohne Ende den Mund. Indessen war die schönste Nacht herabgestiegen, voll wundermilden Duftes, so silberglänzend und still, wie nur ein Dichter davon träumen mag. Überall, längs der Talquelle, hatten sich, im Schimmer des Mondscheins, Menschen niedergelassen, und bereiteten sich sanfte Lager von Moos und Laub, um von einem so qualvollen Tage auszuruhen. Und weil die Armen immer noch jammerten; dieser, daß er sein Haus, jener, daß er Weib und Kind, und der dritte, daß er alles verloren habe: so schlichen Jeronimo und Josephe in ein dichteres Gebüsch, um durch das heimliche Gejauchz ihrer Seelen niemand zu betrüben. Sie fanden einen prachtvollen Granatapfelbaum, der seine Zweige, voll duftender Früchte, weit ausbreitete; und die Nachtigall flötete im Wipfel ihr wollüstiges Lied. Hier ließ sich Jeronimo am Stamme nieder, und Josephe in seinem, Philipp in Josephens Schoß, saßen sie, von seinem Mantel bedeckt, und ruhten. Der Baumschatten zog, mit seinen verstreuten Lichtern, über sie hinweg, und der Mond erblaßte schon wieder vor der Morgenröte, ehe sie einschliefen. Denn Unendliches hatten sie zu schwatzen vom Klostergarten und den Gefängnissen, und was sie um einander gelitten hätten; und waren sehr gerührt, wenn sie dachten, wie viel Elend über die Welt kommen mußte, damit sie glücklich würden!
Sie beschlossen, sobald die Erderschütterungen aufgehört haben würden, nach La Conception zu gehen, wo Josephe eine vertraute Freundin hatte, sich mit einem kleinen Vorschuß, den sie von ihr zu erhalten hoffte, von dort nach Spanien einzuschiffen, wo Jeronimos mütterliche Verwandten wohnten, und daselbst ihr glückliches Leben zu beschließen. Hierauf, unter vielen Küssen, schliefen sie ein. (S. 149 f)

R

- Vergleichen Sie die Textstellen, die das Erdbeben schildern, mit der, die die Idylle beschreibt, die Jeronimo und Josephe nach ihrer Errettung aus der Katastrophe erleben.

Die folgende Textstelle schildert, wie sich die Illusion einer gemeinsamen Zukunft Jeronimos und Josephs in Luft auflöst:

Don Fernando nahm die beiden Kinder und sagte: er wolle eher umkommen, als zugeben, daß seiner Gesellschaft etwas zu Leide geschehe. Er bot Josephen, nachdem er sich den Degen des Marine-Offiziers ausgebeten hatte, den Arm, und forderte das hintere Paar auf ihm zu folgen. Sie kamen auch wirklich, indem man ihnen, bei solchen Anstalten, mit hinlänglicher Ehrerbietigkeit Platz machte, aus der Kirche heraus, und glaubten sich gerettet. Doch kaum waren sie auf den von Menschen gleichfalls erfüllten Vorplatz derselben getreten, als eine Stimme aus dem rasenden Haufen, der sie verfolgt hatte, rief: dies ist Jeronimo Rugera, ihr Bürger, denn ich bin sein eigner Vater! und ihn an Donna Constanzens Seite mit einem ungeheuren Keulenschlage zu Boden streckte. Jesus Maria! rief Donna Constanze, und floh zu ihrem Schwager; doch: Klostermetze! erscholl es schon, mit einem zweiten Keulenschlage, von einer andern Seite, der sie leblos neben Jeronimo niederwarf. Ungeheuer! rief ein Unbekannter: dies war Donna Constanze Xares! Warum belogen sie uns! antwortete der Schuster; sucht die rechte auf, und bringt sie um! Don Fernando, als er Constanzens Leichnam erblickte, glühte vor Zorn; er zog und schwang das Schwert, und hieb, daß er ihn gespalten hätte, den fanatischen Mordknecht, der diese Greuel veranlaßte, wenn derselbe nicht, durch eine Wendung, dem wütenden Schlag entwichen wäre. Doch da er die Menge, die auf ihn eindrang, nicht überwältigen konnte: leben Sie wohl, Don Fernando mit den Kindern! rief Josephe – und: hier mordet mich, ihr blutdürstenden Tiger! und stürzte sich freiwillig unter sie, um dem Kampf ein Ende zu machen. Meister Pedrillo schlug sie mit der Keule nieder. Darauf ganz mit ihrem Blute bespritzt: schickt ihr den Bastard zur Hölle nach! rief er, und drang, mit noch ungesättigter Mordlust, von neuem vor.
Don Fernando, dieser göttliche Held, stand jetzt, den Rücken an die Kirche gelehnt; in der Linken hielt er die Kinder, in der Rechten das Schwert. Mit jedem Hiebe wetterstrahlte er einen zu Boden;

ein Löwe wehrt sich nicht besser. Sieben Bluthunde lagen tot vor ihm, der Fürst der satanischen Rotte selbst war verwundet. Doch Meister Pedrillo ruhte nicht eher, als bis er der Kinder eines bei den Beinen von seiner Brust gerissen, und, hochher im Kreise geschwungen, an eines Kirchpfeilers Ecke zerschmettert hatte. Hierauf ward es still, und alles entfernte sich. Don Fernando, als er seinen kleinen Juan vor sich liegen sah, mit aus dem Hirne vorquellenden Mark, hob, voll namenlosen Schmerzes, seine Augen gen Himmel.

Der Marine-Offizier fand sich wieder bei ihm ein, suchte ihn zu trösten, und versicherte ihn, daß seine Untätigkeit bei diesem Unglück, obschon durch mehrere Umstände gerechtfertigt, ihn reue; doch Don Fernando sagte, daß ihm nichts vorzuwerfen sei, und bat ihn nur, die Leichname jetzt fortschaffen zu helfen. Man trug sie alle, bei der Finsternis der einbrechenden Nacht, in Don Alonzos Wohnung, wohin Don Fernando ihnen, viel über das Antlitz des kleinen Philipp weinend, folgte. Er übernachtete auch bei Don Alonzo, und säumte lange, unter falschen Vorspiegelungen, seine Gemahlin von dem ganzen Umfang des Unglücks zu unterrichten; einmal, weil sie krank war, und dann, weil er auch nicht wußte, wie sie sein Verhalten bei dieser Begebenheit beurteilen würde; doch kurze Zeit nachher, durch einen Besuch zufällig von allem, was geschehen war, benachrichtigt, weinte diese treffliche Dame im Stillen ihren mütterlichen Schmerz aus, und fiel ihm mit dem Rest einer erglänzenden Träne eines Morgens um den Hals und küßte ihn. Don Fernando und Donna Elvire nahmen hierauf den kleinen Fremdling zum Pflegesohn an; und wenn Don Fernando Philippen mit Juan verglich, und wie er beide erworben hatte, so war es ihm fast, als müßt er sich freuen. (S. 157 ff) R

• Beschreiben Sie das Verhalten der Menschen. Wie empfinden Sie den Schlusssatz?

In Kleists Novelle geht es um die rächende Gewalt Gottes und um eine fanatisierte Menge, die den beiden Liebenden, die an das Gute im Menschen glauben, gegenübergestellt wird. Sie vermuten nicht, dass die Überlebenden einer Katastrophe so reagieren könnten. Besonders erschütternd wirkt der Kontrast des Erdbebens am Anfang der Novelle mit der Idylle im Tal, als sich alles zum Guten zu wenden scheint, und dem Massaker bei der Kirche. Das löst bei Leserin und Leser ein Wechselbad der Gefühle aus. Die Zerstörungskraft des Erdbebens, das Jeronimo und Josephe verschont hat, wird von der Wildheit und Mordlust der fanatisierten Menge überboten.

[Weitere Informationen über Heinrich von Kleist in STICHWORT LITERATUR NEU, S. 134 ff]

DER LITERATURBETRIEB IN DEUTSCHLAND UND ÖSTERREICH NACH 1945

Der Begriff „Literaturbetrieb"

Der Begriff „Literaturbetrieb" wird in einer Literaturgeschichte folgendermaßen erklärt:[1]

Es ist ein Begriff, der, neutral gesprochen, den Bereich der Herstellung, der Verbreitung und der Aufnahme von Literatur umfasst. (...) (Es) ist im Begriff „Literaturbetrieb" die vielfach spontane, ungeordnete, widerspruchsvolle und bisweilen auch hektische literarische Produktionsweise angemessen zum Ausdruck gebracht. Die Anspannung, die das Büchermachen erfordert, ebenso wie Betriebsamkeit von Buchmarkt, Buchmessen und Autorenlesungen, die konkurrierenden Formen verlegerischer Selbstpräsentation wie die Eitelkeiten der Literaturkritik, der Ausstellungscharakter, der Bücherjournalen in Funk und Fernsehen häufig eigen ist, wie die Starrollen, die prominenten Autoren im Zeitalter der Massenmedien zunehmend übertragen werden. Der Literaturbetrieb, verstanden als die Summe der Erscheinungsformen literarischen Lebens (...), ist, mit anderen Worten, der vielfältige und vielschichtige Markt, auf dem sich Autor und Werk zu bewegen und zu bewähren haben.

Carl Spitzweg: Der arme Poet

Wenn Sie das Bild des „armen Poeten" betrachten, der seine Werke in einem stillen Kämmerlein, isoliert von der Außenwelt, verfasst:

- Ist dieses Bild heute noch realistisch?
- In welchem Spannungsfeld müsste sich eine Autorin/ein Autor zu Beginn des 21. Jahrhunderts bewegen? Wovon kann ihr/sein Erfolg (kommerziell; literarisch im Sinne positiver Akzeptanz) abhängig sein?
- Überlegen Sie, ob die oft gebrauchte Floskel vom „Warencharakter des Buches" ihre Berechtigung hat.

[1] Schnell, Ralf: Die Literatur der Bundesrepublik. Autoren, Geschichte, Literaturbetrieb. Stuttgart: Metzler Verlag 1986, S. 10

Die soziale Situation der Autorinnen und Autoren

Von der ungerechtfertigten Trennung der Literaturgeschichte und der sozialen Situation der Autorinnen und Autoren spricht **Alfred Andersch** 1979 in einem Brief an **Arno Schmidt**:

Die Germanisten des Jahres 2500 (werden) so ungefähr alles bei dir untersuchen, nur nicht, dass ihr ein Jahrzehnt lang von dreihundert Mark [ca. 150 Euro] gelebt habt. (...) Dass hinter deinem Werk ein Leben von unvergleichlicher Aufopferung steht, das wissen sie alle nicht.[2]

- Begründen Sie, ob sich Ihrer Meinung nach die Literaturgeschichtsschreibung mit ökonomischen Faktoren – wie zum Beispiel der sozialen Situation der Schriftstellerinnen und Schriftsteller, der Buchproduktion, dem Buchmarkt – beschäftigen sollte oder nicht!

Tatsache ist, dass der Dichter Arno Schmidt, heute von der Literaturgeschichtsschreibung kanonisiert[3], keine Ausnahme darstellt, dass viele Autorinnen und Autoren am Existenzminimum gelebt haben und heute noch so leben müssen – von wenigen wirklich erfolgreichen Autorinnen und Autoren abgesehen.

Soziale Absicherung

Zu den finanziellen Problemen kommt noch die schlechte soziale Absicherung. Falls die Autorentätigkeit hauptberuflich (= freiberuflich) ausgeübt wird, müsste die Vorsorge (Kranken- und Pensionsversicherung) privat organisiert werden. So fordert **Heinrich Böll** schon 1967 auf der Gründungsversammlung des *Verbandes Deutscher Schriftsteller* ein „Ende der Bescheidenheit" in Bezug auf die soziale Lage der Schriftstellerinnen und Schriftsteller. Es gibt fast niemanden, der von der Literaturproduktion alleine, also von einer ausreichend hohen Auflage seiner Werke, existieren kann. Die meisten leben von zusätzlichen Verdienstmöglichkeiten im Bereich der Massenmedien[4], von Vortrags- und Vorlesungshonoraren und Ähnlichem. Radio und Fernsehen haben im deutschsprachigen Raum quasi eine „Mäzenatenfunktion"[5] für die moderne Literatur.

Verlagssuche und Autorenhonorar

Autorinnen und Autoren müssen für ihr Produkt erst einmal einen Verlag finden, was für junge und unbekannte Schreibende schwierig ist. Friedrich Voit beschreibt diesen Teufelskreis: „Ein Verlag braucht renommierte Autoren und umgekehrt Autoren einen renommierten Verlag, um auf dem literarischen Markt auf die Dauer erfolgreich zu sein." Nach den Aussagen von Literaturverlagen kann man schätzen, dass nur ungefähr 1 % der unverlangt eingesandten Manuskripte gedruckt wird.

Ist ein Verlag gefunden, dann muss erst einmal die Honorarfrage geklärt werden: Üblich ist, von Erfolgsautorinnen und -autoren wie zum Beispiel **Joanne K. Rowling**, **Wolfgang Hohlbein**, **Stephen King** oder **Donna Leon** abgesehen, folgendes Kalkulationsschema (von 100 % des Ladenpreises):

Verlagssach- und -personalkosten	15 %
Verlagsgewinn	2 %
Herstellung	18 %
Buchhandel/Vertrieb	55 %
Autorin/Autor	10 %

- Berechnen Sie, was eine Autorin verdient, von deren literarisch etwas anspruchsvollerem Roman (400 Seiten Umfang, gebunden, 27 € Ladenpreis) im deutschen Sprachraum 4 000 Stück[6] verkauft werden! Berechnen Sie auch ihr Honorar für die nachfolgende Taschenbuchausgabe zu 10 €/Stück, von der noch einmal 5 000 Stück verkauft werden.

[2] Schnell, 1986, S. 10

[3] kanonisiert: geregelt, standardisiert, in eine Zusammenstellung der literarischen Werke (Kanon), die einen besonderen Wert haben sollen, aufgenommen

[4] Verfassen von Artikeln, Reportagen, Kommentaren ...

[5] Mäzen: Geldgeber, Sponsor

[6] Was relativ gut ist; literarische Prosawerke haben eine Durchschnittsauflage von 2000 bis 5000 Stück.

- Setzen Sie dieses Honorar (das ja auch noch versteuert werden muss) in Relation zur Entstehungszeit von angenommenen zwei Jahren – was für einen Roman nicht unbedingt lang ist. Bedenken Sie, dass diese Autorin zwar nicht zu den „Bestsellerautorinnen", aber auch nicht zu den „erfolglosen" gerechnet werden kann.

Der Schriftsteller **Bodo Kirchhoff** schreibt in einem Artikel (gekürzt) in der Zeitschrift *Literaturen* über seine (ökonomische) Existenz als Schriftsteller[7]:

(...) In meiner Internatszeit in den Sechzigern (des vorigen Jahrhunderts) war Literatur für mich und solche, auf die man gezählt hat, was für meinen Sohn und dessen Freunde die Games sind: Welten, in die man versinkt. Mit dem Unterschied, dass uns Romane auch das eigene Verlorensein in der Welt klargemacht haben, während die Games den Spieler (und verhinderten Leser) in der Illusion wiegen, die Welt beherrschen zu können, wenn nur die Reflexe stimmen. Diesen Mega-Kindern ihrer kleinen Zeit – der Rankings und Kürzel, der Geschwindigkeit und Minuten-Prominenz – gehen unsere Bücher am strammen Arsch vorbei.

Nehmen wir an, man liest an einem Roman 24 Stunden, dann bedarf es schon eines starken Glaubens an den Wert literarischer Gestaltung, um diese Strecke nicht nur zu gehen, sondern das Buch auch in dem Gefühl zu schließen, seine Zeit gut angelegt zu haben. Wer beim Lesen nicht mit sich im Reinen ist, weil er im Grunde etwas ganz anderes möchte (Fernsehen, Ausgehen, Spielen), wer in einem Roman nur den Hinterhalt für Langeweile oder Dinge wie gestörten Sex und gescheiterte Beziehungen sieht, wer keinen Sinn hat für den Klang der Sätze und das Drama der Details, für die Eigenzeit eines Buchs, die unsere übliche Zeit außer Kraft setzt, der wird den Roman aus der Hand legen und auch keinen mehr kaufen. Er ist als Leser verloren und gehört zur wachsenden Zahl derer, die nach fernsehartigen Büchern und sympathischen Autoren verlangen; wenn aber die Schriftsteller so gesellig wären, wie man sie inzwischen gerne sieht, warum hätten sie dann diesen Ausweg für Schwierige überhaupt einschlagen sollen? Da hätten sie doch gleich eine Laufbahn in den Medien anstreben können, um sie später mit einem Buch zu krönen.

Zu wissen, dass auf deinen Roman keiner wartet

Für uns Erzählende stellt es nicht ein Missgeschick dar, wenn immer weniger Leute nach Literatur verlangen, sondern eine Katastrophe. Die Auflagen vieler Kolleginnen und Kollegen, die vom Schreiben leidlich leben konnten, haben sich in den letzten Jahren nicht nur halbiert, sondern sind auf weniger als ein Drittel geschrumpft. Keiner redet gern darüber, als sei es ein Gebrechen; Verlage hüten die Zahlen aus geschäftlichen Gründen, und Autoren schämen sich ihrer winzigen Resonanz. Und der Autor dieser Zeilen, der als erfolgreich gilt, rechnet sich dazu: Seine rund dreißig Veröffentlichungen (Romane, Novellen, Erzählbände, Stücke) werfen im Jahr gerade so viel ab, dass es der Familie nicht an Grundnahrung fehlt; seine rund dreißig Drehbücher sorgten bisher für den Rest (und der Bekanntheitsgrad sorgt für das Missverständnis).

Schriftstellerei ist kein Brotberuf, obwohl es immer wieder Autoren gibt, die überragend viele Bücher verkaufen; tatsächlich sind es aber verschwindend wenige. Auch deren hohe Bekanntheit täuscht über den wahren Sachverhalt: wenige von Tausenden, die schreiben, und Hunderten, die veröffentlichen. Im Grunde sind sie Lottogewinner. Und wer dennoch in Zeiten des Fernsehens und einer immer mehr Schule machenden Wilderei auf dem Feld des Bücherschreibens Jahre seines Lebens darauf verwendet, an einem Roman zu arbeiten – der durch andere Arbeit vorfinanziert werden muss, und dem am Ende keiner entgegenfiebert, weder die Verlage noch die Kritik und schon gar nicht unser Buchhandel und dessen ratlose Kundschaft –, der ist entweder ein Narr oder ein Fanatiker, der sich im Scherbenhaufen der Literatur blutige Füße zu holen bereit ist. (...)

Literatur sollte – utopischer Gedanke, wie man ihn vorm Einschlafen hegt – als Antwort auf ihr Bedrohtsein nur noch in geringer Auflage herauskommen, damit echte Nachfrage nach den 3000 oder 4000 Exemplaren entsteht (das wäre schon ein Bestseller), einer Ware mit hohem Stückpreis.

[7] Literaturen. Das Journal für Bücher und Themen, 1/2 2008, S. 20ff

Warum nicht 50 Euro für ein Buch, das anstelle eines Vorworts seine Kalkulation enthielte, bei der die Arbeitszeit des Autors mit dem Stundenlohn eines Handwerksmeisters angesetzt wird? Davon könnte man schon existieren, auch der ältere Autor, dessen langes Schreibleben heute kein Bonus mehr ist, sondern ein Malus. Der Versand liefe über das Internet, die Werbung über Kritik. Es gäbe keine Vorschauen mehr, keine Vertreter, keine Anzeigen, und nur ausgesuchte Buchhandlungen bekämen die Lizenz für gute Bücher. Weniger wäre unendlich viel mehr. Nur damit käme die Literatur vielleicht noch einmal auf einen grünen Zweig.

- Fassen Sie die wesentlichen Gedanken Bodo Kirchhoffs zur Situation der Autorinnen und Autoren stichwortartig zusammen. Was halten Sie von seinem Vorschlag, den Buchpreis zu erhöhen, nur mehr wenige Exemplare zu drucken und die sogenannten „Nebenkosten" drastisch zu reduzieren?

Literaturpreise

Bund, Länder, private Institutionen und Personen vergeben sowohl in Deutschland als auch in Österreich Literaturpreise und -stipendien. Die Dotierung reicht von ca. 23 000 € (*Österreichischer Staatspreis für europäische Literatur*[8] und *Großer österreichischer Staatspreis*[9]) bis zu ein paar Hundert Euro für kleinere Preise. Es werden auch Literaturstipendien wie zum Beispiel das *Staatsstipendium für Literatur* und *Förderungsprämien* vergeben. Renommierte Preise, die relativ hoch dotiert sind, erhalten allerdings sehr oft bereits anerkannte Autorinnen und Autoren.

Verlagswesen, Buchhandel und literarischer Markt
Zahlen, Zahlen, Zahlen …

Verlage, Buchhandlungen, Neuerscheinungen

Im Großen und Ganzen darf sich die Buchbranche immer noch freuen: Im Jahr 2007 gaben die österreichischen Haushalte mehr als 460 Mio. Euro für Bücher aus. Knapp 950 Mio. Euro wurden in den Kauf von Zeitungen und Zeitschriften investiert. Dies vermerkt der neue Branchenreport für den Buchhandel 2006 und 2007, der von RegioPlan Consulting im Auftrag des HVB erstellt wurde.

Im Detail sieht die Lage allerdings nicht ganz so rosig aus. Nur leichte Zuwächse konnte der Gesamtumsatz des „Bucheinzelhandels im engeren Sinn" von 2006 auf 2007 verzeichnen: Das niedrige Umsatzplus von 0,4 Prozentpunkten auf 796,3 Mio. Euro bestätigt die Stagnation der letzten Jahre (…).

Mit einem Umsatzanteil der filialisierten Marktteilnehmer von 37 Prozent im Jahr 2006 ist klar zu erkennen, dass die Marktkonzentration im österreichischen Buchhandel – verglichen mit anderen Einzelhandelsbranchen – eher gering ist. Mit einem Anteil von 63,6 Prozent am Gesamtumsatz im Jahr 2007 konnten die nicht filialisierten Bucheinzelhändler damit ihre Dominanz in Österreich weiterhin festigen.

Leicht rückläufig ist die Anzahl der Outlets – vor allem bei den filialisierten Marktteilnehmern. Nach einem leichten Zuwachs im Jahr 2006 auf 1 219 ging die Anzahl der „Buchhandlungen im engeren Sinn" 2007 auf 1.218 zurück.[10]

Das *Verzeichnis lieferbarer Bücher (VLB)*, das in jeder Buchhandlung aufliegt und auch per Internet abrufbar ist, beinhaltet über eine Million Titel, ein Großteil davon in deutscher Sprache. Diese werden vom Großhandel an die Sortimentsbuchhandlungen ausgeliefert.

Der Börsenverein des Deutschen Buchhandels, der Verbund der Buchhändler und Verleger, berichtet davon, dass im Jahre 2008 mit Büchern ein Umsatz von ca. 9,6 Milliarden Euro erzielt wurde. Davon

[8] vergeben einmal jährlich an eine Schriftstellerin/einen Schriftsteller aus Europa

[9] einmal jährlich; für Literatur, Musik, bildende Kunst und Filmkunst

[10] http://buecher.at/show_content.php?sid=124&detail_id=911; 21. 09. 2010

erwirtschaftete der Sortimentsbuchhandel 52,6 % des Gesamtumsatzes, auf den Direktvertrieb der Verlage entfielen 18,2 % und auf den Versandbuchhandel plus Internet 14,8 % des Umsatzes. Der Rest verteilt sich auf Warenhäuser, Buchgemeinschaften und sonstige Verkaufsstellen[11]. Der Online-Buchhandel hat 2008 geschätzt 1 Milliarde Euro umgesetzt. Für das Jahr 2008 spricht *„Die Zeit"* von 94 276 Neuerscheinungen (8.10.2009, Nr. 42).
Ein Superlativ ist der weltgrößte Markt für Bücher, die Frankfurter Buchmesse. Die Dimensionen der Frankfurter Buchmesse verdeutlichen folgende Zahlen und Fakten für 2009[12]: 290 469 Besucher; über 7 300 Aussteller aus 100 Ländern; 401 932 Publikationen, davon 123 823 neue Titel.

Literaturverlage

Dass Verlage in erster Linie Wirtschaftsunternehmen sind, bringt der amerikanische Verleger Jovanovich drastisch zum Ausdruck: „Ein gutes Buch ist für mich ein Buch, das sich gut verkauft." Die Kriterien, ob ein Buch gedruckt wird oder nicht, sind nicht immer qualitativer Natur, sondern sehr oft davon bestimmt, wie man die Absetzbarkeit einschätzt oder ob das Werk zum Beispiel in die Verlagsstrategie passt. Meist sind Literaturverlage ein Teil eines großen Medienkonzerns, wie etwa Bertelsmann und Holtzbrinck in Deutschland. Diese Konzerne sind multimedial, besitzen Fernsehsender, Verlage, Druckereien, Film- und Musikgesellschaften, Buchgemeinschaften, Zeitungen und Zeitschriften.
Als Gegenbewegung zu dieser Konzentrationsentwicklung werden in Österreich und in Deutschland Anfang der 1970er-Jahre die ersten Kleinverlage gegründet, die auch unbekannte Autorinnen und Autoren fördern.

Die Verkaufszahlen österreichischer Literatur sind eher gering, von einigen wenigen Bestsellern wie z. B. **Daniel Kehlmann** *Die Vermessung der Welt* (2006) oder **Arno Geiger** *Es geht uns gut* (2006) einmal abgesehen.
Typisch für Österreich ist, dass sich große Verlage teilweise noch in Staatsbesitz bzw. in Besitz verschiedener Institutionen (Kirche, Gewerkschaft, Parteien ...) befinden. Charakteristisch für die Verlagsbranche ist auch, dass vor allem kleinere Verlage häufig ge- und verkauft werden. Auch Übernahmen durch deutsche Medienkonzerne sind in vielen Fällen bereits erfolgt.

Bestseller

Bestseller[13] werden nach knallharten Marketingkonzepten gemacht. Die mehr oder minder erfolgreiche Strategie kann man verkürzt so beschreiben: Das Werk bekannter Autorinnen bzw. Autoren wird mit einer hohen Startauflage (30 000 und mehr) auf den Markt geworfen, mit teuren Werbekampagnen „gepusht", die Autorinnen und Autoren sind in den Medien präsent, die Buchhändler bekommen interessante Rabatte, richten in ihren Buchhandlungen eigene Schaufenster ein, kurzum: Die Kundinnen und Kunden werden aufmerksam und kaufen. Bestsellerlisten, die das Buchangebot auf zehn Stück reduzieren, tun das Übrige dazu, die Käuferinnen und Käufer zu beeinflussen und ein Buch erfolgreich zu machen. Trotzdem ist das Büchermachen ein riskantes Geschäft:

Man hat ein Manuskript überschätzt, eine Auflage zu hoch oder zu viel kalkuliert, das Buch wurde zu spät ausgeliefert. Vielleicht war der Titel falsch, vielleicht nur der Umschlag, vielleicht hat ein anderer das gleiche Thema behandelt, vielleicht erschien es nicht im richtigen Verlag. Bittere Einsicht. Auch das lagernde Buch kostet Geld. Es muss aus dem Haus. Das ist die Stunde der Ramscher. Ihre Regale zeigen, dass das Leben der Bücher sich verkürzt hat. Die Leser/-innen sind neugieriger auf das Neue.[14]

[11] http://www.boersenverein.de/de/158446/Wirtschaftszahlen/158286; 21. 09. 2010
[12] http://www.buchmesse.de/de/fbm/allgemeines/facts_figures/; 21. 09. 2010
[13] die angeblich „besten" Bücher
[14] Rühle, Günther: Die Büchermacher. Frankfurt a. M.: Suhrkamp Verlag 1985, S. 27

Die meistverkauften Bücher in Deutschland (Bereich Belletristik) waren von 1.1.2002 bis 27.9.2009[15]:

	Belletristik	Autor	Verlag	Erscheinungsjahr
1	Harry Potter und der Halbblutprinz	Joanne K. Rowling	Carlsen	2005
2	Harry Potter und der Orden des Phönix	Joanne K. Rowling	Carlsen	2003
3	Harry Potter und die Heiligtümer des Todes	Joanne K. Rowling	Carlsen	2007
4	Feuchtgebiete	Charlotte Roche	DuMont	2008
5	Sakrileg	Dan Brown	Lübbe	2004
6	Tintenherz	Cornelia Funke	Dressler	2003
7	Die Vermessung der Welt	Daniel Kehlmann	Rowohlt	2005
8	Bis(s) zum Abendrot	Stephenie Meyer	Carlsen	2008
9	Bis(s) zum Ende der Welt	Stephenie Meyer	Carlsen	2009
10	Die Tore der Welt	Ken Follet	Lübbe	2008
11	Tintenblut	Cornelia Funke	Dressler	2005
12	Der Alchimist	Paolo Coelho	Diogenes	1996
13	Hectors Reise	François Lelord	Piper	2004
14	Harry Potter und der Feuerkelch	Joanne K. Rowling	Carlsen	2000
15	Diabolus	Dan Brown	Lübbe	2005
16	Harry Potter und der Gefangene von Askaban	Joanne K. Rowling	Carlsen	1999
17	Der Schwarm	Frank Schätzing	KiWi	2004
18	Tintentod	Cornelia Funke	Dressler	2007
19	Bis(s) zur Mittagsstunde	Stephenie Meyer	Carlsen	2007
20	Tannöd	Andrea M. Schenkel	Ed. Nautilus	2006

Im folgenden Artikel aus der *Zeit* vom 8. Oktober 2009 geht es zwar darum, wie ein Sachbuch entsteht, wie es für den Markt vorbereitet und wie es auf ihm platziert wird, aber grundsätzlich gelten die beinharten Marketingregeln, die hier beschrieben werden, auch für literarische Werke.

Wolfgang Uchatius: *Dick, doof und arm*[16]

Wie macht man einen Bestseller? Der junge Soziologe Friedrich Schorb versucht es mit einem Buch über Fettleibige. Er feilscht mit Verlagen um Honorare, verbringt Monate am Schreibtisch, beugt sich den Gesetzen der Buchindustrie – und lernt, dass nichts wichtiger ist als ein provokanter Titel.

1. Kapitel: Der Autor Am 31. Januar 2008 ist die Wirtschaftskrise noch Zukunft. Deutschland hat Platz für andere Themen. Friedrich Schorb sitzt im Wohnzimmer seiner WG und schlägt die *Süddeutsche Zeitung* auf. Damals ist er 30 Jahre alt, er hat sein Soziologie-Studium abgeschlossen und eine Weile an der Universität Bremen in einem Forschungsprojekt gearbeitet. Jetzt ist er arbeitslos. Er hat ein paar Ideen im Kopf für eine Doktorarbeit, aber davon kann man nicht leben.
(…)
Auf ihrer ersten Seite berichtet die Zeitung an diesem Tag über eine wissenschaftliche Studie. Darin steht, die Deutschen seien zu dick. Allerdings nicht alle Deutschen. Sondern vor allem jene, die keinen richtigen Schulabschluss hätten. Man kann die Studie so lesen: Je blöder der Mensch, desto fetter der Bauch. Der Artikel heißt: *Bildung macht schlank.*
Schorb ist nicht dick. Eher klein und schmal. Trotzdem interessiert er sich für Untersuchungen über schwere Menschen. Er glaubt zu wissen, dass diese Studien nicht wegen des zunehmenden Verzehrs von Big Macs und Fertigpizza geschrieben werden, sondern weil manche Menschen sich gerne für etwas Besseres halten.

[15] Die Zeit, 8.10.2009, Nr. 42
[16] Die Zeit, 8.10.2009, Nr. 42

Schorb hat sich alte Zahlen angesehen und festgestellt, dass die Deutschen vor ein paar Jahrzehnten fast genauso dick waren wie heute. Damals störte sich niemand daran. (...)

Denn damals gab es auch dicke Politiker, dicke Wissenschaftler, dicke Journalisten, sogar viele. Erst seitdem die Mittel- und Oberschicht beschlossen hat, schlank zu bleiben, erst seit Politiker Marathon laufen und sich Manager die Muskeln von Triathleten antrainieren, stehen die Dicken als die Dummen da. Bildschirme und Zeitungsseiten rufen ihnen entgegen: Es ist nicht in Ordnung, wie ihr seid. (...)

Schorb fasst sich ein Herz. Er ruft bei der *Süddeutschen Zeitung* an und verwickelt den zuständigen Redakteur in ein Gespräch. Der lädt ihn ein, sich an einem Gastbeitrag zu versuchen. Der Artikel erscheint am 9. Februar 2008 auf der zweiten Seite der *SZ: Wer hat Angst vor den Dicken?*

Zwei Tage später erhält Schorb eine E-Mail, deren Absender er nicht kennt. Irgendeine Belanglosigkeit, denkt er. Er öffnet die Mail, den Finger auf der Löschtaste, und spürt sein Herz schlagen. Der Absender ist Lektor beim Herder Verlag. Er hat Schorbs Artikel gelesen. Der Lektor fragt: Wollen Sie nicht ein Buch schreiben?

Friedrich Schorb hat das Gefühl, dass sich gerade sein Leben ändert.

Er ruft den Lektor an und sagt: Ein Buch? Interessante Idee. Er versucht, abgeklärt zu klingen.

Ein paar Wochen später, Friedrich Schorb hat ein Exposé an Herder geschickt und wartet auf Antwort, da meldet sich ein zweiter Verlag bei ihm. Droemer Knaur aus München. Dann ein dritter, DuMont aus Köln. Sie wollen, dass er ein Buch für sie schreibt. (...)

2. Kapitel: Der Verlag Hans-Peter Übleis ist ein kleiner, rundlicher Mann mit österreichischem Akzent. Er ist Geschäftsführer eines mittelständischen Unternehmens mit 155 Angestellten, er hat ein geräumiges Büro mit großem Schreibtisch und kleiner Sitzgruppe. An der Wand steht ein Bücherregal.

Man findet das häufig bei Firmenchefs. Sie stellen sich Bildbände oder Kulturführer ins Büro. Sie zeigen damit, dass sie nicht nur Waschmaschinen oder Zündkerzen im Kopf haben oder was auch immer ihre Firma produziert.

Für Übleis haben Bücher eine andere Bedeutung. Sie sind die Waschmaschinen. Sie sind nicht das Accessoire, das seine Bildung beweist, sondern das Produkt, das seinem Unternehmen Rendite bringt. Hans-Peter Übleis, 58 Jahre alt, von seinen Leuten auch „HaPeÜh" genannt, ist verlegerischer Geschäftsführer von Droemer Knaur. Sein Unternehmen bringt im Jahr 600 Bücher auf den Markt. (...) Das Problem der Verlage ist: Es gibt nicht genug bekannte Autoren, die spannende Geschichten erzählen, egal, ob es Romane oder Sachbücher sind.

Also bleibt den Verlagen nur eines: Sie müssen unbekannte Leute bekannt machen. Hans-Peter Übleis sagt: „Wir müssen immer wieder in neue Leute investieren." In Leute, deren Bücher fast niemand lesen wird. Oder fast jeder. Die Verlage wissen das vorher nicht. Sie versuchen es einfach. Zum Beispiel mit Friedrich Schorb.

Das ist der Unterschied zu den Waschmaschinen. Kein Unternehmen baut so ein Gerät in der Vermutung, es könnte sich unter bestimmten Umständen, mit etwas Glück, gut verkaufen. Es ist zu teuer, eine Waschmaschine zu entwickeln und zu produzieren. Ein Buch zu machen ist billiger. Die 240 Seiten von Friedrich Schorb zu drucken und zu binden kostet nicht mehr als zwei Euro pro Exemplar. Und das Manuskript? Etablierte Bestsellerautoren erhalten für jedes verkaufte Buch zehn bis fünfzehn Prozent des Ladenpreises sowie ein Garantiehonorar von mehreren Zehntausend, manchmal mehreren Hunderttausend Euro. Friedrich Schorb ist nicht etabliert.

„Wie viel zahlen Sie mir?", fragt er die Verlage.

Fünf Prozent des Ladenpreises, mindestens aber 2500 Euro. Antwortet der Herder Verlag.

Sieben Prozent, Garantiehonorar: 8000 Euro. Sagt Droemer Knaur.

Zehn Prozent. Und 10.000 Euro. Sagt DuMont. (...)

Er spricht noch einmal mit Droemer Knaur. Er versucht, den Preis nach oben zu treiben. Die Antwort: 8000 Euro, nicht mehr, aber neun Prozent von jedem verkauften Buch. Letztes Angebot. Friedrich Schorb ist einverstanden.

3. Kapitel: Die Bestsellerliste Während Schorb mit den Lektoren verhandelt, kommt ein Buch auf den Markt mit dem Titel *Warum unsere Kinder Tyrannen werden*. Der Autor, Michael Winterhoff, ist Kinderpsychologe und genauso unbekannt wie Friedrich Schorb. In ungelenker Sprache schimpft er auf die verwöhnten Kinder moderner Eltern.

Nach einer Woche steht das Buch auf Platz 49 der Sachbuch-Bestsellerliste. Nach zwei Wochen auf Platz 30, dann auf 19, auf 12. Winterhoff gibt Interviews, er wird in Talkshows eingeladen. Das Buch steigt auf Platz 2. Es wird sich mehr als 400.000-mal verkaufen.

Die Bestsellerliste ist ein simpler Maßstab des ökonomischen Erfolgs eines Buches, ähnlich wie eine Gewinn-und-Verlust-Rechnung. Aber sie ist auch ein Spiegel der deutschen Gemütslage, ein Psychogramm des Landes. Ende der Neunziger zum Beispiel, als die halbe Republik an der Börse spekuliert, zählt *Der Weg zur finanziellen Freiheit* zu den erfolgreichsten Sachbüchern. Nach dem Crash am Neuen Markt steht auf einmal *Der große Börsenschwindel* oben. Zu Zeiten von Rekordarbeitslosigkeit und Hartz IV heißen die Bestseller *Schluss mit lustig* und *Abstieg eines Superstars*. Die Nation kauft, was ihre Stimmung trifft. (...)

5. Kapitel: Die Verpackung (...) Es ist der 20. Februar 2009, die Verlagsleiterin Sachbuch von Droemer Knaur sitzt in ihrem Büro, die Lektorin, die Schorbs Buch betreut, kommt herein.

Das Manuskript ist seit zwei Wochen im Verlag. Die Lektorin kennt es noch nicht. Wie fast alle Lektoren kommt sie nur abends, nach Tagen voller Konferenzen, dazu, Manuskripte zu lesen. Jetzt aber geht es nicht darum, das Buch zu beurteilen, sondern darum, es zu verpacken. Das ist vielleicht noch wichtiger.

Es gibt Untersuchungen, denen zufolge sieben von zehn Büchern spontan gekauft werden. Die Leute stehen vor dem Bücherregal wie sonst vor der Joghurttheke, und wenn sie keine Vorliebe für eine bestimmte Marke, einen bestimmten Autor, haben, nehmen sie das, was ihnen am meisten Appetit macht.

Der Appetitmacher ist die Verpackung. Bei Büchern ist das der Umschlag. (...) Viele Bestseller wären ohne ihren Titel keine geworden. Wer hätte die Bücher *Witzige Sprüchesammlung, Eine Einführung in die Philosophie* und *Irrtümer der deutschen Sprache* lesen wollen? Weil sie in Wahrheit *Niveau ist keine Hautcreme, Wer bin ich – und wenn ja, wie viele?* und *Der Dativ ist dem Genitiv sein Tod* hießen, blieben die Leute in den Buchhandlungen stehen. Sie fingen an zu blättern – und kauften diese Bücher, die zu den erfolgreichsten der vergangenen Jahre gehören.

Schorb hatte als Titel »Schlanke Bürger im schlanken Staat« vorgeschlagen. (...) Zu kompliziert, sagte die Lektorin. Versteht keiner. Sie und die Sachbuchleiterin sitzen jetzt zusammen, um einen besseren Titel zu finden. (...)

Der Lektorin war in der Gliederung des Buches, die Schorb ihr geschickt hatte, eine Zwischenüberschrift aufgefallen: „Dick, doof und arm". Das wäre ein guter Titel, dachte sie.

Lektorin: „Allerdings deckt das nur einen Teilaspekt ab, nur den Punkt, dass das Dicksein mit Blödheit und Armut gleichgesetzt wird."

Sachbuchleiterin: „Man kann nie das ganze Buch einfangen. Wir müssen auf den Erregungseffekt abzielen. ›Dick, doof und arm‹ ist der stärkste Titel." (...)

Der Verlag hat keinen Einwand gegen das Fragezeichen. Friedrich Schorbs Buch hat jetzt einen Namen. (...)

10. Kapitel: Das Kaufhaus Früher war das in Deutschland so: In jedem Dorf, in jeder Stadt gab es kleine Lebensmittelläden, dort bekamen die Leute, was sie brauchten. Dann kamen die Supermarktketten, und die Läden verschwanden.

Später kamen die Buchkaufhäuser.

An der einen Seite des Tisches sitzen sieben Frauen im Kostüm und zwei Männer im Anzug. Sie arbeiten für die Buchhandlung Hugendubel in München, aber sie beraten keine Leser. Sie analysieren Umsatzzahlen, sie beobachten den Markt. Der eine ist Experte für Sach- und Fachbücher, die andere für Kinderbücher oder Ratgeber. Sie kennen den Buchmarkt wie Aktienhändler die Börse.

Es sind die Mitarbeiter der Einkaufsabteilung. Sie entscheiden, welche Bücher die Firma Hugendubel mit ihren 37 Filialen in ganz Deutschland in großer Zahl in die Läden stellt.

Auf der anderen Seite des Tisches sitzt eine junge Frau von Droemer Knaur. Sie ist eine Key-Account-Managerin. Sie verkauft Bücher, so wie die Verlagsvertreterin. Aber sie betreut nicht ein paar Hundert kleine Kunden, sondern zwei große. Einer ist Hugendubel. Weil Hugendubel für Droemer Knaur so wichtig ist.

Heute läuft fast jedes zweite Buch, das Droemer Knaur verkauft, über eine der großen Buchhandelsketten. Wenn *Dick, doof und arm?* auf dem Land Gefallen findet, ist das ein erster Schritt. Ein echter Erfolg wird das Buch aber nur, wenn Hugendubel oder Thalia es bestellen.

Wenn die Key-Account-Managerin Bücher verkauft, redet niemand von Hüftoperationen. Es geht ums Geschäft. Sie stellt Kuegler vor, dann Agassi, dann kommt sie zu Schorb. Sie sagt »provokanter Titel«, »spannende Thesen«, »ungewöhnliche Argumente«. Sie hat eine halbe Minute Zeit. Dann ist das nächste Buch dran.

Die Einkäufer hören sich das an. Als sie wieder allein sind, besprechen sie, welche Bücher sie kaufen. Von Kueglers *Jägerin und Gejagte* bestellen sie mehrere Tausend, von Agassis *Open* etwas weniger. Nachbestellen kann man immer. Und von *Dick, doof und arm?*

»Negativ klingender Titel«, sagen sie. »Unbekannter Autor, unklare Zielgruppe.« Das Buch zur aktuellen Übergewichtsdebatte? »Welche Debatte? Es gibt keinen aktuellen Anlass.«

Sie bestellen es gar nicht.

In jeder Hugendubel-Filiale stehen lange Regale mit Büchern, deren Umschlag man nicht sieht. Man sieht nur den Rücken. Natürlich kann man die Bücher herausnehmen und anschauen, aber das macht kaum jemand. In den Filialen der Buchhandelsketten haben die Regale die Funktion einer Tapete. Sie sind der Hintergrund für die Tische. (...)

Die Leute werden zu Tausenden daran vorbeigehen. Sie werden in den Büchern blättern. Sie werden sie kaufen. Von Friedrich Schorbs Buch werden sie nicht einmal wissen, dass es existiert. (...)

In allen 240 Filialen von Thalia stehen große Tafeln, auf denen ein bestimmtes Buch abgebildet ist. Das „Thalia-Buch des Monats". Die Tafeln stehen gleich am Eingang oder an den Kassen, man sieht sie sofort. Man denkt sich, da hat der Verlag aber Glück gehabt, dass den Buchhändlern dieses Buch so gut gefallen hat.

Irrtum. 50.000 Euro koste es, Buch des Monats zu werden, zahlbar an Thalia – sagt der Vertriebsleiter eines lediglich mittelgroßen Verlages und fügt hinzu: „Für uns ist das unbezahlbar." Eine Thalia-Sprecherin sagt, die 50.000 Euro seien aus dem Zusammenhang gerissen.

Billiger sind kurze Buchpräsentationen in den Prospekten von Thalia oder Hugendubel. Die liegen zum Beispiel großen Tageszeitungen bei. Für jedes abgebildete Buch zahlt der Verlag mehrere Tausend Euro. Dafür stapeln sich diese Bücher dann ebenfalls auf den Tischen. Jeder Kunde bekommt sie zu sehen.

Auch der Verlag Droemer-Knaur hat einigen Buchtiteln auf diese Weise Aufmerksamkeit verschafft. *Dick, doof und arm?* ist nicht dabei. (...)

12. Kapitel: Dicke Lügen Ende Juni, der Buchhandel hat bisher nicht einmal tausend Exemplare von *Dick, doof und arm?* bestellt. Auch Thalia hat abgelehnt. Es ist schon vorgekommen, dass geschriebene Bücher nicht gedruckt wurden, weil zu wenige Buchhändler sie haben wollten.

Bei Droemer Knaur in München setzen sich die Vertriebsleiter und die Key-Account-Manager zusammen. Telefonisch zugeschaltet sind die Verlagsvertreter aus allen Ecken der Republik. Sie sprechen über den bisherigen Verkauf der Herbstbücher. Es geht darum, was man besser machen kann. (...)

13. Kapitel: Die letzte Hoffnung 5. Oktober, *Dick, doof und arm?* erscheint, und alles kommt anders als erwartet. Die Redaktion der Talkshow *Beckmann* wird auf Schorb aufmerksam. Sie braucht ein Thema, die Bundestagswahl ist vorbei, die Wirtschaftskrise weniger schlimm als befürchtet, warum nicht über die Lüge vom Übergewicht diskutieren?

Reinhold Beckmann holt Schorb in die Sendung. Er stellt Fragen, er erwähnt sein Buch. Schorb wirkt sympathisch. Nicht so trainiert wie die üblichen Talkshowgäste. Ein neues, ein nettes Gesicht. Am nächsten Tag gehen die Leute in die Läden und fragen nach *Dick, doof und arm?*.

Etwas in der Art müsste passieren. Dann könnte Schorb noch zum Bestsellerautor werden.

Die Presseabteilung des Verlages Droemer Knaur hat 1500 Journalisten von Fernsehen, Radio, Zeitungen und Magazinen angeschrieben, angemailt, angerufen. Sie hat für Schorbs Buch geworben. Ein paar Interviews sind schon vereinbart, die wichtigsten Tageszeitungen und Wochenblätter haben *Dick, doof und arm?* bestellt, 169 Journalisten insgesamt. Aber das heißt nicht, dass sie das Buch lesen. Wenn doch, bedeutet es nicht, dass sie darüber schreiben. Wenn doch, macht eine Buchbesprechung in drei, vier Zeitungen keinen Bestseller. Das sehen zu wenige Leute. Es müssten reihenweise Artikel erscheinen, das Fernsehen müsste einsteigen, die Talkshows.

Das ist die letzte Hoffnung.

- Wie kommt der Autor in diesem Fall zu seinem Buchprojekt?
- Inwiefern kann man die Herstellung und den Verkauf von Büchern mit dem von Waschmaschinen vergleichen? Wo gibt es gravierende Unterschiede?
- Was sagen Sie zur Höhe des Honorars, wenn Sie wissen, dass der Autor vier Monate ohne Pause an dem Buch geschrieben hat?
- Wofür ist die Bestsellerliste ein Maßstab?
- Welche Faktoren entscheiden über Titel, Umschlag und Ausstattung des Buches? Nach welchen Faktoren werden Bücher gekauft?
- Welchen Einfluss haben die großen Buchhandelsketten auf Erfolg und Verkauf eines Buches?
- Wie wirbt der Verlag für das Buch? Wie könnte das Buch trotz aller Hindernisse noch ein Bestseller werden?

Literaturagenturen

Ein Beruf, der aus den USA nach Europa gekommen ist, ist der der Literaturagentin bzw. des Literaturagenten. In den USA haben alle renommierten Autorinnen und Autoren Agentinnen oder Agenten, die ihre wirtschaftlichen Interessen wahrnehmen und z. B. mit den Verlagen über Vertragskonditionen verhandeln. Die Provision beträgt durchschnittlich 10 % bis 15 % vom Garantiehonorar und den Tantiemen[17].

Wichtige Agenturen befinden sich in Zürich, sie vermitteln vor allem die Rechte für fremdsprachige Literatur, die auf Deutsch publiziert wird. Diese Rechte sind, besonders wenn es um die Bücher von Erfolgsschriftstellerinnen und -schriftstellern aus den USA geht, aber nicht nur dann, oft Millionen wert.

Leseverhalten heute

- Versuchen Sie – zumindest überblicksmäßig – Ihr eigenes Leseverhalten und im Vergleich damit Ihren Medienkonsum zu quantifizieren. Beantworten Sie dazu folgende Fragen:
- Wie oft verwenden Sie pro Woche (durchschnittlich) folgende Medien: Computer/Internet, TV-Gerät, Radio, DVD, Zeitungen/Zeitschriften?
- Erstellen Sie für die einzelnen Medien ein ungefähres persönliches (wöchentliches) Zeitbudget. Vergleichen Sie dazu Ihren Buchkonsum.
- Wie oft lesen Sie ein Buch? (täglich/fast täglich; 3–4-mal pro Woche; 1–2-mal pro Woche; 1–2-mal pro Monat; seltener; Nichtleserin/Nichtleser)
- Falls Sie eigentlich mehr Bücher lesen wollen, als Sie zurzeit lesen: Was hält Sie vom Lesen ab? Wie könnten Sie sich diese Zeit „nehmen"?

Jonathan Mahood
Aus: Die Zeit, 12. 11. 2009, Nr. 47

Untergang des Buches?

In letzter Zeit mehren sich die Stimmen jener, die den Untergang des Buches prophezeien. Das sei nur mehr eine Frage von wenigen Jahren, denn das Internet und elektronische Texte und ihre Speichermedien (CD-ROM, DVD etc.) würden das Buch ersetzen, wir alle nur mehr „virtuelle" Bücher, die wir aus „virtuellen" Bibliotheken beziehen, lesen.

So negativ muss man es nicht sehen, wie Sie auch den folgenden Informationen entnehmen können. Im Gegenteil, in der Realität wird sich das Buch – von wenigen Bereichen einmal abgesehen – behaupten können. Genauso, wie in der jüngsten Vergangenheit Film, Fernsehen und

[17] Tantiemen: Gewinn- bzw. Umsatzbeteiligung

Rundfunk das Buch nicht abgelöst haben, werden die neuen Medien das Buch nicht ersetzen. Es wird – zumindest in naher Zukunft – so sein, dass verschiedene Medien nebeneinander bestehen werden.

Klar ist aber auch, dass die Konkurrenz der übrigen Medien bzw. anderer Freizeitangebote noch mehr zunehmen wird.

- Betrachten Sie den Comic auf der Seite 155 genau. Was ist das scheinbar Absurde an dieser Geschichte?
- Können Sie sich bezüglich der „Buchnutzung" mit der Hauptperson identifizieren?

Der Stellenwert des Buches in Österreich

Das Institut für Publizistik und Kommunikationswissenschaften der Universität Wien untersuchte 1996/97 in einer Studie den Stellenwert des Buches in Österreich. Befragt wurden dabei 2 000 Personen ab 14 Jahren. Dabei wurde zwischen 1987 und 1997 ein deutlicher Rückgang der Reichweite des Buches[18] von 52 % auf 43 % festgestellt. Die Zeitschrift Buchkultur schreibt zu dieser Studie in ihrer Ausgabe 7/1999, dass die Buchnutzungsdauer zwischen 1987 und 1996 um 9 % abgenommen habe, unter den 14- bis 19-Jährigen sogar um 16 %. Eindeutig gestiegen sei dagegen die Nutzungsdauer des Fernsehens, die Lesehäufigkeit ist seit Anfang der 80er-Jahre stabil geblieben. Anscheinend lesen weniger Menschen regelmäßig Bücher, während andere häufiger oder zumindest nicht seltener zum Buch greifen.

„Lesekonsum"

Ganz gering ist das Interesse der Österreicherinnen und Österreicher an der Gegenwartsliteratur, wie der Germanist Klaus Zeyringer konstatiert:

War das angebliche Interesse für Gegenwartsliteratur 1971 noch bei 19 % gelegen, so verzeichnete der Mikrozensus von 1985 nur mehr knapp 10 %; der reale Wert liegt sicherlich deutlich darunter. (...) Trotz der „Bildungsexplosion" und des Zuwachses an Freizeit ist die erhoffte „Schub-Wirkung" zugunsten der Buchlektüre nicht eingetreten. Die Lesekultur allerdings hat sich verändert: Der Trend zum Kurztextlesen hat deutlich zugenommen; das „Erlebnislesen" wurde zunehmend vom „Informationslesen" abgelöst. Von den Österreichern, die überhaupt Bücher zur Hand nehmen, werden vor allem Sachbücher (30,2 %), Schul-, Lehr- und Fachbücher (30,7 %) sowie unterhaltende Romane (18,9 %) bevorzugt.[19]

- Wie hoch würden Sie Ihren „Konsum" deutschsprachiger Gegenwartsliteratur in Prozent (von Ihrem gesamten „Lesekonsum") einschätzen? Wie hoch den Konsum an fremdsprachiger, ins Deutsche übersetzter Gegenwartsliteratur?
- Wie sieht bei Ihnen das Verhältnis zwischen informierender („Informationslesen") und unterhaltender („Erlebnislesen") Literatur aus?
- Analysieren und diskutieren Sie die Ergebnisse.

Fazit neuerer Studien in Österreich und Deutschland:

Die Häufigkeit des Buchlesens in den letzten 25 Jahren ist stabil geblieben. Das könnte man nun als positiv sehen, aber nur dann, wenn man nicht bedenkt, dass genau in diesem Zeitraum

- das Bildungsniveau der Bevölkerung gestiegen ist,
- die zur Disposition stehende Freizeit in den letzten 30 Jahren um ca. ein Drittel angewachsen ist, gleichzeitig
- das Fernsehen zur wichtigsten Freizeitaktivität der Bevölkerung geworden ist und

---

[18] Lesereichweiten in % = mindestens ein Buch pro Jahr gelesen

[19] Zeyringer, Klaus: Österreichische Literatur 1945–1998. Überblicke, Einschnitte, Wegmarken. Innsbruck: Haymon Verlag 1999, S. 83

- die Beschäftigung mit dem Computer (besonders mit dem Internet) viel Freizeit in Anspruch nimmt.

So gesehen hat das Lesen an Bedeutung verloren, da der Leseanteil nicht gewachsen ist, sondern stagniert. Andererseits hat das Medium Buch seinen Platz im Mediengesamtsystem (Fernsehen, Computer, Rundfunk ...) zumindest behaupten können. Das ist vor allem daraus erklärbar, dass sich das Lesen von Büchern und die Nutzung anderer Medien nicht ausschließen, sodass man von einer Koexistenz[20] sprechen kann.

Das Buch als Ware und Wirtschaftsfaktor

Buchproduktion und Verlage

Konzentration der Verlage

Weltweit findet eine Konzentration der Verlage statt, wobei die beiden „Riesen" in Deutschland Bertelsmann und Holtzbrinck heißen. Die Bertelsmann AG machte 2006 einen Umsatz von 19,2[21] Milliarden Euro. Zum Holtzbrinck- Konzern gehören beispielsweise so große und bekannte Verlage wie Rowohlt, Wunderlich, S. Fischer und Krüger. Dabei verfolgen die einzelnen Verlage unter der „Dach-Holding" als sogenannte „Profit-Centers" eine eigenständige Programmpolitik, sie werden nur ökonomisch kontrolliert. Traditionsreiche Verlage konnten so zwar teilweise ihr eigenes Profil behalten, sie mussten aber ihre Programme zwangsweise dem Publikumsgeschmack anpassen.

Der Buchhandel

- Warum gehen Sie in eine Buchhandlung? Welche Erwartungen haben Sie als Kundin / als Kunde an die Buchhändlerin bzw. den Buchhändler?

Internetbuchhandel

Starke Konkurrenz für den herkömmlichen Buchhandel bedeutet der sogenannte Internetbuchhandel (z. B. www.amazon.de, www.buchhandel.de, www.buchkatalog.de, www.buecher. de). Dabei hat die Kundschaft Zugang zu einer Buchdatenbank und kann aus einer Fülle von Titeln wählen – und zwar 24 Stunden am Tag, 7 Tage die Woche, das ganze Jahr über.

Datenbanken

Man kann sich in den Datenbanken der Internetbuchhandlungen über Preise, Lieferbarkeit etc. von Millionen Titeln informieren und nach Autorinnen und Autoren, Buchtiteln und Stichwörtern suchen. Oft gibt es zu einem Buch – neben der Abbildung des Umschlags – Inhaltsangaben, Textauszüge, Informationen des Verlags, Rezensionen aus Tages- und Wochenzeitungen sowie von Leserinnen und Lesern. Querverbindungen zu anderen Büchern der Autorinnen und Autoren bzw. thematisch ähnlichen Titeln und anderen Autorinnen und Autoren sind selbstverständlich. Die individuelle Beratung gibt es in der virtuellen Buchhandlung natürlich nicht mehr, aber dafür wird das Buch nach der Bestellung prompt an die Haustür geliefert.

Rationalisierung und Konzentration

Solch massive Konkurrenz zwingt natürlich den Buchhandel zu Rationalisierungen. Diese manifestieren sich (aus Kundensicht) vor allem im Ausbau der Verkaufsflächen und in verstärkter Selbstbedienung. Auch im Buchhandel ist Konzentration angesagt: Immer mehr Buchhandelsketten bzw. Buch- und Medienkaufhäuser entstehen, die einen Großteil des Gesamtumsatzes der Buchbranche erwirtschaften.

---

[20] Koexistenz: das gleichzeitige Vorhandensein

[21] Zum Vergleich: Der deutsche Buchmarkt erwirtschaftete 2006 ein Gesamtvolumen von ca. 9,3 Mrd. €. (Quelle: Börsenverein des dt. Buchhandels; www.boersenverein.de; 21.9.2010)

Belletristik[22]

Alle fiktionalen Inhalte, von der sogenannten „höchsten" Literatur bis hin zur sogenannten „seichten" Unterhaltung, sind der Warengruppe „Belletristik" zugeordnet, falls sie als Buch einen bestimmten Umfang erreichen. (Die UNESCO-Definition von „livre/book/Buch" hat mehr als (...) 48 Seiten festgelegt. Andernfalls sind es Hefte und Broschüren.) Es dominieren Prosa und Romanform. Die literarischen Gattungen Lyrik und Drama sind in der Warengruppe eher marginal. Da die Geschichte des Begriffs „Belletristik" dessen Umstrittenheit dokumentiert (was heißt denn „belle-lettres" – schöne Literatur?), erscheint „fiktive Literatur" angemessen.[23]

Der Anteil der Belletristik (im weiteren Sinne: der Literatur) im Buchhandel betrug 2006 in Deutschland 18,6 % im Hardcover-Bereich, bei den Taschenbüchern waren es 68,2 % und bei Hörbüchern 48,5 %. Der Bereich „Non-Fiction" (z. B. Reiseführer, Hobby- und Freizeitliteratur) wächst ständig: 2006 in Deutschland 20,9 % des Umsatzes im Hardcover-Bereich (Quelle: Börsenverein). Das Buch wird im privaten Bereich also immer mehr wegen seines Nutzens gekauft.

Taschenbücher

Das Taschenbuch hat im Buchhandel eine Sonderstellung: Es ist von seinen Inhalten her nicht zu definieren, sondern nur dahingehend, dass es bei hoher Auflage und karger Ausstattung einen niedrigen Ladenpreis hat. Echte Massenware also.
Im Jahr 2005 hatte das Produkt „Taschenbuch" einen Umsatzanteil von 58 % am Belletristikmarkt (Zahlen für Deutschland).

Hörbücher

Ein wesentlicher wirtschaftlicher Faktor für die Verlage ist in der Zwischenzeit das Hörbuch geworden, das in vielen Fällen parallel zum Buch angeboten wird. 2008 machten Hörbücher in Österreich 2,4 % des Gesamtumsatzes der Branche aus.[24]

E-Books

Dass E-Books in Zukunft auf jeden Fall ihren Platz in der Welt der Literatur haben werden, ist klar. Wie groß ihr Anteil am Gesamtumsatz der Buchbranche sein wird, kann 2010 nur vermutet bzw. geschätzt werden. Im Jahr 2010 drängt auf jeden Fall die Computerindustrie vehement auf den Markt der entsprechenden Lesegeräte und bewirbt diese auch massiv als mediale Alleskönner, mit denen Filme und Bilder angeschaut, Mails versendet, Musik gespielt und Bücher gelesen werden können.

Neue Medien – Die Zukunft hat längst begonnen

Jürgen Neffe: *Es war einmal*

Die Ära des gedruckten Buches geht zu Ende. Kein Grund zur Trauer.[25]
Im Schatten der globalen Geldkrise des frühen 21. Jahrhunderts gewinnt eine Revolution an Gewicht, deren Folgen weit über korrigierbare wirtschaftliche Verwerfungen hinausreichen. Ihre Tragweite lässt sich allenfalls am Epochenwandel nach Gutenberg messen. Mit ihr geht die Ära des Buchdrucks zu Ende. Digital aufgelöst wie zuvor schon Ton und Bild, beliebig häufig kopierbar und mit einem Schlag weltweit millionenfach abrufbar, fügt sich das Buch in die Multimediawelt seiner entleibten Verwandten von Foto, Film und Musik. Damit zerfällt auch der älteste serienmäßig herstellbare Datenträger in Gefäß und Inhalt.
Das Medium der Aufklärung verliert seine Message und mit ihr ein Stück Sinn und Sinnlichkeit. Über kurz oder lang werden gebundene Packen bedruckten Papiers nur noch als Hochpreisprodukte in Spezialgeschäften zu haben sein wie heute Vinylschallplatten. Selbst eisern Bibliophile werden Gutenbergs Erbe in seiner jetzigen Form nicht erhalten können. Der Niedergang von

[22] Belletristik: unterhaltende, schöngeistige Literatur
[23] Kerlen, Dietrich: Druckmedien. In: Franzmann, Bodo u. a. (Hg.): Handbuch Lesen. München: Saur Verlag 1999, S. 255
[24] Format, 26. 4. 2009
[25] Die Zeit, 23. 04. 2009, Nr. 18

Buchherstellung und -handel, so bitter wir ihn beklagen, folgt der Logik einer langen Kette bereits untergegangener Handwerke, Manufakturtechniken und Handelsverfahren. Die Entwicklung ist unaufhaltsam, nur über den Zeitraum herrscht noch Uneinigkeit. Er wird sich aber kaum in Generationen messen lassen. Erinnert sich noch jemand an die Schreibmaschine, bis vor Kurzem unverzichtbares Attribut aller Tippsen und Texter? Erleben wir nicht, wie schnell die Mail den Brief verdrängt? Und Wikipedia das gute alte Lexikon? (...)

Wenn Bücher demnächst auf allen möglichen Geräten lesbar werden, die gleichzeitig Bilder zeigen, Töne abspielen und Verbindungen zu Internet und anderen Geräten herstellen können, dann wird es nicht mehr lange dauern, bis sich ihrerseits ihre Erzeuger mehr und mehr multimedialer Mittel bedienen, um Werke zu produzieren, die in Gutenbergs Universum keinen Platz mehr finden. Es wird Bestseller geben, die nie als Druckerzeugnis erscheinen, Handyromane in Fortsetzung, die alle lesen, weil alle darüber sprechen (in der U-Bahn von Tokyo eindrucksvoll zu beobachten), undruckbare, multimediale, ständig aktualisierte, reichhaltig animierte Sachbücher, Individualreiseführer oder Enzyklopädien, die kaum noch etwas mit ihren papiernen Vorfahren gemeinsam haben, vernetzte Werke aus Netzwerken von Autoren, verzweigte Geschichten, die vor den Augen des Publikums entstehen, und so vieles mehr, das wir uns heute noch gar nicht vorstellen können.

(...)

Jenseits der Oberfläche winkt eine Welt aus Information und Kommentaren. Wer gerade nicht weiß, wo Timbuktu liegt oder wie es zum Bruch zwischen Nietzsche und Wagner kam, findet die Antwort unverzüglich auf einer der Ebenen unter dem Buch, das er gerade liest. All die Lesegruppen, die sich um den *Da Vinci Code, Sophies Welt* oder *Die Globalisierungsfalle* scharten, können nun Spuren hinterlassen, die jeder weitere Leser verfolgen kann. Wir werden mit Büchern leben können wie nie zuvor – und dabei, wenn es uns gefällt, immer noch auf Papierversionen zurückgreifen und sie linear in einem Schwung zu Ende lesen. Solche Bücher wird es immer geben.

Doch wenn wir mögen, hören wir obendrein die Musik, die der Held in der Stunde des Abschieds vernimmt. Wir sehen Venedig im 17. Jahrhundert, lassen uns durch Vatikan oder Pentagon führen, verfolgen den Briefroman mit der täglichen Mail oder erfahren den biografischen Hintergrund einer Schlüsselszene bei Robert Walser. Wir erleben Autoren im Ringen um ihr Lebenswerk, das sie immer weiter verfolgen und verändern. Andere schreiben runde Bücher mit unendlichen Geschichten ohne Anfang und Ende. (...) Die Frage, ob »wir« das wollen, ist so müßig wie die, ob wir Privatfernsehen wollten oder Handy oder Internet. Ist der Geist aus der Flasche, kehrt er nicht mehr dorthin zurück. Kommende Generationen werden kaum glauben, dass er je hineingepasst hat. Wie das Leben selbst, so erobert sich als Ausdruck seines Bewusstseins die Kultur auf Dauer jeden verfügbaren Raum. Die Grenzen zwischen dem Buch und dem Rest der Medienwelt werden sich schließlich so vollständig verlieren wie die zwischen Werbung und Unterhaltung. Am längsten dürften sich noch Genres wie Roman, Biografie oder Wörterbuch gegen andere und neue Formen behaupten – bis wir »Buch« nur noch gebrauchen wie heute die »Feder« der Autoren. (...).

Vielleicht sind die heutigen E-Books nur als trojanische Pferde zu verstehen, die in halbwegs vertrauter Verpackung neuartige Ideen unters Volk schmuggeln sollen. Wer sich einen Faust oder eine Kafka-Biografie herunterladen kann, vergisst leichter seine Berührungsängste.

Dass jetzt Buchhändler Lesegeräte vertreiben (müssen) wie Schaufeln fürs eigene Grab, gibt dem Umbruch ein Gesicht seiner Opfer. Jedes einzelne Buch, das als legale oder illegale Kopie oder als Download statt gedruckt über den Ladentisch bezogen wird, fehlt in den Bilanzen derer, die vor Kurzem noch allein Gutenbergs Erbe verbreitet haben. (...)

Die Preise für derzeit erhältliche elektronische Bücher stimmen skeptisch. Sie liegen nur knapp, bei Hardcovern ein oder zwei Euro, unterm Ladenpreis für gedruckte Bände. Dabei wären heutige 20-Euro-Bücher in digitaler Form mit zehn Euro gut bezahlt, auch wenn den Autoren (und ihren Agenturen) deutlich mehr als die zurzeit üblichen zwei bis zweieinhalb Euro blieben. Doch obwohl alle Druck- und Vertriebskosten inklusive Verpackung, Transport sowie die in dieser Kette enthaltenen Löhne und Einnahmen und überdies der Buchhändlerrabatt von 40 bis 45 Prozent entfallen, erhalten die Urheber von dem kräftigen Zugewinn keinen Cent. (...)

Das künftige Verhältnis von Autor zu Buch lässt sich am besten so charakterisieren, dass ein Buch einen Autor braucht, aber ein Autor kein Buch. Zumindest keines von Gewicht, das hergestellt, verpackt, verschickt und verkauft werden muss. Papier ist weder zum Schreiben noch zum Lesen nötig. Milliarden verschickte und empfangene Botschaften können nicht irren. In der Zeit nach Gutenberg brauchen Autoren auch keine klassischen Buchhändler, Lieferanten oder Verleger mehr, um ihren Beruf bis zu seiner möglichen Erfüllung ausüben zu können, der Publikation. Für sie zählt der Inhalt mehr als das Behältnis, dessen Produktion, Vertrieb und Handel eine beträchtliche Zahl an Jobs unterhält und dabei Energie und Rohstoffe in großem Umfang verschlingt.

In Zukunft muss es kein unpubliziertes Buch mehr geben – das ist die gute Nachricht für die Unberücksichtigten und Verkannten. Alle erhalten die Chance, ihr Werk einer Öffentlichkeit vorzustellen, und sei es über Open-Source-Plattformen oder soziale Netzwerke. (...) Mit geringem Kapital kann jeder im Prinzip seinen eigenen Verlag für digitalisierte Bücher gründen und bei entsprechendem Anspruch und Ausstoß auch zum Erfolg führen. Besonders Mutige könnten auf die Idee kommen, den Vertrieb ihrer elektronischen Erzeugnisse selbst in die Hand zu nehmen – am sinnvollsten im starken Verband, um die Rechte der Einzelnen besser zu schützen. Selten waren Autorengewerkschaften gefragter als in diesen Tagen. Und sollten die Urheber ihre Werke tatsächlich bald selbst publizieren, dann am besten gleich jene, die nicht mehr zwischen zwei Deckel passen: Out of Print als Verlag der undruckbaren Bücher am Beginn einer neuen Zeit. (...)

Wenn jeglicher physische Kontakt zur Ware entfällt, könnte bei voll automatisierten Download- und Abbuchungssystemen das jetzige 20-Euro-Buch dem Urheber sogar zum Preis von fünf Euro ein höheres Einkommen sichern als heute. Zudem dürfte es nur eine Frage der Zeit sein, bis auch in »Büchern« Werbung erscheint. Bei Ratgebern oder Lebenshilfebüchern, Reiseführern oder Rezeptsammlungen bietet sich gezielt geschaltete Reklame geradezu an. Durch Anzeigen in Bild, Ton und Text wären die Erlöse so weit zu steigern, dass sich Bestseller als Downloads sogar verschenken ließen. Niedrigere Preise könnten den Verkauf der »Bücher« fördern. Auflagen, Einkommen und nicht zuletzt die Zahl der möglichen Leser würden steigen. Selbst angenommen, diese investierten in Zukunft nur noch die Hälfte ihres augenblicklichen Etats für Druckerzeugnisse in allen möglichen Lesestoff, stünden die Autoren noch als Gewinner da. (...)

- Was unterscheidet die Ära des Buchdrucks von der neuen „digitalen Buchwelt", wie der Autor sie beschreibt? Wie sieht das neue „Buch" aus?
- Lässt sich die im Artikel geschilderte künftige Entwicklung noch aufhalten? Könnten wir sie beeinflussen? Zitieren Sie Argumente und Beispiele aus dem Text.
- Wie könnten Autorinnen und Autoren von dieser Entwicklung profitieren?
- Was wird sich für Buchhändler, Verleger und Lieferanten, wie wir sie kennen, verändern?
- Wie könnte sich der Preis von „Büchern" verändern?

Bildnachweis

Arena Verlag, Würzburg, 2009: Klass David/Wenn er kommt, dann laufen wir: 12/1
Carlsen Verlag, Hamburg, 2008: Cornwell Autumn/Carpe diem: 18/1; 2009: Meyer Stephenie/Twilight Bis(s) zum Morgengrauen: 26/1
Czernin Verlag, Wien, 2007: Schwaiger Brigitte/Wie kommt das Salz ins Meer: 57/1
Deutscher Taschenbuch Verlag, München, 2008: Brooks Kevin/The Road of the Dead: 21/1 (Jan Roeder);
2009: Eco Umberto/Der Name der Rose: 119/1; 2009: Valentine Jenny/Wer ist Violet Park?: 20/1 (Doris Katharina Künster); 2010: Levi Primo/Ist das ein Mensch?: 77/1
Diogenes Verlag, Zürich, 2001: Schlink Bernhard/Selbs Mord: 125/1; 2005: Widmer Urs/Das Buch des Vaters: 31/1
Europa Verlag, Wien, 2000: Koestler Arthur/Sonnenfinsternis: 100/1
Fischer Verlag, Frankfurt, 2001: Vanderbeke Birgit/Das Muschelessen: 44/1; 2007: Haslinger Josef/Phi Phi Island: 140/1
Folio Verlag, Wien, 2005: Rossmann Eva/Wein & Tod: 130/1
Hanser Verlag, München, 2000: Herling Gustaw/Welt ohne Erbarmen: 96/1; 2007: Green John/Eine wie Alaska: 4/1 (Erica Shires/Corbis/zefa)
Insel Verlag, Berlin, 2008: Poe E. A./Die Morde in der Rue Morgue: 104/1 (Johann Heinrich Füssli/Ausschnitt)
Matthes & Seitz, Berlin, 2001: Kusnezow Anatolij/Babij Jar. Die Schlucht des Leids: 85/1
picturedesk.com: 110/1 (A. Wegen, Leipzig/Ausschnitt/Süddeutsche Zeitung Photo), 112/1 (Süddeutsche Zeitung Photo), 123/1 (Marja Airio/Lehtikuva), 126/1 (Alexander Tuma), 146/1 (Carl Spitzweg/Ullstein Bild)
Piper Verlag, München, 2006: Krakauer Jon/In eisige Höhen: 137/1
Rauch Verlag, Düsseldorf, 1998: Saint-Exupéry Antoine de/Der kleine Prinz: 30/1 (Antoine de Saint-Exupéry)
Ravensburger Buchverlag, Ravensburg, 2008: McGowan Anthony/Der Tag, an dem ich starb: 9/1
Zeitverlag Gerd Bucerius, Hamburg: Die Zeit Nr. 47, 2009: 155/1 (Jonathan Mahood)
Alle Ausschnitte mit Zustimmung der VBK/Wien.